全国教育科学“十一五”规划教育部重点课题
“新课程改革中转变学生学习方式的研究”课题（DHA090190）研究成果

浙江省教育科学“十一五”规划重点课题
“中小学生语文课程学习指导研究”课题（SB5）研究成果

21世纪语文课程学习指导丛书

丛书主编：**王光龙**

YUEDUI XUEXI LUN

阅读学习论

孙　芳　**编著**

语文出版社
·北京·

图书在版编目（CIP）数据

阅读学习论 / 孙芳编著. -- 北京 : 语文出版社, 2012.6

21世纪语文课程学习指导丛书 / 王光龙主编

ISBN 978-7-80241-472-3

Ⅰ. ①阅… Ⅱ. ①孙… Ⅲ. ①阅读课一中小学一教学参考资料 Ⅳ. ①G634.333

中国版本图书馆CIP数据核字(2012)第102609号

责任编辑　朱春玲
封面设计　刘姗姗
出　　版　语文出版社
地　　址　北京市东城区朝阳门内南小街51号　100010
电子信箱　ywcbsywp@163.com
排　　版　语文出版社照排室
印刷装订　河北新华第一印刷有限责任公司
发　　行　语文出版社　新华书店经销
规　　格　787mm × 1092mm
开　　本　1 / 16
印　　张　21
字　　数　364千字
版　　次　2013年4月第1版
印　　次　2013年4月第1次印刷
印　　数　1- 4,000
定　　价　37.00 元

010-65253954（咨询）010-65251033（购书）010-65250075（印装质量）

“21 世纪语文课程学习指导丛书”编委会

“21 世纪语文课程学习指导丛书” 序

本世纪初，我国启动了新一轮的基础教育课程改革。这次基础教育课程改革是在世界各国加速教育改革的大背景下展开的。随着知识经济社会的到来，世界各国都把发展教育和培养新型人才作为推动经济和社会发展的重要支撑点。课程改革是教育改革的重要内容和载体，课程改革集中体现国家的教育理念和教育目标。当前各国基础课程改革的一个核心目标，就是大力培养受教育者的主体意识，关注学生的学习兴趣，尊重学生的自主选择，积极推进学生自主活动，为学生的终身学习和勇于创新奠定基础。

我国新一轮的基础教育课程改革，体现了当今世界教育的先进理念，确定了符合我国基础教育实际的课程改革目标。教育部制定的《基础教育课程改革纲要（试行）》中指出，要“改变课程过于注重知识传授的影响，强调形成积极主动的学习态度，使获得基础知识和基本技能的过程成为学会学习和形成正确价值观的过程”，要“改变课程实施过于强调接受学习、死记硬背、机械训练的现状，倡导学生主动参与、乐于探究、勤于动手，培养学生搜集和处理信息的能力、获取新知识的能力、分析和解决问题的能力以及交流与合作的能力”。培养学生的实践能力、探究能力和合作能力，使学生主动学习和学会学习，是这次课程改革的主要目标之一。

语文课程设置的目的在于全面培养和提高学生的语文素养。语文素养是学生学好其他课程的基础，也是学生全面发展和终身发展的基础。语文课程学习是母语学习。母语学习，不仅要使学生学会正确理解和运用祖国的语言文字，熟练掌握听说读写技能，具有适应实际需要的语文能力，而且要让学生认识中华民族文化的丰厚博大，吸收中华民族的文化智慧，认同中华民族的文化价值，成为热爱祖国和热爱中华民族的人，进而成为尊重多样文化和吸取人类优秀文化的人。语文课程的多重功能和奠基作用，决定了它在基础教育阶段的重要地位。

语文课程改革以来，人们的语文课程理念逐步得到更新，关注和研究学生的语文课程学习成为新的聚焦点。站在语文课程改革第一线的中小学语文教师，正在努力探索语文课程学习指导的方式和方法。但由于各种条件的局限，不少语文教师缺乏全面系统的语文课程学习理论基础，对学生语文课程学习的指导往往事倍功半，收效不大。这已经成为当前继续推进语文课程改革的一个瓶颈难题。正是在这样的背景下，杭州师范大学学习科学研究所王光龙教授带领他的学术团队开展了浙江省教育科学“十一五”规划重点课题“中小学生语文课程学习指导”的研究，并在课题研究成果的基础上，由他策划和主编了这套“21 世纪语文课程学习指导丛书”。

与已经出版的语文学习研究类书籍相比，我以为这套丛书在整体开发设计和分册内容呈现上，具有以下四个方面的特点：

一、探索构建了语文课程学习指导理论体系的基本框架

中华民族的语文学习史几乎与中华民族的发展史同样悠久。在数千年的封建社会里，语文学习没有学科和课程的概念。语文学科和语文课程是近代教育发展的产物。从 1904 年清政府“癸卯学制”颁布，语文学科独立设科算起，我国语文课程的设置也有 100 多年了。由于学习科学与教育科学发展的不同步，对语文学习理论的研究明显落后于对语文教学理论的研究。就语文课程来说，人们往往习惯于从课程、教材、教学和教师角度进行研究，而从学生学习角度进行研究并形成系统理论成果的不多。跨入新世纪之后，我国启动了新一轮基础教育课程改革，这为语文课程学习理论的全面、系统研究提供了历史契机。语文课程学习问题的系统理论研究，既是一个新的研究领域，也是一项系统工程，需要从构建基本理论体系框架着眼，合理规划专题，进行全面、系统而深入的研究。

按照系统论的观点，语文课程学习理论体系也是一个大系统。这套“21 世纪语文课程学习指导丛书”，将语文课程学习指导理论系统划分为若干个子系统，一个子系统为一个研究专题，一个专题的研究成果分编为一个独立分册。本丛书包括《语文课程学习论》《识字写字学习论》《阅读学习论》《文学作品学习论》《阅读方法指导论》《写作学习论》《写作方法指导论》《口语交际学习论》《语文综合性学习论》《语文学习心理论》《语文学习指导论》《语文学习评价论》等十多个分册。这些系列研究成果，既包括了语文课程学习内容的基本理论，也包括了语文课程学习指导的基本理论。依据这一开放的理论体系，除上述研究专题外，语文学习的方式、模式、方法、习惯、素质、管理等，也都有专题研究的价值。本丛书设计比较合理，体系比较科学，内容比较全面，初步构建了我国当代语文课程学习理论体系的基本框架。它的问世，对探索和构建我国当代语文课程学习理论体系具有现实意义。

二、展示了当代语文学习研究的新成果

两千多年前，我国就有研究学习和教学的典籍——《礼记·学记》问世。“以学为本，因学论教”，“学先于教，教辅以学”，是我国古代重要的“学本论”思想。但以人类学习现象及其规律为研究对象并具有现代学科意义的学习科学，直到20世纪80年代中期才在我国诞生。学习科学的诞生和发展，为语文学习研究提供了深厚的科学理论基础，有力地推动了我国当代语文学习理论的发展。据不完全统计，近20年来，国内出版的语文学习理论著作就有十多部，呈现出我国当代语文学习理论研究的繁荣局面。

这套“21世纪语文课程学习指导丛书”，吸收、借鉴和运用当代语文学习理论研究的最新成果，对语文课程学习的各个方面进行了深入的研究。例如《识字写字学习论》分册，既继承了我国古代识字写字学习的优良传统和成熟经验，又吸收了当代识字写字学习理论研究的最新成果，对识字写字学习的地位、价值和特点、历史发展、目标和内容、理念和原则、过程和方式方法、心理调控、指导和评价等，进行了全方位的系统研究。这是目前识字写字研究领域一本比较全面、系统的理论著作。它对于继承和发展我国的识字写字学习理论具有重要意义，对于指导中小学生的识字写字学习具有较高的实践价值。

本丛书的作者大都来自高等师范院校，具有教授、副教授职称，半数以上担任硕士研究生导师。他们同为全国语文学习科学专业委员会的会员，在语文学习研究领域都有独到的学术建树和理论成果，有的已经出版了多部理论著作。由这批高校教师组成的研究团队，具有扎实的理论基础和较强的科研能力，对语文学习理论研究的前沿信息和最新成果，能够及时把握、吸收和消化，并合理运用到本课题的专题研究中。因而，本丛书在一定程度上集中展示了当代语文学习研究的新成果。

三、为语文教师的专业发展提供了研修教材

语文课程是母语教育课程，语文教师的专业发展对于提高我国母语教育的质量具有十分重要的作用。在推行语文课程改革中，语文教师的专业发展，一方面需要依托各级教育行政部门组织的教师培训活动，从整体上推进语文教师的专业发展。另一方面，语文教师需要有计划地学习研读语文课程改革的理论著作，拓宽专业理论基础，吸收最新研究成果。这套“21世纪语文课程学习指导丛书”是以语文教师为主要对象而编写的系列理论著作，因而作为语文教师专业研修的教材是比较适宜的。

首先，这套丛书力图在落实语文课程目标中为语文教师的专业发展提供丰富的学习内容。例如，《义务教育语文课程标准（2011年版）》课程目标的第3条目标是“培育热爱祖国语言文字的情感，增强学习语文的自信心，养成良好的语文学习习惯，初步掌握学习语文的基本方法”。《普通高中语文课程标准（实验）》在“积累·整合”目标中规定：“了解学习方法的多样性，掌握学习语文的基本方法，能根据需要，采用适当的方法解决阅读、交流中的问题。”两个课标对掌握和运用基本的语文学习方法提出了具体要求。本丛书的《阅读方法指导论》对朗读、默读、精读、略读、速读等五种基本阅读学习方法，《写作方法指导论》对命题作文、模仿作文、话题作文、条件作文和自由作文等基本作文学习方法，从理论认识到实践操作作了具体论述。语文教师系统学习这两本书，对于如何落实“掌握学习方法”这个课程目标，提高对语文学习方法的理性认识和指导能力，促进自己的专业发展，具有切实的指导价值。

其次，这套丛书力图从语文课程理论与实践的结合上为语文教师的专业发展提供新的研究成果。例如，《普通高中语文课程标准（实验）》在课程目标中要求，“学习鉴赏中外文学作品，具有积极的鉴赏态度，注重审美体验，陶冶性情，涵养心灵。能感受形象，品味语言，领悟作品的丰富内涵，体会其艺术表现力，有自己的情感体验和思考。努力探索作品中蕴涵的民族心理和时代精神，了解人类丰富的社会生活和情感世界”。目前高中语文教科书中60%以上的课文为文学作品。如何落实课程目标的规定要求，指导学生学好文学作品，是语文教师需要从理论到实践解决的重要问题。作为专题研究成果之一的《文学作品学习论》分册，对文学作品学习的基本认识、历史发展、理论基础、基本内容、心理机制、学习方法、分类学习、课外学习和学习评价等问题，作了全面、系统的论述。学习研读这本

著作，能够使语文教师既获得文学作品学习的理论知识，又获得指导文学作品学习的基本方法，在理论指导实践和实践发展理论中推动自己的专业发展。

四、为语文课程学习的指导提供了系列用书

本丛书是一套以语文课程学习与指导为指归的理论丛书，突出学习指导是它的本质特点和基本要求。中小学生是语文课程学习的主体，但中小学生的语文课程学习离不开语文教师的指导。一个研究内容范围较大的课题，凡语文课程学习的主要内容和学生学习语文课程的基本问题，都作为独立的研究专题进行研究，并将研究成果编成系列理论著作，从而为语文教师的语文课程学习指导提供了特定的系列指导用书。例如作为专题研究成果之一的《语文学习指导论》分册，吸收了近年来语文课程学习指导的相关研究成果，对语文课程学习指导的意义、内容和门径，语文课程学习目标、过程、规律的指导，识字写字学习、阅读学习、写作学习、口语交际学习、综合性学习的指导等问题，都设立专章予以论述。在论述中，既有系统的理论探讨，又有具体的操作指导；既有历史经验的解说，又有现实方法的描述。语文教师学习研读这本著作，掌握它的理论要点和实践要领，就可能对学生的语文课程学习进行科学有效的指导。

对学生的课程学习进行科学有效的指导，是教师的基本职责，也是衡量教师教学素质的重要指标之一。这套丛书对于帮助语文教师系统掌握语文课程学习指导的基本理论，灵活掌握语文课程学习指导的有效方法，成为语文课程学习指导实践的行家里手，成为受学生欢迎的语文教师，具有实际价值和意义。

目前，我国新一轮的基础教育课程改革正在逐步推向深入，课程改革成功的关键是实施课程的广大教师。更新教师的课程理念，培养教师的教学素质，加快教师的专业发展，成为摆在我们面前的重要课题。这套语文课程学习理论丛书从指导学生的语文课程学习入手，为语文课程的研究、开发和实施开辟了一条新路。我愿意向广大语文教师和语文教育工作者推荐这套新丛书，希望它能够成为大家喜欢阅读和感到有用的案头必备书。

是为序。

田慧生

2010 年仲夏于中央教育科学研究所

（作者为中央教育科学研究所副所长、研究员、博士生导师，全国教育科学规划教育理论学科组成员，北京大学、西南大学兼职教授。）

“21 世纪语文课程学习指导丛书” 前言

学习，作为人类联系客观世界和主观世界的重要活动，从孔子“学而时习之，不亦说乎”那个时代起，就成为人们研究的一个母题。但由于学科分化过程中的诸多原因，一直以来学习只是作为心理学、教育学领域研究的一个方面，没能形成一个独立的学科。20 世纪中期，国际社会提出了“教会学习”“学会学习”的口号，联合国教科文组织（UNESCO）《学会生存：教育世界的今天和明天》《教育：财富蕴藏其中》等报告又提出了“终身学习”“学会学习”“学习化社会”等理念，学习得到前所未有的重视，对学习问题的研究也日渐增多。随着知识经济时代、信息化社会的到来，人们开始从不同的学科视角对人的学习进行深入研究。20 世纪 80 年代，随着我国人才学的创立和发展，人在成才过程中的学习问题成为人们研究的热点。一批有识之士把“学习”从其他学科中独立出来，进行全方位、系统、综合的研究，并在构建学科理论体系上做出了切实的努力，学习作为一门新兴的独立学科——学习科学，终于在中国大地上应运而生了。它的诞生，为语文学习问题研究提供了强大的理论支持，也为广大教师的语文学习指导提供了丰厚的实践指南。

对于语文学习问题的研究，自 1904 年语文独立设科以来间有专论发表，如天民的《自习主义读法预习法》（1917）、杨贤江的《初中学生学习国文的旨趣》（1923）、萧楚女的《中学国文修学指导》（1923）、陈东原的《国文学习法》（1923）、陶行知的《读书与用书》（1934）、叶苍岑的《对中学新生谈国文学习》（1942）、叶圣陶的《略谈学习国文》（1942）、叶圣陶的《中学国文学习法》（1948）、宋云彬的《语文学习三阶段》（1950）、周祖谟的《怎样自学语文》

(1954)、冰心的《漫谈语文的教与学》（1959）、叶圣陶的《认真学习语文》（1962）、张志公的《从儿童学字的角度看书写工具》（1962）、苏步青的《略谈学好语文》（1979）、魏书生的《培养学生的自学能力》（1981）、张隆华和周庆元的《阅读是学习之母——阅读心理测试小结》（1981）、顾黄初的《"多读多写"辨析》（1982）、韩雪屏的《有效地进行精读训练》（1986）、陈日亮的《得法养习历练通文》（1996）、许建中的《语文学习基本规律探讨》（2002）、王光龙的《语文学习方法的理论探讨》（2003）、朱绍禹的《以问题为纽带的阅读学习新理念》（2004）、王光龙的《语文学习素质及其培养》（2005）、曾祥芹的《阅读的主体间对话和陌生感体验》（2006）、王光龙的《语文学习方式的选择和运用》（2008）等。这些专论虽然是对语文学习具体问题的零散的研究，但反映了人们长期以来对语文学习问题的持续关注，展示了对语文学习问题研究的思想认识成果。

新时期以来，对语文学习问题的研究更加深入，出版了10多部语文学习研究论著，如曾祥芹和韩雪屏的《阅读学原理》（1989）、佟士凡的《语文学习论》（1993）、王光龙的《语文学习方法学》（1993）、董国华的《初中语文学习方法指导》（1995）、林化君、陈黎明和张幼冬的《追问与发现——语文学习心理论》（1998）、曾祥芹的《阅读学新论》（1998）、毓明笠的《中学语文学习心理与学习方法研究》（1999）、王光龙的《语文学习方法的理论与实践》（2002）、王光龙的《语文学习概论》（2003）、许建中等的《语文高效学习艺术》（2005）、陈玉秋的《中学生作文学习与人的发展》（2005）、乔桂英的《阅读学习方法指导学》（2007）等。这批论著的内容涉及语文的阅读学习、作文学习、学习方法、学习艺术、学习心理、学习素质等方面，使我国语文学习研究的内容得到进一步深化和拓展。这一时期，在部分高校教材如《语文学科教育学》《语文教学论》《语文课程与教学论》的内容框架中，语文学习也列为独立的一章了。而将一般的语文学习研究与当前的语文课程学习研究联系起来，从语文课程学习指导角度来研究中小学生的语文学习问题，则是21世纪基础教育语文课程改革中提出的新课题。

21世纪之初在全国范围推行的基础教育语文课程改革，为语文学习研究提供了新的契机和动力。新的课程标准突出了学生的学习主体地位。如《义务教育语文课程标准（2011年版）》在课程理念中指出："学生是学习的主体。语文课程必须根据学生身心发展和语文学习的特点，爱护儿童的好奇心、求知欲，鼓励自主阅读、自由表达，充分激发他们的问题意识和进取精神，关注个体差异和不同的学习需求，积极倡导自主、合作、探究的学习方式。教学内容的确定，教学方法的选择，评价方式的设计，都应有助于这种学习方式的形成。”在教学建议中指出：“学生是语文学习的主人，教师是学习活动的组织者和引导者。语文教学应在师生平等对话的过程中进行。语文教学应激发学生的学习兴趣，注重培养学生自主学习的意识和习惯，引导学生掌握语文学习的方法，为学生创设有利于自主、合作、探究学习的环境。应尊重学生的个体差异，鼓励学生选择适合自己的学习方式。”

新的课程标准对学生的语文学习提出了明确具体的学习目标。如《义务教育语文课程标准（2011年版）》在课程目标中指出：“培育热爱祖国语言文字的情感，增强学习语文的自信心，养成良好的语文学习习惯，初步掌握学习语文的基本方法。”“能主动进行探究性学习，激发想象力和创造潜能，在实践中学习和运用语文。”《普通高中语文课程标准（实验）》在课程目标“积累·整合”中规定：“能围绕所选择的目标加强语文积累，在积累的过程中，注重梳理。根据自己的特点，扬长补短，逐步形成富有个性的语文学习方式。了解学习方法的多样性，掌握学习语文的基本方法，能根据需要，采用适当的方法解决阅读、交流中的问题。通过对语文知识、能力、学习方法和情感、态度、价值观等方面要素的融汇整合，切实提高语文素养。”

如何落实语文课程的理念和目标，承担和加强对中小学生语文课程学习的指导，是广大语文教师教学实践中面临的新问题，也是语文教育理论工作者需要研究的新课题。依据语文课程改革的需要，全面开展语文课程学习指导的研究，是新世纪基础教育课程改革赋予我们的重要历史责任。

依据系统论的原理，语文课程学习指导的内容也是一个大系统。这个大系统应该由两个子系统构成，一个是语文课程学习内容系统，一个是语文学习心理行为系统。语文课程学习内容系统包括：一、义务教育阶段语文课程学习内容：识字写字、阅读、写作、口语交际、综合性学习；二、普通高中阶段语文课程学习内容：1. 必修课程内容：阅读与鉴赏、表达交流；2. 选修课程内容：诗歌与散文、小说与戏剧、新闻与传记、语言文字应用、文化论著选读。语文学习心理、行为内容系统，包括语文学习心理、语文学习方法、语文学习习惯、语文学习方式、语文学习模式、语文学习管理、语文学习素质等。语文课程指导内容系统图示如下：

- 语文课程学习指导系统
  - 语文课程学习内容
    - 义务教育语文课程学习内容
      - 识字与写字
      - 阅读
      - 写作
      - 口语交际
      - 综合性学习
    - 普通高中语文课程学习内容
      - 必修
        - 阅读与鉴赏
        - 表达与交流
      - 选修
        - 诗歌与散文
        - 小说与戏剧
        - 新闻与传记
        - 语言文字应用
        - 文化论著选读
  - 语文学习心理行为
    - 语文学习心理
    - 语文学习方法
    - 语文学习习惯
    - 语文学习方式
    - 语文学习模式
    - 语文学习管理
    - 语文学习素质

全面开展对语文课程学习指导的研究，不仅要清楚指导的内容结构系统，而且要综合和融汇指导的内容，从有利于学生学习和教师指导出发设计出一个指导的框架体系。综合和融汇的主要对象是语文课程学习内容这一子系统。义务教育阶段和高中阶段的语文课程学习内容，虽然有其分明的阶段性和不同的学习目标，但高中语文课程学习的内容是在义务教育阶段基础上的延伸、拓展和深入，呈螺旋上升、综合发展形态。如，高中阶段必修课程内容的“阅读与鉴赏”能力的培养、“表达与交流”能力的培养，都是在义务教育阶段听说读写基本能力基础上向更高层次的发展性培养。高中选修课程内容的“诗歌与散文”“小说与戏剧”“新闻与传记”“语言文字应用”“文化论著选读”等五个系列，也都是在义务教育阶段的阅读、理解、审美、探究和语言运用等能力基础上分文体、分专题的综合语文能力的提高性培养。因而，两个阶段课程学习内容的指导，有必要融汇、综合于一体，以义务教育阶段的语文课程学习内容为框架，延伸到高中阶段的语文课程学习内容。至于语文学习心理和行为指导的内容，我们看到，两个阶段的指导内容呈纵向推进、全面发展形态。虽然义务教育阶段和高中阶段学生的心理行为存在年龄上的差别，但高中生的语文学习心理和行为是在义务教育阶段基础上的进一步发展，表现在学习心理上是由义务教育阶段的他觉、接受、自觉到高中阶段的更为自觉、成熟和稳定，表现在学习行为上则是由义务教育阶段的练习、熟习和习惯到高中阶段的更为自主、有效和灵活。

依据上述对语文课程学习指导内容系统的认识，我们将语文课程学习指导的内容设计为识字写字学习指导、阅读学习指导、文学作品学习指导、写作学习指导、口语交际学习指导、综合性学习指导、语文学习评价指导等若干个模块。将语文学习心理行为指导内容设计为语文学习心理指导、语文学习方法指导、语文学习习惯指导、语文学习方式指导、语文学习模式指导、语文学习管理指导和语文学习素质培养等若干个模块。两个系列的每个模块都可以成为一个独立专题进行研究。每个模块依据需要还可以分为更小层级的模块。如语文学习方法模块，就可以分为识字写字学习方法、阅读学习方法、写作学习方法、口语交际学习方法四个更小的模块，进行更为具体的研究。

从培养学生学会学习和终身学习的角度看，语文学习心理行为系统内容的指导则更为重要。按照心理学对知识的一般分类，学科知识内容属于陈述性知识。陈述性知识也叫描述性知识或记忆性知识，它主要用来回答事物是什么、为什么或怎么样的问题，具有静态的性质。学习心理行为内容则属于程序性知识。程序性知识也叫操作性知识或步骤性知识，其实质是一套对外办事的操作步骤和过程，也包括对内调控的策略知识，主要用来解决做什么和怎样做的问题，具有动态的性质。对于语文学科来讲，陈述性知识的学习指导是基础的、必要的。掌握语文学科基础的陈述性知识，有助于全面提高人的语文素养与文化修养。通过陈述性知识的学习能将部分知识转化为语文心智技能，形成适应工作和生活需要的语言理解与表达能力。而语文学习心理和行为，则是在学习语文学科的陈述性知识的过程中，掌握语文学习方法，养成语文学习习惯，形成有个性的语文学习方式，养成语文学习的基本能力，从而具备现代社会公民的基本学习素质，成为学习化社会中学会学习的人。这理应成为语文课程学习指导的首要目标。这一认识符合教育部《基础教育课程改革纲要（试行）》中规定的课程改革的第一条具体目标：“改变课程过于注重知识传授的倾向，强调形成积极主动的学习态度，使获得基础知识与基本技能的过程同时成为学会学习和形成正确价值观的过程。”

全套丛书分为十多个分册，虽然每个分册都列为一个独立专题进行研究，但课题组对每个专题的研究和分册的撰写，都在以下四个方面提出了共同的要求，做出了切实的努力：

一、全面落实语文课程的理念和目标

今天的语文课程学习是在21世纪之初启动的我国第八次基础教育课程改革背景下的语文课程学习，《义务教育语文课程标准（2011年版）》和《普通高中语文课程标准（实验）》两个文件是学生语文课程学习和教师指导语文课程学习的基本纲领和具体标准。全面落实语文课程的理念和目标是本丛书编写的基本任务和理想追求。语文课程的理念和目标是语文新课程学习指导的指针和内容。在每一专题的研究和分册内容的编写中，都安排独立的章节阐述“学习理念”和“学习目标”。例如在《识字写字学习论》《阅读学习论》《写作学习论》《口语交际学习论》等分册中都有两个章节分别论述“学习的理念”和“学习的目标”等内容。通过对学习理念、学习目标的专门论述，通过在各章节中渗透学习理念和学习目标，保障语文课程理念和目标的具体落实。对于读者来说，这不仅可以加深对课程理念、目标的理解，提高自己对课程理念和课程目标的认识，而且还可以从实践操作层面落实课程理念和目标。

二、追求专题理论的系统性和先进性

语文课程学习指导每个专题的研究都努力追求建构一个独立的理论系统。理论的系统性体现在每个分册的章节排列顺序及其内在联系上。在每个理论系统中，既有我国古代传统学习理论的深厚基础，又有现代先进学习理论的借鉴运用。如《文学作品学习论》分册的理论体系由十一章构成：文学作品学习概述、中学文学作品学习的变革与发展、文学作品学习的理论基础、文学作品学习的基本内容、文学作品学习的心理机制（上、下）、文学作品学习方法（上、下）、不同体裁文学作品学习、文学作品学习评价、文学作品的课外学习。这样一个理论体系，虽然还不能说已经十分全面和完善，但它毕竟创建了一个比较合理的理论系统，为后人的继续研究提供了初步理论框架和基本内容设置，给读者提供了一门系统的理论知识和一片开放的理论视野。各专题理论的先进性体现在综合运用当代课程论、教学论、学习论、心理学、语言学、文学等学科新的研究成果，形成专题的理论系统。各专题理论的系统性和先进性使它能够在语文课程改革的实践中有效指导中小学生的语文课程学习。

三、注重学习指导的实用性和操作性

语文课程是一门实践性很强的课程，语文学习是一种语言心智技能学习，因此，语文课程学习指导追求理论的实用性和实践的操作性。本丛书虽然各册论述的内容不同，但在阐述其专题学习理论时，都十分重视理论的实用性和指导的操作性。如《阅读方法指导论》分册，先设第一、二、三章对阅读学习方法的地位、内容、目标和历史发展等进行全面论述；中间在第四章“朗读的方法”、第五章“默读的方法”、第六章“精读的方法”、第七章“略读的方法”、第八章“速读的方法”里都设指导与运用一节，专门论述阅读方法的实践指导和操作运用问题；第九章“阅读学习方法的指导”，对阅读学习方法指导的意义、原则、模式和方法做了系统论述；最后第十章论述“阅读学习方法的检测和评价”。这样一个内容框架安排，充分体现了阅读学习方法指导理论的实用性和实践指导的可操作性。语文教师能够从中既获得系统的学习指导理论，又可以掌握阅读学习方法指导的具体操作要领，从而提高阅读学习方法指导的科学性和有效性。

四、提供语文教师专业培训的实用教材

教育部《关于大力加强中小学教师培训工作的意见》中明确指出：“教育大计，教师为本。有好的教师，才有好的教育。教师培训是加强教师队伍建设的重要环节，是推进素质教育，促进教育公平，提高教育质量的重要保证。”加强语文教师培训，也是深入推进当前语文课程改革的重要举措和保障。教师培训的模式、方式虽然多种多样，但都需要设计合理和方便使用的培训教材。本丛书以两个语文课程标准为依据，以新的语文课程理念为指导，着眼于学生学会学习和教师有效学习指导，分专题对语文课程学习内容及其指导进行了全面的论述，使语文课程学习理论与学习指导得到有机结合，努力满足中小学教师对语文课程学习指导实践的需要，成为语文教师专业培训的实用教材。同时，本丛书还可以作为语文教师在职专业进修的自修教材。

经过编委会同仁数年的艰苦创作，丛书即将出版。站在学生学习的立场，从指导学生的课程学习着眼，编写一套语文课程学习指导丛书，的确是一种前人没有过的创举。在丛书出版之际，我要真诚感谢编委会全体同仁的工作和友情。为了推动新一轮的语文课程改革，为了促进中小学生的语文课程学习，为了创建我国的语文学习科学大厦，大家认真写作，锲而不舍，相互勉励，友好合作，以共同事业为纽带结成了一个有实力、讲智慧、重情义的学术团队。靠着这样一支学术团队，完成了这套三百万字的中型学术丛书！

丛书学术顾问朱绍禹先生生前十分关心和支持本丛书的编写工作。他曾多次解答作者的咨询，并对几位作者的部分书稿亲笔批示修改意见。那时朱先生因腰部受损已经不能长时间伏案工作了，有时他就垫块软垫跪伏在地板上写批阅意见。当我知道这一情况后，心底十分感动以至震撼！每当丛书编写和出版遇到困难时，脑际就会浮现出朱先生跪伏写批语的情景，这激励我决心克服一切困难完成丛书的编写工作，以告慰朱先生的在天之灵。丛书学术顾问陶本一先生在住院期间仍询问丛书的进展情况，他的关心和激励是我坚持奋进的莫大动力。对两位先生的关心、指导和鼓励，我们表示深深的谢意！

中央教育科学研究所副所长田慧生教授在百忙中为丛书赐序，对丛书编写的现实意义做了充分肯定，对丛书的内容特点做了高度概括，对丛书的使用价值做了积极评价。杭州师范大学前校长、浙江省重点学科“课程与教学论”负责人林正范教授和人文学院的领导对丛书的编写一直给予关心和支持。语文出版社王旭明社长对丛书选题给予了肯定，对出版给予了支持；各位责任编辑先生为丛书出版付出了辛劳。在此一并表示我们由衷的谢意！

王光龙

2011 年立冬时节于杭州三塘

目　　录

第一章　阅读学习研究概述

当今社会，教育的真正意义已不在于获得知识，而在于掌握学习方法，学会学习。联合国教科文组织早在20世纪90年代就提出了21世纪教育的四大支柱：学会认知、学会做事、学会共处、学会生存。学会认知就是培养学生学会运用认知工具求知，学会发现问题，学会探究知识，学会构建知识，也就是要学会继续学习的本领；注重培养学生认知方法，引导学生通过发现、探究和意义构建的途径获取知识，培养学生继续学习的能力。《义务教育语文课程标准》（2011年版）（以下简称义务教育课标）指出："阅读是运用语言文字获取信息、认识世界、发展思维、获得审美体验的重要途径。"当今社会，伴随着知识经济的出现和信息时代的到来，阅读越来越受到重视。阅读，不仅仅是在教师指导下阅读某几篇读物，而是要习得方法，学会阅读、终身阅读。

义务教育课标在教学建议中强调指出："语文教学应激发学生的学习兴趣，培养学生自主学习的意识和习惯，引导学生掌握语文学习的方法，为学生创设有利于自主、合作、探究学习的环境。应尊重学生的个体差异，鼓励学生选择适合自己的学习方式。"新课程改革关注学生学习的主体性，强调"教"向"学"的转变。阅读学习强调学生自主、能动地阅读，其最终目的是使阅读者达到"自能读书，不待教师教"的境界。

第一节　阅读学习的含义

研究阅读学习，首先需要对它的含义进行廓清。

一、阅读

阅读是人们生活中经常使用的一个词汇，也是我们每天都要做的事情，阅读书籍、阅读报纸、阅读影像资料……人类无时无刻不在阅读。阅读是什么？阅读的本质应该如何认识？

道林和莱昂（Downing&Leong，1982）把阅读的定义分为两类：一类强调译码的过程；一类强调意义的获得。强调阅读是一种译码过程的心理学家，有的把阅读看成是按照词的书写的形式去创造一个词的声音的形式，有的则认为阅读是把书写的符号翻译成声音的符号，他们所强调的乃是从视觉信号到听觉信号的一种转变（Bloomfield，1942）。强调阅读是意义获得的心理学家则认为，阅读乃是由读者所已经具有的概念去建造新的意义，他们认为，在阅读中的译码不是把视觉信号转变为声音，而是把它转变为意义。所以史密斯（Smith，1978）说：阅读乃是向篇章（text）提出问题，而阅读理解则是使你的问题得到回答①。

而《中国大百科全书·心理学》（1991 年版）对于阅读是这样阐释的："阅读是从写的或印的语言符号中取得意义的心理过程，阅读也是一种基本的智力技能，它是由系列的过程和行为构成的总和。学习阅读就是学习一系列的规则，是学习如何从基本语言的书面材料中提取信息的方法。从语文心理的角度看，阅读活动则是从看到的语言向说出的语言转换的过程，在这个过程中，不是机械地把原文说出来，而是要通过内部语言，用自己的话来理解改造原文的句子、段落，从而把原文思想变成自己的思想。简言之，阅读就是从书面语言中取得信息的过程，是从看到的语言向说出来的语言转换的过程。因此，阅读是一种基本的智力技能，是复杂的心理特征和有关知识能力的总和。"

《小学语文教学心理学导论》（2001 年版）中说：从心理学的角度看，阅读是一种从书面符号中获取意义的心理过程。阅读活动不是机械地把原文读出来，而是要通过内部语言，用自己的话来理解和改造原文的语句或段落，把作者的思想变为读者的思想。它要求在感知书面符号的基础上，通过思维把握语言的意义，并以语言文字为中介获得人类社会的认识成果和历史经验，同时在阅读活动中积累语言材料，熟悉语言规则，形成一定的智力活动方式。

① 张必隐．阅读心理学［M］．北京：北京师范大学出版社，2002.

根据中小学语文教学与阅读教学的具体情况，综合考虑汉语母语、汉文字的特点，本研究将阅读的内容界定于汉文字阅读材料上。认为阅读就是学生从书面材料（书面材料主要是文字，也包括符号、公式、图表等）中获取各种信息，理解与建构意义的心理过程，其实质就是学生根据阅读的文字材料激活大脑原有知识表征，利用阅读策略以适应各种不同阅读条件的心智过程。

按照不同的阅读目的，可以将阅读分为学习性阅读、欣赏性阅读、研究性阅读、创造性阅读。每类阅读又可以划分出若干小类①。

学习性阅读是以学习知识为目的的阅读，根据学习目的的侧重不同，它又可以划分为积累性阅读、理解性阅读和发展性阅读。

欣赏性阅读指的是以欣赏为目的的阅读。根据阅读者欣赏目的的差异，又可以将欣赏性阅读划分为审美性阅读、消遣性阅读和娱乐性阅读。

研究性阅读是以研究为目的的阅读。根据其研究目的的不同，又可以将其划分为评价性阅读、专题性阅读、校勘性阅读及考证性阅读。

创造性阅读是带着提出某种新见解的目的去发现从未有过的答案，从而产生创造性结论的阅读。

二、学习与学会学习

学习是一种既古老而又永恒的现象。由于不同的历史条件，不同的研究角度，人们对学习的认识也不同。

我国古代，学与习总是分开讲的。《辞源》指出："学"乃"仿效"也，通过观察、模仿、复制、内化来获得知识；"习"乃"复习""练习"也，即是复习巩固来提升个体的能力，以便能够适应现实的自然环境和社会环境。最早把学与习联系起来的是孔子，《论语》曰："学而时习之，不亦说乎！"后来，《礼记》又曰："鹰乃学习。"

从学习科学的角度来说，学习的概念有广义和狭义之分。从广义上说，学习是人和动物在生活过程中通过实践或训练而获得的，是由经验引起的相对持久的适应性的心理变化，即有机体以经验方式引起的对环境相对持久的适应性的心理变化。

① 曾祥芹，韩雪屏. 阅读学原理［M］. 郑州：大象出版社，2002：351-358.

狭义的学习仅指学生的学习。其定义可以概括为：学生在教育活动中通过经验引起的、符合教育目的的行为或心理的相对持久的变化的过程。学生的学习不同于一般的人类学习，它有其本身的特点。首先，学生的学习是一种特殊的认识活动，这种认识活动主要是掌握前人所积累的文化、科学知识，即间接的知识，它和科学家探索尚未发现的客观真理的认识活动是不同的。学生在学习中有时也可能有新的发现，但主要还是学习前人已经积累起来的知识经验。第二，学生的学习是在教师指导下，有目的、有计划、有组织地进行的，是以掌握一定的系统的科学知识为任务。第三，学生的学习是在比较短的时间内接受前人的知识经验，用前人的知识经验武装自己，因此，不可能事事从头实践，重复原有的研究路线去掌握前人积累的间接经验。在学习过程中，虽然也要通过一定的实践活动或进行科学实验，以便获得直接经验，但那只是为了更好地理解、巩固和运用所学的知识。学生的实践活动是服从于学习目的的。第四，学生的学习不但要掌握知识经验和技能，而且还要发展智能，培养品德以及促进健康个性的发展，形成科学的世界观，这种双重任务是不可偏废的。可见，学生的学习不仅同人类发展中历史经验的形成过程和科学家探索客观真理的过程有区别，而且和一般条件下人们进行的学习也是不同的。本书所说的学习主要是这种狭义的学习。

学会学习是人类不断追求的。其含义可以从三个层次来定义①。

第一层次（广义的）：学会学习是人类特有的学习，是学习的主体冲破教育框架的束缚，在开放的环境中，积极、主动、自由地学习。学习者有强烈的学习意识。能自主选择学习目标和学习内容，自主支配学习时间，自我评价学习效果，能自觉调控学习情绪，能掌握和调控学习过程中的学习策略、方法和技术。学会学习是通向认识、生存和发展的途径，学会学习的最高境界是学习与创造的并存与融通。

第二层次（中义的）：学会学习是指学生在教师或他人的指导下，在开放的环境中，充分发挥主体作用，积极培养学习兴趣和学习意志力，自主、自觉地调控学习情绪和学习策略、方法及技术，使学习不再是储存知识，形成某种技能的过程。它更重视学习策略、方法、思维方法的探索，学习技术的掌握和学习能力的形成与提高，更注重创造潜能的开发，更重视身心的全面发展。

第三层次（狭义的）：学会学习仅指学生掌握运用学习策略、学习方法和技

① 徐崇文，姚仲明，魏耀发．中小学生“学会学习”研究·上篇［M］．上海：上海三联书店，2001.

巧，养成良好的学习习惯，提高学习效率的过程。这就是传统意义的学会学习。

根据以上的界定，我们认为可从以下 8 个方面来理解“学会学习”。

1. 学习者是学习的主体，“学会学习”强调学习者的主体地位和主体作用的充分发挥，重视主体意识培养（包括主动意识，独立意识和创作意识）。

2. “学会学习”，和“终身学习”的概念相联系的。学习者不再受教育框架的束缚。学习不再受时间和空间的限制，即使是学生，也不仅在学校、在教师指导下，而且应在家庭、在社会的大环境中，通过各种媒介汲取有益的信息，积极主动、自觉、自由地学习。

3. “学会学习”既重视学习者非智力心理因素在学习中的地位作用，又把非智力心理因素的发展作为重要的学习目标。重视良好行为习惯和情感态度的培养。

4. “学会学习”强调学会认知，不仅要学习继续学习所必要的基础知识，而且更重视学习策略、学习方法、现代思维方法的训练和元认知水平的提高，以及电脑多媒体及现代信息高速公路的应用，以提高综合学力为目标。

5. “学会学习”重视潜能的开发和实践能力的培养。每个学习者在“学会学习”中，能充分发挥潜力，发展个性，学会做事，达到自己的最佳发展状态。

6. “学会学习”重视自我评价意识的形成，自我评价能力的培养，以培养学生的独立性和创造性，实现自我激励，自我决策。

7. “学会学习”重视良好师生关系的形成。在学会学习中教师起指导促进作用。教师要以民主、平等的态度对待学生。学生要尊重教师，重视教师的指导作用。教师和学生在“学会学习”的教学活动中构成整合主体，推动着“学会学习”的进程。

8. “学会学习”是“学会认知”“学会做人”“学会生存”“学会关心”“学会做事”“学会发展”的根本途径，“学会学习”是一个认知的过程，而不是终极目标，“学会学习”的最终目标是指向人的全面发展。

三、阅读学习的含义

基于以上认识，阅读学习的概念可以做这样的表述：阅读学习就是阅读者在开放的环境中，充分发挥主体作用，通过阅读相关材料（含纸质材料和电子材料）掌握阅读策略、阅读方法和技巧，养成良好的阅读习惯，提高阅读效率的过程。

在理解阅读学习的含义时，我们应注意以下几点：

1. 阅读学习本质上是一种自主学习。自主学习是就学习的内在品质而言的，相对于被动学习、机械学习和他主学习。行为主义心理学家认为，自主学习包括三个子过程：自我监控、自我指导、自我强化。而认知建构主义学派认为，自主学习实际上是元认知监控的学习，是学习者根据自己的学习能力、学习任务的要求，积极主动地调整自己的学习策略和努力程度的过程。有西方学者则综合各家之说，提出：当学生在元认知、动机和行为三个方面都是一个积极的参与者时，其学习就是自主的。阅读学习重视阅读者的主体性的发挥，是建立在阅读者自我意识发展基础上的主动学习，建立在阅读者具有主观动机基础上的积极学习，建立在阅读者掌握一定的策略、方法和技巧上的高效学习，建立在阅读者思维解放中的创造学习。

2. 阅读学习的目的是“读会”和“会读”。阅读学习能够获取知识与信息，但这不是阅读学习的唯一目的。阅读学习要达到的目的是让阅读者“读会”和“会读”。“读会”是对阅读材料透彻地理解，并能够自主迁移；“会读”是说掌握一定的阅读的策略、方法和技巧，并在阅读的过程中根据外部环境及阅读者自身情况做出相应的调节。两者辩证统一，只有“会读”才能“读会”，“读会”了，“会读”的能力就会得到相应的提高。

3. 阅读学习是一种有效学习，也就是一种有效阅读。有效阅读呈现出这样一种情形：阅读者显意识/潜意识中或下意识地把自己的阅读方式方法/过程作为意识对象，加以认知，加以监控，并且能在必要时采取适当的策略去补救、矫正和解决阅读中出现的问题，调节阅读期待的方向和阅读心境，从而达到令自己有所满意/满足的阅读效果①。因而，阅读者阅读学习中的自我学习计划、自我行为监控、自我效能评价等元认知活动就显得极其必要。

第二节　阅读学习研究的意义

正如义务教育课标所指出的：“阅读是运用语言文字获取信息、认识世界、

① 区培民．语文课程与教学论［M］．杭州：浙江教育出版社，2003：99.

发展思维、获得审美体验的重要途径。”阅读对于人类的重要性不言而喻，特别对于正处于学习黄金期的学生而言，意义就更为重大。阅读是一个人的终身行为，因此，学生不能依赖于课堂上教师的阅读指导，而是要自己学会阅读，也就是开展阅读学习。在知识迅速更新的今天，阅读学习研究具有重要意义。

一、阅读学习研究的理论意义

长期以来，尤其是新课程改革以前，很多教师和教育专家过于重视教师对学生阅读的指导，对学生阅读的主体性重视不足，理论研究的重点多放在教师如何指导上，对于学生自主阅读学习关注不够，在一定程度上造成了阅读学习理论研究的缺失。

学生是学习的主体。学生也是阅读的主体。阅读学习研究的重点由传统的关注教师如何指导阅读转变为学生如何学会阅读，如何自主、高效地阅读，关注如何让学生掌握一套行之有效的方法和策略，不用老师教，自会读书，自能读好书。在新课改精神的感召下，已有不少教师意识到阅读学习的重要性，也正在积极探索，但目前的研究成果多为单篇的论文，全面系统的研究不多。本书力求对阅读学习进行系统化、科学化研究，进而丰富和发展语文阅读学习的理论。

二、阅读学习研究的实践意义

理论是为实践服务的。阅读学习研究的主要目的是让学生在当前的学校学习和将来的终身学习中能阅读、会阅读。

（一）阅读学习研究是建设创新型国家的基本要求

国与国之间的竞争已经越来越表现为文化与科技的竞争。一个民族的精神境界，在很大程度上取决于全民族的读书水平。然而，令人感到遗憾的是，我国时下国民阅读率和阅读质量正在下降。2007 年 4 月 27 日《文汇报》中说，在 4 月 26 日中国出版高层论坛上，新闻出版总署署长柳斌杰指出，现在我国全民读书率只有 20%①。

事实证明，国民读书率的高低，对于国家与民族的兴衰成败具有巨大的影响。倡导人人读书，提高国民素质，这是一个国家实现繁荣和富强的重要举措。

---

① 倡导全民阅读的积极意义［OL］. http：//www. tianshannet. com. cn

我们国家正在努力建设创新型国家，而建设创新型国家的基础就是建设学习型社会，开展全民阅读活动，在全社会营造浓郁的学习氛围，让所有人都养成爱读书、多读书、读好书的习惯。在读书中体味人生、感悟生命；在读书中陶冶情操、健全人格；在读书中成人成才、报效国家，这无疑是建设学习型社会最简单、最快捷、最有影响力、最见成效的方式。而目前最急切的一件事就是要让普通大众会读书。阅读学习研究关注阅读的可持续性和延展性，研究阅读的方法和策略，提高阅读的水平和质量，对全民阅读是一种有效的推动。

（二）阅读学习研究是全面实施新课程的必然要求

2001 年 6 月 7 日，教育部印发了《基础教育课程改革纲要》，这是我国基础教育课程改革的一个纲领性文件。它的出台，标志着国家新一轮课程改革的实施已经启动。在《纲要》的基础上，诞生了新的各科课程标准。语文作为基础教育的一门核心课程，在这次的课程改革中，进行了大幅度的改革，强调指出要突出学生学习的主体性，积极倡导自主、合作、探究的学习方式。

阅读学习就是要发挥学生学习的主体性，最终实现“不用教师教，学生自能读书，自会读书”的目标。这和新课改倡导的精神是一致的。

（三）阅读学习研究是学生全面、可持续发展的根本要求

当今时代，是要求人们必须终身学习的时代。21 世纪是“知识爆炸”的时代，知识老化加速，工作更替频繁，社会变化急剧，任何人都不可能一劳永逸地拥有足够的知识，而需要终身不断学习。学习，离不开阅读。课堂上有教师指导的阅读毕竟是短时的、有限的，要实现学生全面和可持续地发展，就需要“授之以渔”。阅读学习把追求学问变成学生自觉自愿的行动，有助于实现增强学生的主体意识，发展学生的主体能力，塑造学生的主体人格。通过阅读学习研究，探究阅读的策略和方法，能够推动学生的自主阅读，让学生自己去获取，去探求，去寻觅，去掌握，从而感受读书的乐趣，激发更强烈的读书欲望，最终形成良好的阅读习惯。

第三节　阅读学习研究的内容

阅读学习研究的内容，可以分为阅读学习基本理论研究与阅读学习实践指导

研究两大方面。

一、阅读学习基本理论研究的内容

阅读学习基本理论研究，就是要通过对阅读学习的系统研究和科学论述，建立阅读学习的基本理论体系。阅读学习研究的基本理论，应包括：阅读学习的含义、价值与地位、功能与目标、历史发展研究，以及阅读学习的能力研究等。

（一）阅读学习研究概述

通过对阅读学习的含义进行廓清，把握阅读学习的内涵；通过对阅读学习研究的意义的阐释，明晰阅读学习研究的重要性；通过对阅读学习研究内容的梳理，理清本书的框架与思路；通过对阅读学习研究方法的概括，明确阅读学习研究的基本方法。

（二）阅读学习的价值和地位

阅读学习的价值是不言而喻的。简言之，人们在阅读学习中能够获得知识、提高能力、开发智力，这是阅读学习的个体发展价值。此外，阅读学习还有精神的教育价值、文化的传承与创新价值、养成教育价值，等等。阅读学习的价值决定了阅读学习在个人成长、语文学习和社会发展中具有重要的无可替代的地位。

（三）阅读学习的功能和目标

通过对阅读学习功能的总结归纳，让我们认识到阅读学习的重要性和必要性；通过对阅读学习不同阶段（义务教育阶段、高中阶段、大学阶段目标与职后阶段）的阅读学习目标分析探究，明确各个阶段阅读学习的任务和方向。

（四）阅读学习的历史发展

有了文字就有了阅读学习，阅读学习的历史源远流长。前人对阅读学习进行了不断的探索和尝试，积累了许多行之有效的经验和方法。对古代、近现代阅读学习目的、内容、特点、经验，对当代阅读学习的要求、发展趋势等问题进行分析，能够为当今的阅读学习提供一定的借鉴和指导。

（五）阅读学习的能力

阅读学习的能力由知识因素、心理因素（包括智力因素、非智力因素）、阅读方法与策略三要素构成，每个要素下辖若干构成部分。对阅读兴趣、理解能力、赏析能力、迁移能力的培养策略的探讨，其实是对提高阅读学习能力的一种实践尝试。

阅读学习基本理论研究是阅读学习研究的基础与前提，只有首先明确阅读学习的相关理论，才能在此基础上进行深入的实践研究。

二、阅读学习实践指导研究的内容

阅读学习实践指导的研究，属于阅读学习方法运用方面的研究。阅读学习实践指导研究是以所有阅读者的阅读学习实践为研究对象，特别关注中小学阶段阅读学习的实践指导。中小学阶段是掌握阅读学习方法的基础阶段和最佳阶段。阅读学习实践指导研究的内容，包括阅读学习的类型和特点、阅读学习的过程、阅读学习的基本理念、阅读学习的基本原则、阅读学习的方式方法、阅读学习的心理及其调控、阅读学习的指导和阅读学习的评价等。

（一）阅读学习的类型和特点

阅读学习的类型按照不同标准有不同的划分。本章节主要依据阅读学习的行为来分类，分别从阅读学习的对象、阅读学习的目的、阅读学习的方式、语文教学性阅读学习四个方面来探讨。在对阅读学习类型划分的基础上，探究阅读学习的特点，以帮助教师根据阅读学习的不同特点展开不同形式的阅读学习指导。

（二）阅读学习的过程

阅读学习是一种复杂的心智活动，存在于一定的过程之中。本章从介绍古今中外学者对阅读学习过程的理论研究成果入手，分析阅读学习过程的内涵和特征，并从系统论的角度对阅读学习过程的要素进行较为系统的概括与研究。

（三）阅读学习的基本理念

阅读学习的理念很多，本章着重阐释文化传承观、个性解读观、品位鉴赏观、体验发现观和信息技术观五个基本理念。不仅对这五个基本理念作出理论解读，更重要的是分别对这五个基本理念的操作策略做了较深入探究，以加强其实践指导价值。

（四）阅读学习的基本原则

阅读学习要遵循继承与创新相结合、接受与发现相统一、广博与精研相结合、自主与合作相结合、学习与运用相结合的原则。本章既对这五大原则作出理论上的阐述，同时，也提出这五大原则的具体操作策略。

（五）阅读学习的方式方法

阅读学习的方式和方法有很多。义务教育课标提倡自主、合作、探究的学习方式，本章对其做出了较为详细的解读。在阅读学习方法方面，除了对阅读学习方法进行理论分析外，还重点提炼了古代、近现代和当代比较有借鉴意义的阅读学习方法，以期对当今的阅读学习提供直接的帮助。

（六）阅读学习的心理及其调控

阅读学习需要关注阅读心理。阅读环境、阅读心绪、阅读动机、阅读情感、文本语境等都是能够影响阅读质量的因素之一。如何调控阅读心理才能保证最佳阅读效果，是人们一直在思考的，进行深入探究仍有必要。

（七）阅读学习的指导

社科类论说文、科技类说明文、现当代文学作品、古代诗文是人们生活中最常见的四种文体，对其阅读学习的指导作较为系统的研究具有重要意义。对于正在兴起的现代媒体的阅读问题进行科学的分析与指导，也是本书的题内之意。

（八）阅读学习的评价

对阅读学习效果进行及时评价，是有效提高阅读质量所必需的。研究其评价特点、原则、内容及方式方法等，能够为阅读学习评价实践提供有益借鉴。

阅读学习基本理论研究和阅读学习指导实践两者不是彼此孤立、截然分开的，而是相辅相成、共同作用。阅读学习基本理论研究中包含着阅读学习实践指导，而阅读学习实践指导研究离不开阅读学习基本理论的支撑。

第四节　阅读学习研究的方法

方法是指为达到某种目的而采取的途径、步骤、手段等，有时还含有策略、窍门、艺术、技巧之意。在人类认识世界和改造世界的活动中，方法起着举足轻重的作用。黑格尔在《逻辑学》一书中说：“在探索的认识中，方法也就是工具，是主观方面的某种手段，主观方面通过这个手段与客体发生关系。”舍弃了方法，人也就丧失了与客体发生关系的工具和手段，也就无法认识客体和解决问题。研究方法的科学性、创造性和适应性，在一定程度上决定着研究工作的质量甚至能够决定其成败。

研究方法林林总总，各方法间相互渗透与融合。这里只阐述本书写作过程中主要用到的几种教育科学研究方法。

一、文献研究法

文献是指记录知识的一切载体，包括图书、报刊、会议资料、各种文件、学位论文、科技报告、专利文献、磁盘、光盘及各种音像视听资料、微缩胶卷、胶片等。文献研究法是指根据一定的研究目的或课题需要，通过查阅文献来获得相关资料，全面而正确地了解所要研究的问题，找出事物的本质属性，从中发现问题的一种研究方法。

文献研究法是研究中最常用的方法，几乎所有的研究，都要先进行文献研究。文献有同类文献和相关文献之分。阅读学习论的同类文献不多，因此，本书所查阅的大多是相关文献，例如，查阅语文教学的相关文献和阅读的相关文献等，然后总结、迁移，用“他山之石”来攻阅读学习论这块“玉”。

二、观察研究法

观察研究法是有计划、有目的地观察研究对象在一定条件下言行的变化，做出详尽记录，然后进行分析处理，从而判断他们心理活动特点的方法。

观察是科学研究最基本的方法，是收集第一手资料的最直接的手段。它可按不同的维度分为不同的类型。

从时间上看，分为长期观察和定期观察。长期观察指研究者在一个较长的时间内连续地进行系统观察，积累资料，加以整理和分析。定期观察指按一定的时间间隔（如每周一次）持续观察，到一定阶段予以总结。

从范围上看，分为全面观察和重点观察。全面观察指在同一研究内对若干对象同时加以观察记录。重点观察则是在同一研究内只观察记录特定对象。

从规模上看，可分为群体观察和个体观察。群体观察指研究者的观察对象是一群体，记录这一群体中发生的各种活动。个体观察又称个案法，是对某一个体做专门观察的方法，这是一种最简单、最直接的研究方法。

《阅读学习论》所运用的观察研究法从时间上看，运用的是长期观察，特别是一线语文教师在教学中长期关注学生的阅读学习情况；从范围上看，主要进行全面观察；从规模上看，主要采用的是群体观察，观察的群体是中小学生，特别是中学生。在群体观察的同时兼用重点观察，对“两端”——阅读学习效率高的学生和阅读学习有困难的学生进行特别观察和记录。

三、经验总结法

所谓经验总结，就是研究者（可以同是实践者）依据一定的价值取向，对某种实践活动进行回溯性的研究，将感性认识上升为理性认识，由局部“经验”发掘其普遍意义，探求事物发展规律的活动。《阅读学习论》主要运用的是教育经验总结法。

教育经验总结法是在不受控制的自然状态下，依据教育实践所提供的事实，按照科学研究的程序，分析概括教育现象，揭示其内在联系和规律，使之上升到教育理论高度，促进人们由感性认识转化为理性认识的一种教育科研方法。总结经验可以总结自己的经验，也可以总结别人的经验。例如，魏书生总结自己的经验写出《班主任工作漫谈》，而武汉大学的黎世法教授，并未教中学，但他同样通过总结优秀学生的学习经验，提出了“六课型单元教学法”。本书编委全部是教学一线的教师，主要是依据自己的教学实践，运用科学的理论加以指导、升华，这就使本书具有很强的现实指导意义。本书也注重间接经验的总结，对同校、同年段、同质学校教师的经验加以选择与吸收，以增强本书广泛的指导性。

四、调查研究法

调查研究法，是指调查者以正确的理论与思想为指导，通过亲身接触和广泛了解（包括口头或书面的，直接或间接的），比较充分地掌握有关研究的历史、现状和发展趋势，并在大量掌握第一手材料的基础上，进行分析综合，找出科学的结论，以指导以后的研究活动。调查研究法一般是在自然的过程中进行。

常用的调查研究法有问卷调查、访谈调查、测验调查等。本书主要采用的是访谈调查和问卷调查。访谈调查即对一线的语文教师和学生进行面谈或座谈来了解当前学生的阅读学习状况。问卷调查，主要是在个别学校进行专门的阅读学习的问卷调查，以获取第一手研究资料。

五、教育统计法

通过观察、测验、调查、实验，把得到的大量数据材料进行统计分类，以求得对研究的教育现象作出数量分析的结果。这是数理统计方法在教育方面的应用。

在教育实际工作中，经常使用描述统计研究情况，如整理实验或调查来的大量数据，找出这些数据分布的特征，计算集中趋势、离中趋势或相关系数等，将大量数据简缩，找出其中所传递的信息。还可进一步使用推断统计法，即利用描述统计取得的信息，通过局部去推断全局的情况。本书针对现实问题做过的一些问卷调查，就是采用教育统计法进行统计分析的。

上述五种研究方法只是最常用的教育方法。除此之外，还可运用实验研究法、个案研究法、行动研究法等多种研究方法。

第二章　阅读学习的价值和地位

阅读是人类发展的第一需要，是人类终生学习必须掌握的技能，是素质教育中最基础、最核心的部分。没有阅读，知识将无从学习和传播，经验（信息）也将无法收集与交流。

手捧一篇文章或一本书，如果不深信它们的价值，就一定没有学习的动力；如果不确信它地位的重要，也就会把它们束之高阁。要使阅读成为人们如饥似渴的学习需要，人们首先就应该明白阅读学习的价值和地位。

第一节　阅读学习的价值

为什么要进行阅读学习？这其实是在质询阅读学习的价值问题。要探究阅读学习的价值，首先要对阅读学习价值的内涵进行廓清。

一、阅读学习价值的内涵

何谓“价值”？这一种概念在哲学和社会学中用来表示客体、现象及其特性，并表示体现出社会理想因而成为应有之物标准的抽象观念。

价值的存在形式有三种。“第一，价值是社会理想，是由社会意识产生的并包含在社会意识中的关于社会生活不同领域中的应有之物的属性的抽象观念。这样的价值可以是全人类的，永恒的（真理、美、正义），也可以是具体历史的（父权制、平等、民主）。第二，价值作为物质文化和精神文化或人类行为的产物客观地呈现出来，这些产物乃是社会价值理想（伦理的、审美的、政治的、法律的等等）的具体体现。第三，社会价值通过个体生命活动的棱镜折射出来，以个人价值的形式加入个性的心理结构之中，这些个人价值乃是个人行为的动机源泉之一。”[①] 这是分别从社会理想、从人类行为与文化的关系、从个体活动心理结构来阐述价值的存在形式。

马克思曾指出：“‘价值’这个普遍的概念是从人们对待满足他们需要的外界物的关系中产生的。”文本（文章、文学）阅读的价值即“指阅读主体和阅读客体之间需要和满足的关系”[②]。这是学者们依据马克思的哲学原理，对文本阅读含义的揭示。

据此，我们认为，价值是指评价事物有益程度的尺度。阅读学习的价值是指人们在从事阅读的认知和学习行为活动时，阅读文本的客观属性极大地满足了阅读者的主观需要，使阅读者意识到这种认知和行为对个体的发展产生积极的影响和价值定向，这种价值定向通常在进行阅读学习活动的过程中形成，并在个人的目的、理想、信念、兴趣、态度等方面表现出来，这就产生了阅读的价值。

对阅读学习价值的理解有三个值得注意的问题：

1. 阅读学习价值与阅读者的心理需要有密切的关系。因为价值不是事物的自然属性，而是劳动产品在社会交际中对人的需要的某种满足。阅读学习的价值是因读物的客观属性满足了学习者的多种心理需求，才充分体现出它的价值。

2. 阅读学习价值对阅读者会产生价值定向。这是说学习者充分意识到阅读学习的过程是一个积淀知识，内化素养，潜移默化为精神动力，凝聚外化为物质财富的过程，它对自身、对社会能产生积极的、全面的、长远的影响，从而更坚定阅读的认知和促进阅读的行为。

3. 阅读学习价值要通过阅读的言——意——物实现，并在各个方面作用于阅读者。

二、阅读学习的价值

明确阅读学习的价值，其实是回答“为什么阅读”的问题，这是解决阅读学习的目的和阅读学习的动力问题。那么，阅读学习到底有什么价值呢？我们认

---

① A. B. 彼得罗夫斯基，M. T. 雅罗舍夫斯基．心理学辞典［M］．赵璧如等，译．北京：东方出版社，1997：168.

② 曾祥芹，韩雪屏．阅读学原理［M］．河南教育出版社，1992.

为，阅读学习有个体的发展价值、精神的教育价值、文化的传承与创新价值、养成教育价值，等等。

（一）阅读学习的个体发展价值

人从呱呱落地就努力寻找一条最迅速、最优化、最有效的路径，以求得个体的全面发展、自我完善和脱颖而出，而阅读学习无疑是公认的人们成长的助推器和快捷方式。我们说阅读学习有个体发展的价值，是指阅读客体和阅读活动本身对阅读主体在获得知识、形成能力、开发智力等方面有不可低估的作用。

1. 在阅读学习中获得知识

知识是人类在改造世界的社会实践中所获得的对客观事物认识和经验的总和。汗牛充栋的文本，积累了浩如烟海的知识，它记录了社会几千年发展的历史轨迹，闪烁着人类聪明才智的光芒，它是人类一切精神文明和物质文明成果的结晶。这些知识有对太空宇宙、海底世界、矿藏森林、冰川河流的探索，还有对人类演变、基因突变、基本粒子、毛细血管的研究，有改朝换代的战争、迁都移疆的浩荡、歌舞升平的祥和，还有意识思维的争斗、乡野习俗的迥异、七情六欲的渲泄等，可以毫不夸张地说，大到“嫦娥奔月”的宇宙探月计划和实现和谐社会，小至纳米、芯片、超导的开发利用和良好习惯的养成，甚至有非现实的幻想、超现实的夸张、转瞬即逝的美梦、未来世界的憧憬等。文本世界包罗万象，文本领域无奇不有，它囊括了人类自然科学和社会科学的所有知识。

培根说：“知识就是力量。”人的成长过程是个不断汲取知识、创造知识和财富的过程，汲取知识是创造知识和财富的前提，它是一个基础工程，是个蓄力的过程。阅读学习，可以使学习者上下几千年，纵横几万里，领略万象奇观，认识大自然的千姿百态，游刃有余地掌握自然和社会运行的法则；阅读学习，可以使学习者眼观六路，耳听八方，便捷地吸纳已有成果，站在巨人的肩膀上开拓新领域，摘下新成果；阅读学习，可以使学习者尝遍人生酸甜苦辣，观赏天下奇山异水，亲历社会天翻地覆，结交世间良师益友。在阅读学习中，学习者会与英雄豪杰共同振臂驰骋或视死如归，会与史学家们一起喝彩欢呼或扼腕长叹，会与科学家们一道沉浸于实验的探究，会与文学家们一同徜徉于人物的画廊。

总之，阅读学习，使学习者在饱览书香之时，能明社会盛衰兴替之理，懂自然周而复始的规律，解无穷无尽个“哥德巴赫”之谜，思万事万物的和平共处之法，达到真正获得自然、社会、思维等领域知识的目的。

2. 在阅读学习中提高能力

能力是指能胜任某项任务的主观条件和心理特征，即顺利完成某种活动所必须具有的素质和特质，是人们在学习、工作、生活和一切社会实践活动中表现出来的本领、技能和智能的总和①。阅读学习是从认读文字形式到进入思想内容的理解过程，在阅读学习中，不断形成和提高各种能力。

阅读学习，能培养和提高阅读理解能力。阅读理解能力是指通过对作品整体内容和形式的分析、综合、概括、归纳，能够对作品所表现的思想内容和作者意图达到本质认识的能力。阅读者在阅读学习过程中不断地进行着阅读材料的理解的训练，久而久之，阅读理解能力就会不断提高。

阅读学习，能培养和提高语言表达能力。语言表达能力是指在口头语言（说话、演讲、作报告）及书面语言（回答申论问题、写文章）的过程中运用字、词、句、段的能力。通过阅读学习汲取语言表达的方式方法和技巧，从而有效地提高语言表达能力。

阅读学习，能培养和提高审美评判能力。审美是一种在感化、陶冶中使其素质和品格升华的教育，是一种“发现”美之后而产生愉悦并乐于亲近、乐于接受的教育。许多阅读材料都蕴含着“美”的教育，特别是文学作品，可以说有文学就有美学，文学美学并存。阅读学习不仅是接受知识的过程，更是一个受到美的熏陶、提高审美素养和能力的过程。

阅读学习，能培养和提高想象和联想能力。爱因斯坦说过：“想象力比知识更重要，因为知识是有限的，而想象力概括着世界的一切，推动着进步，并且是知识进化的源泉。”想象力是一种创造性思维。大部分阅读学习的材料，特别是文学作品，在进行阅读学习时必须以自己的经验，凭借想象来还原并充实作品的意境的形象，才能比较深刻感受作品的内蕴。阅读学习的过程就是不断联想和想象的过程。

阅读学习，能培养和提高思维能力。“学而不思则罔”，学起于思，思源于疑。思考是学习的灵魂，只有通过深入思考，才能了解文章作者的用意、思路、艺术手法。典范的语言作品，是语言艺术的精华，其中总要反映出作者观察的敏锐、分析的精辟、推理的周密、想象的新奇、联想的丰富等。阅读者阅读学习的

① http：//forum. home. news. cn/thread/69795995/1. html

过程就是寻找作者思维轨迹的过程。在这个过程中激发思维火花，去思考、辨析、探索、研讨，那么自然有助于思维能力的提高。阅读学习过程中，思维能力是潜滋暗长的一种能力。

总之，阅读学习能够开阔眼界，提高思维想象能力，增进想象创造力，锻炼思维逻辑能力等，更是培养和提高阅读者多项能力的重要途径。

3. 在阅读学习中开发智力

智力是人们认识客观事物并运用知识解决实际问题的能力。智力开发，即培养人的智力以提高劳动者素质的活动。基本内容是提高人的观察力、记忆力、想象力和思维能力。苏霍姆林斯基说："让学生变聪明的方法，不是补课，不是增加作业量，而是阅读、阅读、再阅读。"心理学研究也表明：构成智力的几个极重要的因素——注意、想象力以及对自己的认知活动的主动控制和调节能力，都可以通过阅读而得到训练和提高。

美国教育家施道弗研究证明：阅读时用于眼球移动的时间仅占5%，其余95%的时间用于思维。有关科研机构根据大量跟踪调查研究得出结论：大凡是文理兼修、学习轻松的中学生，都是在小学就养成了良好的阅读习惯，对于课外书籍有着浓厚兴趣的人。人的大脑好比待垦的荒地，广泛的高品位的阅读，使它成为热土，只有在这样的沃野里，才有可能长出参天的智慧之树，结出丰硕的知识之果。

阅读学习有利于智力的开发，还可以用大脑科学的知识来佐证。人的大脑由左脑和右脑组成。左脑负责语言文字，右脑负责想象联想。左右脑协调作用的时候，智力发展最好。阅读学习，既要分析句子，同时也要想象和联想。也就是调动左脑和右脑共同作用。

所以，苏霍姆林斯基在《给教师的一百条建议》一书中说："我从来没有、一次也没有给这样的学生（后进生）补过课，那种补课的目的就是让学生学会在正课上没有掌握的教材。我只教他们阅读和思考。阅读好比是使思维受到一种感应，激发它的觉醒。"① 人的智力正是在不断阅读学习的过程中逐步增长的。

（二）阅读学习的精神教育价值

读史使人明智，读诗使人灵秀，数学使人缜密，科学使人深刻，伦理学使人庄重，逻辑修辞之学使人善辩：凡有所学，皆成性格。义务教育课标提出："语

---

① B. A. 苏霍姆林斯基. 给教师的一百条建议［M］. 周蕖等，译. 天津：天津人民出版社，1981.

文课程还应通过优秀文化的熏陶感染，促进学生和谐发展，使他们提高思想道德修养和审美情趣，逐步形成良好的个性和健全的人格。”阅读学习要关注学生思想道德修养和审美素养的提高，即阅读学习的精神教育价值。

1. 在阅读学习中提高道德修养

歌德说：“读一本好书，就是和许多高尚的人谈话。”读书，能涵养品德、陶冶情操，是因为我们凭借书本跨越时空，能在人类的精神殿堂内寻找财富，用最美好的东西濡染我们的精神。

在阅读学习中陶冶情操。情操（sentiment），是以人的社会需要为中介，以某种思想和社会价值观念为中心的高级情感。它是由情绪、情感和思想观念等复杂心理成分综合形成的。张英在《聪顺斋语》中说：“闲散无事之人镇日不读书，则起居出入身心无所栖泊，耳目无所安顿。势必心意颠倒，妄想生嗔。”一本好书能使阅读者在思想情操方面获得许多启迪和陶冶，唤起阅读者对真善美的追求与赞美，对假恶丑的憎恨和批判。

许多优秀作家在自己的作品中寄托了自己的社会人生理想。如屈原在《离骚》中寄托了忧国忧民、振兴楚国之情，表达了“路漫漫其修远兮，吾将上下而求索”的坚定信念以及“虽体解吾犹未变兮，岂余心之可惩”的不屈不挠的奋斗精神；而从杜甫的“穷年忧黎元，叹息肠内热”（《自京赴奉先县咏怀五百字》）到岳飞的《满江红》词，从文天祥的“人生自古谁无死，留取丹心照汗青”（《过零丁洋》）到鲁迅的“寄意寒星荃不察，我以我血荐轩辕”（《自题小像》），又都洋溢着一种为民族、为人民献身的强烈的爱国主义热情。再如雨果的《悲惨世界》《巴黎圣母院》等伟大作品，始终高扬着一种博大的人道主义精神。这些作品都有很高的思想价值。阅读学习让我们体验到更加丰富广阔的人生，如阴阳和谐、天人合一，以人为本、仁义道德，闲适风雅、韬光养晦，淡泊名利、宁静致远，有所为有所不为等人生观与价值观。通过阅读学习，在阅读与体会中不断地重铸自己。

在阅读学习中涵养品德。具有高尚的品德是做人的根本。党的十四届六中全会《决议》明确指出：“必须加强青少年思想道德教育，帮助他们树立远大理想，培养优良品德。”我国古代文论十分强调文学的道德教化作用，西方从柏拉图时代起也有强调文艺的道德教化功能的长期传统，都是因为文学潜移默化地向阅读者灌输一定的道德倾向，比耳提面命的伦理说教要有效得多。在许多作品中，常常或多或少渗透着一定的道德倾向，因而具有一定的道德价值。

浩瀚的书籍，是人们汲取爱国主义精神，进行理想教育取之不尽用之不竭的源头。涵养品德，可以通过阅读学习来进行。

2. 在阅读学习中提升审美素养

《普通高中语文课程标准（实验）》（以下简称高中课标）在语文课程的“基本理念”中提出：“语文具有重要的审美教育功能，高中语文课程应关注学生情感的发展，让学生受到美的熏陶，培养自觉的审美意识和高尚的审美情趣，培养审美感知和审美创造的能力。”这就明确了语文学习肩负着审美教育的使命，肯定了审美教育作为素质教育一部分的重要地位，具体指出了在语文学习特别是阅读学习中审美能力培养的核心所在。

阅读学习中的审美，就是指发现、感受、评价和欣赏作家在作品中所表现的艺术美。阅读学习是通过感性化、感情化的审美意象意境来满足阅读者的审美需求。这种满足方式，通过感性化途径而达到超越纯感官享受的精神性愉悦。

在阅读学习中感受美。感受是一切认识活动的基础，感知在审美活动中十分重要，语言本身虽然是抽象的、扁平的，但创作或文学作品都是具体可感的、立体的。作家在创作时总是披情入文，文中的思想感情是通过作家塑造的丰富的艺术形象来表现的。阅读材料中的审美内容丰富多彩。作者通过美的语言、人物、构思、结构等，为我们塑造了美的形象、意境。月色朦胧的荷塘、虚无缥缈的海市、喷薄欲出的红日，大海上的狂风暴雨，戈壁滩上的沙漠驼铃……事实证明，优美的艺术形象可以匡正粗欲或妄动，壮美的艺术形象可以激起人们战斗的激情。长期接受文学作品的熏陶和感染，大量的美的感受就会产生强烈的向往美、追求美的心理倾向和表达美、歌颂美的愿望[①]。

在阅读学习中鉴赏美、评判美。作品是作者按照自己的审美理解对审美对象进行审美评价，把自己对生活的态度，对未来的理想，对事物的爱憎，浸透在所表现的对象之中。在阅读时，要深入到审美理解和审美评价中去，认识事物的本质，从而进入更高一层的理性审美活动阶段，成为审美感受、审美理解和审美情感相互协调统一的心理功能。即“遇见一个作品，我们只说：‘我觉得它好’还不够，我们还应该说出我何以觉得它好的道理”。如读史铁生的《我与地坛》，我们不能不为文中弥漫着的沉郁的人生况味、闪烁着的澄明的智慧之光

① 阅读与审美［OL］. http：//www. lyyihe. com

所震撼。作者笔下的地坛，沉寂冷落，萧瑟幽深，“荒芜但并不衰败”，一种浓烈的氛围，萦绕在我们的心间，挥之而不去。由此折射的那醇厚博大的历史沧桑和喧嚣不已、生生不息的生命意识更让人灵光突现，感悟到一种生存的内涵，一种生活的底蕴。

在阅读学习中创造美。要在感受美、鉴赏美和评价美的基础上，能创造出优美的作品，美化自己的生活，在家庭、学校和社会活动创造美的环境，表现出良好的文明行为和高尚的精神风貌。正如美学大师朱光潜所说，“每人所能领略到的境界都是性格情趣和经验的返照……读一首诗便是再造一首诗”。

由此可见，阅读学习是一个接受审美教育的过程，在阅读学习中应注重发展自己的审美能力。

（三）阅读学习的文化传承与创新价值①

广义的文化是指人类在社会历史发展过程中所创造的物质财富和精神财富的总和。狭义的文化指意识形态所创造的精神财富，包括宗教、信仰、风俗习惯、道德情操、学术思想、文学艺术、科学技术、各种制度等。

人类之所以能由动物演进至能意识自我的社会主体，主要是靠文化作为陶冶材料。这些材料中大部分是先前人类的知识和经验，像知识、信念、传统、习俗等人类结晶都能在前人的著作中一窥其底蕴。人类文化就是通过阅读而代代相传的。对民族文化而言，阅读学习不仅起到了继承和延续的作用，而且还是缔造新文化的起点。

1. 在阅读学习中吸收中国博大文化

在阅读学习中传承与创新中国传统文化。以儒释道融合为一体的中国传统思想文化博大精深。《论语》《庄子》《孟子》以及后世无数经典著作无不在阐释、修正、补充、发展这一思想文化。只有凭借阅读学习，才能对其进行学习、吸收并创新。借助阅读学习，传统思想文化中的经世思想、老庄思想，就会渐渐融化在一个人的血肉里，并在其身上体现出来。

在阅读学习中传承与创新中国物质财富。中国乃至世界的名胜古迹、古器物、古建筑很多，现在都成为旅游资源。借助对有关文字的阅读学习，就可以深入研究这些物质文化的内涵，进而深入了解乃至发扬光大。

① 窦爱君．阅读——文化之流［OL］. http：//www. lesun. org

2. 在阅读学习中吸收世界优秀文化

在世界文学宝库里，有许多中国的经典文学作品，也有许多外国的名篇名著，它们像一颗颗瑰丽的宝石，在世界文化遗产的精神家园闪烁着耀眼的光芒。阅读这些作品，我们既能与文学大师进行交流，又能了解与吸收不同国家的多元文化，使我们一生受益。

正是借助阅读学习，文化才得以发展。所以，拥有文化并实现文化的创新，必然成为所有时代和所有阅读学习活动的重要目的。

（四）阅读学习的养成教育价值

阅读学习的养成教育，就是培养阅读者良好阅读行为习惯的教育。阅读习惯的养成，对自己是个人修身益智的终生大事；对于一个国家、一个民族，则是关系国家前途、民族命运的国家大事。良好的阅读习惯，不是顺其自然就可以形成的，必须在阅读学习的实践中反复练习才能最终形成。

在阅读学习中养成读书的习惯。读书的习惯是一种特殊的行为倾向。要想养成读书的习惯，就应多读书，读好书，即进行广泛的阅读学习。在阅读学习中发现书的妙用，认识到读书的重要意义，从而自觉养成读书的习惯。

在阅读学习中养成思考的习惯。“心惟口诵，读思结合”是我国传统的教育方法。古人说，“学而不思则罔，思而不学则殆”，“思而得之则深”，这是对读书规律的深刻总结，值得借鉴。书本上的东西是别人的，要把它变为自己的，这就离不开思考；书本上的知识是死的，要把它变为活的并为我所用，同样离不开思考。因此，阅读学习的过程中必然进行着思考活动，或是超前悬思，或是读中深思，或是读后反思。久而久之，思考就会变成为一种习惯。

在阅读学习中养成识记的习惯。识记，即通过反复感知的过程，借以形成比较巩固的暂时联系。它是记忆的必要前提。要提高记忆效果，首先必须有良好的识记。识记可以分为无意识记和有意识记两类。阅读学习中总是进行着识记活动。一般说来，获得型阅读学习主要进行有意识记，而消遣型阅读学习则主要进行无意识记。在阅读学习中，可以通过勾画、圈点、摘抄等方法增强识记的效果。

阅读学习还可以养成观察的习惯、积累的习惯等。在阅读学习中要自觉养成良好的阅读习惯，抵制不良习惯。

此外，阅读学习还具有心理平衡价值、社会干预价值、交流价值、经济价值等。这些价值如“水中溶盐”，匿而不露，却对人们产生着潜移默化的巨大影响。

第二节　阅读学习的地位

海子说“书籍是童年时期最好的玩伴”，哲人说“书是全人类的精神食粮”。阅读学习不仅在个人发展中占有重要地位，对语文课程的学习，乃至社会的发展都有巨大的推动作用。

一、阅读学习在个人成长中的地位

阅读学习是一项长期的、日积月累的、潜移默化的精神活动。阅读学习既是一个人了解世界和思考世界的过程，又是一个人心灵自我观照的过程，即通过阅读来反省自我、提升自我，从而养成内省和深思的习惯，因而，它对于人的成长与发展至关重要。

阅读学习有利于阅读者精神境界和智慧水平的提高，阅读学习是一种巩固学习成果丰富知识的有效手段。阅读学习不仅拓宽了阅读者的知识视野，还增强了阅读者思维的敏捷性，同时还丰富了阅读者的知识储备，使阅读者从中汲取精华。阅读学习有助于阅读者价值观、人生观、世界观的改造和形成，有助于提升阅读者的人文素养，有助于塑造和健全阅读者的人格，有助于阅读者的生命发展。阅读学习还有助于阅读者的职业发展。社会的发展和科技的进步给每个岗位提出了更高的要求，阅读者应结合自身发展需要不断读书学习和提高，读书越多，知识的实用性和应用性就越高，对工作帮助就越大。阅读学习还可以调适心情，放松精神，缓解学习生活中的压力。尤其阅读学习一些消遣性图书便可得到精神陶冶和美的享受，同时还能在轻松愉快中获取知识、充实人生。

阅读学习是人类增长知识、提升学识、提高个人修养、增加个人魅力和完善自我与品格的最好路径。阅读学习对于一个人的成长有百益而无一害，具有无可替代的地位。

二、阅读学习在语文课程学习中的地位

苏霍姆林斯基说：“阅读是学习之母。”从一定程度上来说，阅读学习也是语文学习之母。语文学习分为识字与写字、阅读、写作、口语交际与综合性学习五

个领域，语文学习的五个领域都离不开阅读学习。

阅读学习在语文识字写字学习中具有重要地位。义务教育课标提出，义务教育阶段要认识3500个左右常用汉字，能正确工整地书写汉字，并有一定的速度。第一学段（1~2年级）要求认识常用汉字1600个左右，其中800个左右会写。如此大的识字写字量如何才能保证学习的质和量？阅读学习就是一条有效的途径。当前大部分语文教材都体现了在阅读中识字写字的思想。阅读学习能够增强识字写字学习的趣味性与有效性，从而提高识字写字学习的质量。

阅读学习在语文阅读学习中具有重要地位。此句中的第一个阅读学习是指广义的阅读学习，既包括课内阅读学习，也包括课外阅读学习。第二个阅读学习则专指课内的阅读学习。语文义务教育课标在总目标和分目标中都强调要有独立的阅读能力。阅读能力的培养离不开课内的阅读学习，更离不开课外阅读。只有做到了课内与课外的广泛阅读学习，才能切实实现“具有独立阅读的能力，学会运用多种阅读方法。有较为丰富的积累和良好的语感，注重情感体验，发展感受和理解的能力”这一阅读学习的目标。

阅读学习在语文写作学习中具有重要地位。阅读学习是内化，写作是外化；阅读学习是积累，写作是运用；阅读学习是延伸，写作是提高。广泛的阅读学习使学生思维活跃、感情丰富，并在潜移默化中掌握了写作方法，积累了大量的语言、词汇。语文教育家叶圣陶先生说过：“阅读是吸收，写作是倾吐，倾吐能否合乎法度，显然与吸收有密切联系。”阅读学习还可以影响个人的情感态度和价值观，个人的思想和观点一旦形成势必会影响下一步的写作活动。可见，阅读学习与写作之间有着密不可分的关系，只有广泛阅读学习，才能积累语言，才能提高语言的表述能力和接受能力，由读到写，由写到读，相依相生，相得益彰。

阅读学习在语文口语交际学习中具有重要地位。义务教育课标指出：“口语交际是听与说双方的互动过程。教学活动主要应在具体的交际情境中进行，不宜采用大量讲授口语交际原则、要领的方式。”著名特级教师李吉林曾说：“语言的发源地是具体的情境，在一定的情境中产生语言的动机，提供语言的动机，提供语言的材料，从而促进语言的发展。”学生在真实或模拟的情境中进行交际训练，才能取得最佳效果。文本的故事性本身就具有较强的情境性，在文本的情境中自然训练口语交际，比单纯的口语交际课刻意创设情境要优越有效得多。

阅读学习在语文综合性学习中具有重要地位。语文综合性学习是一种以课题探究为形式，以实践活动为载体，将各种学习内容、学习目标、学习方式等进行整合，通过学生自主合作的探究过程来提高学生语文素养和语文实践能力的一种语文学习方式。综合性是语文综合性学习的重要特征，即在读书、写作、调查、研究等多种学习活动中提高语文素养。阅读学习既是语文综合性学习的重要组成部分，同时，还是语文综合性学习的重要途径。无论是学习前的准备，学习中的实施，还是学习后的总结都需要借助阅读学习，才能保证语文综合性学习的成效。

总之，阅读学习贯穿于语文学习的始终，在基础教育语文课程中有着不容置疑的重要地位。

三、阅读学习在社会发展中的地位

阅读学习既是一种个人行为，更是一种社会风气，从一定意义上讲，全民阅读学习水平是衡量一个国家社会文明程度的重要标志。前苏联著名文学家高尔基说过“书籍是人类进步的阶梯”，这句名言形象地说明了阅读学习对人类社会发展所起的作用。

改革和创新是经济与社会发展的两大动力，阅读学习可以为改革和创新提供理论基础、知识基础和科学技术。阅读学习将为中华文化的复兴提供不竭的动力，并为中华民族的伟大复兴提供长期稳固的文化基础和核心价值观。我们的前人在认识世界和改造世界的过程中，积累了丰富的经验。只有通过广泛的阅读学习，“站在巨人的肩膀上”，才能在继承前人经验和了解最新科学技术资料的基础上，以更加高远的立意找到改革和创新的途径，掌握改革和创新的能力或技术，有所前进。发展经济的关键是生产力，而作为生产力的人必须是有知识、有能力的人，这就决定了阅读学习直接关系到生产力的发展水平和人的素质的高低。

当今世界已进入知识经济时代，大量信息不断涌入我们的视野，新科学、新技术日新月异，掌握了先进知识就掌握了先机和主动权，也就拥有了生存和发展的话语权，否则就会落后。综合国力的竞争就是国民素质的竞争，就是知识、学识和创意的竞争，就是文化与科技的竞争。在这种情况下，只有不断扩大阅读范围和提高阅读能力，只有用马克思主义理论中国化的最新成果武装思想，用现代科学技术推动发展，才能又好又快地发展经济，在社会主义现代化建设中发挥更大的作用。

当今社会，终身教育和学习型社会的理念正被世界各国广泛接受，深刻地影响着各国教育改革的理论和实践，影响着人们的生活和行为方式，国力竞争已开始变为软实力的竞争，文化教育、创新精神等软实力的作用日益突显，中华民族的腾飞也必将以知识作为巨大的动力。因此，我们必须重视阅读学习，提高全民阅读水平。

第三章　阅读学习的功能和目标

中国新闻出版研究院2011年4月21日在北京发布了“第八次全国国民阅读调查”结果①。结果显示，我国国民对阅读作用的重要性认知程度较高，69.1%的国民认为当今社会阅读对于个人的生存和发展来说“非常重要”或“比较重要”。(如图1所示)

图1　我国国民对阅读重要性的认知

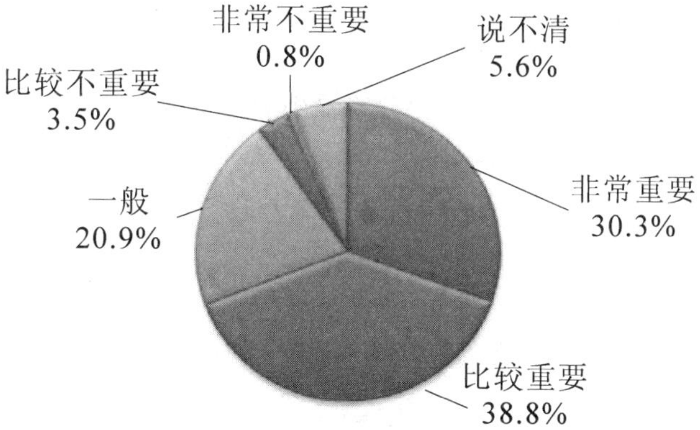

另外一项大学生阅读状况的调查显示②，92.2%的学生认为大学期间阅读是重要和比较重要的。由此可以看出，人们对阅读重要性的认知程度普遍较高。但

① “第八次全国国民阅读调查”十大结论［OL］. http://www.chinaxwcb.com/2011—04/22/content_220503.htm

② 杭州大学生阅读状况调查［OL］. http://www.xilingbook.com/hydt35_2.html

在调查中还发现[①]，学生在阅读中最主要的困惑是不知道读什么书和不知道怎么读，比例分别是46.4%和31.8%。也就是说，虽然许多人已经认识到阅读的重要意义，但会阅读的人为数不多，对阅读学习的重视还不够。因此，我们有必要对阅读学习的功能和目标加以理清，从而引起人们对阅读的根本——阅读学习的重视。

第一节　阅读学习的功能

授之以鱼不如授之以渔。如果说阅读材料是“鱼”的话，那阅读习惯的养成和阅读方法的习得则是“渔”，而阅读学习则是“授之以渔”的过程。之所以要“授之以渔”，是因为其自身具有的重要功能。阅读学习的功能主要表现在以下几个方面。

一、帮助阅读者掌握阅读方法

前面的一项调查显示，阅读中最主要的困惑之一是不知道怎么读，也就是没有掌握阅读的方法。阅读学习的基本内容之一就是习得阅读的方法。正确的阅读方法是有效阅读的保证。阅读得法，则事半功倍；相反，则事倍功半。古今中外，许多杰出的大家在读书时，都是很讲究读书的方法和技巧的。事实证明，凡是读书有成效的人，都很重视读书的方法和技巧。

快速阅读法在这个信息快速更新的社会，被越来越多的人所采用。快速阅读需要掌握以下几个方法[②]。

第一，看书扫视法。要读得快，就要眼睛看得快。要养成以词句为单位的整体性阅读的习惯，学会合理扫视，纠正按“字”阅读、默读时动嘴、眼动没有规律等不良习惯，逐步扩大“视知觉广度”。用“扫视法”训练速读的方式很多，例如可用卡片、幻灯或个人电脑来展示词组、句子、句群，在规定时间内要求每个学员尽量地扫视，然后回答。如先展示“白求恩同志是加拿大共产党员，五十

① 杭州大学生阅读状况调查［OL］. http：//www. xilingbook. com/hydt35_ 2. html

② http：//baike. baidu. com

多岁了，为了帮助中国的抗日战争，受加拿大共产党和美国共产党的派遣，不远万里，来到中国”，然后问学生“什么人、什么事、什么地方、什么原因、怎样来的”等问题，要学生回忆这些句子，同时也使他们明白记叙文章的五个要素，进而全面掌握扫视法，自如地用整篇（段）文章进行扫视训练。

第二，看书搜索法。即在看书时能快速找到所需文章目录、文章重点或你对文章所关心的部分。可以用提要法进行训练。掌握段意最方便的办法是抓“主句”，也就是抓住说明全段主要意思的句子。例如《崇高的理想》一文中第五自然段开头一句：“理想问题，实际上是一个人的世界观问题。”这就是主句。其次，要能够迅速抓住文章的脉络。例如《卓越的科学家竺可桢》一文是按逻辑顺序来安排的，文章从五个方面表现竺可桢同志在向科学高峰进军中不辞劳苦、鞠躬尽瘁的革命精神和严肃认真、一丝不苟的治学态度。

第三，速读中心法。就是要求能迅速找到所看书本或文章的中心思想。有的文章，标题就说明了中心思想（如《要造成一种民主空气》），有的在文章开头或结尾点明中心思想（例如《讲讲实事求是》《为了六十一个阶级弟兄》），有的则通过主要事件来表达中心思想，只要根据主要事件，就能很快确定中心思想（例如《荷花淀》《反割头税的斗争》）。

第四，速读概括法。通过快速阅读看清书籍或文章的内容提要，迅速把握文章主要脉络和大意。有的是写情节提要（如《“老虎团”的结局》），有的写中心论点和分论点（如《民族的科学的大众的文化》）。有的可制图表（如《人类的出现》）。根据不同的阅读材料和学生的不同特点，提出不同的要求。

第五，速读提问法。看书与做事一样如果想要好的效果，在开始必须有明确的目标和看书指向，即需要向书中了解和掌握什么东西，记忆什么内容，特别是在面临考试复习时看书，目的性就更要明确。这样看书时我们就容易形成带着问题去看书和复习课文的习惯，往往会事半功倍。叶圣陶先生说过，“善于读书的人，一边读下去，一边自然会提出一些问题和题目来”。在速读时，可提出一些问题，带着问题开展阅读。例如教《实践是检验真理的唯一标准》时可提问：为什么说检验真理的唯一标准是社会实践？有些文章的内容，可由自编一些题目来概括。例如《崇高的理想》一文就可以编出一系列的问题：什么是理想？为什么说理想是有社会性、阶级性的？什么是伟大的理想？为什么说实现共产主义是我们最崇高最伟大的理想？

掌握阅读方法，是阅读学习的重要功能。

二、促进阅读者养成阅读习惯

一个人能否顺利地走进书中的世界，读出内心真正渴望读的内容，培养读书的乐趣非常重要；而乐趣的养成，又与我们的读书习惯不无关系。叶圣陶先生就曾说过，“养成好的阅读习惯，一辈子受用，养成不好的阅读习惯，一辈子吃亏”。从当前阅读的实际情况来看，许多阅读者在阅读过程中并没有懂得阅读习惯的重要性，没有养成好的阅读习惯，有些甚至还存在一些不良的阅读习惯（见表1）。这样不仅会严重地影响其阅读的效果，妨碍阅读能力的提高，而且对知识的汲取、个性的完善是极为不利的。阅读学习应注意引导阅读者发现并改正自己的不良阅读习惯，重视良好阅读习惯的养成，从而提高阅读的质量和效果。

表1　青少年阅读习惯得分的总体分布①

	总人数	最高分	最低分	平均分值	sd
阅读思考	339	50.00	11.00	29.09	6.80
记忆联想	339	35.00	10.00	23.74	4.52
查工具书	339	33.00	11.00	21.10	3.99
圈点批划	339	30.00	6.00	17.65	5.05
不良阅读习惯	339	40.00	11.00	26.65	5.09

良好的阅读习惯可以增强阅读能力，提高阅读效率。良好的阅读习惯一般应包括多思考、勤动笔的习惯。在阅读过程中，要善于发现问题，并通过深入思考和认真分析，自己解决问题。同时，要养成做各种类型的读书笔记的习惯，如摘抄要点、制作卡片、做读书笔记等。要养成使用工具书的习惯，既要养成查阅字典、词典的习惯，也要学会利用多种媒体搜集和处理信息。还要养成阅读卫生习惯，阅读时要注意光线、位置、姿势，注意情绪的调节，注意环境的适应，等。

三、实现阅读者独立阅读

依赖老师或者参考书进行阅读是现在学生阅读学习的流弊之一。阅读是一种个人行为，只有主动自觉地阅读，才能培养独立的阅读能力。语文新课程改

① 葛明贵，贾艳贤．青少年阅读习惯调查分析［J］．巢湖学院学报．2010（12）．

革鼓励学生进行独立自主的阅读，自主选择阅读材料，自主理解文本意义。义务教育课标明确表示“阅读是学生的个性化行为”，要“鼓励学生自主选择优秀的阅读材料”。高中课标则表示要“发展独立阅读能力”，要“注重个性化的阅读，充分调动自己的生活经验和知识积累，在主动积极的思维和情感活动中，获得独特的感受、体验和理解”。义务教育课标提出，九年课外阅读总量应在400万字以上。高中课标要求高中阶段的学生课外自读文学名著（五部以上）及其他读物，总量不少于150万字。有教师指导的课堂阅读的时间十分有限，因此，独立阅读是每个阅读者必须具备的能力。阅读学习应重视并引导阅读者进行自我学习计划、自我行为监控、自我效能评价等元认知活动，进而实现有效的独立阅读。

四、提升阅读者的人文素养

人文素养的灵魂，是“以人为对象、以人为中心的精神”，其核心内容是对人类生存意义和价值的关怀，这就是“人文精神”。人文素养的最典型标志是人文精神。人文精神泛指人文科学体现出的对人类生存意义和价值的关怀，人文精神追求人生美好的境界、推崇感性和情感，着重想象性和多样化的生活，使一切追求和努力都归结为对人本身的关怀。

在当代教育追求的目标中，十分重要的方面是“不断充实精神生活，完善自我人格，提升人生境界”（高中课标）。阅读学习不仅要传授阅读方法和技巧，而且要注意引导阅读者通过对语言文字的鉴赏与品读受到美好情感和高尚情操的濡染，引起阅读者对人的尊严、价值、命运的维护、追求和关切，对人类遗留下来的各种精神文化现象的高度珍视，对一种全面发展的理想人格的肯定和塑造。

第二节　阅读学习的目标

阅读学习目标，是阅读者在阅读学习中预期达到的学习结果和标准。目标越明确、越切合自己的实际情况，其学习行动的每一次努力就越能获得成功。明确并确立科学的阅读学习目标是每位阅读者的首要任务。

一、阅读学习目标的作用

心理学家认为，人们一旦有了明确合理的学习目标，就会以极大的热情为实现这个目标而努力奋斗，即使是遇到困难和挫折，也能够坚持不懈；有了明确合理的学习目标，就会获得为实现目标而努力的动力，不断地激励自己朝着目标前进，而且越接近目标，这种动力会越强越大。阅读学习的目标，作为阅读学习行为的起始和归宿，在阅读学习过程中具有导向、激励、调控、评价等作用。

（一）导向

阅读学习目标犹如航海时的灯塔，对阅读学习起到指引和导向的作用。有人打过形象的比喻：没有目标的学习像是饭后散步，有明确目标的学习像是运动会上的赛跑。阅读学习也一样，没有目标的阅读学习往往导致阅读学习的随意和松散，阅读学习的效果很差，甚至会半途而废；相反，确立了具体可行的阅读学习目标，阅读者就会明确阅读学习的方向，并自觉地、有意识地向着目标迈进。

（二）激励

心理学上把目标称为诱因。由诱因诱发动机，再由动机到达成目标的过程称为激励过程。阅读目标作为诱因对阅读者的积极性起着强烈的激励作用。越是认识阅读学习目标的价值，目标实现的可能性就越大，则目标越能激发阅读者阅读学习的信心与决心。它激励阅读者自觉地、积极地参与阅读学习活动。在阅读者实现了一个又一个具体的目标时，目标给予阅读者满足感和自信心，并促使人们向更高的目标进发。另外，阅读学习目标在阅读者遭遇困难和挫折时给予阅读者信心和希望，

在人们遭遇困难和挫折时正是目标赋予了人们力量，勇敢地迎接挑战和克服困难。当人们接近奋斗目标时，目标给人们以鼓舞，增加人们的工作热情。

（三）调控

阅读目标的调控作用是指阅读者能够通过阅读学习目标衡量和检查自己的学习情况，纠正阅读学习执行过程中的偏差，抑制不符合目标的其他需要，以确保既定的方向和目标的实现。因此，阅读学习的过程中，阅读者要不断对照目标审视自己的行为。对于那些背离目标的行为，要及时发现并纠正；对于那些对目标

达成有促进作用的行为，则要坚持和加强。

（四）评价

阅读学习目标，是阅读者在阅读学习中预期达到的学习结果和标准。因此，阅读学习目标可以作为评价阅读学习成效大小、质量高低的标准与尺度。阅读学习的评价标准只有与阅读学习目标一致，才不会导致评价方向的偏离。

二、阅读学习的目标

有位哲人说过，“有了目标，内心的力量才会找到方向，茫无目标的飘荡终归会迷路，你内心那座无价的金矿，也终因不开采而与平凡的尘土一样”。一个人无论他现在的年龄有多大，真正的人生是从设定目标开始的。阅读学习也一样，阅读学习要想取得实效，首先需要了解各阶段阅读学习的目标，然后对照阶段目标制定计划，开展有计划的学习。

（一）义务教育阶段阅读学习的目标

义务教育课标在语文课程目标中提出了阅读的总目标和阶段目标。

1. 义务教育阶段阅读的总目标

具有独立阅读的能力，学会运用多种阅读方法。有较为丰富的积累和良好的语感，注重情感体验，发展感受和理解能力。能阅读日常的书报杂志，能初步鉴赏文学作品，丰富自己的精神世界。能借助工具书阅读浅易文言文。背诵优秀诗文240篇（段）。九年课外阅读总量应在400万字以上。

2. 义务教育阶段阅读的阶段目标

义务教育阶段的阅读阶段目标分为四个学段，学段目标循序渐进、螺旋上升。主要体现在阅读能力的逐步提高，阅读方法的逐步掌握，阅读量的逐步增加，阅读知识的不断拓展，阅读的兴趣、习惯、情感态度和价值观的逐步形成等几个方面。如下表①：

① 语文课程的目标及分析［OL］. http://hi.baidu.com/zqx100/blog/item/8e1a8472ce42db158601b0fd.html

目标内容		第一学段（1～2年级）	第二学段（3～4年级）	第三学段（5～6年级）	第四学段（7～9年级）
阅读能力	朗读能力	学习用普通话正确、流利、有感情地朗读课文。	用普通话正确、流利、有感情地朗读课文。	能用普通话正确、流利、有感情地朗读课文。	能用普通话正确、流利、有感情地朗读课文。
	默读能力	学习默读。	初步学会默读，做到不出声、不指读。	默读有一定的速度，默读一般读物每分钟不少于300字。	养成默读习惯，有一定的速度，阅读一般的现代文每分钟不少于500字。
	理解能力	结合上下文和生活实际了解课文中词句的意思。阅读浅近的童话、寓言、故事，对感兴趣的人物和事件有自己的感受和想法，并乐于与人交流。诵读儿歌、儿童诗和浅近的古诗，展开想象，获得初步的情感体验，感受语言的优美。	能联系上下文，理解词句的意思，体会课文中关键词句表达情意的作用。能初步把握文章的主要内容，体会文章表达的思想感情。能对课文中不理解的地方提出疑问。能复述叙事性作品的大意，初步感受作品中生动的形象和优美的语言，关心作品中人物的命运和喜怒哀乐，与他人交流自己的阅读感受。诵读优秀诗文，注意在诵读过程中体验情感，展开想象，领悟诗文大意。	辨别词语的感情色彩，体会其表达效果。阅读叙事性作品，了解事件梗概，能简单描述自己印象最深的场景、人物、细节，说出自己的喜爱、憎恶、崇敬、向往、同情等感受。阅读诗歌，大体把握诗意，想象诗歌描述的情境，体会作品的情感。阅读说明性文章，能抓住要点，了解文章的说明方法。阅读简单的非连续性文本，能从图文等组合材料中找出有价值的信息。	在通读课文的基础上，理清思路，理解、分析主要内容，体味和推敲重要词句在语言环境中的意义和作用。欣赏文学作品，有自己的情感体验，初步领悟作品的内涵，从中获得对自然、社会、人生的有益启示。对作品中感人的情境和形象，能说出自己的体验；品味作品中富于表现力的语言。阅读简单的议论文，区分观点与材料（道理、事实、数据、图表等），发现观点与材料之间的联系，并通过自己的思考作出判断。阅读新闻和说明性文章，能把握文章的基本观点，获取主要信息。阅读科技作品，还应注意领会作品中所体现的科学精神和科学思想方法。阅读由多种材料组合、较为复杂的非连续性文本，能领会文本的意思，得出有意义的结论。诵读古代诗词，阅读浅显文言文，能借助注释和工具书理解基本内容。注重积累、感悟和运用，提高自己的欣赏品位。
阅读的过程与方法		学习默读；借助读物中的图画阅读。	初步学会默读，做到不出声，不指读。学习略读，粗知文章大意。	在阅读中了解文章的表达顺序，体会作者的思想感情，初步领悟文章的基本表达方法；学习浏览，扩大知识面，根据需要搜集信息。	能较熟练地运用略读和浏览的方法，扩大阅读范围；能运用合作的方式，共同探讨分析、解决疑难问题；能利用图书馆、网络搜集自己需要的信息和资料，帮助阅读。

目标内容	第一学段（1～2年级）	第二学段（3～4年级）	第三学段（5～6年级）	第四学段（7～9年级）
阅读的知识	认识课文中出现的常用标点符号。在阅读中，体会句号、问号、感叹号所表达的不同语气。	在理解语句的过程中，体会句号与逗号的不同用法，了解冒号、引号的一般用法。	在理解课文的过程中，体会顿号与逗号、分号与句号的不同用法。	在阅读中了解叙述、描写、说明、议论、抒情等表达方式；了解诗歌、散文、小说、戏剧等文学样式；随文学习基本的词汇语法知识；了解常用的修辞方法；了解课文涉及的重要作家作品知识和文化常识。
阅读积累的过程与数量	在阅读中积累词语，积累自己喜欢的成语和格言警句；背诵优秀诗文50篇（段）；课外阅读总量不少于5万字。	积累课文中的优美词语、精彩句段，以及在课外阅读和生活中获得的语言材料；背诵优秀诗文50篇（段）；课外阅读的总量不少于40万字。	背诵优秀诗文60篇（段）；课外阅读总量不少于100万字。	课外阅读总量不少于260万字，每学年阅读两三部名著；背诵优秀诗文80篇（段）。
阅读的兴趣、习惯、情感态度和价值观	喜欢阅读，感受阅读的乐趣；养成爱护图书的习惯；阅读浅近的童话、寓言、故事。向往美好的情境，关心自然和生命；积累自己喜欢的成语和格言警句。	体会文章表达的思想感情；关心作品中人物的命运和喜怒哀乐；养成读书看报的习惯。	敢于提出看法，作出自己的判断；阅读叙事性作品，说出自己的喜爱、憎恶、崇敬、向往、同情等感受；阅读诗歌，想象诗歌描述的情境，体会作品的情感；受到优秀作品的感染和激励，向往和追求美好的理想。	养成默读习惯；欣赏文学作品，能有自己的情感体验，从中获得对自然、社会、人生的有益启示；对作品中感人的情境和形象，能说出自己的体验；阅读科技作品，领会作品中所体现的科学精神和科学思想方法；诵读古代诗词，提高自己的欣赏品位。

3. 义务教育阶段阅读学习的目标

义务教育课标提出的阅读的总目标和阶段目标既是阅读教学的目标，同样也应该是阅读学习努力的方向。通观阅读的总目标和阶段目标，我们可以将义务教育阶段阅读学习的目标总结如下：

（1）激发阅读兴趣。兴趣是最好的老师，对阅读有兴趣，就会为阅读者持续阅读和提高阅读能力提供一种内驱动力，为阅读者阅读的可持续发展奠定良好的基础。义务教育阶段阅读学习的首要目标是激发阅读者的阅读兴趣，产生阅读的不竭动力，让阅读者喜欢阅读、好读书，并能在不断的阅读中摸索学习的方法，从而获得学习的成功。

（2）培养阅读习惯。叶圣陶老先生非常重视习惯的养成，他说，“能力不是一会儿就能够从无到有的”，只有“历练到成了习惯，才算有了这种能力”。阅读也一样，良好的阅读习惯能促使阅读者自觉、持久地进行阅读实践，从而内化为阅读能力。义务教育阶段的阅读学习要重视学生阅读者阅读习惯的养成，除了养成喜爱阅读、经常读书外，还包括学习用普通话正确、流利、有感情地朗读课文，学习默读，做到不出声、不指读，以及喜欢读书、爱护读书等。

（3）掌握阅读方法。法国的物理学家朗之万在总结读书的经验与教训时深有体会地说：“方法的得当与否往往会主宰整个读书过程，它能将你托到成功的彼岸，也能将你拉入失败的深谷。”有无正确的阅读方法，阅读效果是大不一样的。语文新课改十分重视对于学生阅读方法的指导，义务教育课标在总目标中明确提出要“学会运用多种阅读方法”。在各阶段分目标中，分别提出了各种阅读方法的目标和要求。第一学段（1~2 年级）对朗读、默读、诵读分别提出初级目标；第二学段（3~4 年级）对默读的目标要求提高，更注重诵读过程中的情感体验，增加略读的目标；第三学段（5~6 年级）对默读提出阅读速度的要求，进一步强调通过诵读的语调、韵律与节奏等来体验情感；第四学段（7~9 年级）再进一步提高默读的目标，要求养成默读的习惯，对略读提出熟练运用的更高要求。这四个学段的阅读目标循序渐进，逐渐提高难度和要求，具有连贯性和层进性的显著特点。默读、略读、浏览等阅读方法，能联系上下文、自己的生活实际及积累理解文章，体会感情……这些方法，能有效提高阅读的质量和独立阅读的能力。阅读者要以阅读实践活动为纽带，把掌握阅读方法的过程与提高独立阅读能力的过程有机结合起来。此外，在阅读的类型和方式上，要注意把自主性阅读与合作探究性阅读、接受性阅读与创造性阅读、理解性阅读与欣赏性阅读有机结合起来。

（4）提高阅读能力。“教是为了不需要教”，早在 30 年代初，叶圣陶就曾鼓励失学青年自学，1962 年又指出：“在课堂里教语文，最终目的在达到不需要教，使学生养成这样一种能力，不待教师教，自己能阅读打基础。”学校的阅读教学，不可能把一切知识传授给学生，只有使学生获得“自能读书”的能力，养成终身读书的习惯，成为“读书人口”，爱读书、会读书才能在知识经济时代立足，在“阅读社会”迈步。因此，使学生人人都把“自能读书”当成是阅读学习的理想目标。基本的阅读能力，就是要能够正确并有创见地解读文本，包括理解词句、理清条理、归纳中心、体会感情、把握思路等等。

（5）丰富阅读积累。丰富积累，不仅对提高学生的阅读能力，而且对促进学生的全面发展和终身发展有着极其深远的意义。义务教育课标在“教学建议”的阅读部分指出："要重视培养学生广泛的阅读兴趣，扩大阅读面，增加阅读量，提高阅读品位。提倡少做题，多读书，好读书，读好书，读整本的书。"通过多读，积累大量的感性语言材料，才能逐渐形成良好的语感。并对此做出了明确规定："九年课外阅读总量应在400万字以上。"小学阶段的具体目标是：第一学段"不少于5万字"，第二学段"不少于40万字"，第三学段"不少于100万字"，第四学段"不少于260万字"。同时对阅读的数量也做了规定，还要求阅读品种要多样。不仅要读文学作品，而且要读科技、历史、哲学方面的书。从文学角度来看，不仅要读散文、故事、童话、寓言，而且要读诗歌、戏剧、小说等。不仅要读中国的作品，而且要读世界各国的作品；不仅要读中国现代的作品，而且要读中国古代的作品。多读，是我国学习语文的传统经验，通过反复的涵咏体会文章，才能"有较为丰富的积累和良好的语感注重情感体验，发展感受和理解的能力"。

（6）发展个性，受到熏陶。义务教育课标中对各学段的阅读学习的情感目标做出了规定，如在第一学段的阅读目标中，"阅读浅近的童话、寓言、故事，向往美好的情境，关心自然和生命"。第二学段"关心作品中人物的命运和喜怒哀乐"。第三学段"说出自己的喜爱、憎恶、崇敬、向往、同情等感受"，"受到优秀作品的感染和鼓励，向往和追求美好的理想"。第四学段则从欣赏文学作品的角度，要求"有自己的情感体验，初步领悟作品的内涵，从中获得对自然、社会、人生的有意启示"，"阅读科技作品，还应注意领会作品中所体现的科学精神和科学思想方法"。"教学建议"中指出："阅读教学应在主动积极的思维和情感活动中，加深理解和体验，有所感悟和思考，受到情感熏陶，获得思想启迪，享受审美乐趣。"阅读是阅读者与文本相互作用，构建意义的动态过程，是思维碰撞和心灵交流的过程。阅读学习不仅要提高学生的阅读能力，更要让学生乐于阅读，对阅读产生兴趣，进而在阅读中获得情感的熏陶，在潜移默化中培养高尚的道德观念和健康的审美情趣，形成正确的价值观和积极的人生态度。

（二）高中阶段阅读学习的目标

现行高中课标将语文课程目标表述为五个方面：积累·整合、感受·鉴赏、思考·领悟、应用·拓展、发现·创新。阅读学习应该视此为总的培养方向和目标，在这五个方面促进高中生健康、全面地发展，为他们构建有意义的和充满活力的人生。同时，也应把高中阅读学习作为沟通基础教育与高等教育的桥梁，衔接高中教育和大学教育，以帮助学生实现从高中到大学的顺利过渡。

在上述培养方向和目标下，阅读学习目标可以从以下三个方面来表述。

1. 拓展知识和思维空间，促进语文实践能力的发展

阅读学习要拓展高中生的知识和思维空间，使学生在中西文化、文理学科的相互交叉、渗透和整合中开拓视野，形成现代社会所需的语文实践能力。

书籍是知识的宝库，阅读是摄取知识的基本途径之一。高中生主要是通过阅读积累知识。高中语文新课程标准推荐的书目涉及自然科学、社会科学等各种知识。阅读学习不仅学习与语文相关的知识，而且还要积累语文学习以外的广博知识，打开生活视野，吸收见解经验，深化知识层次。

语文实践能力是指以阅读实践能力为中心的包括听、说、读、写在内的实践能力，是激活语文学习的潜能、达到"真正理解并学以致用"的能力，它的核心指向"真正理解并学以致用"。加德纳指出："他或她若能把任何教育背景下所获得的知识、概念和技能应用到这些与知识确实相关的新事件或新的领域内，那么他就具有真正的理解和学以致用的能力。"① 为达成"真正理解并学以致用"，阅读学习培养的阅读实践能力应是这样一种能力：能在阅读中形成独特的阅读策略和阅读体验，促进知识的内化和迁移以及心智的成长；能对阅读内容做出公正、合理的评断；在阅读中进行对话和交流，解决实际问题，使听、说、写有所凭借和依托。

2. 养成自己学习、随时阅读的习惯，促进终身学习和可持续性发展

"学会学习，学会生存"是未来社会对我们提出的要求，也只有会学习的人才可能有持续的发展。叶圣陶先生对中学生寄予厚望，希望中学生能养成两种好习惯，也就是"自己学习，随时阅读"的习惯。这两种习惯不单是对中学生有益，对一个人一生的成长都有重大意义。因此，在阅读学习的过程中，首要的是养成这两种习惯，做一个主动、积极的学习者。

"自己学习，虽不限于看书，从实际事务中历练，对具体事物的观察、推究、实验，都是自己学习的方法。可是书中积聚着古人今人的各种经验，收藏着一时难以找到手的许多资料，对自己学习的人来说，书是必须发掘的宝库。"② 自己学习，养成不待他人指定和要求，自己能随时根据需要和兴趣阅读内容丰富、体裁各异的书籍的习惯，终身以书籍为师，这样的习惯才真正受益。学生运用在阅读学习中形成的阅读技巧和语文实践能力达到艺术的高度，形成多种能力：敏锐的

① 转引自梅汝莉．多元智能与教学策略［M］．北京：开明出版社，2003：23.

② 张定远．重读叶圣陶·走进新课标：教是为了不需要教［M］．武汉：湖北教育出版社，2004：246.

观察、灵敏可靠的记忆能力，开拓充分想象空间的能力，训练有素的分析能力，随时省思的能力。从阅读的技术、技巧上升到阅读的能力和艺术，这样的过程有赖于学生“自己学习，随时阅读”的习惯的养成。对于个人的终身学习和可持续发展来说，也有赖于这种良好习惯的养成。

3. 形成情感、态度、价值观，提升人文素养和个性品质

人文素养对于个人来说意味着可以锤炼身心、塑造完美人格。因而对于有着丰厚人文素养的个人来说，健康个性和完美人生也才更有可能。

在高中阅读学习过程中，以书籍蕴涵的丰富的人文因素引领高中生从不同角度思考与自然、社会、人生有关的深层次问题以及与真、善、美有关的问题，对人与社会、人与自然、人与人的关系进行思考和反思，对自然世界、人类世界、自我世界进行思考和反思，使自我意识充分觉醒，真正领悟到“人之所以为人”的真谛。在这过程中学生也可以提升诸如兴趣、理想、信念、世界观、能力等个性品质，使个体得到健康、和谐地发展，也就是在阅读学习中形成自己的情感、态度和价值观，形成自己的判断力和辨别力。

三个目标的关系是递进关系，形成层级发展，能力和素养逐步推进，逐渐达成阅读学习的完整目标。

（三）大学阶段阅读学习的目标

大学阶段阅读学习目标应该体现出德才同步发展及接受知识与发展能力相统一的阅读观念。从现实情况看，大学生的阅读目标应包括以下内容。

1. 扩展知识

通过阅读学习，从文献中直接获取一定的必要的知识，从而帮助其完成学业，最终形成与其学历层次相适应或超越其学历层次的知识结构，以及与其个人特长发展或未来的社会职业预期相适应的知识结构①。具体包括：牢固的文化基础、扎实的专业知识、必要的社会生活知识。

2. 提高技能与方法

通过阅读学习，分析、模仿、借鉴文献中所提供的理论与方法论，以及解决问题的策略、具体方法，逐渐改变以往的思维方式，形成发现、认识与解决各类相关问题的技巧和能力，形成知识创新的意识和能力，以适应学习、科研和今后

① 崔景贵. 知识经济挑战与大学生心理素质教育［J］. 青年研究. 1999（1）.

工作的需要。

3. 促进社会化

通过阅读学习，将其所能接受的文献中体现出来的思想意识和道德规范内化为自己的思想，进而自觉地改造自己的主观世界，形成一定的思想水平和心理特征，从而完成自身的社会化。

4. 获得审美体验

通过发展个体的审美意识、审美感受能力（鉴赏力）、审美创造能力，以形成较高的审美素质，获得充分的审美体验。通过阅读学习，满足自己的兴趣需求，产生美的享受，以及使自己的身心得到愉悦，缓解因紧张的学习与竞争环境给自己带来巨大的精神压力。

（四）职后阶段阅读学习的目标

随着知识更新速度的越来越快，学校所学的知识很快被新知识取代，因而从学校走入社会后的成人仍需要不断的阅读学习，才能跟上时代发展的步伐。职后阅读学习的目标带有明显的目的性。

1. 获取知识和技能

通过阅读学习获取与工作和生活密切相关的知识和技能。这一阶段的阅读学习与大学阶段的阅读学习的知识与技能目标不同，这一阶段的阅读学习多是围绕自己的工作和学习而开展的比较“专一”的学习。

2. 提高修养

通过阅读学习从优秀作品中汲取营养，开阔视野，丰富知识，陶冶情操，从而提高阅读者的文化底蕴和文化修养。

3. 愉悦心情

现代社会，工作节奏加快，压力加大，人们希望能通过各种方式放松、消遣自己，以减轻工作带来的压力。阅读学习是一种有效的调节剂，能够调适心情，放松精神，缓解工作和生活的压力，使人获得休闲和愉悦。

三、阅读学习的基本内容

（一）接受知识与信息

人类所获得的知识与信息大部分来源于书籍，它囊括了道德、伦理、法律、生活、文学、艺术等各个方面的内容，涉及了世上所有的一切主观及客观存在的东西。一个人的精神成长史就是他的阅读史，一个民族的精神境界取决于国民的阅读水平。读书，是万事之基，也是素质教育的基本途径。阅读是人们获得和聚积知识的主要途径，要丰富自己的知识，获得经验和学问，就必须认真阅读书籍。

阅读学习就是阅读者在开放的环境中，充分发挥主体作用，通过阅读相关材料（含纸质材料和电子材料）掌握阅读策略、阅读方法和技巧，养成良好的阅读习惯，提高阅读效率的过程。接受知识与信息，不是阅读学习唯一的内容，但却是阅读学习最基本的内容。阅读者通过阅读学习可以获得生活、工作、休闲等方面的一切知识与信息。

（二）习得阅读的方法与技巧

达尔文说过："最有价值的知识是关于方法的知识。"阅读学习的根本内容和目的不在于知识和信息的传递，而是方法和技巧的传授与指导。在阅读学习的实践中可以不断习得阅读的方法与技巧。特别是前人总结出的许多行之有效的阅读方法，可以直接指导我们的阅读实践。

阅读方法按照不同标准有不同的分类。按照目的的不同，可分为浏览性阅读、理解性阅读、鉴赏性阅读、借鉴性阅读、探究性阅读。从阅读学习的过程来看，可以分为预读、通读、复读。根据阅读学习培养目标的侧重点不同，可以分为朗读、默读、精读、略读、诵读、记读、浏览和查阅学习，等等。

阅读也是需要技巧的。例如先看目录能够很容易理解整本书的内容；关注阅读材料的逻辑结构，看完一本书，尝试把书的思维导图画出来；再如，弄懂一本书的"关键字"。所谓的"关键字"是在一本书里面以比较高的频率被使用的重要用语。"关键字"出现的部分必须作为重点来阅读。

（三）培育阅读习惯与兴趣

良好阅读习惯与浓厚的阅读兴趣对于阅读者全面发展具有深远的意义，它不仅能使阅读者在阅读实践活动中获得大量的知识、信息以及前人的经验教训等等，还能促使阅读者在由阅读能力的发展基础上衍生出来的诸如举一反三、自主探索、质疑问难等能力的发展，从而使阅读者的综合素质在潜移默化中得到发展。阅读习惯与兴趣并不是自然而然就能形成，而是需要有意识的培育才能实现。阅读学习关注阅读习惯的培育与激发。

良好的阅读习惯包括：经常去书店和图书馆，手不释卷，专心致志，做摘抄、画重点，读、写、思相结合，爱护书籍，善于使用工具书，姿势正确，善于交流心得，等①。

（四）优化阅读计划与过程

凡事预则立，不预则废。阅读也一样。科学的阅读计划和统筹过程能使我们事半功倍。制定阅读计划并合理调配阅读过程也是阅读学习的重要内容之一。

阅读计划的好坏直接关系到阅读学习的成败。阅读既要有长期规划，又要有近期安排。阅读计划首先要明确具体，计划越具体，指导性越强。阅读计划要切合实际，要能够“跳一跳才能摘到桃子”，即有一定的目标空间。阅读计划要及时调整，如果实践表明计划不现实，或者近期有特别的任务要完成，计划就得调整。

阅读，还要做到过程最优化。阅读顺序如何安排、时间如何分配、结构如何设置，都要加以认真思考。

① 请家长和孩子共同读一读：你有哪些好习惯？［OL］. http：//www. 17xing. com.

第四章　阅读学习的类型和特点

类型是由具有共同特征的事物所形成的种类。我们要全面认识某一事物的方方面面，把握这一事物的本质属性，对它进行科学研究，分门别类是前提，也是最基本的研究方法。本章将阐述阅读学习的几种基本类型，分析阅读学习类型各自的特点，以为学习者提供参考。

第一节　阅读学习的类型

我们平常所见的阅读分类，有从文章的表达方式分类的记叙文、议论文、说明文，有从语体分类的白话文与文言文，有从虚构与写实分类的文学作品与实用文体，有从文章内容的角度分类的文学文本、科学文本和一般文本，有从思想倾向分类的革命的、进步的与反动的、落后的，有按阅读者年龄分类的少儿读物、青年读物、老年读物，有按地域分类的中国读物与外国读物等，分类标准可谓五花八门，各种分类都有自己的理解和分类规律。

本节我们主要依据阅读学习的行为来分类，分别从阅读学习的对象、阅读学习的目的、阅读学习的方式、语文教学性阅读学习四个方面来研究。

一、按阅读学习的对象分类

定向，是阅读学习要解决的第一步。因为阅读是一种指向性非常明确的活动，它以读物为对象，任何阅读活动都是依据阅读对象展开的。读物整体上规范和制约了阅读者的阅读学习活动的行为方式，不同的读物对象，学习的内容和学习的方式方法都不同。下面主要从语体、文体和内容三层面，对阅读学习行为作一大致分类。

（一）白话文本与文言文本的阅读学习

按汉语言读物的不同语体，我们可以把阅读学习对象分为白话文本与文言文本两大类。

白话文以现代汉语为基本规范，它书面语言的构词方式、词语含义、语法规则、修辞运用、逻辑思维等的表达与日常生活的口语相近。它冷僻字词少，明白如话，浅显易懂，阅读学习的障碍相对较少，难度较小。与文言文相比，阅读学习白话文，有如顺风行船，轻松畅快。为此，我们可以采用速读、跳读、略读、浏览等方法进行。

文言文由于书面语与口头语严重脱离、与日常生活严重脱节，由于时代久远，语言的音、形、义的演变，如词义有消失与增长、扩大与缩小、强化与弱化、同形异义等变化，还由于语法的规律不同，因而显得艰涩冷僻、佶屈聱牙，使一般阅读者在认读和理解时会有“背着一块石板在剧场里看戏”的感觉，容易产生学习疲劳和学习困难。

不仅如此，要学习文言文，还要懂得一些古代的文化常识。古代文化知识的范围相当广泛。大致说来，举凡天文地理、科举职官、礼仪习俗、姓名称谓以及人们衣食住行、器物用具等诸多方面都属于文化常识。就某一门类来说，也有相当复杂的内容，而且随着历史的发展，这些内容本身也在不断发展演变，这就更增加了它的复杂性。比如，对人的称谓，就有这样几种情况：一是直称姓名，二是称字、号、斋名、谥号，三是称官名、爵名，四是称籍贯，五是称兼称。如，“余在史馆，闻翰林天台陶先生言博鸡者之事”，这里“翰林”是官名，“天台”是地名，“陶”是称姓。此外，由于人们的身份、关系不同，尚有谦称、敬称等其他称谓。

这样看来，要掌握祖国博大精深的民族文化，就要先学习“芝麻开门”的文言文的“破译”“解密”方法，有了打开知识宝库的钥匙，才能登堂入室。

（二）实用文本与文学文本的阅读学习

按读物对象的体裁分，我们可以把阅读分为实用文体阅读学习与文学作品阅读学习。

所谓实用文体，就是用写实的手法记录作者的所见所闻、所感所思，或抒发作者真实的情感体验，或为了人际交往，满足工作、学习、生活实际需要而写的文章。它一般指记叙文、议论文、说明文、抒情文以及各种各样的应用文。

所谓文学文本，就是作者通过非写实的手法，以语言文字为工具形象化地反映客观现实的艺术作品，它包括戏剧、小说、诗歌、散文等。

实用文本阅读学习与文学文本阅读学习的差异主要表现为：

1. 两者的阅读目的不同。实用文本阅读学习是以认知为目的，它通过阅读，获得某种知识或信息，扩大视野，了解世界，认识真理。文学文本阅读以审美为目的，通过阅读，让人获得美的愉悦和享受。

2. 两者的判断标准不同。实用文本阅读学习往往以功利判断、知识判断、是非判断、真伪判断等科学或实用的价值为标准鉴别读物的内容。文学阅读主要是审美判断，它有“形象”“意境”等特定的审美范畴。

3. 两者的思维方式不同。实用文本阅读主要通过判断、推理、分析、综合等抽象思维形式获得对文章内涵的理解。文学作品阅读学习必须调动自己的情感，将文字符号转化为一幅幅生动、鲜明的图画，通过形象思维获得对读物的美感①。

4. 两者的学习方法不同。实用文本阅读学习以采用接受性学习为主，间接地从阅读中接受前人的已有成果，实践经验、历史教训，从而增长知识。而文学文本的“空白点”和“未定点”，需要阅读者阅读学习时运用想象与联想，采用发现法，进行创造性阅读学习。正由于此，一千个读者就有一千个哈姆莱特。

（三）科学文本的阅读学习

从读物的内容特点的角度，可以把阅读分为纯文学文本阅读、科学文本阅读和一般文本阅读。因前面已经从文体分类谈了纯文学文本和实用文本的阅读学习，为避免重复，这里就只谈科学文本的阅读学习。

科学文本的阅读学习对象分为纯科学文本、准科学文本和泛科学文本的阅读学习。

1. 纯科学文本的阅读学习

纯科学是指纯粹地、单一地、不含杂质地反映自然、社会、思维等的客观规律的分科的知识体系。纯科学文本主要包括研究自然界各种物质和现象的科学领域的学术论著及教科书，比如物理学、化学、动物学、植物学、矿物学、生理学、数学等，以及它们下面的二级、三级、四级学科。

此外，还包括各学科之间有相同、有不同、有重复的一些交叉学科、边缘学科、综合学科，它既有自然科学中各级学科的交叉与重合，如工程技术学科、计

① 曾祥芹，韩雪屏．阅读学原理［M］．河南：河南教育出版社，1992：346.

算机教学用书的阅读学习，也有自然科学和人文科学之间交叉与重合，例如数理逻辑、教育统计学等的阅读学习。

纯科学文本的阅读学习要把握以下几大特点：

（1）实事求是的科学态度

纯科学文本主要描述的是人们通过科学研究所揭示的自然规律或原理。所以，它描述的对象是客观存在的，内容是确定的，数据是真实的，结论是验证过的，这是纯科学文本最起码的要求。学习者能从中感受到作者求真务实的态度和追求真理的科学精神。

（2）精确贴切的语言表达

纯科学文本的语言朴实无华，追求用简明的语言、精练的句式，准确无误地阐述客观规律或原理。它不用润色，不能矫饰，不许浮夸。实然判断一定是既成的事实，全称判断就“一个也不能少”，正在进行中的不能下“已然”的结论，着手准备的设想中只能用“可能”的推想等等。它特别注意用词范围，精心筛选词语，不允许信口开河、浮想联翩、瞎说一气。

（3）严谨缜密的逻辑结构

纯科学文本作者的思路严谨清晰，逻辑性强，结构依序展开，知识结构紧密。如果阅读学习纯科学文本，尤其是自学这类文本，那么我们就会知道，在这个阅读过程中你要做的只有理解和接受。你必须用心去理解每一个词所表达的准确含义，甚至一个标点符号，因为它所说的每一个字都是有用的，你不能跳读，也不能略读。

（4）成果共享的可重复性

人们对自然规律和原理所作出的研究结论，一旦公布，被确认为是科学真理，那么，就成果共享，人类共有。所以，纯科学文本还有一个非常重要的特点——可重复性。“你的数据、证明或试验等必须能够被他人重复，如果不能被他人重复，你的准确性就可能存在问题，就会受到质疑。可重复就意味着可验证，这正是自然科学科学性的要求之一。因此，纯科学文本必须有唯一正确的理解，不允许一千个读者造就一千个哈姆莱特。”①

2. 准科学文本的阅读学习

准科学文本是指程度上虽然不完全够得上科学，但可以作为某类科学知识看

① 余彤辉．也谈创造性阅读［J］．中学语文教学．2005（5）：12.

待的文本，主要指科普作品。科普作品虽然同纯科学文本一样，它的“文本所指”一般是确定的，但它的使命是普及科学文化知识，它的阅读者大多数是青少年以及不了解这方面知识的广大群众，这就决定了科普作品不宜使用生疏冷僻、令人费解的专业术语，也不宜采用严格规整的科学文体，而要尽可能地采用阅读者喜闻乐见的形式，生动活泼的语言，满足阅读者的阅读要求，达到科学普及的目的。说它是“准科学”，主要是从语言和形式的角度看差异比较大。

但是不同科普作者创作的作品也有比较大的差异。有的语言表述上倾向于严谨，有的语言灵活俏皮，含有更多的文学性，如法布尔用拟人手法写的《蝉》。阅读准科学文本与纯科学文本的方法截然不同，阅读学习时我们要做到：

（1）辨体、辨表达。学习准科学文本要能迅速辨别该文本是用什么文体形式，侧重以什么表达方式来写的。是以说明为主的介绍，或以记叙为主的说明，还是以描写为主的概述，抑或是以文艺手法讲述的故事。并注意把这些表达方式与纯文学文本和实用文本的表达方式相区别。

（2）抓特征，作比较。准科学文本不管采用何种表达方式，都是为了让阅读者认识该事物，所以，它们或说明该事物的特性、结构、功用，或介绍该事物的习性、生活规律、生存状况，或说明该事物的产生、变化、发展趋势等。而认识事物最好的方法是抓住事物的特征，并把它与其他事物作比较，阅读学习时要善于运用这方法，以求了解事物的本质属性，以丰富科学知识。

（3）观察想象，培养兴趣。科学知识的增长，除来自书本、广播、电视和网络的听读之外，还来自生活经验、社会实践。准科学文本的阅读学习除学习科学知识外，还为了培养对科学的兴趣，激发求知的欲望。所以，中小学语文文本中都有观察想象的要求，如人教版七年级上册31课《飞向蓝天的恐龙》课后的研讨与练习二是“恐龙飞向蓝天的演化过程是怎样的呢？我们来根据课文想象一下，再用自己的话有条理地说一说”。

3. 泛科学文本的阅读学习

“泛”原意是“一般地”“肤浅地”的意思。这里是指“泛化”的意思。今天，“科学”一词的含义已经极大地泛化了，几乎所有的学科都宣称自己是科学。我们这里指的泛科学文本，是指传统的人文学科学术论著（包括教科书），例如哲学、政治、经济、法律、军事、文化、历史、地理、环境、美学、神学、语言学、文艺学、教育学、心理学、学习学、伦理学、逻辑学、社会学、统计学、人口学、公共关系学、人际交往学、系统论、控制论、信息论等等。这些学科在理论上主要追求逻辑上的自圆其说，虽然也有概念，但是对概念的定义远不如自然科学来得严密。

依据泛科学文本的这些属性和特性，我们在阅读学习时要做到：

（1）锤炼理性思维

以研究人类社会各种文化现象为己任的人文学科，是从社会关系和社会现象中抽象出来的，它具有高度的概括性和综合性，它对阅读学习者的思维要求较高，如果没有较好的理性思维能力、逻辑判断推理能力，就难以理解和接受，更别提创造了。像关于世界观学说的哲学，是对自然知识和社会知识的高度概括和总结，它是我们认识事物的基础和先导，如果阅读者用读文学作品的形象思维来学习，那就很难理解哲学的根本问题——思维和存在、精神和物质这些关系问题，也搞不清唯心和唯物两大对立派别的根本区别了。所以，泛科学文本的阅读学习过程其实是锤炼理性思维的过程。

（2）学会批判思考

学会批判是培养学生创新能力的前提，没有怀疑就不会分析研究事物，更何况泛科学文本在内容的确定性和严密性上无法与自然科学著作相比较，有的可能连严密性也不具备，这就决定了泛科学文本也具有“空白点”和“未定点”，阅读学习时不妨从批判性阅读的外部标准训练做起。比如，学会区别事实和观点，识别作者的假设，鉴定作者的资格，确定出版物的可信性，确定信息的传播，辨别原始资料和二手资料，找出作者的偏见。阅读者学会批判思考，有利于提高自己思维的敏捷性、思想的正确性、眼光的尖锐性、认识的深刻性、语言的机敏性。

（3）理论联系实际

人文科学阐述的社会现象和社会关系的科学理论，是“放之四海而皆准的真理”，它是人们的思想武器，行动指南。马克思主义告诉我们“实践是检验真理的唯一标准”，因此，泛科学文本的理论决不是脱离生活实际的空中楼阁，它们同样要接受实践的检验。阅读学习者一定要坚持理论与生活实际、工作实际，与社会实践紧密结合，在学中用，在用中学，才能融会贯通，发挥理论的无比优势，才不至于囫囵吞枣，照搬照套。

二、按阅读学习的目的分类

按照不同的阅读目的，我们可以把阅读学习分为学习知识型阅读学习、欣赏评判型阅读学习、研究探索型阅读学习、教学性阅读学习这四类。

（一）学习知识型阅读学习

学习知识型阅读学习是以从阅读中获取知识、增长才干为目的的学习，根据阅读学习目的的侧重点不同，它可以划分为三个方面：积累知识性阅读学习、信息获取性阅读学习、学会发展性阅读学习。

1. 积累知识性阅读学习

从“学会阅读”的角度来理解，狭义的积累知识性阅读，专指在长期的阅读学习活动中积累与阅读学习有关的知识，以提高自己的阅读能力，适应高效率、快节奏的现代化社会。所以，这里的“知识”仅仅指阅读的原理、阅读目标、阅读分类、阅读特征、阅读过程、阅读方法和阅读技能等方面的积累。

广义的积累知识性阅读学习，是指为打好基础而从阅读中学习各学科知识，积聚各学科知识，提高文化素养的学习。这种阅读学习适用范围广，适合各种群体、各行各业；方式方法灵活多样，精读、略读、跳读、研读、默读、朗读、快读、慢读等任你挑，记诵法、熟读法、浏览法、探究法、接受法、发现法、创造法、个性法、讨论法等任你选。

荀子在《劝学》中说：“不积小流，无以成江海；不积跬步，无以至千里。”庄子在《逍遥游》中说：“水之积也不厚，则其负大舟也无力。”“风之积不厚，则其负大翼也无力。”强调的都是积累的重要性。积累知识的阅读学习方法关键是持之以恒，日积月累。养成良好的积累习惯，“外行”也能变成“内行”，“小学生”也会成为“专家”。

2. 信息获取性阅读学习

什么是阅读？专家学者众说纷纭，学术界至今没有达成共识。《现代汉语词典》解释说，阅读就是“看（书报）并领会其内容”。“阅”即“看（文字）”，或“看，观览”①；“读”是“诵读”，是“看着文字念出声音”②。“看”就是人脑通过眼获取外部信息的过程。“读”则是在看的基础上通过发音器官使其以声音的形式再现的过程。阅读学习的目的首先是接受文本所要表达的意义，获取

① 中国社会科学院语言研究所词典编辑室．现代汉语词典［M］．北京：商务印书馆，2002：1557.

② 中国社会科学院语言研究所词典编辑室．现代汉语词典［M］．北京：商务印书馆，2002：310.

自己认为有用的信息的过程。任何一种用文字符号表达的内容，任何一种图像、表格，即使是静态的，也是作者心声的传达。阅读者在阅读学习时，实现了与作者心与心的交流，从阅读学习中获取了作者的思想，知道了你想要明白的，或者是你本来并不知道的人、事、物和理。所以，阅读的本质就是获取信息。

在当今信息社会，阅读是获取信息和更新知识的基本途径，我们必须进行有效的阅读学习，才能提高学习效率。教会学生怎样在阅读中获取信息，加以提炼、分析和综合，来解决实际问题，已成为时代发展的必然走向。

以打基础为目的的文化知识阅读是从文化专业书上获取信息，这是有意识的从阅读中学习，它有明显的功利追求，这是阅读的主流。但日常工作、生活中还有一种学习行为并非具有这么明确的功利目的，这种学习并不在于通过阅读追求提高知识水平和文化素养，而在于了解情况，知道事情的进展，习得一种技能与常识，扩大知识视野。例如阅读报纸。

以获取信息为目的的阅读学习，要学会用健康正确的思想为指导，学习目标要明确，要学会信息占有、信息选择、信息理解、信息处理、信息综合、信息利用、信息开发。还要学会快速阅读。我们知道，读一篇文章，谁都不可能在一扫而过的时间内，把文章全部内容都印入脑中。一篇文章的信息很多，有的是重要的、关键的，有的是枝节的、无足轻重的。能够在最短的时间，抓住最重要的信息，收入记忆库的人，具有很高的摄取重要信息的能力，而这种对于阅读者的学习、工作、生活都将产生极为重要的影响。

3. 学会发展性阅读学习

学会发展性阅读学习的含义理解有两个层面：一是在阅读学习中学会自我发展，二是学习发展性阅读技能。

阅读学习是学生获取知识、获得发展的主要途径，教师要在阅读学习中培养学生学会追求自我发展，使学生具备独立思考的能力、分析判断的能力、搜集处理运用情报信息的能力、发展新知识的能力，学生要在认知过程中表现出主动性和创造性。

发展性阅读是以培养阅读基本技能为目的，主要通过学习者的自觉训练来掌握阅读的技巧，学习阅读，学会阅读，提高阅读理解能力。美国语文教育专家特别重视阅读，他们认为："获得阅读能力是受教育的一个重要目的，阅读既是学校中的重要课程，也是掌握专业知识的基本手段。"雷瓦斯在《英语教学导论》

中指出：阅读教学的目的在于培养学生具有六种技能。这六种技能是[①]：

1. 准备技能。指熟悉和掌握书面语所必需的能力，具有对印刷文字的视觉自动反应能力，“字形——声音”的对应反应能力。

2. 认读技能。指正确发音，并按词组阅读的习惯，脱离逐字、逐词的阅读。

3. 结构分析技能。指掌握语法现象，迅速阅读各种句型，把握读物的主要意思。

4. 词语辨析技能。指同音异义词和同义异音词的区别，反义词和比喻的使用，直接、流畅地阅读。

5. 阅读理解技能。指抓主题、抓细节等，并能把已经获得的阅读技巧运用到广泛的、各类材料的阅读中去。

6. 信息收集技能。指学会利用标题、页码、作者姓名、目录、索引等，按照自己的目的和兴趣自由地阅读。

我们国内学者对阅读能力的认识不够一致。如果根据学生阅读能力形成和发展的过程，多数人把阅读能力大体上划分为五个层次：认读能力——释义能力——解析能力——鉴赏能力——研读能力。这五种能力，既有阶段性的特点，又有内在的联系。从总体上来考察，它基本上反映了阅读能力由初级到高级发展变化的客观规律。近年来，倪文锦、谢锡金分析了阅读能力结构研究的缺憾，提出了阅读能力纵横结构的新思路，他们认为：阅读能力的纵向层级为阅读感知力、阅读理解力、阅读鉴赏力、阅读迁移力，阅读能力的横向贯穿是阅读选择力、阅读思考力、阅读想象力、阅读记忆力、阅读时效力[②]。

形成阅读能力可以单项突破，也可整合实施。诸多的能力也就有诸多的培养训练方法，但总的来说，培养阅读能力大致包括这些内容：①学会熟练地使用工具书，自觉解除认读的障碍；②养成圈点勾画阅读的习惯；③熟读背诵，提高语言的感知领悟的能力；④分析理解，抓住要义；⑤品味体验，提高语言鉴赏能力；⑥复述讨论，提高表达和认识水平；⑦评价写作，促进能力迁移；⑧掌握并综合运用多种阅读学习方式和方法。

---

① 徐家良．小学语文教育学［M］．北京：高等教育出版社，2000：20.

② 倪文锦，谢锡金．新编语文课程与教学论［M］．上海：华东师范大学出版社，2007：140—143.

（二）欣赏评价型阅读学习

欣赏评价型阅读学习是以审美为目的的阅读学习活动。根据学习者审美的差异性，我们分为审美体验式阅读学习、评价判定式阅读学习、消遣娱乐式阅读学习。

1. 审美体验式阅读学习

审美体验式阅读学习是一种自主、自觉、自我审美心理需要满足的阅读学习行为。在这一阅读学习中，阅读者不是把读物当作认识的对象，而是把读物当作审美的对象、品味的对象，它不是要通过文学作品的字词句篇的学习，来培养自己的理解力和表达力，而是注重通过对语言技巧、形象意境、情节结构、主题风格的分析，获得对作品形象的具体感受和体验，产生思想感情上赏心悦目的快感。审美体验领会形象所包含的意义过程是：感染——快感——想象（思维空前活跃，使景外之景，象外之象，言外之意会出现在脑海里，与此同时，情绪激动）——共鸣。从而获得美的享受和精神的愉悦，提高自己欣赏文学、接受文学的能力并培养高雅的情趣。

这种阅读学习，要求阅读者怀有一种良好的阅读心情，拥有一个优雅安静的阅读环境，不受任何干扰地、自得其乐地去细嚼慢咽作品内容，玩味推敲作品的语言，走进文本，进入角色，与作品主人公同往荒郊野岭、同品酸甜苦辣、同拼人生疆场、同赴死亡绝地、同游天涯海角、同庆峰巅欢乐、同享幸福美满……入境、想象、历练、品味、陶醉是审美体验式阅读学习的特征。它明显地带有主体的个性色彩，是客体受审美主体检验的一种创造性的精神活动。在审美体验式阅读学习中，审美主体的想象、联想和积极活跃的情感活动有着特别重要的意义，如果不具备这种心理能力，审美体验就不可能进行。这种阅读对学习者有较高的阅读能力和审美品位的要求。

2. 评价判定式阅读学习

评价判定或阅读学习是以评判读物为目的的阅读。它要求学习者在认真阅读、全面了解读物及相关背景资料的情况下对读物的思想情感、见解观点、知识手法等方面，采用或审美的眼光、或历史的分析、或科学的态度等，对读物不但要从历史环境、历史发展来认识，而且要从现实意义、未来价值上作出评判；不但要从整体上来评判，而且要从某一部分来评判；不但要评价读物的内容，而且要从读物的形式等多层面作出评判。

高中课标也对此提出要求，它指出：要发展学生的“独立阅读能力”，培养学生“理解文本所要表达的思想、观点和感情。善于发现问题、提出问题，对文本能作出自己的分析判断，努力从不同的角度和层面进行阐发、评价和质疑”。学会多角度、多层面的评判是与非、优与劣、美与丑，是“善读”“会学”的明显标志。因为评判阅读学习的主观因素要大于理解能力，所以，常会出现“仁者见仁，智者见智”的状况。

评价判定式阅读学习是阅读学习活动的发展和深化。评判要以认读为基础，理解、欣赏为前提，没有前三者做铺垫，无所谓评判，也不可能作出正确的评判。为此，我们在进行评价判定式阅读学习时要做到：

（1）全面认真地阅读原作，学会搜集、占有与评判相关的资料，并作出理性的、客观的分析研究，提出自己独立的见解。

（2）学习先进的科学理论和思想方法，善于运用正确的评价标准，对不同文体、不同内容的读物作出具体的、公正的评判，学会用理论、引材料阐发观点。

（3）在理解的基础上进行探索性的思索。对作品的思想观点、表达方法、语言文字、数据资料等加以判断、估量，要分出是非、优劣、真伪，然后吸收真善美，摒弃假恶丑。

（4）评判阅读学习还需要联想力、想象力，集中思维、扩散思维、直觉思维的协调活动。

3. 消遣娱乐式阅读学习

消遣娱乐式阅读学习就是人们在正式工作或学习之余随心所欲地阅读或度过空闲时间，或消闲解闷，或放松身心，或追求娱乐舒畅。这种阅读学习没有明确目的，没有进度任务要求，没有精神思想负担，不用伤脑费神，不受时间地点的约束限制，可以自由地选择学习时间，任意选择学习方式，随时改变学习内容。凭兴趣阅读、自由自在学习是它的特征。这种阅读学习以满足自己的兴趣为第一需要，学习方式大多是浏览、跳读、翻阅。

因为消遣娱乐式阅读学习完全是一种开放性阅读，凭兴趣性阅读，所以，读物的选择就是第一要关注的问题了。当今时代正处在革故鼎新的变化之中，旧秩序、旧道德、旧思想已被打破，新秩序、新道德、新观念还未建立，或还未蔚然成风。青少年在课外是如何消遣娱乐的？他们课外阅读的兴趣点在哪里？如何指导学生选择课外读物？如何培养学生课外阅读的高雅情趣？如何关注“闲暇教育”？这是我们应该研究的新课题。

（三）研究探索型阅读学习

学校教学性的研究探索型阅读学习与社会一般阅读学习在目的、要求、方法、侧重点上有所不同，本部分着重从学校教学性研究探索型阅读学习来研究。

学校教学性的研究探索型阅读学习源于新课程改革提出的研究性学习。2002年6月《国务院关于基础教育改革与发展的决定》第23条规定“开展研究性学习，培养学生提出问题、研究问题、解决问题的能力”。2000年教育部颁布的《全日制普通高级中学课程计划》（试验），已明确将研究性学习与学工、学农、学军、劳动技术以及社会服务结合在一起，共同构成“社会实践”课程，列入高中生必修课程，并提出“研究性学习以学生的自主性、探索性学习为基础，从学生生活和社会生活中选择和确定研究课题，主要以个人或小组合作的方式进行，通过亲身实践获取直接经验，养成科学精神和科学态度，掌握基本的科学方法，提高综合运用所学知识解决实际问题的能力”。

由此可见，研究性学习有三个层面的理解：

第一，研究性学习是一门课程形态。它要打破传统封闭式课堂教学模式，倡导生活课程，主张为学生构建开放的学习环境，提供多渠道获取知识并将学到的知识加以综合应用于实践的机会，培养学生的创新精神和实践能力。

第二，研究性学习是一种学习方式。它要改变学生以单纯地接受教师传授知识为主的学习方式，采用自主学习、小组讨论、探索研究为主的学习方式，以培养学生解决实际问题的能力。

第三，研究性学习也是一种教学方法。在研究性学习中教师要摒弃过去支离破碎地讲解分析，确立以学生为主体的地位，采用活动和研究的方式展开教学。它要求老师彻底转变角色意识，甘当学习活动的配角，既做学习研究的引领者，又做参与者；既做管理者，又做合作者；既是点拨者，又是欣赏者。

研究探索型阅读学习是指学习者用类似科学研究的方式，带着一定的研究目的，收集相关文献资料作研究性质的真实阅读，并通过亲身体验或实践获得特定的成果，并在成果构建过程中有所发现，从而提高了语文素养的学习方式。

根据阅读学习中研究探索的目的不同，我们把它分为课题研究性阅读学习、考证校勘性阅读学习、创造性阅读学习。

1. 课题研究性阅读学习

课题研究性阅读学习是指以问题或课题为中心而进行的有计划、有选择的多篇、多部作品的综合性阅读学习模式。课题研究性阅读的主要对象是教材以外的阅读材料。课题研究性阅读是学习者认识世界、扩大视野、丰富知识、修养品性、培养能力、提高素质、自我发展的重要途径。

2. 考证校勘性阅读学习

顾名思义，这是以考证校勘为目的的阅读学习。

所谓考证，即研究文献或历史问题时，根据资料来考核、证实和说明。考证就是讲究材料要准确，事实要清楚，证据要确凿，例证的归纳要恰当，对某一问题作出结论要以大量的事实为依据。古人讲考证，大多指对古文献的字句文义的考证；今人的考证范围要广得多。

事实确凿、例证丰富，“孤不成证”，是考证的要义。但它又决不是材料的堆砌，它在文章的材料上有严格的规定，它要求所使用的材料对于所说明的论点是足够的和必要的，并且是作了具体分析的。文章所引的材料不论是事实材料或者是文献资料，或者是在批驳错误观点时引用的错误观点材料，准确可靠是最起码的要求。它对于细节材料也像对待关键性的资料一样寻根究底花大力气考究一番。这是一种专业性很强的阅读，一般由专家、学者进行。考证常用的方法是资料收集、训诂、校勘。

所谓校勘，《现代汉语词典》（2002 年增补本）的解释是：“用同一部书的不同版本和有关的资料，比较其文字的异同，探求原文的真相。”可见，校勘是为了订正流行的讹误，求得对读物词句的正确理解。校勘性阅读多半由笺注家、注释家、训诂学家、版本学家、文史家进行，是一种专业性很强的阅读。

校勘性阅读常常采用“本校”和“旁校”的方法。所谓“本校”，即用同一作者、作品的材料为参考，去勘求所考释的文字材料的正误、异同，以推求文意。“旁校”不囿于一个作家、一个版本、一篇文章，阅读者往往尽可能地参考相关的、有价值的材料，去考释所要考释的文字的正误、异同，以推求其意①。

3. 创造性阅读学习

什么叫“创造性阅读”呢？目前人们对它的认识并不一致。

李海林老师在《创造性阅读的理性思考与实践分析——再论“创造性阅读”》一文中指出：“根本就不存在‘不创造’的阅读。在语文阅读教学中，‘创造’的动机不是来自于‘创造’，说得更明白点，不是为了‘创造’，所以我

① 曾祥芹，韩雪屏．阅读学原理［M］．河南：河南教育出版社，1992：357.

们要‘创造性阅读’；‘创造’的动机来自于‘阅读’：任何阅读都是创造性阅读，任何阅读都包含了创造性的因子，都是创造的成果。”① 刘占泉老师在《导出与引入分辨》一文中也说：“凡是阅读，多少总会加入阅读者的个人感受，似乎不存在毫无‘创造’因素的阅读过程。”② 这两位学者的观点大致相同，都承认阅读的过程都有创造的因子，有阅读就有创造，不存在不创造的阅读。

但余彤辉等老师对此质疑。他认为，所谓创造，必须以“新”为特征，以“前所未有”为基本点，所以，

把握文本所要表达的意义，这不是“创造”，只能叫“再现”。浏览报纸，了解了国内外的新闻，这是“接受”，不是“创造”；阅读了一篇介绍现代武器的文章，增长了一些知识，并且禁不住发出一声感叹：“哇，真厉害!”这是“获取”，至于这声感叹好像也不是“创造”。

但是，如果在阅读过程中，对文本有了新的理解（与众不同的，否则不能称为“新”），可以称为“创造”；在阅读过程中产生了新的想法，这也是创造。但这就是“创造性阅读”吗③?

陈爱娟老师在《创造性阅读：尊重学生还是服从理论》中也提出：“创造”的前提是学生进入了文本，并理解领会了文本内容，又对文本作了反思。这就意味着，并非所有的阅读都是“创造性”的。她还认为：能否创造性阅读，还要看学生的创造意识④。他们并不赞成李海林老师的观点，认为创造性阅读指部分可以，但不能指全体，“创造”不能泛化。

笔者以为，从创造的本意看，像消遣娱乐性阅读、查找资料性阅读、积累知识性阅读等，阅读创造性的成分极少。但就阅读的本质特征和阅读能力纵向发展的层次而言，“创造性阅读”这一提法应该是可以成立的，它也被人们普遍认同是阅读能力的最高层级。再说，就教学性阅读而言，教师着力要做的就是培养学生的阅读学习能力，因此，学生在课堂阅读学习中的“创造性”与人们一般所言的“创造性”有所不同，创造不仅与学习活动的产品和结果相联系，更重要的是

① 李海林．创造性阅读的理性思考与实践分析——再论“创造性阅读”［J］．中学语文教学．2005（4）：10.

② 刘占泉．导出与引入分辨［J］．语文建设．2005（7）．

③ 余彤辉．也谈创造性阅读［J］．中学语文教学．2005（5）：11.

④ 陈爱娟．创造性阅读：尊重学生还是服从理论［J］．中学语文教学．2005（10）：11.

指向学习活动的品质、特征和属性，它在本质上是一种“再发现”和“再创造”，课堂创造性阅读学习强调的是人格，而不是其成就，认为这些成就是人格放射出来的副现象，它强调的是学习过程，而不是导致创造性的学习结果，因为学生受知识、阅历、经验所限，在成人的眼里，有时他们的阅读创造还比较幼稚，他们的结论不一定正确，但却是他们带有创造性特点的新认识、实实在在的新体验，教育者应以宽容之心接纳它，把它们视为创造。

基于这样的认识，创造性阅读学习的内涵可以理解为：学习者按自己的方式方法独立阅读理解读物，在充分领会读物内容的基础上，能超越作者、超越读物，提出与众不同的新见解、新发现，并开拓出新的意义领域，使学习者自身获得发展的一种学习方法。这种方法是用科学的眼光去观察问题，凭科学的思维去分析问题，在对原书内容吸收理解后而进行发展创新。其全部阅读学习过程是：阅读——思考——钻研——创造。

（四）教学性阅读学习

教学性阅读学习一是泛指与课程教学直接相关的阅读学习，比如，阅读教科书，阅读与课程有关的教学参考资料、课外读物；二是专指语文课程教学生如何“会阅读”。作为学校语文教学的任务之一，阅读教学的首要目的是要教会学生阅读，它包括传授阅读的原理，掌握阅读技巧，训练阅读能力，培养阅读素养，提高阅读水平等。但不管它属于哪一个含义，教学性阅读学习的目的都为了完成课程学习任务，争取在课程学习中取得好成绩。

教学性阅读学习是有别于一般社会阅读的。早在20世纪80年代程福宁先生在其《文章学基础》一书中就指出“文章阅读是以汲取思想为目的的阅读，语文阅读是旨在凭借文章获得关于语文的感性经验和语文知识的阅读。文章阅读是语文阅读的终极目的，但却不是语文性阅读的现实目的”。余应源先生进一步指出“语文性阅读目的在学语文，立足于语文——语言形式，文章的内容为学习语言形式服务；而一般阅读目的在获得思想内容，言语形式服从于内容的理解”。可见，一般社会性阅读与语文教学性阅读界线是分明的。

教学性阅读一般包括以下几个方面。

1. 预习性阅读学习

“预则立，不预则废。”在教学性阅读学习中，应重视课前的预习。强化课前的预习阅读，可以让学生熟悉新课内容，消除听课的盲目性，从而做到主动学习、积极参与教学活动，也有利于听课时积极思考、深入理解、重点记忆、难点突破，这将大大提高课堂阅读和课堂教学的效率。同时，也可有效地锻炼和发展学生的自学能力。实践证明，有了良好的、充分的预习阅读学习，可以将师生从满堂灌的桎梏中解脱出来，也可让课后的复习阅读从低效进入高效，真正做到“温故而知新”。

2. 理解性阅读学习

理解是阅读学习的关键和核心。理解性阅读学习就是要求把阅读材料感知到的内容，经过分析、综合、归纳、概括、判断、推理、联想、想象等思维活动，正确了解文章含义。简单点说，就是理解文章遣词造句、布局谋篇、思想内容和写作特点等。

但是，阅读学习时对这些方面理解的要求各不相同。例如，学生理解词的过程是记忆的重现和选择的过程，当他见到这个词的“音”“形”时，立刻会想到其“义”。所以，词语学习就应包括“辨词”和“积词”两部分。辨词就是认真辨别同义、反义、近义，贬义、褒义、中性义，一词多义，词性变换，词语使用范围，词语的对象选择、搭配等区别。“积词”就是在理解词义的基础上不断积累词汇，为口头表达和书面表达夯实基础。如果是理解句子，就要注意语序、关键词、总结性的语句、“立片言而居要，乃一篇之警策”的点睛句子，含义深刻内蕴丰富的句子等。

3. 讨论性阅读学习

在教学性阅读学习中，老师往往会就文本中的疑点、重点、难点组织讨论。讨论的方式可以是生生对学，小组合作学，大班探讨学，请教老师学。学习的过程是无疑——有疑，质疑——解疑——释疑的过程。讨论中，学习者的思维在激烈的争辩中发生碰撞、交流，容易激起思想的火花，使无疑者有了新思路、新发现，使有疑者茅塞顿开，有“柳暗花明又一村”之感。讨论也使学习者的主人翁地位得以确立，主体积极性得到充分发挥，有利于学习者在讨论中意识到合作的重要性，感受到合作的快乐。

4. 复习性阅读学习

知识的积累是靠持之以恒的学习和实践，常言道：熟能生巧，巧能生精。学生基础知识和基本技能的“熟”与“巧”，就需要已有知识的再现和运用，这些信息多次刺激大脑，加深了大脑的记忆，才能防止知识的遗忘，才能牢固地掌握所学的新知识。心理学告诉我们：遗忘的重要原因在于识记后缺乏巩固复习。由于遗忘一般是先快后慢进行的，因此，复习性阅读学习很重要，如能在遗忘尚未大规模开始前进行，及时阅读温习，及时巩固复习，就可以阻止通常学习后的“急速遗忘症”，促成有效记忆。

总之，教学性阅读固然重要，但相对而言，它的阅读范围比较狭窄，更由于课堂教学时间有限，所学到的知识有限，学生的自我发展空间也受到限制，学生的学习潜能不能得到充分的发挥。因此，将有效的教学性阅读与自觉的专题研究性阅读结合起来，才能让学生成为有发展前途的、能适应社会发展需要的人才。

三、按阅读学习的方式分类

按阅读学习的方式，我们还可以把阅读学习做多样的划分：从阅读学习时是否出声可分为默读与朗读，从阅读学习的粗略又可分为精读与略读，从阅读学习的快慢还可分为速读与研读，从阅读学习时的选择性可分为通读与跳读，等等。这些大家已经耳熟能详，我们也将在本书的阅读学习的方式方法一章作具体研究。这里，我们换个角度，从诸多的方式中择其一二略作探讨。

（一）独立阅读学习与群体合作阅读学习

这是按阅读学习的人数和理解信息时的状态来划分。独立阅读学习是指一个人自觉的，不用他人帮助指点就能顺利完成的阅读。它既有阅读学习人数的限定，又有学习品质的要求，更有阅读理解的达成度的规定。群体合作阅读学习指两人以上的互相交流、探讨问题、共同获得信息，达到理解的学习，即在合作学习中完成阅读理解。对这一类别的认识，有两点要特别注意：

1. 独学与群学的根本区别在于：是凭借自己，还是依赖他人帮助完成阅读学习任务。

2. 独学与群学的方式没有好坏之分，只有功能不同。

（二）真实阅读学习与网络阅读学习

这是从阅读时是否真正处在学习的环境中来划分。所谓真实，就是与客观事实相符合。以往的阅读学习总是在现实生活中，身临其境，利用既有的学习资源，在实际存在的、真实的环境中进行，比如课堂、阅览室、图书馆、实验室、社会实践基地等学习场所。

但在信息社会，随着网络“飞入寻常百姓家”，人们的学习方式发生了革命性的变化。虚拟的网络阅读虽然没有真实的教室、座位、教学设备，教师与学生都隐藏了起来，但仍然是学生推崇备至的一种阅读方式，像“中国知网”“教学资源网”“电子图书馆”“数字图书馆”都是学习者爱光顾和流连忘返的地方。目前，已有不少学校建立了具有划时代意义的“数字图书馆”，并将其设成默认主页，设专人管理指导，为学生开展研究性学习提供服务。学生可在这里方便快捷地进行检索、阅览、下载，查找与课程学习相关的各种参考资料，各种类型的习题、试题，课外百科知识，等等。网络阅读学习不仅能极大地满足学生多彩的阅读需求，减少阅读的单调与枯燥，使资料查询更快捷更方便，对学生研究性阅读有极大地帮助；而且它将使学习型社会中实现因材施教的个别化教学真正成为可能，它在自主学习、合作学习乃至终身教育中发挥着极大的优势，它是现代化社会最重要的学习方式①。

（三）课堂阅读学习与家庭阅读学习

这是按阅读学习时的不同地点来划分。课堂教学性阅读是学生获得阅读方式方法、技能技巧、培养阅读能力的主要渠道；课堂文本阅读是学生获取科学文化知识、增长才干的主要途径。在学习型社会，在终身教育的理念下，课堂阅读仍然是人们学习的一个重要选择。

但是，一个人当学生的时间在他的人生长河中毕竟是短暂的，学习者获取知识、获得信息的另一场所是家庭。家庭是学习者成长的摇篮，是人生的启蒙学校，也是永远的学校。家庭阅读学习起码有三大功能：

1. 养育功能。家庭的阅读学习对孩子养成良好的阅读习惯，从听读中积累词汇，从对话中学会表达，发挥着养成、培育的作用，有着不可磨灭的功劳，语文的基础就这样在家庭教育中奠定了。

2. 辅助功能。课堂教学是高密度、高容量的学习，也是整齐划一、统一规格的学习。而学生的个体是有差异性的，他们在接受能力、智力水平、知识程度、兴趣爱好等方面往往有所不同，如果光是课堂的群学，而没有放学回家后独学的消化吸收，也没有人在孩子学习困难时给予适时的答疑解惑，就很难顺利地完成学习任务。更何况有的知识本身有难度，有的学生本身有学习惰性，如果家长不承担起辅导、帮助、鼓励、监督等任务，不及时调整学习计划，及时采取补救措施，学生就很难跟上群体的学习步伐。所以，良好的家庭学习环境能造就孩子成才，家长对孩子学习的关心和辅助有利于孩子成才。家庭是孩子成长的基石。

3. 延伸功能。学习要“举一反三”，要“学以致用”，这是人人认可的真理。

① 孙亚杰，徐云知．近十年阅读教学研究综述［J］．课程·教材·教法．2003（6）：34.

课堂阅读学习到的知识，有的较抽象，需要到生活实践中加以验证；有的心存疑虑，需要查阅资料核对解释；有的认为材料不够，还需要充实扩展；有的学有余力，需要大量阅读满足自己多样的求知欲。所以，家庭阅读学习是学校阅读学习的延伸和重要补充。学习者可以在闲暇之余，在宽松的家庭环境中，采用自由自在的学习方式，选择适合于自己的学习内容，补充知识养料。这种学习对提高学习者的文化素养，扩大知识视野，拓展训练思维力大有裨益。

第二节　阅读学习的特点

特点是人或事物所具有的独特的地方。它是人或事物外显的表征和标志，更是人或事物内在本质的属性和内涵。那么，阅读学习有哪些特点，我们该如何把握这些特点呢?

一、阅读学习的自主性

阅读学习是个体的活动，它带有明显的自主学习的特征。

（一）概念内涵

自主学习，就是自我导向、自我激励、自我监控的学习。是指学习者充分发挥主体作用，通过自学、质疑、讨论等方式深入理解读物内容，或进行语言文字综合训练的阅读实践活动。

具体来说，自主性阅读学习应有以下几个含义：

1. 它是一种能独立进行批判性思考、能独立作出决定并能实施行为的学习能力。

2. 它是学习者管理自己阅读的学习能力，其中包括确立学习目标、自我约束、自我管理和自我评价等。

3. 它是学习者对自己在学习过程中应承担的责任的认识和接受。

4. 它指学习者对学习内容和过程的心理反应，对学习过程作出决策的权利，如选择学习材料权、决定学习内容权、选择学习方法权以及评价学习结果权等。

总之，自主阅读学习是一种自治的、负责的、自信的学习，学习者要决定自己的一切，能管理自己的一切。

（二）自主性阅读学习的特征

自主阅读学习具有主动性、独立性、自治性的特点。请参看本书《阅读学习的方式方法》一章中“自主阅读学习”部分的详尽阐释。

（三）自主阅读学习能力的培养

学习者要培养自主阅读学习能力就是要在自主活动中学会发现、学会探索、学会学习、学会创新。学校教育培养自主阅读学习能力就是要根据学生身心发展的特点及语文学科的特点有的放矢地进行教学，让学生自己去阅读、去欣赏、去品味。对如何培养学生的自主学习能力，我们有如下几方面建议：

1. 培养浓厚的阅读兴趣

要做到自主学习，学生没有浓厚的阅读兴趣是万难办到的。因为学生的阅读积极性很大程度取决于其学习动机。动机是直接推动一个人进行活动的内部动力，决定着学生的学习目的和学习态度。而兴趣是产生动机的主要因素，所以说，兴趣是学习的先导，它是推动学习者掌握知识和能力的一种强烈的欲望。

自主学习的兴趣从何而来？心理学告诉我们，兴趣从培养中来。它既可以凭借外力，如老师、家长的教导，同伴的激励，培训的学习，又可以发挥主观能动性，自己有意识地历练。

首先，是让学生明白学习的价值和意义。一般来说，这是学习的最好刺激。明确了学习的价值和意义，学生就会对学习材料产生兴趣，愿意自主地、全力以赴地投入到阅读学习中去。

其次，新异的刺激物也能引起学生的兴奋和兴趣。比如，阅读材料是经典名著，作者是久仰的崇拜者，或名不见经传的小人物，学习内容是自己最想了解的科技成果、社会要闻、娱乐明星，教师教学方法的更新变换，教师的教学语言幽默、风趣、诙谐等，学生自主学习的兴趣也能被调动起来。

再次，成功的体验有利于进一步激发学生自主学习的兴趣。没有什么比通过自己努力获得成功更使学生感到快乐的事了。比如，学习者从阅读中找到了一个最快捷、最简洁的正确答案，从阅读讨论中解开了一个困惑的难题，从专题阅读中通过竞争获得奖项等等，都会使学生感到兴奋不已，因为学生从中看到了阅读的成功，体验到辛勤劳动的欢乐，从而激发他们更加热爱学习。

成功的体验来自阅读学习的难易度正处在学生认知水平的“最近发展区”，学习者能凭借“跳一跳，摘到桃子”。这样，阅读时确立切实可行的学习目标就尤为重要。

2. 尊重学生的自主选择权

每个学生或多或少都有自己比较熟悉的学习方法。学生在独立学习的时候，教师要尽可能鼓励学生用自己熟悉的学习方法去学习，使其在学习中学会学习，而不能用一种方法去限制学生。

首先，学生在阅读学习时有自己的文化价值尺度，如童心、童真、童趣、童思，他们往往用此价值尺度来取舍阅读内容，因而，教师应尽可能地让学生选择自认为有价值的阅读内容。

其次，学生是阅读学习的主体，教师应鼓励学生选择适合自己的方法进行阅读学习。如背诵积累时，或采用先理解每句话的意思的方法，或采用体会语句叙述的顺序的方法，或抓住关键的词语的方法等。

再则，为了彻底解放学生，教师还可以打破传统的课堂组织形式，让学生在课堂上自由组合，共同探讨问题，合作解决问题。在阅读学习中，教师应该给学生创造自由寻找合作伙伴的机会。

另外，阅读是学生的个性化行为，由于知识经验、个性气质不同，学生的认知、体验、感悟也不可能完全一致，学生对阅读材料的反映往往是多元的。教师要尊重处于阅读者地位的学生，尊重学生的阅读体验，不以权威的身份向学生宣布判定所谓课文理解的“正确答案”。真正把语文课程标准强调的“珍视学生独特的感受、体验和理解”落到实处。

当然，在充分尊重学生的自主权时，还要尽可能让学生自己选择学习的难度。学生一般是有差异的，因此教学也得因材施教，不能勉强学生，否则达不到预想的效果。课堂教学任务应当设计弹性的、多层次的，让学生根据自己的学习能力选择合适的难度学习。

3. 掌握自主阅读学习技能

要使学习者能自主学，前提就是学习者要“会学”，而“会学”离不开掌握阅读学习的技能。掌握和运用阅读技能，不仅能使学生在校时通过阅读来获得各学科知识，也能使他们在不同的阅读活动中根据阅读对象及时调整自己的阅读方法，以达到最佳的阅读效果，而且当他们离开学校以后，能够坦然地面对信息时代，进行广泛而有效的阅读，培养终身阅读的能力。

阅读学习的技能因读物的文体不同、类别不同，方法也各不相同。根据语文新课程标准，我们可从宏观上规划这几方面的阅读技能范围：

从书面语言单位看：有字、词、句、段、篇的阅读学习技能。

从语言的功能看：有语法、修辞、逻辑的阅读学习技能。

从阅读方式看：有精读与略读、朗读与默读、速读等阅读学习技能。

从阅读目的看：有学习积累性阅读、对话理解性阅读、审美评价性阅读、实际应用性阅读、消遣娱乐性阅读、发现创造性阅读等阅读学习技能。

如果我们把这些阅读技能逐一展开，就形成一个多层次、多角度、全方位的立体式的阅读网络结构。这里择要举隅说明：

学习者要掌握的一般阅读技能有：边读边思考的方法，查字词典的方法，记忆的方法，联系生活积累知识的方法，圈点勾画的方法，记读书笔记的方法，联系上下文语境理解的方法，理解文章主要内容的方法，鉴赏文章词语和写作特点的方法……不一而足。

培养和提高阅读技能不仅要教给学习者不同的阅读方法，更重要的是学习提出问题、解决问题的方法。但是，无论是掌握知识还是领会方法，都不能一蹴而就，必须遵循正确的规律和方法，这是成功的关键。学生只有驾轻就熟地掌握了这些阅读学习的规律，阅读学习才有可能真正“自主”，才能真正提高阅读的效率。

二、阅读学习的对话性

高中课标指出：“阅读教学是学生、教师、教科书编者、文本之间的多重对话，是思想碰撞和心灵交流的动态过程。阅读中的对话和交流，应指向每一个学生的个体阅读。”课标的对话理论明确地揭示了语文教学的本质，即语文是人的生活世界，就是你我之间的对话，阅读学习过程是通过对话来学习和体验、通过对话学会对话的过程。

（一）概念内涵

对话，《现代汉语词典》中解释为：“两个或更多的人之间的谈话。”“两方或几方之间的接触或谈判。”这就是说，对话是一种人际交往的方式，它离不开谈话。克林伯格说过：“在所有的教学之中，进行着最广义的对话……不管哪一种教学形式与支配地位，这种相互作用的对话是优秀教学的一种本质性的标识。”这就是说，对话贯穿于教与学过程的始终。

那么，该如何理解阅读学习中的对话呢？我们认为：

1. 对话是一种阅读学习方式

人类要掌握知识、要获取信息，就要阅读。阅读是当代人生活中不可或缺的精神食粮。学习者只有亲近文本，走进文本，才能体会到阅读学习的快乐。而要亲近文本、走进文本，就要采用对话的阅读学习方式。它要求学习者把文本看作是一位不出声的老师，看作是一位不曾谋面的朋友；学习者既是阅读者，又是作品中的成员，他与书中人物一起出生入死，亲历百态人生，共享悲欢离合，共同演绎现实生活。采用对话的阅读学习方式，文本就不再是静态的、冰冷的、僵硬的读物，而是阅读者所见到的是鲜亮有活力的形象，丰富而灵动的生活，博动而跳跃的生命。唯有如此，阅读才不是一件枯燥乏味的事，面壁学习才不被看作苦行僧；而学习者也才能真正从中得到乐趣，尝到甜头，找到伙伴，拥有精神的支柱。所以，对话首先是一种正确的阅读学习方式。

2. 对话也是一种阅读教学形态

课堂阅读学习活动的展开，也有赖于对话。因为阅读不是目的，阅读只是一种手段，它最终是让学生受到高尚情操和趣味的熏陶，发展学生个性，丰富自己的精神世界。课堂阅读学习要求让处于平等地位的学生、教师以文本为中介，敞开精神世界而相互依存、相互对话、相互悦纳，达到对话各方思维碰撞、心灵交融、心智启迪、人格建构的目的。

在课堂阅读学习指导中，教师作为对话教学的组织者、激励者，要充分利用凝聚在文本中的情感唤起学生的情感，塑造学生的心灵，视不同的教学内容调整好自身的音调、词语、体态、心情等相关因素，自如地驾驭情感，采用对话法来组织教学。首先，教师要为学生的阅读学习营造一个良好的语言环境，积极创设某种对话条件；善于指导正在成长中的学生与人类的大师、世界巨匠、民族伟人交流，与自然、社会、人生进行心灵的对话和精神的沟通。鼓励学生与他们交推心置腹的朋友，细心感悟他们的壮烈情怀，揣摩体验他们的内心世界，深刻领会他们的精神情操，而不是自己细嚼慢咽后喂给学生，或者代替学生自己的阅读。其次，在课堂阅读学习过程中，教师要想方设法放下师道尊严的架子，尊重学生，接纳学生，给学生以自由的、宽松的心理空间。采用对话法学习知识，就能营造一个宽松和谐的心理环境，就能给予学生话语权、发表权，它能使学生有主动地想“说”的欲望，能使学生愿意和你自由“交流”。只要是学生真诚的、发自内心地发表自己的意见，教师都得尊重和理解，并且让学生认识到是有价值的。所以，对话也是一种教学方法，一种教学形态。

3. 对话更是一种先进的阅读学习理念

义务教育课标第一次把“对话”引入阅读教学，认为学生学习语言的过程就是对自身语感图式进行不断建构、充实、发展的过程；而这种建构，主要是依靠以课文所代表的规范语言的逐步内化来实现的。只有将规范语言不断内化，才能丰富语感，发展语言。因此，新课程鼓励学生采用多元对话，积极主动地发现意义、建构意义，甚至创造意义，要求教师应珍视学生的独特感悟和体验，鼓励他们在阅读实践中自主探究、张扬个性，而不是在阅读中消极地接受、索取意义，真正实现萨特所说的“阅读是一种被引导的创造”。

总之，阅读学习的对话是学习者以平等的态度、开放的心理、互动的方式，通过语言交融、心灵交流，致力于相互理解、相互合作、相互激发、共同创作，从而获得道德和理性的升华的学习理念和学习方式。

（二）对话的特征

1. 层次丰富性

阅读学习中的对话，从方式看，对话是网络型的多重交织的关系，它具有层次丰富性的特征。它包括直观式对话和隐晦式对话。直观式对话是指能用感官直接接受、直接观察到的对话，它包括教师与学生个体，教师与学生群体、学生个体与学生个体、学生群体与学生群体之间为讨论关于文本的理解而发展的对话。隐晦式对话是指不能用眼睛直接观察到的，是较为隐蔽的、暗默存在着的对话。它包括个体与个体心灵、个体与文本、个体与文本作者、个体与文本编者之间的对话，个体与生活、自然、社会、人生、网络、自我的心灵的对话，它发生在思考者的内心世界，学习者在阅读学习时会自然而然地感受到书中自有分子向脑中运动，不牵强，不突兀。阅读学习就是在这种网状式的多重对话的交互进行中，达到视界的融合、精神的交融、思想的磨砺、情感的交流，从而形成自己独特的思想和言语表达方式，发展自己独特的个性，学会审美创造，完善人格，净化心灵，构建精神家园，实现诗意的栖居，进而发展自我，超越自我，走向人生的完美境界。

2. 开放生成性

对话就其本质来说是不可预设性的、非指示性的，具有开放生成的特征。阅读学习中的对话，只能受对话本身所推动，学习的内容、学习的成果都是在对话过程中生成，它往往不受对话主体的控制和引导，对话主体只是“卷入”“陷入”其中而已，对话型阅读教学的目标不是把学生引向预设知识与“正确答案”，而是通过多重对话实现多种视界的沟通、汇聚和融合，达到“对话主体双方认知结构的不断改组与重建”，完成“新知识与理论的生产与创造”。阅读学习中的对话强调开放生成，反对导演预设。

但是，“教育作为人类的活动，相对于个体的经验而言，在内涵上丰富得多，它对个体总是具有塑造性和引导性，而个体总是要接受教育的引导和塑造”。[①] 那么，实施课堂阅读学习该如何解决这对矛盾？如何学习对话，教学对话？这就向我们提出了一个亟待解决的新问题。我国对话理论的倡导者王尚文教授为我们廓清迷雾，他明确指出：“对话的态度和能力是需要教的。教师的职责和教学的任务就是教学生学会如何对话。因此同样也是作为教育性活动，教授和引导是必然存在的。但是这种‘教’和‘导’的目的和内容与以前的教学有了本质性的变化。对话教学中的‘教’和‘导，不是为了替代学生与文本的自主交往，而是促成这种交往。因此，‘对话型’教学并不是淡化教师的作用，而是对教师提出了更高的要求。他必须把学生的读写听说活动提升为对话实践，并置身其中，教学生学会对话。”[②]

3. 民主平等性

平等是对话交流的前提。“平等”并非“同等”“相等”“对等”，而是承认并正视对话中差异的相互认同和相互尊重的意识和态度。的确，作为文本的作者、编辑文本的编者、实施教学的教师，他们的思想、知识、阅历、经验、方法、技能等方面远远超过一般的学生，而对话状态的阅读学习，是要在作者与阅读者平等、编者与师生平等、教师与学生平等的前提下展开。在这种对话状态的阅读学习中，学生的教师和教师的学生之类的概念将不复存在，学习者互为老师，互为学生，每一个人都对求知的过程负责。

平等的对话需要民主的教学氛围的支撑。居高临下、正襟危坐的教学氛围难以展开真诚的平等对话。课堂阅读学习中的对话，要求同是阅读主体的师生真诚相遇，真实相对，真情相知，不矫情，不做作，不掩饰。而教师作为“平等者中的首席”，作为成熟的阅读者，更应充分尊重学生人格、意志、学习需求、个性差异，营造宽松和谐的环境气氛，创设民主的人际交往关系，张扬自由宽松的心理氛围。有了这种平等意识，学生就敢于发扬民主，大胆提出质疑和否定；勇于标新立异，努力追求推陈出新。有了这种平等意识，教师就会抛弃师道尊严，以和蔼可亲的态度，做阅读学习中最好的聆听者、赏识者；以满腔热

① 金生鈜．理解与教育［M］．北京：教育科学出版，1997：90.

② 王尚文．“对话型”语文教学策略［J］．课程·教材·教法．2005（12）：32.

忱的真挚，鼓励学生发现创新，并独树一帜。只有民主平等的阅读对话，师生才能舒展独立人格、自由意志，张扬丰富独特的内心世界，才能促进阅读学习的对话深入和精彩。

4. 体验深刻性

阅读学习十分强调对话的质量与水平。高水平、高质量的对话自然来自精读细研，潜心感悟，深入体验。因为无论阅读能力的提高和语文素养的形成，都离不开阅读的感悟体验，学习者亲历文本的过程，是心灵的冲动和意义建构的过程，是形成观点、态度、信仰、价值观的过程，是完成对以往经验的改组、升华、超越的过程。学习者只有在阅读时深刻感悟，才能有深刻的思维，才能提出有创新性、深刻性、批判性的问题。学会阅读的感悟体验，是学习者主体性和自我意识的觉醒，它是阅读走向学习者内心世界的标志，是一个人会读书的标志。学会感悟体验，才能促成学习者和谐个性的形成。

阅读是一种个性化的行为，学习者只要自己认真去感受、思考，在积极的思维和情感活动中，加深理解和体验，都能真正从中获得各取所需的营养。因此，阅读学习中的对话，重视深层次阅读，重视感悟的独特性、体验的深刻性。学习者要最大限度地调动自身的经验储备、知识积淀，灵活地、多角度地体悟文本，与作者、作品中的人物进行心灵交汇、情感交流，体察他们的境遇，感受他们的思想。要善于通过反复诵读，实现情感，理有所悟，要善于借助教师的适当引导，编者的巧妙点拨，作者的有意空白，玩索揣摩作品的言外之意，象外之象，实现阅读学习真正的对话。

（三）对话性阅读学习的策略

1. 在独立阅读中培养平等对话的意识

对话式阅读学习改变了传统阅读学习过程单向灌输与被灌输的主客关系，它改变了学习者作为工具、手段、奴隶的处境，它削弱了教师作为知识垄断者的权威地位。学习者在独立阅读中要培养自己的对话意识、对话水平，充分认识到在阅读学习中没有人格的尊卑优劣，没有解读的标准答案，只有“平等对话沟通”，只有互相尊重、互相合作、互相激发、互相辩驳、共同创造、共同发展。学习者要改变以往的“等”“靠”“要”的学习态度，唤起独立阅读的主体意识的觉醒，要敢于在阅读学习中拿起阅读对话的武器，大胆行使与教师、与作者、与编者、与文本平等对话的权利；勇于平等交流对文本的认知、感悟、体验、质疑和批判。

有了阅读学习的强烈的对话意识，学生才会有对话的兴趣、对话的激情、对话的话题，才会有学习的热情、钻研的劲头、深刻的体验；教师才会有精彩的对话的教学设计。

比如，张五芳老师用换位式生编对话的三种方式为我们培养平等对话的意识提供了范例①：

一是仿作编语。他在指导学生阅读苏教版第五单元《关注科学》课文时，让同学们借助网络及图书馆查阅了更多的科学故事与文章，为了充分利用这些资源，组织学生仿照编者的样子，把自己查阅的科学文章介绍给大家。

二是削减提示。他认为编者主体性的介入过多，反而会给学生的创造性阅读带来一些障碍。所以他设置了这样的情景让学生来当编者：假如你将把读完的《语文读本》转赠给你的表弟或表妹阅读，请为他们重新设计编者的话。并与编者赛一赛，看谁的编语更好。

三是增加限制。他还认为：课文有些积累题的要求过于宽泛，以至于学生漠视它的存在，甚为可惜。于是，他再让学生做编者，给自己的其他读者留下一则精妙的对话，如：熟读成诵，熟读复述，摘抄文中的双字佳词，整理文中的反义词等，限制明确，要求清楚，学生积累也就可操作了。

在学生独立阅读时，教师巧妙的用生编换位法，让编写者走下“神坛”，让学习者荣登那可望而不可及的“宝座”。这样，大大增强了学生的主体意识，在与编者的换位对话中，既能打开学生的阅读视界，使思维品质变得灵动飞扬，又在互为主体中，使学生能体验到编者的不易，更珍视编者那不经意的引导，遵循它巧妙地走进每一座迷离的科学殿堂。

2. 在互动交流中点燃智慧的火花

互动交流是对话性阅读学习的主要方式。在对话式的阅读学习中，每个人都是重要的信息源，每个人的经验都会因他人的启发而被“激活”，他人的信息也随时会被自己原有的认知所同化或顺应，从而促成新意的创建，产生新的认识，互动交流能点燃学习者思想智慧的火花。因为阅读是主客双方互动发展的过程。“一方面主体通过阅读，接受人类文化的营养，再造自我，发展自我；另一方面主体在接受人类文化滋养的同时，对人类文化又自觉不自觉地进行了自己的加工和创造，将其提升到一个新的水平，在发展自我的同时，也发展了人类文化。人

① 张五芳．论阅读教学中的网状对话关系［J］．教研天地．2005（7）：26—27.

类文化正是在这种阅读互动中不断发展起来的，个体的人也正是借助这种阅读实践得以成长。”① 因此，互动交流的对话性阅读是真正意义的阅读，它是着眼于人的文化构建以促进人的成长和发展的阅读形式。

3. 在揣摩品味中提升对话的品质

阅读学习中的对话是指作为阅读者的教师、学生、文本在平等地位上产生的一种以学习语言为本体，以文本言语为中介而展开的在认知、情感、精神领域的多向交流。离开了对语言文字的揣摩品味不是真正的对话，离开了对作品思想规定性的理解也不是真正的对话，离开了对作者所处的社会文化、思想精神的认识也不是真正的对话。阅读学习中的多重互动对话，最终目的是促使学习者产生个性化的感悟，积淀语感，促进言语和精神的同构共生，提高全面语文素养。因此，对话十分注重对文本有深刻含义的语言的玩索推敲，注重用深厚的生活经验去丰富作品的内容，填补作品未确定的意义，注重立足于文本整体，不为局部所迷，否则所得的阅读经验往往是片面的、零碎的。这就要求学习者对文本既要善于深度解读，又要敢于个性化的解读，在揣摩品味中感受作者的内心世界，领悟作品的精神内涵，达到体验人生、感悟现实、发展语言、自我实现的目的。

例如，一位教师引导学生学习何其芳《秋天》课文中“收起青鳊鱼似的乌桕叶的影子”一句时，有人提出从常理来看，收起的应该是青鳊鱼，又有人认为从句子表述来看收起的应该是“青鳊鱼似的乌桕叶的影子”，即什么都没捕到，鱼网里顶多是乌桕叶。到底哪个理解更贴切？教师引导学生联系诗歌内容、诗歌的意境、表现手法，结合自己的生活经验，展开丰富的想象。课堂上各抒己见，思维空前活跃，发言十分踊跃。学生在细细咀嚼后，争先恐后说：渔人并不在乎打了多少鱼，更能表现他悠闲的心情，和整首诗所表现的恬静的意境相吻合；渔人是满载而归，从“轻轻摇着归泊的小桨”中“轻轻”二字可以看出渔人愉快、闲适的心情；这是一个倒装句，完全是作者特意采用的虚实相生的艺术手法，江岸上乌桕树，树叶婆娑，倒映在江面，就好像网起的是乌桕叶的影子；因为是秋天的清晨，江上有许多“冷雾”，青鳊鱼又很像乌桕叶的影子，渔人自己也分不清。丰富多彩的答案虽然一时难以统一，但学习者的思维在对话中激活，作品的内容由此而变得丰厚，含义深邃。

① 杨邦俊．“互动性阅读”课例：《我的呼吁》［J］．中学语文教学，2005（5）：22，24.

总而言之，对话正走进我们的阅读学习生活，正走进我们的课堂，我们要敞开胸怀接纳它，掌握好方法运用它。这对我们体悟作者的妙笔生花，感受作品的丰满形象，拓展广阔的思维疆域，以及提升善学的对话品质都是大有裨益的。

三、阅读学习的创造性

高中课标必修课程在“阅读与鉴赏”中明确指出：学生要“学习探究性和创造性阅读，发展想象能力、思辨能力和批判能力”。于是“创造性阅读”成了人们研究的热点。

（一）概念内涵

创造性阅读学习的内涵可以理解为：学习者按自己的方式方法独立阅读理解读物，在充分领会读物内容的基础上，能超越作者、超越读物，提出与众不同的新见解、新发现，并开拓出新的意义领域，使学习者自身获得一种发展的学习方法。这种方法是用科学的眼光去观察问题，凭科学的思维去分析问题，是对原书内容吸收理解后而进行的发展创新。它全部阅读学习的过程是：阅读——思考——钻研——创造。

（二）创造性阅读学习对学习者的人格要求

课程研究所的教育学博士张天宝认为，创造性学习对学习者的人格有特定的要求，课堂的创造能力和创造精神应包括更多的内容和更丰富的内涵①：

在学习兴趣上，有强烈的好奇心、丰富的想象力和旺盛的求知欲，表现出出众的意志品质，能够排除外界干扰而长期专注于某个感兴趣的问题。

在学习动机上，对事物的变化机制有深究的渴望，喜欢寻找缺点并加以批判，力求找到疑难问题的答案。

在学习态度上，富有远大理想，耽于幻想，思考问题的范围和领域不为他人所左右。

在学习行为上，能举一反三，灵活运用知识，喜欢出“新点子”，善于标新立异和发表与别人不同的观点、见解，能够运用自己所学的知识解决日常生活中遇到的各种问题，以及喜欢小发明、小制作、小设计等。

---

① 张天宝．鼓励创新：新课程课堂教学改革的核心［J］．课程·教材·教法，2004（2）：27.

（三）创造性阅读学习的特征

1. 钻研性

创造性阅读学习是要在前人、他人的基础上读出新问题、新见解，得出解决问题的新方法、新答案。新东西从何而来？它不是学习者脱离文本、随心所欲地凭空杜撰、耽于幻想而来，而是要“咬定文本不放松”，立足文本“引入”与“导出”，学习者要深入钻研文本，实现与文本直接对话，并且是深层次的对话交流，在对话过程中，独立自主地理解、体验、同化、顺应、吸收、摄取作者的概念意义、情感态度、人物事件等，从而发现读物的可创造之处，或者说创造的生长点，得到粗读时没有的新揣摩、新推演、新感悟。在创造性阅读学习中，读物是创造之源，是创造的基础，创造因阅读激发，阅读撞击了稍纵即逝的创造灵感，阅读擦亮了创造的火眼金睛，阅读点燃了创造的智慧之灯。所以，深入钻研，实现与读物的深层对话，是创造性阅读学习的第一要务。

2. 置换性

创造性阅读学习就要善于运用逆向思维、发散思维理解读物；变换角度、置换要素重读文本，补充丰富读物内涵，领会读物的言外之意、“象外之象”，咀嚼品味作者的匠心独运之处。

特级教师洪镇涛老师除了常用快速跳读、齐声朗读、参差不齐读、分角色读之外，还别出心裁地用删词添词对照读、变换语序读、变换标点读、变换语气读、改写语段读，不同的读法体现不同的教学意图。

例如，他在小说《荷花淀》的教学中用改变原文部分语句的语序来读。

(1)“怎么了，你”，改为“你怎么了”。学生发现强调的重点不同了。

(2)“你总是很积极的”，改为“就你积极”。学生顿悟，原文中夸奖和自豪的语气变成委婉的责备，不符合水生嫂的性格。

……

通过这减一减、加一加、换一换、调一调、改一改的方法，来创造性阅读学习重点语段，使学生受益匪浅。学生明白，课文中对话语言的那情、那调、那种分寸感与和谐感，正是塑造人物形象、刻画与小说主题相符合的人物性格的一种有力的手段，改不得。调整置换丰富了作品的人物形象，补充想象了作品更多的内涵，也使学生更准确地把握了作者的意图。

3. 组合性

创造性阅读学习的标志是把注意的中心由作者、读物转移到阅读者的身上，能够超越文本重构字、词、句、篇、章的新义。这时的阅读者不单是读物的接受者、评论者，而且是读物内容的加工者、再造者，写作材料的调配者、组合者。学习者在创造性阅读学习时能自觉地变换学习的角色，善于从阅读者、作者、编者和读物的人物等多重身份，重新调整组合，改造读物的结构，改变读物的内容，再运用比较、对照、类比等方法，细细领悟原作的意蕴，从而达到对读物深层次的理解，进而领会作者的写作意图，达到与作者、编者、读物中人物的一种心灵的默契。所以，学会调整组合，也是创造性阅读学习的重要特征之一。

在这方面，余广发老师的尝试给“课文景点命名、给人物起绰号、给课文佳句命名、给课文题目换名”，这些命名阅读教学法给我们以很好的启示。

4. 批判性

朱光潜在《谈美书简》中说：“所谓持‘批判的态度’去读书，就是说不要‘尽信书’要自己去分辨书中何者为真，何者为伪，何者为美，何者为丑。”养成独立思考、质疑探究的习惯，增强思维的严密性、深刻性和批判性。

总结阅读学习者的成功经验，我们认识到，要有助于人们依据逻辑推理来评估读物，养成质疑批判性阅读的学习习惯。在这方面，国外的阅读教学经验值得我们借鉴。他们认为，批判性阅读存在专门技巧，阅读学习要发展下列技能：

区别因果关系和相关关系；找出错误的比喻，这种错误是由比较项目之间缺乏可比性造成的；找出因没有考虑各种可能性而导致的错误的两分法；找出没有充分证据的结论；判断前提的准确性，如：确定是否应作出结论；识别自相矛盾的地方；识别不相干的问题；识别过分强调事物的共性而忽视个性的做法；识别阅读材料的宣传技巧；区别事实和观点；识别作者的假设；鉴定作者的资格；确定出版物的可信性；确定信息的传播；辨别原始资料和二手资料；找出作者的偏见等①。

掌握这些阅读学习技能，有助于我们正确进行批评匡正，有助于我们提出独到的新见解，做出正确的新答案。这里要注意，创造性阅读不等同于颠覆性阅读。

(四) 创造性阅读学习的策略

1. 带着问题意识阅读

巴尔扎克说：“打开一切科学的钥匙无疑是问号。”创造性阅读学习强调学习

① 心理学百科全书（第一卷）[M]．杭州：浙江教育出版社，1995：350—351. 转引自王荣生．语文科课程论基础 [M]．上海：上海教育出版社，2003：252.

者自主发现问题。这种阅读不是去接受作者的观点、结论、材料、描述、情感等，恰恰相反，它是带着问题阅读，或是带有强烈的问题意识阅读，在阅读中寻找与自己问题有关的资料。这是一个独立思考、自主发现和不断创新的过程，而不是简单、被动地接受阅读材料中所提供的现成的观点与结论。有了问题意识，学习者才能在阅读中提出问题，思考问题，进而寻求问题的答案。

比如，在阅读学习中学习者要多问自己："我"对作品的看法是什么？"我"的判断和作者相同吗？"我"的疑问有什么独到之处？作者的观点正确吗？文章的结构是否合理？文章的观点与材料是否一致？材料是否典型真实？语言是否生动活泼得体？经常性的反思，有助于学生批判性思维的养成。

带着问题意识阅读学习，可以批评作品的不足，也可以匡正阅读者理解的失误，同时还学会了要联系上下文思考的学习方法，加深了对作品主题的理解。

2. 多角度、多层次地思考问题

新课程标准对阅读教学提出"分层次""多角度"的要求，这是从"纵""横"两个方面给阅读学习以指引，告诉我们阅读学习要分梯度。语文教育家朱绍禹先生对这一问题作了精辟地阐述，他把阅读分为四个层次的思维水平：了解文本字面含义的直觉阅读；能对文本进行分析、概括和比较的理解阅读；能够对文本做出独自判断，乃至给以批判的评价阅读；能够在文本之外寻找答案，或者能进行具有独特感悟的欣赏，或者进行应用性的实际操作的创造性阅读。他还认为随着时间、地点和条件的变化，创造性阅读学习起码可有六个角度：转换阅读者的社会地位（立场）形成多角度；转换学科领域形成多角度；转换时空形成多角度；设置假定性问题形成多角度；从怀疑形成多角度；从事物的相互关系中形成多角度①。这些观点对我们很有启发，学习者要善于取其最佳者。

3. 想象假设，合理推断

爱因斯坦说："想象比知识更重要，因为知识是有限的，而想象力概括着世界上的一切，并且是知识进化的源泉。"想象可以丰富读物的内容，开阔理解的思路，补充画面的内容，引发深入的思考，它是语文能力的重要因素。提出假设是科学发现的基本模式，也是科学创造的关键，假设需要张开想象的翅膀，在想象中分析探索，合理推断，发现创造，这是阅读学习的最高层次。

① 朱绍禹．中学语文课程与教学论［M］．北京：高等教育出版社，2005：169—174.

如何提出假设？一般的做法是：在阅读学习中，学习者可以从阅读材料中提出问题进行讨论时树立假设；可以把阅读与生活联系，用所观察到的各种现象加以改组，换角度提出假设；也可以把先前的经验（知识）与目前阅读中的各种片断知识组织起来，建立假设；也可以因阅读中灵感被激发，突发奇想提出假设等。比如，在阅读学习中有人就提出："假如别里科夫真的与华连卡结了婚，婚后生活幸福吗?""假如孔明不派马谡去守街亭行不行?""祥林嫂能不能独身?""假如于勒发了大财回来会是怎样的结果?""假如玛蒂尔德没有丢失项链，她的命运如何呢?"……这些在阅读中提出的问题难度很高，也不能作出统一答案。在解决这些高难度问题的训练过程中学生的想象力、联想力得到开发。

竺可桢中学的汪德怀老师在教学《端午的鸭蛋》时，引导学生多角度树立假设进行思考，会给我们以更多的启发①：

（1）假如你是高邮市长，你要举办"中国高邮·双黄鸭蛋文化节"，你怎样向大家推荐高邮的鸭蛋文化；

（2）假如你是课文中的小朋友，请介绍你记忆中美好的端午节；

（3）假如你是课文中的一位长辈，请向孩子们介绍端午节里的美食"十二红"；

（4）假如你是课文里面孩子的一员，请说说你的"鸭蛋络子"；

（5）假如你是课文中的小朋友，请你介绍"写虎字"、放"黄烟子"的乐趣；

（6）假如你是当地的厨师，请你给旅游的客人介绍咸鸭蛋的做法；

（7）假如你是一只充满灵性的高邮鸭蛋，你怎样表现自己的个性。

值得注意的是，创造性阅读学习一方面倡导学习者各抒己见，要异想天开的假设、猜测、想象；另一方面也要求学习者要明确事物的因果关系，强调逻辑推理，寻找支撑自己假设的依据，而不是胡思乱想。

4. 反对迷信盲从，营造民主的创造氛围

学习者要培养自己的创造性阅读学习能力，首先要在思想上自我解放，消除迷信权威的心理定势，培养创造意识。不唯书，不唯上，不唯师，只唯实。自觉打破无形中束缚思维的权威枷锁，反对迷信盲从，反对唯命是从，反对复制拷贝

---

① www. yuwen123. com.

既定观点定律。其次，要学会另辟蹊径，敢想前人不敢想的事，敢做前人从未做过的事，敢走前人未走过的路，敢闯前人未进入的领域，善于有理有据地提出自己的怀疑，学会旁征博引地阐述自己与众不同的见解，掌握创造性阅读学习的方法。

在课堂阅读学习中，教师要为学生创设创造性思维的学习环境，营造一种民主、平等的师生关系。传统教育中过分讲究师道尊严和课堂教学的整齐有序，从而造成以老师的威信限制学生好奇的天性和灵性，压抑了学生活跃的思维和创造的潜能。在课程改革的今天，我们要倡导活泼的课堂阅读学习氛围，用以激活批判性思维，点燃创造的火花，激发灵感的闪现；倡导开放的课堂阅读学习氛围，让学生有充裕的时间，自己去思考、去探究、去发现；倡导宽容的课堂阅读学习氛围，允许各抒己见，鼓励自圆其说。在这种阅读学习活动中，教师应该是学习的引领者，最好的聆听者，积极的参与者，适时的点拨者，以喜爱、赏识、宽容之心对待任何一个学生的任何一个微小的发现创造的成果和为之付出的努力。

创新是一个民族的灵魂，是国家兴旺发达的不竭动力。教育活动能否培养出具有创新精神和创新能力的人才，不仅关系到个体的生存和发展，而且关系到国家和民族能否屹立于世界民族之林，能否肩负起实现中华民族伟大复兴的历史使命。因此，语文阅读学习要准确把握这一特点，积极倡导和弘扬教育主体的创造性，关注教育主体的生命价值和意义，让课堂教学焕发出生命活力。

四、阅读学习的延展性

义务教育课标指出："要重视培养学生广泛的阅读兴趣，扩大阅读面，增加阅读量，提高阅读品位。提倡少做题，多读书，好读书，读好书，读整本书。关注学生通过多种媒介的阅读，鼓励学生自主选择优秀的阅读材料。加强对课外阅读的指导，开展各种课外阅读活动，创造展示与交流的机会，营造人人爱读书的良好氛围。"这其实是在强调阅读学习的延展性。延展性阅读对增加学生的文化积淀，拓宽视野，培育创造力，形成语文综合素养都有着十分重要的意义。

（一）概念内涵

"延展"，本来是一个物理学概念，这里指的是延伸扩展的意思。所谓延展性阅读指的是：就某一阅读素材从某个特定的视角切入，进行扩展与延伸、联系与比较、发现与创造，并不断感悟、思辨，从而形成自己的认识的阅读过程。延展性阅读包括两方面的内容：一是阅读学习的内容和形式需要延展以帮助理解，二是阅读学习的目的需要延展以实现价值（即实用结合）。

延展性阅读的内容是丰富多彩的，思维和形式也将是多元化的。它不但能开拓学生的视野，活跃学生的思维，激发其潜在的学习主动性和积极性，也能为学生的终身学习和适应学习型社会奠定良好的基础。由此可见，积极开展延展性阅读具有很强的现实意义。

（二）延展性阅读的特点与要求

1. 延展性阅读的特点

拓展阅读有三个基本特点：灵活性、开放性和自主性。

其一，灵活性。相同的主题，不同的阅读者可以根据自己的观点理念、兴趣爱好、能力水平自由选择切入视角。选择认为适合自己的研究方式来进行研究，解决问题。

其二，开放性。延展性阅读不再是一个封闭的过程，学习智慧将在开放环境中形成，在互动中发展。一是在阅读学习内容上开放，古今中外、天文地理，都可以作为学习或研究的内容。二是在阅读学习空间和时间上开放，阅读者所选择的学习内容越广泛，涉及的空间就越宽阔。

其三，自主性。延展性阅读以阅读者的自行探究为中心，每个阅读者可以有自己的学习方式、学习时空、学习视角。

2. 延展性阅读的要求

延展性阅读把获取信息的触角向外延伸，拓展了阅读视野。但延展性阅读不是随意拓展，实施延展性阅读应注意以下几个问题①：

第一，明确阅读学习目标，突出延展重点，这是关系延展能否成功的前提。只有锁定目标，突出学习重点，才能选择好延展的内容，从而加深对课文的理解。

第二，注重材料衔接，紧扣文本重点，这是体现语文延展式阅读有无深度的关键。延展的时机、延展的内容、延展的宽度和深度，都要围绕文本来展开。文本延展，要超越文本，更要反哺文本，离开文本的延展那是无本之木、无源之水。因此在延展材料的选择上须与文本密切相关，这样才能层层深入，从更深层次、更广范围去理解课文内容。

---

① 单贺香．实施拓展性阅读教学的尝试［OL］. http：//www. tjbd. cn.

第三，把握文章特点，达到举一反三。通过延展，巩固已学知识，达到“学以致用”的目的，真正掌握阅读学习的方法与技巧。

（三）延展性阅读的方式方法

延展性阅读的方式方法包括阅读内容的延展和阅读空间的延展。

1. 运用比较阅读法延展阅读内容

比较阅读教学，就是在一定的参照系中进行阅读教学。比较阅读有多种方式，如横比、纵比、类比、对比等。通过比较，可使阅读中的已知和未知、旧知和新知建立联系。借助比较，可以发现不同的观点和同一材料的各种加工方式以及表达上的差异，给学生创造性阅读提供广阔的空间。

例如，在教学法布尔的《绿色蝈蝈》一文时，可将其与另一篇文章《禅》作比较阅读。通过比较体会出这两篇文章虽然都是写小昆虫，但是在写作内容、语言风格上都有不同。《绿色蝈蝈》的语言很有特点：句群逻辑缜密，环环相扣；语词的选择也十分讲究，不仅准确、生动，而且分寸感极强。这充分反映出法布尔审慎持重的科学态度和一丝不苟的思维品格。同样是说明文，《蝉》则采用说明的表达方式介绍了蝉的生活习性，语言准确、平实，用倒叙行文，用比拟、比喻的修辞手法，用描写抒情的表达方式，生动形象地揭示了蝉的生活奥秘。通过比较，很容易让学生辨别出科学小品文平实说明与生动说明这两种截然不同的语言风格。

2. 运用补充扩展法延展阅读内容

补充拓展主要体现在有关背景材料的补充阅读、节选名著的相应延伸、对一些名家名篇的点评性文章等。利用这种方法可使学生加深对文章理解的深度，可使教材中的许多疑难问题迎刃而解，使学生对文章人物、作者了解更深入全面，感受更具体，受到的教育更深刻。

例如，在教学《生命的意义》一文时，可以介绍主人公保尔坚强不息的意志、勇于献身的精神、对革命无比忠诚的信念，然后引导学生阅读原著《钢铁是怎样炼成的》。学生通过自主阅读，不但了解了保尔成长的过程，同时也懂得了生命的意义。

3. 运用联想想象法，逆向求异法延展阅读内容

阅读学习一方面是为了获取大量的知识信息，提高文学素养，另一方面是为了提高语文的知识迁移能力、思维写作能力。要想达到这个效果，就必须引导学生根据课文内容提出设想，运用联想想象法，逆向求异法，类比迁移法等对教材

提出质疑。“学起于思，思起于疑”，有疑问才能打破头脑中的平静，激起大脑皮层的兴奋，掀起思维的波澜，学习才不会浅尝辄止，满足于一知半解。有疑问就有思考，有思考就有探索。怎么探索呢？带着问题去查阅一些课外读物，收集有关资料。

例如，《大自然的语言》阅读教学完后，教师留下了这样一个问题：你还知道哪些大自然的语言吗？《冬眠》教学后，留下这样一个问题：你还知道哪些有关动物冬眠的知识和趣闻呢？这种方法就是采用类比迁移法进行质疑，引发学生延展阅读。

4. 运用网络、图书室等多种媒体延展阅读空间

这种方法主要是增加学生语文实践活动的机会，培养学生的阅读兴趣使之广泛化，让学生养成博览群书为我所用的习惯。例如，一位老师在设计《漫游语文世界》这个综合性学习课时，让学生借助网络、电视、书籍杂志、报纸等搜集家庭、校园和社会生活中最新鲜、最活泼的语言现象，采集小笑话、小幽默、精彩对联、成语运用实例，等等，然后组织一次“献宝演讲竞赛主题班会”。在这堂课上同学们积极性非常高涨，每个同学都拿出了自己的拿手好戏，展示了自己的才艺，就连那些平时学习成绩不太好的也异常踊跃。

“操千曲而后晓声，观千剑而后识器。”这句话从一个侧面说明数量的积累与熟练技巧形成的密切关系。许多名人、专家都曾经断言：学生语文水平的提高得益于延展性阅读；语文素质差的根源是缺乏阅读。因此，要十分重视延展性阅读。

第五章　阅读学习的历史发展

我国的阅读学习从产生至今已有三千多年的历史，具有悠久的历史渊源，它的发展是建立在人类长期阅读理论和实践探索的基础之上，本章主要对古代、近现代、当代三个历史时期的阅读学习目的、内容、特点、经验、趋势等问题进行发掘和整理，以求对我国阅读学习的发展历史有一个总括的认识。

第一节　古代阅读学习

阅读学习作为人类的一种认识活动，只能产生在文字出现之后，或者与文字同时出现。迄今为止发现的我国最早的文字是距今三千多年的殷商时期的甲骨文，可以说我国的阅读学习很可能起始于殷商时期，而且随着社会的发展、文字的演化，书籍逐渐增多，阅读学习也愈来愈频繁。

一、古代阅读学习的目的

自秦始皇统一六国建立中央集权制国家起，中国开始进入漫长的封建社会时期。阅读学习作为人类特有的活动，其目的与当时的政治体制、思想观念、社会环境有着非常密切的联系。

（一）修养身心

儒家学说作为封建统治的正统思想在古代具有很高的地位，它在政治上主张“德治”和“仁政”，重视伦理道德教育和自我修身养性。《礼记·大学》中记载：“欲齐其家者，先修其身。”古人把修养身心作为齐家、治国的前提和根本，所以在阅读学习上十分重视学生品德修养的教育。

儒家学派的创始人孔子有云："古之学者为己，今之学者为人。"（《论语·宪问》）这句话的意思是说以前读书人阅读的目的在于修养自己的学问道德，现在读书人阅读的目的却在装饰自己，在别人面前炫耀夸饰。孔子反对后者，提倡前者，在他看来，阅读学习是为了培养高尚品德，而不是为了标榜自己。

儒家学派的另一个代表孟子，他首先认识到了阅读者的道德修养和阅读活动之间的关系，《孟子·公孙丑上》里记载公孙丑问孟子："敢问夫子恶乎长？"曰："我知言，我善养吾浩然之气。"通过阅读可以提高人的道德修养，增强"浩然之气"。

宋代的理学是儒家学说的继承和发展，与儒家一样也看中通过阅读学习来修养身心。宋代理学的集大成者朱熹就把阅读学习作为修身、齐家、治国的主要途径，更是为了提高自身的道德修养，端正自身的道德规范。"若不读书，便不知如何而能修身，如何而能齐家、治国"。（《朱子语类》卷一百一十八）

《颜氏家训》的作者颜之推也持有同样的观点，阅读不仅能增益德行，而且能敦励风俗，改变人的骄奢、鄙吝、暴悍、怯懦等不良品性，有利于个人的身心修养。

（二）获取功名利禄

阅读学习的目的是与阅读者的现实需求紧密相连的，古人就提倡"学而优则仕"，把阅读学习当作获取功名利禄、谋求官职的重要手段，宋代还流传着"书中自有黄金屋，书中自有颜如玉，书中自有千钟粟"这样的话，充分显示出古人阅读学习与获取功名利禄之间的密不可分的关系。

孔子认为想要做官就先要读书，反之，读书是为了做官，《论语·先进》就有记载：子路使子羔为费宰。子曰："贼夫人之子。"子路曰："有民人焉，有社稷焉，何必读书，然后为学？"子曰："是故恶夫佞者。"这段话的意思就是做官必须先读书求学，才能有利于人民和国家。假使学问不足，就去做官，虽说边做边学，实际上一定有害于人民和国家。

颜之推也认为阅读是一种谋生手段，是获取职位和功名利禄的台阶。"虽百世小人，知读《论语》《孝经》者，尚为人师；虽千载冠冕，不晓书记者，莫不耕田养马。以此观之，安可不自勉耶？若能常保数百卷书，千载终不为小人也。"古时将品行恶劣和地位低下的人统称为小人，颜氏就认为阅读《论语》《孝经》的人可以成为老师，如不进行阅读学习只能做"耕田养马"之类的社会地位低下的小人。虽然这是一种鄙视劳动人民的剥削阶级意识，但从中不难看出古人把阅读学习当作获取功名、谋取社会地位的重要途径之一。

到了隋朝设立科举制度，古人更是把阅读作为升官发财的唯一途径。韩愈在他的《朱问公校昌黎先生文集·符读书城南》中就有这么一段话："两家各生子，提孩巧相如。少长聚嬉戏，不殊同队鱼。三十骨骼成，乃一龙一猪。飞黄腾踏去，不能顾蟾蜍。一为马前卒，鞭背生虫蛆；一为公与相，潭潭府中居。问之何因尔？学与不学欤！"说的是两个孩子出生的时候无异，但其中一个读书长大后就成为朝廷官员，享受荣华富贵，还有一个不读书则变成了"马前卒"，生活贫困潦倒。"岂不旦夕念，为尔惜居诸。恩义有相夺，作诗劝踌躇。"韩愈借此故事来劝告后人要勤奋读书，不要徘徊不前。但宋代的朱熹反对为利禄名誉和中科举而阅读，他认为"理"是宇宙的主宰和万物之源，所以把"明天理"、"灭人欲"作为阅读学习的主要目的，而不是为获取功名利禄。

（三）得道利民

我国古代学者认为阅读学习有助于维护国家统治、巩固江山社稷、造福黎民百姓。孔子说："诵《诗》三百，授之以政，不达；于四方，不能专对；虽多，亦奚以为？"他指明了阅读的目的在于治理国家和独立答对方面有所作为。

司马迁在谈到《春秋》时说，《春秋》明辨人事经纪，判别嫌疑、是非、善恶，宣扬王道，是一部政治、百官之大法，人伦、礼义之大宗，有国者、为人臣者，都不可不知《春秋》。司马光撰《资治通鉴》，并不是一般意义上的著书立说和史学研究，而是极具重要的政治目的。他在给皇帝的《进资治通鉴表》中称，该书"专取关国家盛衰，系民生休戚，善可为法，恶可为戒者，为编年一书"，又说，通过此书可"鉴前世之兴衰，考当今之得失，嘉善矜恶，取是舍非，足以懋稽古之盛德，跻无前之至治"①。

《国语》中就提及了阅读学习的教化作用。

（楚庄王）问于申叔时。叔时曰："教之春秋，而为之耸善而抑恶焉，以戒劝其心；教之世，而为之昭明德而废幽昏焉，以休惧其动；教之诗，而为之导广显德，以耀明其志；教之礼，使知上下之则；教之乐，以疏其秽而镇其浮；教之令，使访物官；教之语，使明其德，而知先王之务用明德于民也；教之故志，使知废

① 王余光．试论阅读史研究［J］．中学语文教学参考．2001：8—9.

兴者而戒惧焉；教之训典，使知族类，行比义焉。”（《国语·楚语上》）

从这段话中我们可以知道通过阅读学习可以让人懂得褒扬善行而贬抑邪恶，可以约束我们的行为，宣扬美德，知道尊卑上下的法度，洗涤污秽，懂得百官的职事，懂得历代成败兴衰的道理，使行为符合道义，同时也表明了阅读对于治理国家、得道利民具有重要的价值和作用。

墨家学派的创始者墨子把“传道”作为阅读学习的出发点，墨子曾说：“今闻先王之道而不为，是废先王之传也。”（《墨子·贵义》）意思是不阅读传播先王之道的书文典籍就是废除了先王的传统，也就表明要通过阅读学习来传播先王之道，使其有利于国家的安定团结和百姓的安居乐业。之后的许多文人学者如朱熹、司马光也持有相同的观点。

二、古代阅读学习的内容

认读是阅读学习的基础和前提。我国古代的阅读学习经过《三字经》《百家姓》《千字文》《急就篇》等认字教育阶段后，就进入重要的阅读学习阶段。在这阶段，阅读学习的内容主要有经书古文、诗赋和时文等。

（一）经书和古文

儒家的经典著作在我国漫长的封建社会中不仅是传统文化的主体，而且历代科举选仕，试卷命题必出自“四书五经”，所以也是古代文人考取功名的必读书目。汉代就将《易》《书》《诗》《礼》《春秋》列为经典，隋唐五代仍把经书作为主要读物，“四书五经”作为一套完整的阅读材料一直沿用到清末。除了阅读经书，古人还会阅读一些古文，主要是从几种重要史书如《左传》《国语》《国策》《史记》等选出的若干篇章，还有历代名作家，如唐宋八大家等的一些散文。

1. “五经”

“五经”即儒家经典著作《易》《书》《诗》《礼》《春秋》的合称。汉武帝建元五年置五经博士，开始有“五经”之称（加上失传的《乐经》，也称“六经”）。自从汉武帝实行“罢黜百家，独尊儒术”政策之后，“五经”成为神圣不可侵犯的经典，儒家思想成为中国古代社会的正统思想，科举考试的必考内容。“五经”作为我国最早的一套阅读书目，内容包含了古代政治、伦理、哲学、历史、文化、教育等方面的内容，在封建社会产生了巨大影响。

2. “四书”

“四书”是儒家经典著作《论语》《大学》《中庸》《孟子》的合称。南宋理学家朱熹注《论语》，又从《礼记》中摘出《大学》《中庸》分章断句，加以注释，加上《孟子》，题称《四书章句集注》，作为学习的入门读物。这才称之为“四书”。“四书”作为儒家学派的经典经书，蕴含了儒家思想的核心内容，也是儒学认识论和方法的集中体现。元皇庆二年定考试课目，规定必须在“四书”内出题，而且把朱熹的《四书章句集注》作为考试依据，沿用至明清。

3. 文选

文选是我国古代用来进行阅读训练的主要凭借，文选就是古文的选文总集。我国现存的最早的一部诗文总集是《昭明文选》，编者萧统，又被称作昭明太子，是南朝梁武帝萧衍的长子。《文选》共收入周代至六朝七八百年间的130多位知名作者和少数佚名作者的作品700余篇，各种文体的代表作基本具备，且都是文质兼美的名家名篇，具有浓厚的文学色彩，体现了作者独到的文学见解。唐以后的文人士子为了写文章和应付科举，大都要阅读此书。宋代有谚语云：“《文选》烂，秀才半。”足见文选是古代重要的阅读学习内容。

历朝历代均有许多文章选本问世，为人熟知的除了《昭明文选》，还有清代吴楚材、吴调侯编选的《古文观止》。全书收录了东周到明末的222篇选文，以散文为主，兼收少量骈文、韵文，大多数作品是千古传诵的佳作，具有一定的代表性，显示出中国古代散文发展的大致脉络。《古文观止》易读易学，在清末受到很多人的欢迎，流传甚广。另外还有诸如宋代真德秀所编的《文章正宗》、宋代谢枋得所编的《文章轨范》、宋代吕祖谦所编的《古文关键》、明代茅昆所编的《唐宋八大家文钞》、清代姚鼐所编的《古文辞类纂》、清李扶九选编的《古文笔法百篇》等比较优秀的文选。古代的文选传统，一直延续到现代，成为阅读学习中的主要内容。

（二）诗赋

中国自古以来就是一个诗歌大国。先秦儒家开创的诗教、乐教的传统，一直延续至今，所以诗赋也是我国古代阅读学习的主要内容之一。我国古代的诗赋读物除《诗经》外，有代表性的还有唐代《咏史诗》、宋代《神童诗》和《千家诗》、清代《唐诗三百首》等。

1.《神童诗》

《神童诗》相传为北宋末“神童”汪洙所作，再经后人补增搜集而成，是影响颇大的训蒙读物。《神童诗》虽然只收录34首，但内容丰富，劝学诗最多，其他有关科举、四季、闲适的内容也不少，对儿童有很好的教育意义。全诗选用五言绝句，篇幅短小，诗味浓郁，格律严谨，音韵和谐，对仗工整，平仄准确，情趣盎然，易于记诵。

2.《千家诗》

《千家诗》最早为南宋刘克庄编集，后来明人对这个选本进行修改，编集成《千家诗》。内容分时令、节候、气候、昼夜、百花、竹木、天文、地理、宫室、器用、音乐、禽兽、昆虫、人品共14类。诗歌基本上以季节为序，清新朴实，与日常生活关系密切，而且多数诗歌浅近易懂，脍炙人口，又多名家名篇，因此家喻户晓，流传甚广。

3.《唐诗三百首》

《唐诗三百首》为清代孙洙所选编。全书收录75位唐代诗人与无名氏2人的诗，共300多首，分八卷，涵盖了我国古代诗歌中的各种诗体，收有古诗、绝句、律诗等。其编者注重精选历来为人们广为传诵的佳作，名家名篇入选甚多，注意到入选作品的代表性，所以古人云"熟读唐诗三百首，不会作诗也会吟"，足以表明《唐诗三百首》的地位。

（三）时文

所谓"时文"，也称"制艺"，是当时中了状元、进士的人所作的八股文。为指导学生应考，有些书馆会让学生阅读一些"时文"，但为数不多，是一种补充性质的读物，并不是阅读学习的主要内容，而且历代学者多半不赞成阅读这类文章。

三、古代阅读学习的过程及特点

阅读学习存在于一定的过程之中，我国古代对阅读学习就有诸多论述，比较有代表性的如孔子的"博学之、审问之、慎思之、明辨之、笃行之"五步说理论、孟子的"以意逆志"以及荀子的"感知——理解——实践"理论。

（一）阅读学习的过程

1. 孔子"学问思辨行"说

在《礼记·中庸》中，我国古代著名教育家孔子论述了阅读的过程，即"博学之，审问之，慎思之，明辨之，笃行之"。首先要广泛地阅读学习，发现其中的问题，经过缜密思考，辨明事理，消化吸收，最后身体力行去做。孔子论述的这个阅读过程论不仅是中国最早最完备的阅读过程论，也开创了世界阅读过程论的先河，对后世的影响很大。

(1)“博学之”

为什么要广泛地阅读呢？诸葛亮说：“才须学也，非学无以广才。”朱熹也认为：“为学之道，莫先于穷理；穷理之要，必在于读书。”可见，阅读是为了“穷理”求知，为了广泛地获得需要的知识。古人把“博学之”定位在阅读学习过程的第一位，揭示了阅读对发展进步、认识世界的重大意义。孔子说：“学而时习之，不亦说乎？”（《论语·学而》）表明古人对阅读学习无比热爱和积极进取的态度。

(2)“审问之”

孔子要学生“每事问”“不耻下问”，一部《论语》记载孔子与学生谈话有117次，学生提问孔子105次，学生间互问11次，仅有1次是孔子问学生，其中包括问仁、问礼、问政、问教、问知、问士、问耻、问行、问君子、问成人，等等，孔子还认为“受学重问，孰不顺成”，这都体现出“好问则裕，自用则小”（《尚书·仲虺之诰》）的深刻道理。朱熹认为阅读要须疑，“读书无疑者，须教有疑；有疑者，却要无疑，到这里方是长进”。（《朱子语类》卷十一）明代学者陈献章认为“学贵知疑，大疑则大进，小疑则小进。疑者，觉悟之机也”。（《白沙要语》）

(3)“慎思之”

孔子说：“学而不思则罔，思而不学则殆。”（《论语·为政》）强调阅读时要进行思考才能有所长进。朱熹提出“熟读”之后，“继以精思，使其意皆若出于吾之心”，“读而未晓则思，思而未晓则读”，“若读而不思，又不知其味”（《朱子语类》），说明通过“思”才能正确深入地理解读物的意义，否则只能停留在字面意义上。唐彪也意识到思考对于阅读的重要性，“微言精义，古人难以明言，而待人自悟者，可将其书熟读成诵，取而思之。今日不彻，明日更思；今岁不彻，明岁复思，数年之后，或得于他书，或触于他物，或通于他事，忽然心窍顿开，从前疑义透底了彻，有不期解而自解者。（《读书作文谱》）从这段话我们可以看到，阅读只有通过思考，才能有所领悟，而且思考是一个艰难的过程，必须要持之以恒、触类旁通才能把问题思考透彻。

(4)“明辨之”

“辨”要求在阅读中对内容在“思”的基础上进行辨析、分析、综合。分析异同、明辨是非，使感性认识上升为理性认识。唐彪在《读书作文谱》中论到阅读时“层层”辩驳，就“如剥物相似，去尽皮方见肉，去尽肉方见骨，去尽骨方见髓，书理始见透彻，不可略见大意”。可见，阅读只有通过“层层辩驳”，才能知文辞之要旨，晓义理之精微。

（5）“笃行之”

《论语·学而》记载：子曰：“弟子，入则孝，出则弟（同“悌”），谨则信，泛爱众而亲仁，行有余力，则以学文。”孔子要求弟子要读行结合，还把“行”放在首要位置，是“读”的目的，所以他要求弟子“行有余力，则以学文”，就是履行了“孝”“弟”“信”“仁”等道德行为有剩余力量，则要学习文化典籍。荀子说：“学至于行而止矣。”说明“行”是阅读过程的一个重要组成部分，出发点在“知”，终极点在“行”。在阅读学习中就要做到读写结合，读是输入，写是输出，是读的实践。朱熹说：“人做文章，若是仔细看得一般文字熟，少间做出文章，意思语脉，自是相似。读得韩文熟，便做出韩文底文字；读得苏文熟，便做出苏文底文字。”（《朱子语类》卷一百三十九）表明阅读是写作的前提，有利于提高写作水平。

2. 孟子“以意逆志”说

孟子也是我国古代著名教育家，对于阅读研究有独到的见解。他在《孟子·万章上》中针对学生咸丘梦的提问，精辟地指出阅读学习的过程：“故说诗者，不以文害辞，不以辞害志。以意逆志，是为得之。”说的是阅读不能拘泥文字而曲解辞句的含义，不能拘泥辞句还曲解全篇的意旨，而是要用自己的思想去领会、把握作者的本意，才能得到读物的真谛。孟子在这段话中揭示了阅读学习的重要环节，即意——逆——志。“以意逆志”论是我国古代阅读理论的瑰宝，也是阅读过程中研究的一颗璀璨明珠。

（1）意

“意”是指阅读主体的意识。阅读是一种个体活动，阅读主体是获取阅读意思的关键。阅读主体凭借自己的学识、经验、阅历、思想等去阅读读物，获取信息。主体读到的不只是读物中的文字，而且是阅读主体的意识与阅读客体逐步同化，最终达于理解读物的意义。一个完整的阅读过程是阅读主体的意念活动的过程，“意”贯穿于阅读的始终。

（2）逆

“逆”是指阅读的正确方法。“逆”有迎受、钩考、反求、追溯的意思。在阅读过程中，阅读主体可从多方面探究读物的意义。通过“逆”，可以“披文人情，沿波讨源”，以“己意”去理解读物的意义。

（3）志

“志”是指阅读的根本目的。阅读最终是为了获取读物的意义，即“志”。“不以文害辞，不以辞害志。以意逆志，是为得之”，可见孟子把“志”作为阅读的根本目的，在阅读学习中不能断章取义，而是要获取意义，这就清楚地揭示了古代阅读学习过程的终极要求。

3. 荀子“君子之学”说

荀子是我国古代著名的教育家，在他看来阅读是“君子之学也，入乎耳，著乎心，布乎四体，形乎动静”。（《荀子·劝学》）“入乎耳”就是具体感知阅读学习内容，“著乎心”就是明白理解阅读内容，对感性认识进行分析、综合和理解上升为理性认识，“布乎四体，形乎动静”就是将理性认识付诸实践，应用于实际，充分体现出“感知——理解——实践”的阅读学习过程的主要环节。

（1）感知

感知是阅读学习过程的首要步骤，就是视觉正确辨认文字符号和它们之间的组合关系，科学地运用眼停把读物的信息准确地接收下来，进行全面的感知。准确有效的感知阅读内容是顺利进行阅读最终获取意义的首要条件。荀子提出的“入乎耳”就是要求具体感知阅读学习内容，为以后的理解、实践活动奠定基础。

（2）理解

理解是阅读学习过程的深化步骤，就是在感知的基础上把阅读内容内化为自身知识结构的过程。古人云：“读者，籀也，抽释其义蕴至于无穷。”表明了理解对于阅读学习的重要作用。荀子提出的“箸乎心”就是明白理解阅读内容，对感性认识进行分析、综合和理解上升为理性认识的阅读学习过程。

（3）实践

实践是阅读学习过程的完成步骤，就是把阅读中获得的知识、技能、方法等运用于具体生活实践。“行”是阅读过程的一个重要组成部分，阅读的出发点在“知”，终极点在“行”，即是实践。荀子有云：“不闻不若闻之，闻之不若见之，见之不若知之，知之莫若行之。”（《荀子·儒效》）表明实践对于阅读学习的重要性。

（二） 阅读学习的特点

综观我国古代的阅读学习的过程，不难发现其呈现出实践性、过程性和意会性的特点。

1. 实践性

古代各个时期的教育家都把“行”放在阅读学习的重要位置上，孔子“博学之、审问之、慎思之、明辨之、笃行之”五个阅读步骤中就把“行”作为最终的一个环节，荀子也把“布乎四体，行乎动静”作为阅读的最终步骤，还认为“学至于行之而止矣。行之，明也，明之为圣人”，实践的重要性一览无余。唐代诗人陆游的“纸上得来终觉浅，绝知此事要躬行”，更是直接指出实践对于阅读的重要作用，从书本上得到的知识始终是浅薄的，只有通过实践才能真正掌握。可见古人阅读学习的终点就是“行”，体现了古代阅读学习实践性的重要特点。

实践性主要体现在两个方面：

一是读写结合。汉代扬雄说：“能读千赋，则能为之。”（《答桓谭论赋书》）清代唐彪也论道：“文章读之极熟，则与我为化，不知是人之文、我之文也。”（《读书作文谱》）读是输入，写是输出，写是读的实践，这对于我们如今读写分离的阅读现象有一定的现实意义。

二是学以致用。孔子认为阅读是为了致用、应用，可分为对外和对内两方面。对外是为政和专对，特别是要运用于治理国家、造福百姓等方面，对内是提高修养，陶冶性情。以孔子为代表的儒家要求学生掌握礼、乐、射、御、书、数六种技能，即“六艺”。其中“礼”指礼节，可以提高道德修养；“乐”指音乐，可以陶冶情操；“射”和“御”分别指射箭和驾车，可以锻炼身体，培养意志力；“书、数”是指书法和数学，可以提高智力水平。“六艺”把书本知识和社会实际、自身实际联系起来，强调在实践中学习、锻炼技能，从而提高自身修养，造福百姓，体现了阅读学习知行统一、学以致用的特点。

2. 过程性

古代的阅读学习往往以感性经验为主，缺乏理论建树，但各个时期的教育家却都不谋而合地注意到了阅读者的阅读心理过程，并能够建立起各自的阅读教学模式，体现了阅读学习的过程性特点。

《礼记·中庸》记载了孔子论及阅读的五个步骤，“博学之，审问之，慎思之，明辨之，笃行之”。孔子论述的这个阅读过程论不仅是中国最早最完备的阅读过程论，也开创了世界阅读过程论的先河，对后世的影响很大。孟子在《孟子·万章上》中提出：“故说诗者，不以文害辞，不以辞害志。以意逆志，是为得之。”孟子在这段话中揭示了阅读学习中用阅读者意思去推究读物意义的的重要过程，即意——逆——志。因此“以意逆志”论是我国古代阅读理论的瑰宝，也是阅读过程中研究的一颗璀璨明珠。荀子在《劝学》中说：“君子之学也，著乎心，布乎四体，形乎动静；端而言，蠕而动，一可以为法则。”又说：“君子之学，……数诵以贯之，思索以通之，其为人以应之，除其害以养之。”实际就是阅读学习的一个“感知——理解——实践“的过程。朱熹提倡的“学者自博而约，自易而难，自近而远，乃得其序”的读书方法，其实就是一个阅读的认识过程，先博览后精读，先容易后艰难，先读内容与生活实际接近的，再读距离较远的过程，只有这样才能“乃得其序”，体现了阅读学习中循序渐进的原则，也是阅读学习的过程。

3. 意会性

古人的阅读学习主要目的之一就是科举入仕、谋取功名利禄，孔子就主张“学而优则仕”。自隋朝创建科举制度以来，要想入仕就必须理解、阐述各种经书中的“道”和“义”，而有时“道”和“义”只可“意会”而“不可言传”，因此，古代阅读学习具有明显的意会性特征。

意会性是指凭借个体感受，通过直接经验去体味、领悟言辞中所蕴涵的深层含义。孟子曰：“君子深造之以道，欲其自得之也。自得之，则居之安；居之安，则资之深；资之深，则取之左右逢其原，故君子欲其自得之也。”（《孟子·离娄下》）这里所谓的“自得”就是通过独立阅读而体会思想的精髓，那么品德才智也会因之提高。从这段话中我们可以看到，孟子主张阅读学习要“自得”，方能“左右逢源”。庄子也意识到语言不能表达所有的意思，阅读要细细品味才能有所领悟。《庄子·秋水》中说：“可以言论者，物之粗也；可以致意者，物之精也；言之所不能论，意之所不能察致者，不期精粗焉。”言辞有形，而道义无形，庄子认识到“言不尽意”的道理，所以在他的文章中，经常借助形象的比喻和生动的语言让人直接体味其中的深奥思想。南宋朱熹在《朱子读书法》中写到的阅读方法其中一条便是“虚心涵咏”，二程主张读书要“自得”，认为“大抵学不言而自得者，自得也；有安排布置者，皆非自得也”。（《二程集·河南程氏遗书》卷七）他们都强调阅读不能通过字面意思理解，而要反复思考、体味，才能明白道义。

四、古代阅读学习经验

古代语文教育在阅读学习方面创造积累了不少经验和方法，从今天的阅读学习角度看仍有很高的的价值，值得我们学习和借鉴。

（一）文道统一

我国古代历来重视阅读学习中“文”和“道”的关系，“文”是语言文字和辞章，“道”是正确的思想。古人主张文以载道、文以明道，把“道”视为根本，但正确的道需要依靠高明的“文”作为载体来阐发、传播，人们也是通过阅读“文”来明白“道”，因此文是道的前提。宋代理学家程颐说：“凡看文字，先须晓其文义，然后可求其意。未有文义不晓而见意者也。”而同时代的思想家陆九渊则说：“读书固不可不晓文义，然只以晓文义而足，只是儿童之学。须看意旨所在。”他们的话语都表明理解文字含义和文章思想同等重要，理解文字含义是了解作者思想的前提，明白文章思想则是理解字面含义的深化，两者缺一不可。所以古人在阅读文与道的关系上主张两者不可偏废，既要读懂文章的名物、训诂、句读、篇章，理解其“文”，又领会其“道”。张伯行对此概括成一句话：“论道而专求诸语言文字间，则道晦矣；抑论学而不求之语言文字之间则道亦泯矣。”（《朱子语类辑略》序）

（二）有效“读”法

古时把阅读训练称之为读文训练，可见古人很讲究“读”，而且在阅读学习上探索出几种有效的阅读方法，为我们后世提供了可借鉴的宝贵经验。古代阅读学习要求学生熟读精思，这即是一套有效的阅读方法。

古代阅读学习首先强调“读”，崔学古提出读要“毋增，毋减，毋复，毋高，毋低，毋疾，毋迟”，即读要读得准确、认真。宋代朱熹在谈到读时说：“读之，须要读得字字响亮，不可误一字，不可少一字，不可多一字，不可倒一字，不可牵强暗记。只是要多诵遍数，自然上口，久远不忘。”（《朱子童蒙须知》）即读的遍数要多。唐彪在《读书作文谱》中提到“则诸语录有不可不阅之书，典制志记中有不可不阅之书，九流杂技中有不可不阅之书”，即读的种类要多。综上所述，古人提倡的熟读方法包括读得准确、读得多、读得广三层意思。

张志公先生系统总结了我国古代语文教育的经验，其中对于古人读的要求和目的，他概括为：“第一，大声诵读；第二，读得准确，一字不差；第三，多读遍数，达到纯熟，以至能够背诵。目的是：第一，能够上口；第二，能够记住；第三，通过熟读达到更好地理解。”其中“熟读达到更好地理解”就是要求在熟悉文本的基础上对其内容进行认真思考，理解其深层次含义。古人阅读不仅要求熟读，而且要求精思。朱熹在《朱子读书法》中提及的一条重要读书原则就是“熟读精思”，所谓熟读就是要多读，把文章烂熟于心，所谓精思就是把书读通，揣摩、品味书中的意境。朱熹在《读书之要》里还对“熟读精思”作了精辟的论断：“大抵观书，须先熟读，使其言皆若出于吾之心，然后可以有得尔。”古人把心看作是思想的源发地，“出于吾之心”即是要求阅读不仅要读熟，而且还要多思考，领会文章主旨意义。

（三）基本的阅读过程和步骤

阅读是把书面信息符号为对象的外部语言转化为内部语言的过程，相对于外化的、输出的写作过程来讲，它是内化的、输入的，所以阅读学习过程一般很难从外部观测到，但是我国古人却经过艰苦的探索，总结出完整、科学的阅读学习过程和步骤，值得我们学习借鉴。

我国古代伟大的教育家孔子把学习过程归为“博学之，审问之，慎思之，明辨之，笃行之”五个步骤，首先要广泛地阅读学习，发现其中问题，经过缜密思考，辨明其中的事理，消化吸收，最后身体力行去做。从行为科学考察，我们一般把阅读学习过程分为认读——理解——评价——积累——运用等步骤，孔子提出的阅读学习过程符合行为科学的标准，体现了阅读过程的科学性和完整性。

从心理学来考察，我们一般把阅读学习过程分为感知——联想、想象——思维——记忆——迁移等步骤。荀子总结“君子之学也，入乎耳，著乎心，布乎四体，形乎动静”的阅读学习过程，其中“入乎耳”就是具体感知阅读学习内容，即是“感知”；“箸乎心”是明白理解阅读内容，对感性认识进行分析、综合和理解上升为理性认识，即是思维的过程；“布乎四体，行乎动静”就是将理性认识付诸实践，应用于实际，即是迁移的过程。所以荀子总结的“感知——理解——实践”的阅读学习过程是从心理学角度出发，符合阅读者在阅读学习中心理的发生过程。

第二节　近现代阅读学习

1904 年语文教育独立设科拉开了近现代阅读学习的序幕，直到 1949 年新中国成立才得以落幕。这期间中国发生了诸多重大历史事件，在动荡不安、复杂多变的社会环境中，阅读学习没有停止前进的脚步，许多有识之士对其进行了有益的探索和实践，为当代的阅读学习发展奠定了良好的基础。

一、近现代阅读学习的目的

近代的中国结束了闭关锁国的封闭状态，开始打开国门接受来自西方的先进思想和理念，但国内的封建残余势力仍很强大。因此，在新旧文化斗争和中西文化冲突中，现代阅读学习的目的也发生了相当大的转变。

（一）谋生应世之用

在西方实用主义思想的影响下，当时的教育界开始追求阅读学习的实用目的，当时的“实用”并不局限于狭义上的应用，而是广义上的生活所需要的一切相关文章，即阅读学习能够应用于社会生活的方方面面，特别是对人的谋生应世之用，不像古代的阅读学习，为了追求金榜题名、功名利禄而死读“四书五经”。

早在1903年《学务纲要》中就有所规定：其中国文学一科，并宜随时试课论说文字，及教以浅显书信、记事、文法以资官私实用。到了1904年《奏定初等小学堂章程》规定就更为明确，在“各科目教育要义”中“中国文字”的目的为：“其要义使识日用常见之字，解日用浅近之文理，以为听讲能领悟、读书能自解之助，并当使之以俗语叙事，及日用简短书信，以开他日自己作文之先路，供谋生应世之要需。”① 1948年开明书店出版语文教科书在选材上就坚持“实用”的原则，着重选取了各式文体的实用文章。《开明文言读本·编辑例言》开头就明确指出：“我们把纯文艺作品的百分比减低，大部分选文都是广义的实用文，我们不避‘割裂’的嫌疑，要在大部书里摘录许多篇章；我们情愿冒‘杂乱’的讥诮，要陈列许多不合古文家义法的作品。”②

（二）提高思想水平和审美情趣

中国古代是以维护封建政权、维护封建统治为培养人才的目的。朱自清先生认为语文教学有两个目的，一是养成读书思想和表现的习惯或能力，二是发展思想，涵育情感。“语文教学的目的一方面在于培养学生的语文知识技能，以应付现实生活所需；另一方面在于通过语言文字的学习，启发思想，涵育情感，训练思维，发展心灵；二者相互联系又不可分割。”③ 阅读学习是语文学习的重要组成部分，我们由此可以推断，现代阅读学习的目的之一就是让学生通过阅读来提高思想水平和陶冶审美情趣。

曹刍《如何使用小学国语教科书和补充读物》一文中，提出“儿童从国语中

---

① 奏定初等小学堂章程，中国近代教育史资料（中册）[M]. 北京：人民教育出版社，1961：414—415.

② 李杏保，顾黄初. 中国现代语文教育史［M]. 成都：四川教育出版社，2004：185.

③ 朱乔森. 朱自清全集第八卷［M]. 南京：江苏教育出版社，1999：397.

得到些什么”，并拟出阅读七个功用，其中四条就涉及到阅读对于提高思想水平和审美情趣的作用，“阅读可提高一个人的思想”，“阅读能宽广人的思想范围”，“阅读唤起人类的趣味”，“阅读能丰厚人的生活”。① 可见，阅读可以有效地提高思想认识水平和审美情趣，从而充实生活丰富人生。

程其保则说，“国语的教学，应注意两种功用：一即利用语文以协助思想的进程；一利用语文以为传达思想的工具。……语与文，形式上不过是一种符号。但是在实际上，思想若无此等符号的协助，即无从进行。”② 程氏较早地看到了阅读对思维的促进作用，反过来，缺乏思考的阅读也将无法进行，可见，阅读有利于提高思想水平。

（三）激发爱国热情，树立民族意识

自1840年鸦片战争以来，中国就饱受帝国主义侵略者的欺凌，在这民族生死存亡的紧要关头，大批仁人志士积极谋求救国之道，呼吁全国上下团结一心，积极抗击帝国主义和资本主义的侵略。因此，在当时特定的环境下，激发民众的爱国热情，树立民族意识已成为阅读学习的主要目的之一。

1936年6月，教育部颁布了改订后的《修正中学国文课程标准》，其中规定的教学目的就提到初级中学“使学生从本国语言文字上，了解固有文化；使学生从代表民族人物之传记及其作品中，唤起民族意识并发扬民族精神”，高级中学“使学生能应用本国语言文字，深刻了解固有文化并增强其民族意识”。把1929年的《暂行标准》和1936年的《修正标准》加以对照，就可以看到后者增加了“了解固有文化”“增强（或唤起）民族意识”这样的目标要求，可以理解为面临外敌入侵而要加强对青少年的爱国家、爱民族的教育，激发爱国热情，唤醒民族意识。在教材的编写上也要遵循这种目的，1936年，马若谷、李訔不、程粟一等三人在合编的《三中现行初级国语教科书的评论》一文中提出了“编好国语教科书”的13条建议，其中第一条就是“救国教材应不只在引起儿童的敌忾心的教育，还要注意儿童生产意思，建国精神及民族自信心的养成”。

二、近现代阅读学习的内容

“五四”新文化运动是一场伟大的思想解放运动，更是掀起了一场声势浩大

① 顾云虎．二十世纪中国语文阅读教学观念的变迁［D］．华东师范大学博士论文，2003：27.
② 顾云虎．二十世纪中国语文阅读教学观念的变迁［D］．华东师范大学博士论文，2003：29.

的白话文运动，彻底改变了自古以来以四书五经为主的阅读学习内容，给现代阅读学习注入了新鲜血液。

（一）五四时期的阅读学习内容

1. 白话文学文

“五四”新文化运动反对旧文学，提倡新文学，旧文学就是内容晦涩、思想腐朽的文言文，新文学就是内容新颖、思想革命、简明易懂的白话文，这给阅读学习注入了生机和活力。胡适在《如何可使吾国文言易于教授》一文中就认定古文是半死文字，白话为活文字，之后还明确表示“我到此时才敢正式承认中国今日需要的文学革命是用白话代替古文的革命，是活的工具替代死的工具的革命。”① 陈独秀、鲁迅、蔡元培、钱玄同、刘半农等有识之士也积极响应白话文的运动。从胡适的第一首白话文现代诗《两只蝴蝶》开始，不断涌现出很多优秀的白话文文学作品。在教育领域，1920 年 1 月教育部还训令全国各国民学校先将一二年级国文改为语体文。1920 年 4 月明令国民学校要将其他各科教科书也相应改用语体文。至此，白话文开始进入学生的阅读学习领域。

当时最早的现代白话文阅读教材是 1920 年商务印书馆出版的《中等学校用白话文范》，内容多是当是报章杂志上的时文，还有白话小说、诗歌、语录等白话文学作品。当时还有沈星一编写的《初级国语读本》也体现了较为明显的白话文特色，其中收录的文章大多为“五四”时期文坛名家，如鲁迅、冰心、郭沫若等人的作品。所以当时的阅读学习内容多为反映五四新文化、新思想的内容健康，思想进步的白话文学文，如鲁迅的小说、郭沫若的新诗、周作人的散文小品、冰心的小说散文。阅读学习的文体多样，富有文学性和情趣性，比较适合青少年阅读口味。

2. 实用文

“五四”时期由于受到西方科学实用主义思想的影响，阅读内容偏重具有实用价值、与生活实际紧密联系的实用文。1903 年《学务纲要》中就规定：其中国文学一科，并宜随时试课论说文字，及教以浅显书信、记事、文法以资官私实用。到了 1904 年《奏定初等小学堂章程》规定就更为明确，在“各科目教育要义”中“中国文字”的目的为：“其要义使识日用常见之字，解日用浅近之文理，

① 李杏保，顾黄初．中国现代语文教育史［M］．成都：四川教育出版社，2004：63.

以为听讲能领悟、读书能自解之助，并当使之以俗语叙事，及日用简短书信，以开他日自己作文之先路，供谋生应世之要需。”① 当时叶圣陶、刘半农等人也撰文指出中学生将来又并非个个都做文学家、语言学家，所以，“五四”以后的阅读内容的发展越来越趋向“实用性”。

应用文与“文学文”相对，“包罗范围甚广，凡生活所需之记述、解释、论说之文，均按教材标准选辑，而一般狭义理解的应用文，如‘契据’‘公文’之类则所占比重极小”。可见当时的应用文不仅仅局限于实用文体，只要涉及生活的都可以归入其中。如商务印书馆编印的《复式学校教科书》的应用文就包括记述、解释、论说、书信、契据、章程、广告、公文这八大类内容。开明书店出版的《开明新编国文读本》在白话文选文方面强调足以“表现时代精神的，与现代青年生活有关涉的”，就是为现代青年所需要的各种实用文章，体裁包括有书信、日记、游记、杂感、随笔、演讲、宣言、传记、科技小品、读史小札、通讯、短论、悼词、故事等等。朱公振的《基本国文》还特别设置了“应用文”一项，《寄弟墨书》《建设杂志发刊辞》《农村经济调查计划》《建议划某市为工业区节略》《某制造厂改组扩充缘起》《商联会开会词》《儿童节约团简章》《募施棉衣启》共八篇文章，内容涉及工、农、商、学各界，有相当大的实用价值。

（二）20 世纪三四十年代的阅读学习内容

20 世纪三四十年代的中国一直处于动荡不安、战事不断的局面，期间经历了两个重大事件，一是抗日战争，二是解放战争。以蒋介石为首的国民政府用屠刀实现专制独裁，中国共产党及其领导下的工农红军在中国南部山区建立了苏维埃政权，后又在陕北建立了抗日的革命根据地。在这样一个特定的背景下，国民党统治区和中国共产党领导的革命根据地在阅读学习的内容上也呈现出各自的特色。

1. 国统区的阅读学习内容

五四运动时期提倡白话文的高潮逐渐平息，文言文开始“回归”到阅读学习内容之列。1929 年国民党政府颁行中小学课程标准中规定：初中“语体文与文言文并选，语体文渐减，文言文渐增，各学年分量的比例递次为七与三，六与四，五与五”，“各种文体错综排列。第一年偏重记叙文抒情文，第二年偏重说明文抒

① 奏定初等小学堂章程，中国近代教育史资料（中册）［M］. 北京：人民教育出版社，1961：414-415.

情文，第三年偏重议论文应用文”。高中“选读范围，关于文章的技术方面，以叙事明晰，说理透辟，描写真切，可供欣赏，可备参考者为度。关于内容方面，有系统地分年选及有关中国学术思想与文学的体制流变之文”。从教材内容上加大文言文的比重，特别是规定要重视“党义文选”，增加“党国先进言论”。1932年的《课程标准》中规定高一以体制为纲，高二以文学源流为纲，高三以学术思想为纲，又在课程标准修正本中改为“应顺文学史发展之次第，由古代以至近代，选择各时代中主要作家之代表作品，使学生对于文学之源流及其发展得有系统之概念”。

由此可见，当时的阅读学习以名家名篇、文学名著为主要内容。朱自清先生就十分支持阅读经典著作，特别是经典古文，他在《再论中学生的国文程度》一文中说：“我可还主张中学生应该诵读相当分量的文言文，特别是所谓古文，乃至古书。这是古典的训练，文化的教育。一个受教育的中国人，至少必得经过这种古典的训练，才能成其为一个受教育的中国人。”① 朱先生为此还专门写了一本《经典常谈》，全书共十三篇，囊括文学、历史、哲学知识，以《说文解字》起首，对周易、尚书、诗经、三礼、春秋三传、四书、战国策、史记、汉书、诸子、辞赋、诗、文等若干种古书和古文体都做了精要的分析和讲解。他在该书的序言中特别强调：“在中等以上的教育里，经典训练应该是一个必要的项目。经典训练的价值不在实用，而在文化。”

2. 老解放区的阅读学习内容

第二次国内革命战争时期，在中国共产党的领导下中国人民通过武装割据建立了若干革命根据地。由于老解放区当时处在抗日战争和解放战争的艰难环境下，红军担负着打仗、宣传、组织、生产、武装群众和建立革命政权的重大任务，所以在阅读内容方面比较突出政治思想教育和实际应用，陕甘宁边区教育厅编审室制定的《初中国文课程标准草案》指出：“本科教学的全部活动，必须贯彻新民主主义革命的立场、观点、方法，以达到下列具体目标：提高学生对大众语文和新社会一般应用文字的读写能力，掌握其基本规律与主要用途，获得科学的读、写、说的方法，养成良好的读、写、说的习惯——这是本科教学的基本目的。同时，适当配合各项课程，提高学生的思想认识，增进其他各种知识。”

① 李杏保，顾黄初．中国现代语文教育史［M］．成都：四川教育出版社，2004：195.

陕甘宁边区1938年出版的第一套初小国语课本就在阅读内容上偏重于抗日思想教育，就连家畜家禽、益虫益鸟的本能活动都被描写成抗日故事，石炭石油、钢铁棉花、火车汽车、飞机轮船都与抗日有关。第三套国语课本在阅读内容方面也偏重加强政治性，全书中反映生产知识、生产运动和劳动英雄事迹的阅读内容占了1/5，反映游击战、防奸自卫、战斗英雄、锄奸英雄的也占了1/7。

1945年5月由胡乔木主持编制的《中等国文》的阅读内容涉及华北解放区和抗日战争，新民主主义、社会主义和资本主义，民族主义、投降主义和国际主义，还有对敌人的斗争和对自己的斗争，思想政治教育的意味十分浓厚。除此之外，《中等国文》也注意到了阅读的实用性，收录了大量的文字朴实、平易，内容上又切近时代、切近学生生活的"普通文"，实用文中除"普通文"之外，还涉及到书信、日记、新闻、通讯、契据、表格、对联等应用文。

三、近现代阅读学习的经验及启示

中国近现代的教育先驱者对阅读学习的内容和方法进行了艰难的探索和实践，对于当今的语文新课程改革来说具有一定的启示作用。

（一）注重阅读方法的指导

自20世纪20年代颁行新学制中学国文科课程标准以来，"阅读"一项就分设"精读"和"略读"两科目。"精读"，读教科书的选文，高中阶段还增加了"专书精读"，要求学生在每一学期选定一部名著进行认真研读；"略读"，读指定的专书和专集。精读和略读不仅是阅读课的重要科目，而且还是两种基本的阅读技能。叶圣陶先生和朱自清先生在合作撰写《精读指导举隅》和《略读指导举隅》两部书中详细论述了精读和略读的指导方法。

精读和略读同样重要，古人"譬之兵家战争"，谓"精读如读书，则深沟坚垒，得地能守者也"，"略读如看书，则攻城争地，开拓土宇也"。精读就是"精雕细琢"式的阅读，要求全面地把握读物的内容，深刻理解读物的思想内涵。"精读的指导"分为预习、课内讨论、练习三项，预习包括通读全文，认识生字生词，解答教师提示的问题，练习包括吟诵、参读相关的文字，应对教师的考问。略读是"粗枝大叶"式的阅读，要求大概把握读物的内容和特点。"略读的指导"分为读书前的指导，教师要对阅读书目的版本、序文、参考书加以介绍，还要指导学生略读的方法，还要组织学生阅读，提醒学生随时做笔记，组织课内讨论，对读书成绩进行考核等内容。叶圣陶、朱自清两位先生提出了阅读指导方法特别注重阅读的实践性，教师不是“逐字逐句”的对文本加以解释，或者笼统地讲述阅读的方法，而是指导学生进行阅读实践，在实践的过程中培养学生的阅读技能，掌握精读、略读的方法。他们还强调教师的指导要精要和富有启发性，要与课堂的提问和讨论相适应，这对当时乃至今天的语文教师教学工作确实具有很大的指导意义。

（二）注重阅读经典

不可否认，古代经典书籍是古代文化最重要的载体，虽然有封建腐朽思想的糟粕，但确实承载着几千年来祖先所创造的文明成果和灿烂文化。阅读经典书目，有利于传承优秀文化传统，培植民族精神。朱自清先生在1942年编著的《经典常谈》一书中论述到古代阅读经书是为了宣扬封建思想，维护封建统治，但阅读经典则是为了传承和发扬民族文化传统，只有了解本国固有文化，才能真正加强民族意识，激发爱国热情和民族自豪感。叶圣陶先生在阅读经典这个问题上有独到的见解，“为实质的吸收着想，可以干脆说一句，现代学生不必读从前的书”，“可是，有些书籍的实质和形式是分不开的，你要了解它，享受它，必须面对它本身，涵泳得深，体味得切，才有得益。”“要说现代学生应该读些古书，理由应该在这一点上”①。

当今的科技发展为人们带来了许多“坐享其成”的阅读捷径，人们不愿意面对密密麻麻经典作品的文字，而更情愿坐在电脑或电视机前享受声音和图像的乐趣，这样直接导致了阅读平庸化的危机，阅读没有给学生带来人类闪光的智慧和对社会人生的严肃思考，历史流传的经典著作也失去了往昔的光彩，学生的精神世界将是一片贫瘠土地。所以今天的语文新课程改革认识到语文阅读学习要加强中华文化经典阅读的重要性，意识到要让学生“认识中华文化的丰厚博大，汲取民族文化智慧”。义务教育课标的总体目标就要求“能初步、鉴赏文学作品，丰富自己的精神世界”，在各学段的阅读目标中也提到要阅读甚至背诵优秀的诗文。朱自清、叶圣陶两位先生的阅读经典文言文的思想至今看来对我们仍有深刻的启示作用。

（三）培养良好的阅读习惯

习惯是指由多次重复而达到的带有稳定特点的自动化的思维方式或行动方

① 叶圣陶．叶圣陶语文教育论集［M］．北京：教育科学出版社，1980：48.

式，良好的阅读习惯要在长期的阅读实践中经过反复的实践才能养成。良好的阅读习惯是阅读能够顺利进行的保证，而且是终身受用的。叶圣陶先生和朱自清先生在《略读指导举隅》一书的前言中就提出习惯对于阅读学习的重要性：养成不良阅读习惯，会“为终身之累”，养成优良的阅读习惯，则“来得有益得多”。而且在叶先生看来“所谓阅读书籍的习惯，并不是什么难事，只是能够按照读物的性质作适当的处理而已”。具体来说，就是“需要翻查的，能够翻查；需要参考的，能够参考；应当条分缕析的，能够条分缕析；应当综观大意的，能够综观大意；意在言外的，能够辨得出它的言外之意；义有疏漏的，能够指得出它的疏漏之处：到此地步，阅读书籍的习惯也就差不多了”①。叶圣陶、朱自清两位先生在《略读指导举隅》前言中就明确指出培养良好阅读习惯的几个具体方面，包括养成看序文和目录的习惯，使用参考书籍的习惯，随时做笔记的习惯。

义务教育课标提出了养成语文学习良好习惯的课程目标，指出良好的阅读习惯至少应该包含以下几个方面：（1）阅读的习惯；（2）独立阅读的习惯；（3）边读边思考的习惯；（4）在阅读中及时使用工具书查阅生字生词的习惯；（5）写读书笔记的习惯；（6）默读的习惯；（7）对精彩内容吟诵甚至背诵的习惯；（8）探究和质疑的习惯。其中并没有明确提出“养成看序文和目录”的习惯。在叶圣陶、朱自清两位先生看来，序文和目录对于阅读很关键，而且常常是全书内容的提要。特别是对于今天的阅读学习来说，阅读范围广，阅读数量大，如果能养成看序文和目录的习惯，就可以对全书有个大概的印象和衡量的标准，阅读时就可以有的放矢，从而大大地提高阅读效率，不至于茫然无头绪了。

第三节　当代阅读学习

1949 年新中国成立展开了当代阅读学习崭新的一页，特别是以电子计算机的广泛运用为标志的第三次科技革命给整个世界带来了翻天覆地的变化，同时把人类引入了信息化社会时代，导致生产、生活方式和思维方式的改变，传统阅读学

① 吴心田．中学语文“以训练为主”课堂教学改革研究［J］．山东教育科研．1999（7）．

习必然由此受到巨大冲击，也促使当代阅读学习焕发出新的生命活力。

一、信息社会对阅读学习的要求

21 世纪是信息化的世纪，信息正以其前所未有的迅猛速度渗透到社会的方方面面，每时每刻我们都可以接受到来自世界各个角落的及时信息，而且信息传播和接受信息的渠道不再仅仅是纸上文字，而是增添了网络阅读、光盘阅读、影视碟片、随身听等新的高科技渠道。信息化社会极大地改变了我们的思维方式和生活方式，而且现代社会需要能够对信息进行及时搜集和处理的人才，其实是对学生阅读学习提出了更高的要求，主要体现在三个方面：（1）搜集处理信息；（2）掌握多种阅读方法；（3）阅读实践化。

（一）搜集处理信息

信息社会的一大特征就是“信息爆炸”，一方面表现为信息数量的无限制增长，另一方面表现为信息结构的无序呈现。据联合国教科文组织统计，人类近 30 年来所积累的科学知识占有史以来积累科学知识总量的 90%，而在此之前的几千年所积累的科学知识只占 10%。所以，对于如何搜集、筛选、处理信息就显得尤为重要，也是信息社会对阅读学习的最基本的要求。

1. 搜集信息

生活在信息社会的学生面临着丰富的阅读内容，不仅限于语文教材，还有通过报刊、杂志、电视、因特网、多媒体等渠道都可以获取丰富多样的阅读材料。而且由于语文学科综合性的特点，使得语文阅读材料遍及生活的各个角落。信息社会要求学生具备搜集信息的能力，即知道在什么时间、什么地点、通过什么途径、以什么方式可以得到想要阅读的信息。网络是当前搜集信息的主要渠道之一。90 年代以后，互联网络迅猛发展，开拓了数字形态的阅读文本，并提供了广阔的传播空间。义务教育课标中在第四学段（7 ~ 9 年级）就要求学生“能利用图书馆、网络搜集自己需要的信息和资料，帮助阅读”。

2. 处理信息

搜集阅读信息还比较简单，处理信息就比较复杂和困难了。处理信息关键在于在大量的信息中或在某一则信息中筛选有价值的信息来阅读，即抓住有用信息，捕捉信息点。阅读信息可以使用主题词，即信息标题（header），“它将信息的内容和要点以词或短语的形式表达出来，置于相关信息集群的最前列。若干这样的代表同信息集群的主题词组合在一起，组成一个独立的信息结构，对所有信息起着一个提示作用”[①]。主题词能对所含信息内容进行概括说明，帮助阅读者筛选有价值的信息，从而准确、快速地处理信息。

（二）掌握多种阅读方法

信息社会是以计算机技术为基础的，网络化是计算机技术发展的趋势之一，因而网络阅读已成为阅读学习的主要方式。网络阅读要求掌握快读、精读、略读的基本阅读方法，特别是快读和略读。因为网络阅读材料多得无法估量，如不掌握快读、略读的方法就难以及时获取所需的信息。义务教育课标在实施建议中就指出："各个学段的阅读教学都要重视朗读和默读。""应加强对阅读方法的指导，让学生逐步学会精读、略读和浏览。"略读就是提纲挈领，观其大略，包括浏览泛读、提纲挈领地读、搜寻猎读、不求甚解地读、扩散参读等，一般要求每分钟读250—500字，理解率在80%左右；快读是在有限的时间内迅速抓住读物的要点和中心，或按一定的要求捕捉到读物的某一内容，包括无声视读、一目十行、循章归旨、意会神摄等，一般每分钟读500字以上，理解率达到70%左右。虽然快读和略读对于网络阅读很重要，但精读必不可少。"精读是准备，略读、快读是应用，是人生阅读活动的主体。"精读是一种咬文嚼字、精心钻研、一丝不苟的阅读方法，包括朗读涵泳、疑问思辨、比较阅读、表达阅读等，一般要求每分钟读250字以上，理解率在90%以上。除此之外，还有掠读、跳读、默读、朗读、划读、批读等阅读方法。掌握多种阅读方法是在信息社会中必须具备的阅读素质，这样才能加强阅读的深度、广度和速度，以适应信息社会的需要。

（三）阅读实践化

信息时代要求中学生具备较强的动手能力，对于阅读学习而言不能仅限于阅读个体对文字文本的观看，而要实现阅读的实践化。阅读的实践化是指阅读完信息后，有意识的主动地去选择不同著作或篇章中相关的信息，通过理清信息间的联系与矛盾加深理解，学会运用阅读所得去解决实际问题，在实践中完善自我的认识，改变自我，提升自我，从而为进行新一轮的阅读活动打好基础。

按阅读能力由低到高的发展层次，我们把阅读能力分为感知力、理解力、鉴赏力、迁移力和创造力。其中，阅读迁移力是指运用阅读所得知识、技能和情意来解决新问题的能力。阅读者通过感知作品语言形式、理解文章大意、鉴别作品

① 李海林．信息时代的语文教育［J］．中学语文教学参考．2000（1—2）．

内容和形式的孰优孰劣，然后就是联系主客观的实际，自觉地把阅读与社会生活、个人实践结合起来，把文本向实践迁移，这实际上就是阅读实践化的过程。高中课标在“应用拓展”模块中提到“注重跨领域的学习，拓展语文学习的范围，通过广泛的实践，提高语文综合应用能力”。阅读是语文学习的重要组成部分，当然也包括通过阅读学习来进行广泛的实践，由“认识世界”向“改造世界”转换，从而提高语文的综合应用能力。阅读的实践化是体现个性、发展个体的过程，这也是21世纪学会阅读学习方法的主要目的或归宿。

二、国外阅读学习的发展趋势

母语学习是各门学科学习的基础，阅读学习又是母语学习的重要方面，所以各个国家都十分重视对阅读学习的探索和改革，国外阅读学习的发展呈现以下趋势：

（一）丰富阅读学习的内容

在阅读内容的选择方面，近年来不少国家语文教育界都趋向于打破只选文学作品的旧传统，主张从根据现代化社会的实际需要来选择阅读材料。前苏联教育家苏霍姆林斯基就曾指出“必须丰富阅读教学的内容”。

德国的语文教学工作者和阅读研究人员就对阅读内容做了分类：(1）表现真实事物和生活的书籍；(2）难度大的消遣读物；(3）现代文学、古今历史、人类和社会、人类与环境、关于时代、政治以及传记小说、历史小说、名人书信等类书籍；(4）幽默文学、指南文学；(5）家庭小说、爱情小说，描写女性的小说；(6）抒情小说、经典文学、戏剧、歌剧方面的书籍；(7）童话和儿童读物；(8）地方性书籍①。这些分类几乎涵盖了阅读内容的方方面面，体现了德国在选择阅读内容方面全面化、多样化的发展趋势。

语文课本是学生课堂阅读学习的主要载体，英国的课文系统就十分丰富，作品数量大，内容广泛，体裁多样，时空领域跨度大，《牛津英语教程》中的第一册“文学种类”部就编选了17首诗歌、8篇小说故事、3篇应用文及散文、1篇戏剧、5篇专题，合计34篇，我国人教版全日制普通高级中学语文教科书1册一般只收录24篇作品。英语教科书所选课文题材十分广泛，囊括了从日常家庭、学

① 易海华．国外书册阅读教学的系统考察与启示［J］．湖南科技大学学报．2006（5）．

校生活到社会生活的方方面面，诸如人类历史、语言变迁、社会关系、商业贸易、科学技术、人体生理、天文地理、生态环境、文学艺术、大众传媒等等，无不囊括其中。

从以上内容我们可以看到，阅读材料的范围扩大了，报纸新闻、规章条文、科技说明文、传记、戏剧、童话等等都被选为阅读的材料，同时阅读材料的内容日趋广泛，几乎涉及社会生活和人类文化的各个方面，囊括了政治、经济、文学、艺术历史、科学、技术、劳动、生活等多门学科内容，而且更注重现代化社会的实际需要，与实际应用结合更为紧密。

（二）改进阅读学习的方法

由于当前信息社会的快速发展、人类知识的迅猛增加，所以迫切要求提高阅读速度，改进阅读方法。加拿大在《大纲》中就提到中学阶段学生应掌握的一般书册阅读和学习的技巧，其中就有对于阅读速度和方法的要求，“能够调整阅读速度以适应阅读目的和读物难度”，“能依据不同的阅读目的和性质不同的读物的结构方式来调整阅读的方法”①。

对速读非常有研究的法国的丹·考斯特认为提高阅读速度就要采用直接阅读、整体认知的方式，据此提出“直接阅读”的理论。他把阅读分为两种：（1）间接阅读，以口语为媒介，首先将书面文字转化成口语使其在脑子里唤起意思。（2）直接阅读，不以口语为媒介，令书面文字使人直接想起意思。由于直接阅读不再赋予词以声音，而直接将纸面上的文字同意思挂钩，所以速度较快。丹·考斯特还把认知方式分为两种：（1）合成式认知，即逐一认每一个字母，再按顺序组成词句，然后理解其意义。（2）整体认知，即无须逐一辨认每一个字母，而把单词、词组和句子作为一个整体辨认，然后理解其意义。整体认知由于一次认知的字母较多，所以速度优于合成认知②。

法国在阅读学习方法方面也有所更新。为了激发学生独立思考和创造的精神，让学生独立地从读物中获取知识，法国的阅读方法一般是让学生自由阅读，然后再集体讨论，交流阅读心得和看法，学生是自己从读物中获取知识，而不是靠教师逐句逐段的讲解。阅读学习不仅仅是让学生了解读物本身，而且是让学生在自读、教师引导、课外参读、写作、说话等多项活动中获得全面的发展。因此，

① 易海华．国外书册阅读教学的系统考察与启示［J］．湖南科技大学学报．2006（5）．

② 鲁宝元，韩雪屏，张春林．国外阅读教学发展趋向［J］．中学语文．1986（4）．

法国的阅读学习呈现出一种多向度延伸和扩展的趋向。

（三）关注阅读的人文精神

当今许多国家已经意识到人文教育的重要性，不仅要让学生获取知识、掌握技能、发展智力，更要培养正确的世界观和价值观，实现人的个性健全发展。这种以人为本的教育思想在各国的阅读学习中都有所体现。

人文主义教育思想不是把人的生存作为教育的主要目的，而是强调学生在学习过程中对学习的兴趣和由此体验到的愉悦感，以便使个体得到充分发展。心理学研究表明，兴趣是个体力求认识某种事物或从事某项活动的心理倾向，表现为个体对某种事物或从事某种活动的选择性态度和积极的情绪反应。在学习的过程中，兴趣是学生最好的老师，学生一旦对学习本身或者某一学科发生兴趣，学习就不再是一种负担，而是自身的一种需求，由此产生的源源不断的求知动力就会让其获得充足而久远的发展。

德国提出应当使学生把阅读学习作为一种乐趣，并通过阅读学习从人的角度出发，思考人与人、人与环境的关系。它在语文科阅读教学目标中就规定“把朗读视为一种乐趣，能把课文的内容和自己的理解讲述给他人听；能够思考课文所反映的人与人、人与环境的关系，并作出自己的评价”。

美国提倡学生把阅读学习当作生活中的一种娱乐活动。它在语文科阅读教学目标中就规定“使学生认识到阅读既是获取知识的手段，又是生活中的一种娱乐活动的作用”。

日本提出让学生在阅读中获得乐趣，养成自主学习的习惯，而且随着年级的增高，逐步培养多种阅读技能。它在语文科阅读教学目标中就规定“在小学阶段增强阅读兴趣，养成自主的阅读习惯和态度……指导初中学生阅读必要的报纸、杂志和当代文学作品，使他们从阅读中获得乐趣，养成阅读习惯……在高中，学生应掌握多种读书技能，如精读、略读，获取信息的阅读、理解性阅读、欣赏和娱乐性阅读等”。

英国除了提出让学生通过阅读学习获得乐趣之外，还提倡学生把阅读学习作为个人生活的需要，而不是考试规定的要求和老师布置的任务。它在语文科阅读教学目标中这样规定：“在阅读中发现乐趣：为了汲取信息，为了满足兴趣和享受愉悦，或者为了扩充经验和见闻，而努力成为一个自觉的阅读者；能鉴别所读诗歌和小说的质量。认识到阅读是个人生活中所必需的，既是为了校内课程的学习，也是为了未来社会生活和工作的需要。”

（四）重视阅读实践

提高阅读能力是阅读学习的主要目标之一，阅读能力和其他能力一样，需要通过实践才能逐渐养成。因此，许多国家都认为阅读学习的重要任务之一是让学生进行阅读实践。阅读教学需要讲授，但绝不能以教师的分析讲解代替学生理解。传统的阅读教学是满堂灌，这就往往导致死记硬背和机械训练等弊病，阻碍了学生的发展。

英国国家课程第3学段教材《新阶梯》中的第三册第5单元的题目是“图书馆技术”，编者为这个单元设计了一个专题情境：B夫人是一家制造系列体育设备的工厂主，她计划到意大利去推销产品，在完成公务之后，她还打算在那里度假两个星期。你是她的秘书。她请你给她的公务和假日寻找一些资料，并为她的旅行做好安排。她旅行的第一站就是罗马。编者为B夫人的出行提出了供秘书思考和解决的20个问题，并列出了有关年鉴、词典、指南、百科全书、报纸等多种工具和参考资料，举出了一本旅游指导书作为样本，供学生参考使用。这个言语实践活动要求学生像成人一样去利用图书馆资料解决实际问题。其中也综合了有关历史、地理、人文、旅游、商务、图书馆等多方面的知识，锻炼了学生分析和解决实际问题等多方面的技能[①]。

① 倪文锦，欧阳汝颖．语文教育展望［M］．上海：华东师范大学出版社，2002：292.

第六章　阅读学习能力

《全日制普通高级中学课程计划（试验）》在对普通高中培养目标的要求中指出：应使学生“具有适应学习化社会所需要的文化科学知识，形成独立思考、自主学习的能力；具有科学精神，形成科学态度，学会科学方法，能够利用现代信息技术手段进行学习，解决问题；进一步发展创新精神和实践能力，逐步形成适应学习化社会所需要的进行终身学习的能力”。从中我们不难看出，国家对普通高中或者说对基础教育的学科教学目标的要求，已经远远超出了单纯向学生传授一些基础知识和基本技能，以及利用双基来解决一些简单问题的水平，明确要求通过学科教学使学生学会学习，也就是说，学科教学的主要目的应是培养学生的学习能力。这是教学观念、教学思想的变化。面对这样一个变化，教师应该积极转变教学方式，注重培养学生的学习能力。

阅读教学是语文学科教学的重中之重，语文教师尤其需要加强学生阅读学习能力的培养。那么，什么是阅读学习能力？阅读学习能力是由哪些因素构成的？教师在教学中应如何培养学生的阅读学习能力呢？这些都是我们需要弄清的问题。本章拟就以上问题作初步的探讨。

第一节　概念及内涵解析

要理解什么是阅读学习能力，首先应了解“能力”和“学习能力”概念的内涵。

一、能力

《现代汉语词典》给“能力”所下的定义为：“掌握和运用知识技能所需的个性心理特征。一般分为一般能力与特殊能力两类，前者指大多数活动共同需要的能力，如观察力、记忆力、思维力、想象力、注意力等；后者指完成某项活动所需的能力，如绘画能力、音乐能力等。”

在心理学中，绝大多数心理学家认可的概念是：“能力是直接影响活动效率，使活动顺利完成的个性心理特征”。从这一界定我们可以看出，能力具有以下几个方面的重要特征：首先，能力是一种个性心理特征。既然是一种个性心理特征，那就意味着它存在着极大的个体差异。每个人都有其能力所在，只不过是擅长的方面不同而已。其次，作为一种个性心理特征，能力还具有经常性与稳定性的特意。也就是说，能力较高的人，在一般情况下，都具有较高的活动效率。在教学工作实践中，我们都有这样的体会，学习能力强的学生，在学习中学得主动、学得轻松，效率高且能举一反三；而学习能力差的学生则学得被动、事倍功半。最后，能力还与活动有着紧密的联系。一方面，一个人的能力是在活动中形成、发展起来，并在活动中得以表现的；另一方面，一个人从事某种活动又必须要以一定的能力作为前提与条件。

二、学习能力

近几年来，在政府的教育文件、教育的书报杂志中，“学习能力”一词频频出现，已引起了社会的广泛关注。

北京师范大学刘知新教授认为，学习能力就是“学生运用科学的学习方法去独立地获取信息，加工和利用信息，分析和解决实际问题的一种个性特征”①。从这个概念解释我们可以看出，学习能力是学生在学习活动中表现出来的，同时又是在学习活动中形成和发展的。它既是进行学习活动所依赖的基础，又是学习活动的目的和要求。这一概念突出强调了“独立”和“个性”，同时又特别重视“策略和方法”。我们认为构成学习能力的基本要素包括基础知识、基本技能和学习策略三个方面，这三个方面相互依存，彼此促进。在目前的基础教育教学中，

① 尹鸿藻，毕华林．学习能力培养的探索［M］．济南：山东教育出版社，2002：5.

教师往往只重视基础知识和基本技能的传授，不重视学习方法和学习策略的培养，结果是学生越学越不会学，到高中三年级，不少学生除了机械地完成教师布置的训练题以外，别的事情就不会做了，最后不仅不能全面发展，就连知识的掌握也是“一塌糊涂”。

学习能力的形成和发展不仅需要智力因素，也需要非智力因素。智力因素决定着人的感知、记忆、思维、想象、语言等水平，而非智力因素则是这些智力活动的动力，有着重要的推动和调节作用。智力因素和非智力因素的相互协调与运作，可以较好地促进学习能力的形成和发展。但是，在目前基础教育的学科教学中，普遍忽视非智力因素的作用，过分强调逼、压、管的作用，其结果是学生对学习无兴趣，逆反心理严重，因而学习能力得不到发展，学习效率极其低下。当然，动机、兴趣、情感、意志、性格等非智力因素的培养，是不能靠说教来实现的，主要应靠教师转变观念，改革教学方法，使每个学生通过努力而有所提高，从而产生成功感，逐步建立起兴趣、情感和意志。那种只埋怨学生不学，不从教师的教学中找原因的做法，只会扼杀学习的积极性，教学效率是不会提高的。

一个人的学习能力，很难从上述关于学习能力构成的基本要素和心理基础来进行观测，作为学习能力的表现形式主要应包括下述若干方面。首先它通过人的一些最基本的能力表现形式来表现，如观察、记忆、思维、想象、表达等，同时还能通过在进行某些专项的学习活动时的综合性能力来表现，如分析问题解决问题的能力、实验能力、自学能力、创造力等。这些综合能力都是人在学习时所进行的某种独立的活动的表现，同时又都是上述基本能力的综合。学习能力既是进行学习活动的心理基础，又要在学习活动中得到发展。所以，我们要培养学生的学习能力，就必须在教学中重视学生的这些能力的表现方式。

综上所述，学习能力是一种较复杂的综合能力，从不同的角度来分析它的构成，就能对学习能力的本质有较清晰的认识，对如何培养学习能力也就会形成明确的教学观念，进而把握有效的教学策略。

三、阅读学习能力

人类的知识有两大来源，一是直接经验，二是间接经验。学生的学习活动主要是一个掌握前人已经积累下来的间接经验的过程。这间接经验的载体主要是书本，因此，掌握阅读技能、形成阅读能力就成为一个社会人必备的基础文明。正是由于这样的原因，阅读教学在语文教学中占有特殊重要的地位，阅读教学的课时量约占语文总课时的70%。义务教育课标明确指出：学生要“具有独立阅读的能力，学会运用多种阅读方法。有较为丰富的积累和良好的语感，注重情感体验，发展感受和理解的能力。”

前苏联教育家苏霍姆林斯基认为：“学生的智力取决于良好的阅读能力。”①阅读能力如此重要，那么何谓阅读能力呢？阅读能力就是“影响阅读效率，使阅读活动顺利完成的个性心理特征”②，是“独立地完成阅读全过程所必备的个性心理特征”③。

综上所述，阅读学习能力是指学生运用已有的语言知识、经验，顺利地阅读各种书面资料，有效地完成阅读学习活动的能力。

第二节　阅读学习能力的构成因素

中外学者在阅读能力的构成要素方面已有一定的研究成果，但由于角度不同，差异性也比较大。

一、国内外专家学者提出的观点

现代阅读学的奠基人叶圣陶把阅读能力归结为良好的阅读习惯。

我国著名语文教学专家张志公认为阅读能力包括三个方面的因素：理解、记忆和速度。

我国学者莫雷运用“活动——因素分析法”，对中小学生语文能力展开研究，提出阅读能力包括十个方面的因素④：（1）语言解码能力，即词句的理解能力；（2）组织连贯能力，指一种对阅读材料的组织连贯特质；（3）模式辨别能力，即对语言形式的把握能力，能否正确地辨别材料的形式，这是能否顺利完成对该因素有较高负荷的分测验的关键；（4）筛选储存能力，即对阅读信息的保持问题，

---

① 苏霍姆林斯基．给教师的建议［M］．北京：教育科学出版社，1994：34.

② 李广建．青少年阅读心理与读书方法［M］．北京：海洋出版社，1991：56.

③ 卿家康．阅读与阅读艺术［M］．北京：知识出版社，1991：199.

④ 莫雷．中小学生语文阅读能力结构的发展特点研究［J］．心理学报，1996（2）．

但又不是简单的存贮，需要对输入信息进行过滤；（5）语感能力，与阅读速度有关，它是充分利用概念驱动，最低限的需要来自材料的信息而形成对阅读材料的大致印象的能力特质；（6）阅读迁移能力，即将从阅读材料中获得的观点、原理、写作手法等，运用到新的情境中去的能力；（7）阅读概括能力，即对文章主题、段意等方面的理解，主要是对具体材料的观点或主要内容的概括过程；（8）评价能力，即按照一定的标准或准则对材料的各个方面做出评判的能力，其分测验涉及到对句子的正确性的判断；（9）语义情境推断能力，即根据文章的语义情境，包括上下文关系、有关的意义信息等，对所要理解的句子作出推断而实现对其把握的能力；（10）词义理解能力，它不同于一般的语言解码能力，而表现为个体掌握词义的广度与深度。十个结构因素分为三个年级段，各阶段阅读能力的构成因素不同：其中前六个因素是小学六年级学生阅读能力的结构因素，前八个因素是初中三年级学生阅读能力的结构因素，高中三年级学生的阅读能力应具备全部十个因素。

张建华认为阅读能力的构成要素有三个方面：（1）知识因素；（2）思想因素，即推断语义、理解段落要旨、覆盖作品中心、展开联想、强化记忆、全面评价、文学鉴赏等；（3）技能因素，即速读、朗读、跳读、选读、精读、查读、记读、积累、笔记等。

章熊认为有效的阅读应该具备四种能力：（1）认知和筛选能力；（2）阐释能力；（3）组合和调整能力；（4）扩展能力。

杨成章在其主编的《语文教育心理学》中提出，语文阅读能力应具有使用工具书、各种阅读方法、写读书笔记等10项技能。

王文彦、蔡明在其主编的《语文课程与教学论》中提出，阅读能力包括阅读感受力、阅读理解力、阅读欣赏力、阅读评价力、阅读迁移力、阅读创造力。

Collin根据对阅读过程的分析提出阅读能力结构应包括八个方面：（1）词义，即对脱离上下文的字、词的认知；（2）词义（上下文），指理解字、词在特定上下文中的含义；（3）字面理解，指不需要推断，仅根据字面就能反应的能力；（4）推断（简单），指从一个单句或词组中得出的推论；（5）推断（综合），指从许多句和词组中获得信息从而才能做的推断；（6）隐喻，指对一段不能作出字面上解释的文字材料的意义理解；（7）重点，指捕捉文章关键点的能力；（8）估计，指在斟酌了一篇文章内容并将其与自己已有知识对照之后作出评价或得出定论的能力。

心理学家Fareed认为阅读能力组成有七种因素：（1）了解所陈述的事实与细节的能力；（2）掌握主要思想的能力；（3）理解事件或步骤顺序的能力；（4）作出推论，得出结论的能力；（5）组织思想与关系的能力；（6）运用阅读所获得的知识去解决问题与检验假设的能力；（7）评价的能力。

纵观以上理论，我们不难看出：过去对阅读能力构成要素的理解是不完整的，有的过分强调知识因素，有的过分强调智力因素，而忽视技能因素和非智力因素的比比皆是。由此造成的后果就是从小学到高中阅读教学的内容是单调重复的，学生的实际阅读能力提高并不大。心理学认为能力的形成有三个重要条件，一是素质，即人们之间天生差别的解剖生理特点；二是实践；三是知识。阅读能力形成的实际环节中存在很大问题，其中最主要的问题是阅读教学的科技含量不足，技能因素、非智力因素关心不够。

二、阅读学习能力的构成因素

通过对中外专家学者有关阅读能力结构方面的优缺点以及心理学有关能力构成条件的分析，我们认为，阅读学习能力的要素应该包括三个方面：一是知识因素；二是心理因素，包括智力因素和非智力因素；三是方法与策略因素。本节将重点论述心理因素，尤其是其中的智力因素。

（一）知识因素——形成阅读能力的前提条件与基础

阅读学习能力的强弱与知识的丰富程度密切相关。阅读学习能力的形成和发展，要以一定数量的语文基础知识和科学文化知识为基础。其中，既要有一定的理论知识，又要有一定的感性知识和生活体验。

1. 学生的语言知识

阅读，就其本质而言，是文字信息传输过程中接受端的思维活动。阅读学习能力的形成需要识记足够的汉字，积累大量的词汇，要求小学生掌握3000个汉字，初中阶段要累计认识3500个常用汉字，如果文字障碍太多，则阅读根本无法进行，兴趣也会大大降低，所以，小学阶段提倡“快速识字，提前阅读”的做法是科学的，中学生应掌握的词汇量在15000条左右，积累足够的词汇是通畅阅读所必备的条件。掌握必要的汉语知识，包括语法、逻辑、修辞的一般知识，这些语言知识的掌握主要依靠记忆和实践。

2. 读物的背景知识

帮助学生掌握文章的一般结构知识，如开头、结尾，中间的展开，衔接、过渡、照应等技巧，能使学生在阅读时有一个清晰的思路，比较容易领会各部分在全文的地位、作用和文章的思路。懂得常用文体知识，能使学生按照文体的规律和特点去阅读文章。例如，读议论文就要抓住论点，推敲论点的提法，要研究论据的选择和逻辑排列以及论点与论据之间的逻辑关系；读小说就要全力分析人物形象，作品产生的时代背景、社会现实、写作动机、作者等方面的知识，也有利于准确地把握读物的意义。

3. 学生的文化知识

背景知识是指学生的生活知识和科学知识等，即我们通常所说的“生活经验准备”，这是进行阅读的必要前提。阅读过程中语篇以其文字形式、内容和结构作用于学生，向学生提供信息，学生同时也以自己的背景知识作用于语篇。如果阅读中只利用背景知识，那么，每个学生都会有不同的理解结果；如果阅读中只利用篇章中所提供的线索，那么，每个学生都会得出同样的理解结果。事实上，在阅读理解中，正是这种相互作用导致不同的阅读效果。如果没有一定的文化素养就不能品出读物的文化底蕴，《红楼梦》是我国古典文学名著，可不是所有人都能领略其中的魅力。

（二）心理因素——形成阅读能力的必备条件、核心与动力

阅读学习能力与心理因素密切相关。心理因素包括两个方面：注意、感知、思维、想象、联想、记忆等，通常被称为智力因素；而动机、兴趣、情感、意志、性格、气质等，则通常被称为非智力因素。前者是认识客观事物的工作系统，后者是认识客观事物的动力系统，二者关系非常密切。没有非智力因素的作用，智力因素的作用也难以发挥；而没有智力因素的作用，非智力因素也便会成为无效的活动。

1. 智力因素——阅读学习能力的必备条件与核心

智力的核心是思维。学生的阅读活动是一种思维活动，思维活动贯穿于阅读活动的始终，阅读的过程就是阅读者利用已有的知识背景从文章中攫取一定的信息，经过不断的分析、比较、推理、综合的活动。一般地说：“7～12 岁学生的思维形式大都以具体形象特征为主，13～15 岁学生的思维特征是以经验型为主，16～18 岁的高中生以理论型的抽象思维为主。”① 在阅读中主要依次表

① 王世发．初中语文能力层次概说［J］．语文教学与研究，2001（6）．

现为：

（1）认读感受能力——阅读的前提和基础

感受能力，指阅读中对语言文字符号系统进行正确认读、感知的能力。认读，指对文字符号能做出迅速而准确的感知、辨识，要求辨清字形，读准字音，基本理解字面意义。认读能力属最基础的阅读能力。认读是感受的前提，不能正确认读，就不能正确感受读物内容。语言文字系统是人类特有的第二信号系统的产物，认读时不能单靠简单的对应性的刺激来奏效，还必须导之以辨字、组词、造句等规律，从而提高认读的效果。认读是为了感受，有了感受，才能为阅读的后续阶段奠定基础；没有感受，或者感受不深，甚至感受错误，则阅读的继续进行不仅困难重重，而且导致阅读所得常常出现偏差和失误。感受是一种心理过程，即在阅读中对读物文本内容感同身受。这是阅读主体对读物文本内容一拍即合的呼应，一种油然而生的体验，一种学生与作者心心相印的认同，一种生活阅历的接轨，知识的融合，情感的共鸣。从阅读教学来说，感受读物内容是指导学生认识的起点。它能激起学生学习的兴趣，让他们处在最佳状态中，获得从未有过的成功的愉悦，使他们超越时空感受到作者的心跳，乐于向未知领域攀登，乐于深入课文的堂奥。

感受什么呢？感受读物文本的内容。阅读教学中，首先，要指导学生通过认读课文，感受文章的种种材料。过去的阅读教学的一个失误就是忽视学生感受课文。常常是课文还没有完整地读一遍，就匆忙地进入分析课文之中。这样，学生对课文的理解也就只能是只鳞片爪了。整体的认读感受能力是最基础的阅读能力。它要求学生能整体感知文章的大概内容，文章写了什么，为什么要这样写；能借助工具书理解词语在语句中的含义；懂得作者是怎样写的，文章要表达什么中心，层次结构怎样安排；能感受课文的语言所表达的思想感情，作者的爱憎感情；能辨别各种文体，并根据文体的特点阅读；能把握课文的重点难点并提出自己的疑问，利用有关材料解决问题；能找出感受最深的句子或段落；能指出常用的修辞方法；能用普通话正确、流利、有感情地朗读课文；能用摘录或制作卡片等方法积累阅读材料，记忆或背诵精彩片段等。

（2）筛选能力——阅读的基本条件

人们获得各种信息的来源只有两个：一是亲见，耳闻目睹；二是通过阅读。人类的知识及社会的各种信息，主要是以书面语言形式储存着，对信息的提取、筛选、重组、创新，在很大程度上依赖筛选能力。以现代阅读观来看，能迅速准确地从大量的书面材料中获取所需要的信息并加工处理，就是阅读的要义。当今信息时代，高科技社会要求现代人必须具备筛选能力，这是一种经世致用、经济实用的能力。阅读，需要筛选能力。阅读之前，对读物进行挑选，是筛选；选择读物之后，在阅读中自始至终地贯穿着对读物内容根据不同阅读需要进行筛选。筛选能力，是阅读的又一种必须具备的能力。它是对读物按照实际的阅读需要进行检索、择取、提炼的能力。筛选能力的强弱直接反映着一个人阅读水平的高低。比如，为了查找某方面的资料，可以广泛涉猎，用挑选的眼光，攫取尽净。阅读课文，同样需要围绕阅读目的进行筛选，如挑选精彩句段、关键字词，甚至一个标点符号等，以求实现阅读目的，满足阅读的需要。例如，阅读杨朔的《荔枝蜜》，作者以感情为线索贯穿全文，那么，他的感情是怎样发展变化的呢？要回答这个问题就必须运用筛选能力。要从全文中筛选出作者感情变化的词语来，才能形成线索。作者因小时被蜜蜂蜇过，对蜜蜂“感情上疙疙瘩瘩的，总不怎么舒服”“总不大喜欢”；后来喝着香甜的荔枝蜜，“不觉动了情，想去看看一向不大喜欢的蜜蜂”；接着拜访养蜂人，当听到有关蜜蜂的介绍后，心里“不禁一颤”，激情地赞美蜜蜂；最后，竟“梦见自己变成一只小蜜蜂”。把有关感情变化的语言筛选出来了，文章的情感线索也就清晰了。

（3）理解能力——阅读的核心和关键

传统的阅读理论认为，理解就是阅读者在自己的头脑中准确地再现作者的思想，复制出作者的本意。宋代教育家朱熹就是一个代表。他认为，理解就是“说得出古人意思来”，而且要达到“如与古人对面谈话，彼此对答，无一言一字不相肯可”的程度。显然，这种看法颇为偏颇，因为阅读者和作者常常不是处在同一时代和同一环境，阅读者的知识基础、生活经历、文化心理、审美情趣、世界观等等，不可能与作者完全相同，所以在阅读时就很难与作者的思想达到统一。因此我们认为，理解是指在感知阅读材料的基础上，利用原有的知识和经验，经过想象和联想、分析和综合、归纳和概括、判断和推理等思维活动，去发现作品所包含的种种意义，包括作者意识到的意义和作者没有意识到的意义。也就是说，理解本身应具有创造性。俗话说：一千个观众就有一千个哈姆莱特，一千个读者就有一千个贾宝玉。因此，在阅读教学中不能一味地由教师对教材做出自认为符合作者本意的唯一权威解释，让学生不加怀疑地全盘接受，而应发挥学生的主观能动性，引导他们通过积极的独立思考，去认识与发现作品中包含的多方面的意义，得出具有创造性的认识。

理解能力在阅读学习过程中主要是指理解文章的语言形式，领会文章所阐述的道理，摸清作者的写作思路等。具体来说，应该能够正确领会词语的含义和感情色彩；能正确了解各种句式的表达作用；能理清文章的思路，分出层次，概括要点；能较快地看出文章表现方法的特色；能确切领会文章的主题和社会意义。总之，理解能力是学生在阅读学习时所应具备的核心能力，具备理解能力是具有阅读学习能力的基本要求。

（4）赏析能力——阅读学习能力的最高体现

赏析能力是指运用正确的思想观点和思想方法，对文章的内容、形式、风格进行鉴别、欣赏和评价的能力。赏析能力不同于理解能力。理解是通过文章的形式正确地了解这些形式所反映的内容，是对文章作客观的分析和综合，应排除主观意识和个人成见的干扰。而赏析则是在理解的基础上，进一步对文章的内容、形式、风格进行鉴别、欣赏与评价，以确定它们的是非、美丑与优劣，并对正确的、好的、美的加以肯定和吸收，对错误的、坏的、丑的进行抵制、批判和扬弃。这种鉴别、欣赏与评价，糅合了阅读者鲜明的主观思想与感情色彩。很明显，理解是欣赏评价的基础和前提，没有理解便不可能进行欣赏和评价；而欣赏和评价又是对理解的进一步深化，使认识达到理智上的领悟和情感上的沟通、融合。理解和欣赏评价的区别在于：理解是对读物作出客观的认识，力求排除主观因素；欣赏评价尽管也要以客观认识为基础，但又明显地糅进了个人的主观思想和感情色彩。

赏析能力是现代人必备的一种能力，是高层次的阅读不可缺少的一种能力。它直接关系到阅读的质量与效果，甚至决定着阅读的成功与失败，它贯穿于阅读的全过程。读前，选择什么书籍、什么文章来读，反映了一个人的赏析能力；读中，对读物描写的形象的感悟、精彩段落的思考等，必须有赏析力的参与；而赏析力的主要用处还是在阅读的评价阶段。在这个阶段中，阅读者要对读物内容的内在价值和社会效益作出评价。由于学生的知识、生活经验和心智技能等方面存在着差异，赏析能力就有高低、优劣之分。赏析能力不同，赏析所得就不同。所以，要提高赏析能力，就必须要求学生具有较渊博的学识和智力。

然而，早期的语文教育忽视了文学教育功能，即便是建国后，也由于种种原因，文学作品不能上成“文学课”，而是教成一般的“文章课”。小说、散文当记叙文教，诗歌、戏剧常是一读了事。现在的课堂教学仍然存在这种现象。因此，学生的阅读赏析能力还不能让人乐观，不少学生还只能用简单的好人、坏人来评价文学作品的人物。他们渴求美，却不懂美。这实在是语文教学一个严重的失误。从改革语文教学出发，必须重视文学作品教学，培养学生的阅读赏析能力。

（5）记忆能力——阅读的仓库

记忆能力，是人和动物的区别。人之所以成为人，就在于他有惊人的记忆力。记忆，是人类智慧的源泉，智力发展的基础。19世纪俄国生理学家谢切诺夫说：“人的一切智慧财富都是与记忆联系着的，一切智慧生活的根源都在于记忆。”① 人如果没有记忆，生活经验没有了，知识积累也不存在了，甚至连个人的感情也消失了，一切都记不住了，这种人生活都很困难，智慧就无从谈起！记忆是人整个心理的基本条件，是人的智慧、才华的表现。《三国演义》写过一个故事：益州别驾张松想把益州图献给曹操，在行馆中与曹操的主簿杨修斗起法来。杨修请张松看曹操刚写的军事著作《孟德新书》。张松记忆力过人，一目十行，过目成诵，看完书后说：“此书我们那里小孩都能背诵，算不上什么新作。这是战国时无名氏之作，曹丞相剽窃以为己能。”杨修不信，张松当场把书背了一遍，曹操听了十分佩服，感叹地把书烧了。张松凭着惊人的记忆力战胜了曹操。所以，记忆是智慧的别名。作为一个现代人，如果没有记忆能力，头脑空空如也，胸无点墨，一切都是过眼云烟、不留痕迹，哪有现代文明？哪能谈得上认识世界、改造世界、实现人类的美好理想？记忆能力是创造发明的基础，是人类生存的巨大财富，是一个现代人必须具备的又一种不可或缺的能力。

记忆能力是指把阅读过的东西保留在头脑里，在需要的时候使之再现的能力和善于摄取文章里的主要内容、特殊的东西、对自己有用的东西的能力，即人们常说的把书“越读越薄”的能力。阅读，与记忆能力联系在一起。如果没有记忆能力，前读后忘，既不能感受、理解，也不能筛选、鉴赏，根本就不能实现阅读。记忆是阅读的依靠，有了清晰的记忆，阅读才能有条不紊地展开，阅读只有在充分记忆的基础上才能进行。记忆，是阅读的司令部，有了记忆，才能在阅读中调兵遣将，顺利推进阅读的各个环节，终达阅读目的。所以，记忆能力是阅读能力结构中的重要因素。然而，近些年出现了一种怪现象，在反对死记硬背的幌子下，该记的也不记了，该背的也不背了。这种极端片面的做法，不仅影响了语文教学的质量，也严重耽误了学生记忆能力培养的最佳时机。

（6）迁移能力——阅读的发展与深化

① 肖雯．读书漫话［M］．长沙：湖南人民出版社，1984.

教育心理学认为：学习迁移也叫做“训练的转移”或“学习的转移”，它指的是一种学习对另一种学习的影响。迁移有正迁移和负迁移之分，一种学习对另一种学习起促进作用的是正迁移，简称迁移；一种学习对另一种学习起阻碍作用的是负迁移，又叫干扰。如果先行的知识对于后续的学习不产生影响，就叫做零迁移。我们在阅读学习中所期望的是一种学习对另一种学习起促进作用，即产生正迁移，学习的正迁移量越大，说明通过学习所获得的适应新的学习情境或解决新问题的能力越强，学习效果也就越好。

迁移能力是指在阅读过程中利用已经掌握的知识、能力，去对学习、掌握新知识形成新能力产生积极影响的能力。有无迁移能力和迁移能力的高低，直接关系着学习中能否举一反三、触类旁通，对阅读的质量和效率将产生很大的影响。可见，要培养学生的阅读学习能力，就不能不努力培养他们的迁移能力。

2. 非智力因素——形成阅读学习能力的动力

一个人能否成才有智力因素和非智力因素两方面的作用，在人的智力因素相差无几的情况下，非智力因素往往起主导作用。阅读学习也一样，其阅读的兴趣、情感、意志、习惯、自控力等常常影响着阅读学习能力的优劣高下。

（1）阅读兴趣

兴趣是人们倾向于认识、研究和获得某种事物的心理特征。一个人对感兴趣的事物可以持久地集中注意力，保持清晰的感知觉，引起丰富的想象和积极的思维，产生愉快的情绪体验，并能在遇到困难时以顽强的毅力去克服它。一个人有兴趣，可以发挥全部才能的80%～90%，如果兴趣低或没兴趣，他的才能只能发挥20%～30%。阅读是一种自主学习、自我提高的过程，没有阅读主体强烈持久的兴趣作依托，势必流于应付、点缀或猎奇。阅读兴趣是阅读的“凝聚力”。培养阅读兴趣可以用明确的目标激发，用阅读成果来强化，以广泛兴趣与中心兴趣相互促进等。培养兴趣就是培养一种积极的学习情感，兴趣越浓，追求得也就越执著，学习效率也就会越显著，能够改变被动、消极的“要我学”为热情主动的“我要学”，从而收到事半功倍的学习效果。

（2）阅读情感

苏霍姆林斯基指出：“情感如同肥沃的土壤，知识的种子就播种在这个土壤上。”阅读情感是阅读者的主观感情和作者渗透在作品中的感情的双向交流、彼此碰撞而产生的一种褒贬分明的内心体验。阅读感情流露于阅读的阐发阶段，它是推动阅读鉴赏的热源。有了情感的参与，阅读过程的寂寞与孤独不复存在，学会欣赏、进入情境才能陶冶积极健康的情感。一旦对阅读失去情感，思维、记忆等认识机能全会受到压抑阻碍，无论何等抽象的思维，没有情感都不能进行。因此，阅读时要用心品味文章情感，接受课文的启迪和熏陶，使自己的情感与作者的情感得到统一，教师讲课时要做到储情于胸，激情导入，引导学生入境体验，最后融情入理，达到教情、学情、文情三者统一的境界。

（3）阅读意志

意志是人为了一定的目的，自觉地支配自己的行动，克服各种困难以实现预定目的的心理状态。阅读意志的形成是一个由低到高的过程，最初表现为阅读的“决心”，继之强化为阅读的“信心”，最后熔铸成阅读的“恒心”。阅读意志是在适应阅读顺境和战胜阅读逆境的斗争中形成的。

（4）阅读习惯

叶圣陶先生早在20世纪80年代就曾对这个问题作了理论概括：“什么是教育？简单一句话，就是要养成良好的习惯。”形成良好的阅读习惯是阅读有高质量的根本，也是培养阅读学习能力的最终归宿。习惯的养成是阅读者在学习和生活实践中反复练习而形成的。在阅读教学中，养成良好的读书习惯，将会终生受益。阅读习惯主要包含：阅读的卫生习惯，如视距正确，光线适中，坐姿端正，有张有弛，专注集中，边读书边思考的习惯；联系上下文的习惯；联系生活实际理解课文的习惯；使用工具书的良好习惯；阅读时圈画批注的习惯；阅读后做小练笔、写读书笔记的习惯；抓紧时间定时阅读和限时阅读的习惯等。

（5）自控力

自控力，即自我控制。指对一个人自身的冲动、感情、欲望施加控制的能力。学习上的自我控制，指学生按照社会要求和自身的观念对自己的学习行为进行调整的能力。它表现为两个方面：课内学习与课外学习。课内学习主要表现在集中注意和适宜行为；课外学习主要表现在主动地、积极地、自觉地进行学习。

总之，心理因素是阅读活动的基础，是能否高效能阅读的重要因素。较高阅读学习能力的获得，必须有积极主动的阅读心理状态做前提条件。

（三）方法与策略因素——提高阅读能力的关键

构成阅读学习能力的要素除了知识因素和心理因素之外，还有阅读的方法和策略因素。

阅读方法是阅读行为的规范，是为了达到一定的阅读目的而选择的阅读途径、活动方式和具体做法等的总和。它关系着阅读活动是否能顺利进行，直接影响着阅读的效率。阅读者的知识与读书智力一般都要通过读书方法、技巧的“中介”与读物发生关系，才能现实地表现出来。没有阅读方法、技巧的作用，知识和读书智力只能是一种潜能。因此，把阅读方法、策略作为一个因素纳入阅读学习能力之中是完全必要的。史密斯和狄卡特提出读书能力包括23个方面的内容，其中有好几个方面都属于阅读方法，例如“包括泛读与精读在内的阅读技巧的灵活应用能力”，“选择适当的阅读方法的能力”①。可见，阅读方法与策略也是构成阅读学习能力的一个要素。

1. 提高阅读学习能力的阅读方式

（1）朗读与默读

朗读是一种出声的阅读方式，默读则是一种不出声的阅读方式。朗读与默读有着不同的心理机制。朗读的过程是先入于眼，再出于口，然后入于耳，最后了然于心，必须眼、口、耳、脑并用，心理过程复杂。默读则只需用眼看，用脑想，便能掌握文章的内容，心理过程比较简单。这就决定了它们在速度上存在着快慢的差异。朗读过程复杂，读的速度就慢；默读过程简单，读的速度就快。朗读和默读的上述特点，也决定了对它们不同的训练要求。朗读必须出声，因此必须发音准确，语气清楚，语句连贯，理解正确。默读是不出声地看，因而只要求能快速地理解文章的内容和形式。

朗读和默读的不同特点，使它们在阅读实践中发挥着不同的作用。一般来说，朗读有利于字音学习；有利于口头表达能力的培养；有利于体味文章的思想情感，还有利于激发学生的感情，增加欣赏的趣味；有利于将文章的言语化为自己的言语，积累词语、丰富发展语感。而默读由于速度快，使用范围较广，有利于开拓知识视野，增加知识的积累；默读不受发音的影响，注意力容易集中，在默读过程中可以随时停顿和反复，因而比朗读更便于深入理解文章的内涵，有利于从文章中吸取知识与信息。

（2）精读与略读

精读是一种精心细致地、逐字逐句逐段地钻研体味，并在充分理解的基础上从文章中提取信息的阅读方式。它既是一种理解信息的阅读方式，也是一种理解和掌握语言规律的阅读方式。略读则是一种运用精读得来的方法，略去或绕过文

① 卿家康．阅读与阅读艺术［M］．北京：知识出版社，1991：202.

章中某些次要的方面，迅速掌握全篇的大意和纲目，抓住要领和主旨的阅读方式。对精读和略读之间的关系，叶圣陶先生在《（略读指导举隅）前言》一文中，曾作出精辟的阐述："就教学而言，精读是主体，略读只是补充；但是就效果而言，精读是准备，略读才是应用。""如果只注意精读，而忽略了略读，功夫便只做了一半。"

由于精读要求对文章的字词、内容、结构、写作方法都要细加推敲、品味，从而达到对文章内容形式的透彻理解，所以有助于提高阅读的深度；而略读则不要求对文章字斟句酌，只要求能根据文章特定的语言环境，较快地推断出词语的含义，把握长句的主干，弄清文章意脉发展的踪迹，因而有利于扩大学生的阅读广度。

（3）速读与复读

速读是一种快速的阅读方式，它要求在阅读中能用最少的时间达到对文章的基本理解，因而速读又是一种有助于锻炼思维的敏捷性和有效地提高阅读效率的阅读方式。

复读是指对一篇文章进行多次、反复阅读的阅读方式。阅读的核心是理解。对一篇文章要达到全面、深刻、透彻的理解，决非读一遍所能奏效。尤其是对思想尚未成熟，认识能力有待于提高，生活阅历较浅的学生更是如此。因此，对文章进行复读，通过反复研讨，把握文章精神实质很有必要。

2. 提高阅读学习能力的方法

提高阅读学习能力的具体方法多种多样。许多方法经过长期的语文教学实践，证明是行之有效的，因而可供我们选用或借鉴。下面就一些常用的阅读的方法作简要的介绍。

（1）查读法

这是一种最基本的阅读方法。进行阅读，往往会遇到一些文字障碍，影响对文章内容的理解。可以通过查字典、词典等工具书，扫清影响理解文章内容的文字障碍，从而帮助阅读者提高阅读能力。这种方法的好处是可以帮助学生掌握查阅工具书的技能，养成查阅工具书的习惯。

（2）朗读法

这也是运用极为普遍的方法之一。它的主要长处在于可以帮助阅读者体会文章的思想感情，有助于培养对语言的感受能力，即有助于培养语感。在反复朗读吟咏中能够逐渐感悟作者的情感，领会文中人物的话语内涵，体悟文章语言的魅力等。这是其他阅读方式方法所难以替代的功能。

（3）复述法

复述法要求在阅读后，按照文章的梗概，用自己的语言来叙述文章的内容。比如要求阅读者按照原文毫无遗漏地全面复述，然后评论和补冗（详细复述）；或者要求阅读者把文章的内容，经过概括、提炼，用最简洁的语言复述出来（简要复述）；或者要求对文章进行扩充的复述（创造性复述）。复述法的优点很多，既可以直接检查阅读者的阅读效果（特别是对文章的熟悉程度和理解程度），又有利于锻炼概括能力、想象能力和口头表达能力。

（4）比较法

比较法在阅读训练中运用范围极广。这是一种通过对照比较培养阅读者阅读能力的有效方法。人们常说有比较才能有鉴别。通过比较可以更好地辨别文章内容的好坏、表达的优劣、风格的差异，以及文体特色的区别，从而加深对文章的理解。

（5）讨论法

讨论法是一种有利于交流信息、调动阅读者的积极思维、激发学习兴趣与热情、容易收到集思广益从而加深理解效果的阅读能力训练方法。采用这种方法进行训练必须注意几个问题：一是要有一定的准备时间。阅读者事先没有准备，必将造成冷场的局面，从而难以收到实效。二是问题必须提得恰当。讨论的问题的难易程度要符合阅读者的实际水平和能力，而且必须是学习的重点和难点。一般来说，应以在所学知识的基础上，经过一定的思考能够解决为宜。三是在讨论过程中要给予恰当的引导。当阅读者的思路打不开时，要及时点拨以打开思路；当阅读者偏离主题时要及时引导他们回到讨论的问题上来；当讨论无法深入时，不妨及时提出新的问题加以引导。总之，教师事前对讨论中可能出现的各种情况要做好充分的估计和准备，才能保证讨论顺利进行。四是要认真地进行总结，并对阅读者讨论的结果进行评价。有讨论而无总结评价，阅读效果也会受到一定的影响。

总之，知识因素、心理因素（包括智力因素、非智力因素）、阅读策略是构成阅读学习能力的三要素。要想提高阅读学习能力，也必须从优化三要素入手。

第三节　阅读学习能力的培养

我们所处的时代是一个文化科学技术迅猛发展的时代，各种知识的总量正以惊人的速度急剧增加。尽管传播知识的手段有了发展，出现了许多新的视听传播手段，但书籍仍是传播知识的主要手段。因此，要跟上时代的发展，就必须从小打下扎实的基础，培养较强的阅读学习能力。只有如此，才不至于在层出不穷的新知识、新技术面前感到束手无策。

一、创设平台，加强阅读兴趣的培养

“兴趣是最好的老师。”培养阅读学习能力，首要的是培养阅读的兴趣。兴趣是人们倾向于认识、研究和获得某种事物的心理特征，一个人对感兴趣的事物可以具有持久的集中注意力，保持清晰的感知觉，引起丰富的想象和积极的思维，产生愉快的情绪体验，并能在遇到困难时以顽强的毅力去克服它。阅读是一种自主学习、自我提高的过程，没有阅读主体强烈持久的兴趣作依托，势必流于应付。阅读兴趣是阅读活动中最积极、最活跃的心理因素，它是阅读者主动积极地从事阅读活动的心理动力。阅读学习兴趣越浓厚，阅读积极性就越高，精力就越投入，思维就越活跃，阅读效果也就越好。

（一）开发多种教育资源，激发阅读兴趣

1. 利用插图。恰当地运用语文课本中的插图，不仅可以帮助阅读者深刻领会课文内容，还有助于培养观察能力、想象能力和语言表达能力，尤其对小学生来说，以图带文特别能激发兴趣，还可以通过对图质疑，加深对课文的理解。

2. 利用绘画。绘画可以化抽象为具体，激发兴趣，改变阅读者被动阅读的地位，促使阅读者动脑、动手，快速理清课文的线索，领会文学手法的魅力。

3. 利用音乐。音乐具有渲染气氛、引起共鸣的作用，阅读学习中可以借助音乐手法去激发阅读情感，调动阅读热情，帮助理解作者与作品的思想感情，达到动情、悟情的效果。

4. 课外阅读。课外阅读，张开阅读的另一只翅膀，走进图书馆、阅览室等广阔的课外阅读空间。在课内习得的各种阅读方法，只有到广阔的课外阅读实践中进行检验和运用，才能不断熟练和巩固，为日后的终身阅读学习打下坚实的基础。

（二）利用多种教学形式，激发阅读欲望

1. 创设情境，让学生想读。充分利用教材创设丰富的教学情境，搭建一个和谐且有意义的朗读平台，让学生积极主动地进入角色，变“要我读”为“我要读”。教师如果能够带领学生进入到情境中并与学生一起朗读、表演，共同分享成功的快乐，更能充分调动学生学习的积极性，极大地激发学生的朗读兴趣。

2. 角色扮演，使学生爱读。喜欢表演是学生的天性，针对这一特点，在创设情境、感情朗读的基础上相应诱导，让学生进行角色扮演，体验表演的乐趣，学生会越来越爱读。如在教学《草船借箭》一文时，通过情景剧的形式让学生进行角色表演。学生在融入文本的过程中把自己的表演才华表现得淋漓尽致，课堂氛围十分活跃，学生的阅读兴趣大大得到了提高。

3. 故事讲述，使学生多读。学生大都喜欢听故事，也喜欢讲故事，老师可利用这一点来诱导学生阅读。如在给学生讲完一个生动有趣的故事后，特意告诉他们，这故事是从《安徒生童话》里看到的，激发学生课后去找这本书来读。下次故事会，读了这本书的学生就成了主讲者，主动讲述自己学到的故事，这样为学生创造充分展示自己的机会，就能够进一步激发学生阅读的欲望。

4. 榜样力量，激发学生广读。魏巍在《我的老师》里写到一位女教师蔡芸芝对他的影响。他说，蔡芸芝老师“爱诗，并且用歌唱的音调教我们读诗。直到现在我还记得她读诗的音调，还能背诵她教我们的诗”，“今天想来，她对我的接近文学和爱好文学，是有多么有益的影响”。可见，有趣与有益总是紧紧相联系在一起的，有趣是先导，然后在有趣的吸引下，在阅读中获得许多健康、有益的东西，从而促使魏巍在后来成为著名的作家。因此教师可以经常向学生介绍历史人物、科学家及身边的成才故事，以榜样的力量来激发学生的阅读兴趣。例如，谈起人们熟知的曹操、诸葛亮、司马懿等，可以激发学生对《三国演义》等历史名著的阅读，进而激发学生对中国四大古典名著的阅读兴趣，逐步提高阅读意识，开拓阅读视野，从而提高学生的阅读学习能力。

总之，培养阅读兴趣就是培养一种积极的阅读学习情感。兴趣越浓，追求也就越执著，阅读效率也就越显著。改变被动、消极的“要我学”为热情主动的“我要学”，可以收到事半功倍的学习效果。

二、理解能力培养策略

理解能力是阅读能力的基础。理解是对事物本质属性的揭示和认识。在阅读过程中，要把握好字、词、句、段的含义，理解理所当然是一个重要的因素。而要保证理解的质量，除了注意语言知识的积累外，还要善于从语言环境中捕捉内容的深刻含义，注意抓住作者的思路，学会应用已有的知识加以推敲，弄通弄懂；还要注意观察社会，积累感性材料，经过理解性思考而达到理解的目的等。

（一）通过熟读课文，培养阅读理解能力

文章，就是凭借书面的语言，反映所认识的客观事物。在阅读能力培养过程中，不仅要理解字面上的意义，知道写了什么人、什么事、什么物，而且，在此基础上，还要去体会文章的内涵，思考作者为什么要这么写，写这篇文章的目的是什么，以及作者在文章中肯定了什么，反对了什么，说明了什么道理，抒发了什么情感。从字里行间领悟出作者的思想感情和态度，从而达到较高层次的理解。同时，还要进一步弄清作者是怎样运用语言文字来反映事物、表达思想情感的。德国美学家姚斯认为："文学作品本身没有生命，是阅读者的阅读赋予了作品无穷的意义。多角度地阅读，多角度地思考作品情景，并从中学习作者观察事物、思考问题和表达思想的方法，才能读懂文章并对阅读逐步产生兴趣。"

（二）抓住重点词语、段落的理解，提高阅读理解能力

文章是通过具体的语言文字表情达意的。深入理解重点词句、重点段落有助于根据文章的中心意思，体会作者的思想情感。有的词句往往不能一读即懂，必须将词句内涵揭示出来，理解该词句的比喻之义、含蓄之义、言外之义，唤起想象和联想才能逐步理解。如《祝福》中写到祥林嫂被抢走后鲁四老爷只是说："可恶！然而……""然而"表达何意？"然而"的表层是转折。鲁四老爷对有人竟敢在光天化日之下未经他许可抢走他家短工有损他家名声和威望，先是怒不可遏，大骂一声"可恶"，后面为何突然转折？联系上文对他书房的描写，可知他是个封建礼教的卫道士，所以这"然而"又透露他的心声：寡妇外逃，为礼教所不容，婆婆有权处置无可非议。这样抓住关键词句进行领悟，有助于对全文中心的把握和理解。

（三）借助生动、优美的语言，诱发想象，提升阅读理解能力

文章是通过语言文字反映生活中的一些场景和画面的，阅读时，如果能把文章中所反映生活的一些场景和画面再现在脑海里，就能够加深我们对文章的理解。因此，阅读时，一方面要唤起想象和联想，把课文所写的物、人的具体情境在头脑中形成画面；另一方面要思考作者是运用了哪些色彩鲜明、具体生动的语言，来描写这个画面。例如《林海》的第 2 ~ 5 段，写岭多，用高点的、矮点的、长点的、短点的、横着的、顺着的等词语，写群岭起伏的林海的波浪；多种的绿色，用深的、浅的、明的、暗的、绿得难以形容等来表现；还有写落叶松的海洋和俏丽的白桦的句子等。凡是这类生动具体的语言，学生通过反复朗读、背诵，边读边想象画面，既能理解语言，积累语言，又能发展想象力，有利于理解能力

的提高。

（四）注重阅读体验过程，升华阅读理解能力

阅读学习应该是阅读者自由生命体验的过程。通过阅读学习，感受学习的过程，感悟语言文字的快乐，体验成功的喜悦。如在《鸟的天堂》教学中，教师让学生充分感悟了语言文字后，将运用文字的权利交给学生——创设一个模拟环境，让学生们主动参与课堂表演：一个个小导游“口齿伶俐”“滔滔不绝”地向他的游客们介绍着鸟岛的景色……课堂真正成为学生学习活动的“天堂”。学生表演得越精彩，对文章的理解就越真切。

三、赏析能力培养策略

读书阅文不仅要读懂，还要在理解的基础上学会欣赏、评价。一个人的赏析能力和他的认识能力、生活经验、知识的深度与广度有密切的联系。因此，培养赏析能力，就必须在平时努力提高认识能力，加深和积累生活体验，并不断拓宽、拓深知识视野。

（一）加强阅读，注重累积

学生欣赏文章，往往以教师的指导和个人的理解程度及教科书编者的倾向为标准。为了尽快提高阅读者个体的欣赏与评价的能力，最好的办法就是多阅读一些古今中外名著及文学评论。积累多了，起点高了，能够为更深一步的阅读打下坚实的基础。这种阅读不是停留在文章表面的理解程度的阅读，是在理解的基础上，欣赏评价性的阅读。长此以往，欣赏能力也就在这种性质的阅读中自然形成和提高了。

（二）在朗读品味中赏析

朗读品味就是通过朗读，从感情、重音、停顿、速度、音调等去体会文学作品的内容和感情。朗读是眼、手、口、耳、脑等多种感官协调活动的过程，是直觉感悟语言的有效途径。朗读可以感悟文章真谛，在不经意之间感悟语言的抑扬顿挫的语音、错落有致的节奏与奇特严谨的结构。《孔雀东南飞》是一篇爱情悲剧，可以用低沉、缓慢的音乐配乐朗诵。这样在凄美、婉转的音乐旋律中有感情地诵读优美的诗文，不是一种美的享受吗？在诵读中，学生一方面可受到高雅音乐的熏陶，对其高尚审美情趣的养成很有裨益；另一方面因为学生融入了感情，对诗词的理解更深入了，无形中也能够提高欣赏水平。

（三）在形象再现与想象中赏析

在阅读一篇文学作品时，要善于运用生动的语言来描绘一幅幅富有立体感的画面，只有这样，才能入其境、闻其声、见其人，才能品味文学、感悟作品。如：在分析《燕子》中的“春之美”时，在脑海中浮现出一个个动人的画面：蒙蒙的细雨、柔嫩的柳丝、碧绿的青草、鲜艳的花朵、俏皮的燕子……随着画面的浮现，阅读者自然会联想到春天的生机勃勃与欣欣向荣。这不仅是一幅画，更是一首歌。学生在想象中得到了美的享受，其思想也得到了升华。如《清明上河图》可以展开想象：初春的清晨，薄雾尚未散尽，一片枝芽萌动的小树林，数间农舍掩映其中，农田初绿，阡陌纵横，“我”随着赶集的人流，用骡马驮着货物向城里进发，沿途看到汴河码头停泊着数条大船，其中一条装满了粮食，临河的茶肆之中，摆着桌椅，河中船只往来不断……来到繁华的街市，这里酒楼茶肆宅第店铺鳞次栉比，市面上，买卖兴隆，购物的、叫卖的，熙熙攘攘……让书中的文字活起来，让脑中的画面丰满生动起来，从而放松心情地享受文章所描绘的优美意境，感受语言文字的无穷魅力。这种形象再现法有利于学生对作品意蕴的感悟，也可以提高学生的赏析水平。

四、迁移能力培养策略

迁移能力的培养，可以从以下几方面入手：

（一）注重类化训练

比如《云赋》中描写雨声，用了两个拟声词：“不一会儿，雨声就由沙沙沙而刷刷刷……”《雷雨前》描写雷声，也用了两个拟声词“轰轰轰”和“隆隆隆”。通过比较分析，不难发现，“沙沙沙”和“刷刷刷”是通过声音的对比，描摹了雨由小变大的情状；“轰轰轰”和“隆隆隆”，则写出了雷声由沉闷的滚雷到炸裂的霹雳的变化特点。于是，我们便可以将它们归为“对比拟声词”一类，它的作用在于通过声音形象地表现被描写事物的特征及其发展变化。这种“类化”，便可以迁移到《荷花淀》中理解水生嫂几个妇女的划船上去。当水生嫂们划着船去寻找丈夫的时候，那“哗，哗，哗”的划船声，节奏舒缓，表现了水生嫂们安闲愉快的动作和心情；当她们和鬼子汽艇不期而遇后，划船声变成了“哗哗，哗哗，哗哗哗”，节奏快而急，细致入微地展现了她们紧张而不慌乱的心理和娴熟的驾船本领。

（二）注重学法迁移

学习内容的迁移往往以对某一新知的认识为目的，而学习方法的迁移，却以认识大量潜在的未知信息为目的，因此，它能使阅读者以科学的学习方法自愿获取新知，故而是更重要的迁移。

1. 精心设疑，培养迁移

精心设疑，可以启发探索的欲望，培养探索的能力、发现的能力，提高运用知识的迁移能力。设疑的最终目的是学以致用，也就是用理论指导实践，把已经学过的知识迁移到写作中去。如学习茅盾的《白杨礼赞》一文，在设疑时可突出作者独特的构思，精巧的结构，强烈的抒情色彩，灵活的抒情方式（或直抒胸臆，或借景抒情，或融情入理），生动形象、反复而有变化的语言，以及象征手法的运用。这样，就能调动激发联想，把所学到的写作手法运用到自己的写作实践中去，达到比较好的效果。

2. 授之以法，举一反三

有人说："明天的学校不仅要教给学生以信息，而且要教给他们掌握信息的方法。"这说明方法比知识重要，教师应教给学生读书的方法，让学生自己去猎取知识，举一反三，融会贯通。

（1）学会质疑。我国古代教育家朱熹说过："读书无疑者，须教有疑，小疑则小进，大疑则大进。"实践证明，提出疑问不仅是发现真知的起点，而且是发明创造的开端。我们在教学中，应该引导、鼓励学生质疑，并经常巧妙设疑、置疑，创造问题情境，并适时启发、引导、点拨，点燃学生思维的火花。

（2）掌握正确的思维方法。所谓思维方法，通俗地说，就是想问题的方法，它有五个主要方面：想"现状"，即想"是什么"；想"缘由"，即想"为什么会这样"；想"疑点"，即想"不这样又怎么样"；想"联系"；想"规律"。

（3）以训练为主线，培养思维能力。训练是让阅读者动脑动手的实践，它不但是理解、巩固知识的活动，也是培养思维能力的过程。教学中应该采取精讲"多练"的做法，"多练"是相对于精讲而言，"多练"能否培养学生的思维能力，关键在于精选习题。精选习题要围绕教材的重点、难点，并富有思考性和灵活性，同时从学生实际情况出发，难易适中、数量适中、题型新颖。学生练完之后及时检查，对练习中出现的带普遍性的问题与学生开展讨论，打开学生的思路，让学生最终自己解决问题。

（4）探索规律，举一反三。方法和规律是一脉相承的，只有按客观规律办事，才能找到正确的学习方法，找到“举一反三”中的“一”。因此，我们在阅读学习的过程中，应注意对规律的探索。例如文章的结构，张志公先生说：“‘起、承、转、合’四个字，勾勒出古今各种体裁，各种内容的文章在篇章结构上的一个带有共同性的轮廓。”“起、承、转、合”就是篇章结构的基本规律，根据这一规律，我们可以发现文章基本的结构方法——纵式结构、横式结构、纵横交错和复式结构。比如分析记叙文的文章，纵式结构方式较典型的有：以时间的变换安排材料，以作者的认识发展、感情变化安排材料，等等。横式结构有以材料性质加以分类排列等。对议论文的分析，结构就更加明晰了，往往是“总——分——总”的结构形式。然而，有了方法，才仅仅有了“一”，一定要通过反复的训练才能发挥其作用。实践告诉我们，运用举一反三的学习方法，往往变死读书为活读书，学得活，见效快，触类旁通，解决问题的能力就有明显的提高。

3. 内外结合实现迁移

课堂教学是当前教育的主要途径，但是，阅读学习的能力培养仅靠课堂45分钟是远远不够的。它必须借助于课外活动拓宽领域，使课堂知识得以延伸。因此，课外阅读是阅读学习的重要组成部分，是实现知识迁移的重要途径之一，必须充分发挥其巨大作用。

（1）重视课外阅读。课外阅读是对课内知识的补充、扩展、延伸，对学习习惯的养成，知识迁移能力的培养，具有重要的意义。

（2）把握课外阅读的尺度。明白读些什么书和用什么方法读。应规定阅读的范围，严禁阅读黄色书刊，推荐阅读一些中外文学名著，如《三国演义》《水浒》《红楼梦》《钢铁是怎样炼成的》等。多读多看一些有益的报刊杂志，如《语文报》《中学生学习报》等。明确阅读的目的和要求，有步骤、有计划地进行，把课内阅读和课外阅读紧密结合起来，实现知识的迁移。

当然，除了要注重以上四个方面阅读学习能力的培养外，还要加强记忆、速读等方面能力的培养，以期阅读学习能力的全面提高。

第七章　阅读学习的基本理念

理念引导行动。阅读学习要取得实质性的进步，首先必须革新理念。阅读学习应秉承文化传承观、个性阅读观、品味鉴赏观、体验发现观和信息技术观，以促进学生阅读学习的科学化。

第一节　文化传承观

文化与教育有着天然的联系。文化的保存、继承、演变、发展乃至创新都依赖于民族语言文字的记载和留传。由此，语文从其出现开始就与中国的传统文化有密不可分的情缘。

一、文化传承观的解读

文化的基础是象征，其中最具代表性的就是语言和文字。作为世界唯一现存的四大古国之一，中国自古以来有着文化繁荣的光辉历史，又仰赖富有民族个性和民族精神的语言文字，因而得以保存承袭文化的传统。

"文化，作为世代相传的价值体系作用和影响于人；人，作为文化的主体适应和创造着文化，文化与人就是通过这种互动在人类发展的历史长河中共同进步，繁荣不息。"① 正是在教育的过程中，人与文化通过互动在发展生成的过程中

① 曹明海，张秀清．语文教育文化过程研究［M］．济南：山东人民出版社，2005：6.

实现着双向的建构。

同样，作为母语教育，语文本身就是一种文化，语文教育蕴含着丰富的文化资源，语文因其特有的文化蕴含彰显着自身独有的文化特性。从“语文是文化的载体”来看，语文实现着文化的传承；从语文教育的文化特性而言，从本体层面回归对语文文化特性的观照，语文不仅承载了我们民族的文化精神、文化理念和文化成果，其本身——汉字、汉语的发展演变更具独有的民族文化特征和文化内涵。正是如此，语文也必须被视为“人类文化的重要组成部分”（义务教育课标），而不仅仅是文化的载体。

从基础教育到高等教育，语文课程无疑是承继传统文化的良好途径。语文课程也必须承担起传承传统文化的基本精神和发扬文化品格的责任。中国传统文化博大精深，汉字、汉语具有丰富的文化内涵，语文教育主要通过阅读学习，也就是借助文章、文学的形式，将作为汉字和汉语突出代表的富有强大的生命力、充满勃勃生机的优秀民族文化心理、文化精神和代表民族个性特征的选文作为涵养心灵、健全人格的传统文化缩略图。因此，承继文化，特别是让学生站在五千年文化基石之上接受民族优秀文化的洗礼，需要辩证的文化传承观：当现代文明以其传播之迅捷、范围之广泛、价值之功利日益侵占着本应被固守的传统文化领地时，当传统文化的僵化承袭与现代文明的飞速发展、外来文化的强势渗透日益呈现出矛盾时，强调通过语文教育严把阅读学习关，重视传统文化的批判性继承，在明辨精华和糟粕的基础上顺应文化的流变，在新旧观念的冲突中，抛却封建、僵化的全盘照收观，对中国传统文化于当代流变的脉象保持应有的警觉，为中国传统文化在传承过程中孕育与时代进程同步、融入世界文化元素的涅槃新态蓄势。

二、文化传承观的历史演进

组成“文化”的“文”、“化”二字，较早以单字的形式见于古代典籍之中。“文”的本义，是各色交错的纹理。如《说文解字》：“文，错画也，象交叉。”在此基础上，“文”有若干引申义。如包括语言文字在内的各种象征性符号，包括具体的文物典籍、礼乐制度等；又如由伦理之说生发出彩画、装饰，进而演变为人为修养之义；再如由前两层意思导出美、善、德行之义。“化”，本义为“改易、生成、造化”，有“事物形态、性质改变”之义，后又逐渐引申出“教行迁善”之义。“文”与“化”并用，较早见之于战国末年《易·贲卦·象传》：

“（刚柔交错，）天文也。文明以止，人文也。观乎天文，以察时变；观乎人文，以化成天下。”在这里，“文”“化”同时出现，已初步具有“以文教化”的意思。直至西汉后，“文化”作为一个合成的词，如《说苑·指武》“圣人之治天下也，先文德而后武力。凡武之兴，为不服也。文化不改，然后加诛”，强调“以文德化人”，至此，“文化”已明显具有人为的“以文教化”之义，蕴含了对人性情的陶冶、品德的修养。

文化作为一种社会现象，是历代人们创造生成的产物，同时，文化也是一种历史现象，其传承保存并孕育了积淀中的历史。语文教材中历来包含着古今中外人类发展进程中种类繁多、丰富多样的文化实体、文化现象和文化精神。具体到文化形态和文化类别，从政治、经济、军事、艺术、礼仪、道德、医药、民俗、自然、地理等，涉及历史发展中文化的方方面面，无一不折射出彼时彼境中社会的千姿百态。

传统文化的精髓孕育于文学艺术中，上至先秦散文，下至明清小说，乃至当代文学艺术向传统文化的不断融合，都将朝代的变迁、先人的哲思与理念、汉民族语言的发展流变浓缩其中。中国传统文化在历经新文化运动保守与维新冲突的革故鼎新之后，再受建国后文化大革命的浩劫，经由 20 世纪八九十年代商品经济大潮的冲刷，传承之中历尽百年劫波。借助语文教育这一文化传承的主渠道，中国传统文化得以一脉相承，在选择性的吸收和积极扬弃的过程中不断获得自身的发展、演变、超越和创新。这一过程，也必然伴随着语文教育教学在民族文化与西方文化、传统文化与现代文化、科学主义与人文主义的价值天平摇摆之间，究竟如何抉择。

义务教育课标在总目标中指出，要“认识中华文化的丰厚博大，汲收民族文化智慧。关心当代文化生活，尊重多样文化，吸收人类优秀文化的营养提高文化品位”。这不仅将语文教与学的视角引向了对贯穿古今中外、形态多样的传统文化现象的关注，而且珍视阅读学习选文中因时代风格各异而呈现的不同文化精神；不仅包涵了对传统文化的批判继承的态度，而且从时代发展的角度重新肯定了当代文化在文化传承和发展中不容忽视的地位，更以阅读选文中涉及到的大量的各具特色的异国文化以广角的形式融入了当代阅读学习者的视角。作为文化承袭的责任者，学会尊重多样文化，不仅有利于开阔视野，更能够通过对异域风情的广泛了解，更好地理解、反思和对待前人给我们遗留下来的无价的传统文化瑰宝。

三、阅读学习传承文化的内容

中学语文教材阅读选文中蕴含的传统文化是丰富多彩的。从古代文学的角度而言，诗、词、文、赋、小说、戏曲等各种文体和题材的范例无一不包；从社会生活的角度而言，细细研究选文的内容，无论是传统的礼仪文化、道德文化、风俗文化、审美文化、建筑文化、音乐文化、工艺文化等，还是传统的人生观、价值观、审美观，都富含有中华民族传统的个性观、价值观和道德品质观。

具体来说，主要是阅读学习选文中凝聚古人品格的典型范文。如《诗经·硕鼠》是古代四言诗的典范，诸葛亮的《出师表》、李密的《陈情表》、司马迁的《报仁安书》是古代表疏奏章等政府公文的名篇佳作，《论语·季氏将伐颛臾章》作为《论语》中叙述较多、篇幅较长的一章集中体现出《论语》善于锤炼字句、语言简约精炼的特点。学习并了解东晋的陶渊明及盛唐的王维、孟浩然等诗人创作背后所集中体现的中国传统旧时代正直知识分子厌恶官场、鄙薄功名、皈依自然、甘于淡泊、珍视自我人格、向往自由的隐士文化情怀，明了历来倍受推崇的儒家文化的精髓："仁政"、"王道"、主张"为政以德"、弘扬民本主张的政治情怀，推崇"仁、义、礼、智、信"的人格修养说，坚持尊师重道的主张，以及重视教育、重视学习的主张，以善为美、以和为美、以充实为美的审美情怀。学习传统文学作品中蕴含的中华民族"吾日三省吾身""人不知而不愠"以及"己所不欲，勿施于人"的传统美德，刚健有为的民族气魄、自强不息的民族精神、作为礼仪之邦的传统礼仪内涵、"人生自古谁无死，留取丹心照汗青"的千古绝唱背后凝聚着的爱国主义传统的因素，以及淡化个人要求的集体主义义利观、"修、齐、治、平"与经邦济世的人生追求，注重个人功名与报效国家、"穷则独善其身、达则兼济天下"、生前立功与死后留名的传统人生观、价值观，等等。

四、阅读学习传承文化策略探新

在引领阅读学习的环节，教师必须学会用新的视角、新的眼光去认识、挖掘教材中所蕴藏的中国传统文化，并将其在融合学生生活经验和知识积累的过程中，通过恰当的方式传递给学生，使学生自觉接受传统文化的熏陶，树立强烈的民族自豪感、自尊心和自信心，蓄养中华民族的根基，将民族精神与民族魂代代不息地传承下去，生生不息，净化思想、升华精神品质。语文教师在指导学生以文化传承观进行阅读学习时可采取以下策略：

（一）深入挖掘教材的文化内涵，引导学生感悟文化

随着新课程改革的逐步推进，围绕“三维目标”，无论是必修课还是选修课，在“阅读·鉴赏”等要求中都更加明确了经典名著、传统文化在阅读学习中不容忽视的重要地位。高中课标在课程目标的“感受·鉴赏”部分明确提出：“通过阅读和鉴赏，深化热爱祖国语文的感情，体会中华文化的博大精深、源远流长，陶冶性情，追求高尚情趣，提高道德修养。”重视对本土文化和传统文化的深度开掘和积极扬弃应当成为语文课程开发者和教师的一致共识。义务教育课标对教师和学生的阅读学习也有了立足于传统文化的感悟和传承这一更高层面的要求，激发学生热爱祖国语文、传统文化的情感，也自然成为阅读学习的目标之一。

具体来说，阅读学习要做到深入挖掘教材文化内涵，可以采取以下策略：

（1）深入作品主题，对思想内容深入挖掘，以文学作品的情感来感染和熏陶学生。（2）走入课文的彼时彼境，着力挖掘有关民族、民俗文化信息，感受传统文化风貌。（3）串联故事情节，让学生在特定的历史背景、人物命运及作品情感中感悟文化，思考人生。（4）精读文本词句，挖掘相关的文化背景因素，引导学生加深理解和感悟。

如对鲁教版第二册《屈原列传》的阅读学习，对屈原这一人物的理解，高一的学生感到陌生，再加上文言文积累不够丰富，对如何评价和学习人物的精神品质自然方向不明。教师就可联系创作《史记》的司马迁生前的身世、联系西汉著名政论家贾谊在政治上同屈原一样的不幸来加深对人物的理解，反复引领学生吟咏诵读。同时，在学习中深刻领悟屈原洁身自好、刚正不阿、嫉恶如仇的高洁品格和爱国精神，引导学生体味并认同屈原敢于同邪恶势力抗争绝不妥协的行为背后凝聚的民族精神，以其滋养并充实学生的精神世界。突出并充分挖掘作品的人文性内容，才能彰显民族精神的优秀传统，发挥优秀作品对学生情感的熏陶感染作用。

（二）精心布置文化教学情境，教会学生触摸文化

当今俗文化和休闲文化盛行，时尚阅读和流行阅读所营造的快速、功利化的阅读观大行其道，不自觉地重构了一个传统文化荒芜、经典作品沦陷的“新文化氛围”：以快餐文学、低俗文化、娱乐经典、反叛意识为特征的阅读内容和方式已逐渐成为人们快节奏生活所必备的调料；以网络为典型的信息媒体通过声、像结合的方式直观反映着学生身处的意义世界，良莠不齐的作品铺天盖地涌入学生的生活世界；直观的影视呈现简化了对人物内心世界丰富的感受和体验过程、对

细节描写深刻精微的洞察过程，感受权、体验权在无意识中出让，学生的语言感受力日趋弱化，学生的思维逐渐钝化，纸质文字的研读分析能力几近退化；娱乐经典、大话历史真实地颠覆了中外经典文学作品中的经典形象及经典主题；以反叛为主题的青年作家的网络文字成为学生宣泄迷惘、寻求心理安全的避风港；经济时代人们多元化的价值取向使价值观尚未确立的中学生重新陷入迷茫和混沌。以上这些都严重影响了在校学生的语文阅读学习。学生对文本的细致研读能力日益衰弱，对蕴藏着民族优秀文化、传承民族精神的载体文学作品，在解读时报以任意游戏和娱乐的态度。娱乐文化的盛行使学生的阅读面被挤占得越来越狭窄，削弱了学生对文本解读的兴趣，本应作为解读意义生成源泉的丰富多彩的“期待视野”日益变得平面化、统一化、简单化。

为了改变大众文化语境对阅读学习的不利影响，教师需要在学生阅读学习的过程中，精心营造传统文化的氛围，创设“文化课堂”的教学情境，丰富学生的传统文化积淀，以弥补快餐文化一次性娱乐对那些历代延续、古今相通价值和主题的深度思考的不良影响。对古诗文的学习，教师可以精心选择主题歌曲，或者与文境相契合的背景音乐，或补充传统文化知识、历史图片和录像消解学生的时代距离感和陌生感，奠定传统文化基调和氛围。如学习《枫桥夜泊》时，可以配以《良宵》《二泉映月》《春江花月夜》《渔舟唱晚》等古典音乐，引导学生在音乐的衬托下深入朗读古诗文，品味语言，感受浓浓的古景文化氛围，传统文化已经可触可感。

（三）探索弘扬传统文化的阅读学习方式，引导学生体验和创造文化

诵读经典是沟通现代人们心灵与传统文化的最直接途径。先人学习四书五经等传统经典篇目时，倡导以诵读、精读、品味、体悟等方式获得难以言说的、别人无法替代的入境感悟。当今阅读学习中，教师往往讲解的多，学生感悟的少，教师分析的多，学生品味的少，时日一久，自然剥夺了学生品读玩味的时机，丧失了通过阅读学习感悟经典、聆听教诲、传承传统文学文化的主阵地。对广大中学生而言，古典文学作品朗朗上口、字句铿锵的特色形同词句押韵而旋律悠扬的歌曲，在反复的诵读、逐渐深入的体悟中，那些经典作品中常见的重要道德范畴和概念术语变得不那么陌生了。经过“自读”“诵读”“齐读”等品读的过程，古诗文中饱含的丰富的思想情感、意志品质、道德准则等在字斟句酌的品味中变得亲切可感，仿佛聆听先人的教诲，字字句句发人深省。学生学习古训、对照先人省察自己的过程，不仅加深了类似的情感体验，更重要的是，可以引发学生作

今昔对比，对身处其中的、与自身生活密切相关的现代文化通过思辨性阅读，作出当代应有的哲思和积极的扬弃，激发起他们身为当代文化传承人的使命感，培养他们积极参与当代文化创造的魄力和胆识。

（四）开设丰富多彩的文化专题讲座，学习和交流中传承文化

高中课标在课程目标的“应用・拓展”部分，还要求：“增强文化意识，重视优秀文化遗产的传承，尊重和理解多元文化，关注当代文化生活，学习对文化现象的剖析，积极参与先进文化的传播和交流。”经典作品对民族文化不仅具有传递、保存的作用，而且具有优化、整合的作用以及更新、创造的功能。[①] 因此，教师可以有意识地多开设古典名著研究性学习、传统经典文化与快餐文化的对比研究，以及“中华名著经典选讲”的课程、异国文化选修课程，引导学生对大众文化泛滥现象抱有自己的思考，通过多元化经典阅读，加深对不同时期和地域文明之间深层文化差异的理解，明了不同文明的文化经典在不同程度上自身的优长与局限，在不同文化语境的学习和交流中加深对本国文化精神价值的理性认同，使母体文化在全球化、多元化的今天能够更好地发展延续下去。

中华民族的传统文化博大精深，源远流长，是中华世代的瑰宝，作为炎黄子孙，我们有责任和义务传承并发扬光大。作为语文教师，更应该广泛了解和深入研究国学和文化，引导学生在生命的成长和人格完善的同时重树民族自豪感和自信心，形成健康美好的情感和刚健有为的人生态度。语文教师应该也必须成为民族传统文化的传道者，让祖国的优秀文化和传统的民族精神之根绵延永续。对中华民族人文文化的认同，关乎中华民族的核心凝聚力。作为中国文化赖以延续和发展的基础，以阅读学习为主渠道传承民族文化，必然可以在感受触摸文化灵动中延续中华民族精神的根基，焕发出这个古老的民族永恒不灭的生命力。

第二节　个性阅读观

义务教育课标指出，阅读是学生的个性行为。因此，对于学生的多元化个性

① 曹明海，张秀清．语文教育文化过程研究［M］．济南：山东人民出版社，2005：100.

解读不应否定和批判，相反，要鼓励和肯定，也就是要倡导个性化阅读观。

一、个性阅读观的解读

自从阅读研究注意力从集中于“作者——文本”转向“读者——文本”关系的研究，语文阅读教学研究就从独霸话语权走向了尊重有创意的个性化多元阐释。于是，借阅读者自己的独特视角，以个性化的阅读感悟体验展开对作品解读的取向逐渐明晰化。以阅读者在整个文学活动中举足轻重的作用作为基点，引发阅读研究领域的新突破。这里的个性化有两层含义：分析视角的个性化和个体读解活动的针对性。

由于语文阅读学习者是独特的个体，先前的语文知识储备、传统与现代文化观、社会阅历、生活经验各不相同，再加上艺术修养、文化积淀以及智力发展水平等极具个性化色彩的元素都影响和制约着个体对文本的接受程度和接受能力。这些个性化因素相互作用，成为学习者从某个特定层面理解作品的先决条件和良好向导。

高中课标的必修课课程目标特别指出，“注重个性化阅读，充分调动自己的生活经验和知识积累，在主动积极的思维和情感活动中，获得独特的感受和体验”。文本解读作为语文阅读教与学的关键性内容，是学习者彰显其个性和活力的生命成长过程。每一个读解学习者都是带着不同的知识背景、成长环境影响、阅读期待和情绪心境进行文本阅读和文本解读活动的。因此，无论是阅读前理解、阅读方法、阅读理解活动调节乃至文本解读结果，都必然是各不相同的、个性化的，反映着不同阅读者个性化的思维过程，都是语文阅读学习活动中各具特色的生命存在形式。个性化阅读观是不同阅读者从多角度、多维度对同一文本的不同阐释和理解，它可能是权威公论的丰富，可能是学习者新异思维的火花，同样可能是个体思维在群体中发散的脉动。

二、个性阅读观的历史演进

个性化阅读的理念产生于20世纪60年代西方文论的研究中心，由以研究作品文本为主向以研究阅读者接受为主的转变过程中。其由来可以追溯到西方现象学代表人物之一应迦登所提出的著名的“填充（具体化）”理论。这一理论的内涵是：作品本身仅仅是一个图式化的“观相层”，文本向我们展示的有限的“观相”只是骨架式的或图式化的，其中充满了许多的“空白”和“未定点”，这些空白和未定点有待作者用想象去连接和填充，从而使文本更加丰满化和具体化。在这一过程中，阅读者也就参与了作品的创造，而不同阅读者的审美具体化和再创造的过程也是因人而异的。继现象学之后，存在主义文论、结构主义后期文论、解释学文论等领域的研究，都不断关注、重视并强调阅读者的再创造。直至后来，德国的姚斯、伊瑟尔等人创立了接受美学理论，将个性化阅读理念进一步推进。尤其是接受美学理论代表学者伊瑟尔吸收了现象学“填充”的思想，将其发展为文本是一个不确定的“召唤结构”，召唤阅读者发挥自身的再创造才能使其意义得以确定；同时从解释学那里吸收了“前见”理论，发展为“期待视野”，而每一个人的期待视野是不同的，于是便产生了不同阅读者个性化的解读。后期，发展到解构主义，“作者和作品都死了”，作品可以被任意阐释①。由此，对个性阅读观内涵的理解发生了严重错位，对这一阅读新理念的解读走向了极端。

接受美学赋予阅读活动以生成性和开放性特征，着眼于个性化阅读过程和个性化意义建构方式，给予学生在解读过程中的体味、创造的天赋权力，从作品效果的历史角度强调了解释的多元与变化、无限性与丰富性。这从理论上启示我们应鼓励学生一文多解，赋予文本自己的个性化、创造性解读，鼓励学生通过自己的读解视野和心理预期，充分发挥自己的创造性想象读出新意，体味创造的快乐。同时，接受美学中关于“文本的规定性严格制约着接受活动”的主张以隐含的文本解读规定性昭示了辩证的个性阅读观对阅读学习活动的潜在制约。

三、个性化语文阅读学习的基本要求

个性化阅读观要求教师放手让学生成为语文阅读学习的主人，借助文本，凭借经典名篇的内在吸引力拾级而上，通过与作者、既往阅读者以及不同学习者个性化解读结果的对话碰撞，激活思维，启迪智慧，从而健全阅读思维品质，形成阅读学习能力。具体说来，应当做到：

（一）发散思维与立足文本相结合

不同阅读者从不同角度思考问题，从而进行个性化思维的发散，产生自己对作品的理解。个性化阅读更要求在分析、评价的基础上，能超越阅读文本本身，产生新的读解意义、探索某一些问题的答案或鉴别吸收一些创新思路的新途径。

① 朱立元．当代西方文艺理论［M］．上海：华东师范大学出版社，1997.

但这种发散性思维必须在立足文本的基础上进行。

敢于向书本和权威挑战，解放学生久被束缚的思维之翼，必将使学生依照固有经验，联系生活实际和读解积累，生成丰富多样的个性化意义元。然而，由于学生认知结构欠缺、知识储备不完善、思维品质尚不够完善灵活等原因，往往容易令读解意义陷入个性泛化而游离于文本之外。这时，就需要教师在与文本充分对话的基础上，立足文本，寻找文本中的相关因素，及时有效地给学生以导向和调控，令读解个体或全班学生比较鉴别多种个性化读解意义元，在拓展思路的过程中达成共识，一起构建合理的个性化读解意义。对于学生一时难以理解把握的部分，教师要善于设置不同梯度的问题，协助学生在寻找自己独特答案的过程中明确这样一个问题：个性化读解仍需要尊重和兼顾作者的创作主旨的那一元来进行，应该变建构新意义的动态过程为不断地逼近和再现作品本来意义的过程。以此让学生的思维达到能发能收，有意识训练思维的流畅程度，提高灵活应变的能力。

（二）创作生成与文本信息相关照

阅读者的再创造贯穿于读解活动的全过程，其中的创造可能表现为作品形象的补充与丰富，可能表现为对传统读解意义的反叛，更经常地表现为经过意义不断创生、转化、聚合、裂变等一系列过程，基于新的期待视野与作品相交融创生出前所未有的个性化读解意义的历程。而其创作生成也应与文本信息相互关照。

因为任何一篇作品，都是作者在特定的社会、心理环境和文化背景下创作的，也总是反映着作者特定情境下对人生、社会、自然、自我的某种认识，带有作者对人生独有的感悟、体验和阐释，具有潜在的历史规定性。每一作者都希望阅读者能对自己的作品作尽可能符合自己意义结构的解释，重获创造空间不能放逐作者在生成文本意义时的主体权力。阅读者可以向作品敞开心灵，从中寻找放大的自我，获得自己的创造性感悟和独特意义建构，但同时更应该了解作者，研究作者所处的时代、人生情感、社会背景、彼时情境。对于不甚理想和不成熟、不完善的读解意义，可以依据作品本身及相关背景材料作理性的推断，评判是否将其作为个性化解读而不是误读的组成部分。唯有如此，才能建构起辩证合理的个性化解读意义。

（三）个性读解与群体探究相结合

对于不同的解读主体而言，读解作为一种“对话”交流活动，它必然要求阅读者充分调动主体能动机制，积极地、有个性地参与文本意义的解释和建构：不仅从不同层面将作者所创造的艺术形象、赋予作品的原初意义。这些丰富内容在头脑中再度复现，通过具象化、有序化和立体整合的个性化思维，充分地理解和体验感悟，而且还要在意义读解遇到障碍时，在填充文本空框结构时渗入自己独特的人格、气质和生命意识，展开联想和想象，调动生活经验充分体验和感悟。个性化解读正是通过对文本符号的个性化翻译过程，重新创造出各具特色的艺术形象，甚至从不同侧面挖掘到作者在创作时都未曾料想的内容，不断汇入作品的读解效果历史中，增加文本的厚度和深度。

这种个性化读解如果能够与群体探究完美结合，将能够有效提升学生的阅读水平。文学作品是语言和思想的体现。从生命的高度来看，个性化阅读的过程是学生自我成长和人格提升的过程。教师积极调动全体学生对文本的研读兴趣，激发他们思维的主动性，给语文课堂留下文本言语和意义的空白，就能够使学生有较为充分的时间去思考、去讨论，在品读交流中，让学生的思维互相碰撞，引起共鸣，产生更多的火花，共同建构对文本意义新的理解，让学生在证明自己的探究中体味成功的愉悦，学会合作和分享。所以，语文教师绝不能单纯充当教参注解和既成的传统读解的代言人，以此来代替学生的个性解读，用“标准”化的“一元”或“多元”打压学生对文本理解的真实个性化多元取向。

四、个性化语文阅读学习的策略探新

个性化阅读可以采用如下策略：

（一）丰富解读储备

解读储备主要包括知识的储备（含语言知识、文学知识、文化知识）、人生经验的储备等。学生有了丰富的解读储备，才能够通过大量的阅读，结合解读文本就某一内容或某一类题材进行解读拓展，做广泛的搜集和文本材料积累，从而加深对解读素材的理解。解读储备是学生与文本对话的基础，学生的阅读储备越丰富多彩，解读视野越能得到延展，对文本内容理解深度也越趋纵深。具体可采取以下途径：

1. 引导学生拓宽阅读领域

教师要把课外阅读作为课内阅读的延伸和扩展，拓宽阅读领域，让学生通过多种形式的阅读，广泛涉猎语言知识，透过文字了解广义上的文学背景和文学知识、洞察作品背后的文化意义和意识形态，自觉立足文本、立足特殊的时代背景、立足作者的创作意图进行个性化解读。例如，程瑞芬老师在教《道士塔》一文时，借助题目发问："大家看这篇散文的题目时，有没有什么疑问，或者说有没有感觉到什么不协调?"学生思考后表示："好像只听说过僧人圆寂塔，没有听说过道士塔。"于是，程老师巧妙抓住学生的疑点拓展了学生对中国文化的理解："僧人的逝世称为圆寂，遗体一般火化，火化后的遗骨叫舍利子，通常入塔封存；道士的逝世称为羽化，遗体坐缸或棺葬，按道家的戒律，道士死后不能建塔。"①在拓展对佛、道文化了解的基础上，通过对比其差异性，不仅较好地奠定了学生解读文本的知识背景基础，而且借助"为何为道士建塔"的进一步疑问将学生思维引向了对文本主题"中国人永久的痛"的个性化多元反思，设问不失巧妙、背景拓展独具匠心。

2. 召唤文本走向学生生活

文学文本内含一种召唤阅读者阅读的结构机制。正如伊瑟尔认为，文本对阅读者的召唤是在阅读者阅读过程中实现的。所以，作为阅读学习者，必然应当顺应这种文本内在的召唤机制。在实现阅读理解的过程中，学生的期待视域源于生活，自然读解也应召唤文本走向学生生活。在阅读学习中，教师应指导学生利用个性优势发挥阅读潜能，有目的地阅读，在文本和学生生活经验间架设桥梁，便于他们理解那些见所未见、闻所未闻的生活场景和事件，从源于生活的经验向高于生活经历和事件的视野引发开去，让学生能够体会作品复杂多变的人生，借助作品人物积累多样化的体验，关注引导独特感受和感悟，从而丰富提升他们尚不完善的生活经验。

3. 比较补充拓展学生视野

课堂中应留给学生充分的空间，突破教学文本的诸多局限。可推荐作者的其他相关作品进行横向分析比较，也可提供与所学课文同类型的文质兼美的文章进行纵向时代解读梳理，并适时补充解读背景知识顺利融入学生的期待视野，师生共同汲取文本中文化传统、价值意识的精髓和美感。例如：中华民族"刚健自强、不屈不挠、爱国报国"的民族精神，"仁人君子"的道德传统，"积极进取"的人生观，"独善其身与兼济天下"的传统价值观，强调"德化"的儒家政治文化，"忠君、爱民、清正、廉洁"的为官之道，具有鲜明的民族个性和地方特色的民俗文化，丰富多彩的民间艺术，历史悠久、种类繁多的传统应用型文化，和

① 程瑞芬．《道士塔》实录［J］．中学语文教学，2007（2）：26.

而不同的包容精神乃至天人合一的人文传统等，都可在交流中拓展师生各自原有的解读视野，为深入解读我国文学作品构建广阔的文化背景，为蕴含时代元素的个性化解读做足准备。

（二）准确定位信息

个性化解读离不开对文本信息和自身解读储备的有效利用，更离不开对文本关键性信息的把握。意义的获得离不开文本整体，所以必须由整体内蕴着眼，明确解读方向，缩小研读范围，关注信息焦点。通过准确定位，严密分析，自然能够准确把握，使个性化解读趋向辩证合理。信息定位方法普遍适用于文学文本人物形象的个性化解读、文本主题的探究，并可针对多侧面的文本细节作广泛个性化的解读延伸。信息的定位可以通过以下要点把握：

1. 洞察与中心主题相关的关键词、关键句等。如对《孔乙己》中的人物形象进行分析时，可以将视点聚焦到“踱进店面”的“踱”，“排出九文钱”的“排”，“摸出四文钱”的“摸”等动词。付酒钱的过程中，由“排出”到“摸出”，说明了什么？引导学生关注细节分析人物形象，就容易贴近作品事实。在孔乙己向小伙计介绍茴香豆“茴”字的几种写法、给孩子们分豆吃的细节中，学生自然会关注这一被侮辱、被损害的形象性格中纯真善良的元素，从多侧面加深对人物立体化的个性解读。

2. 辨析中心句、过渡句、转折句、结尾句等。有的文章中，转折是不经意的，如果不能敏锐地洞察和把握，对文章内容的理解就会产生局限。如有的教师借助“她也是一个美丽动人的姑娘”，甚至抓住一个“也”字来分析马蒂尔德的形象，就可以不拘泥于既有的结论“虚荣的小资产阶级妇女”，看到“诚实守信、勤劳坚强、纯洁高尚、热爱生活”① 等性格中不同的侧面，于是，立体再造了一个反映时代风采的、生动而丰满的女主人公形象。

3. 挖掘隐喻句、隐性要素等线索。如钱梦龙先生《一件小事》的成功教例。教师从学生自读后提出的种种问题当中，抓取了“文中的‘我’是不是一个自私自利的剥削者”这样一个牵一发而动全身的问题，引导学生把自主阅读和思维的触角深入到课文的每一个自然段里，接触到每一个关键性句子和词语，使小说的主题、立意、篇章、技法和语言都成为解决这一问题的过程和手段。② 努力挖掘关键词句背后隐喻的含义，学生或者认为“我”是一个剥削者，或者认为“我”

---

① 闫苹．中学语文名篇的时代解读［M］．广州：广东教育出版社，2007：161—162.

② 韩雪屏．语文课程与教学研究文集［M］．呼和浩特：内蒙古教育出版社，2008：145.

不是剥削者，都要准确将解读意义的产生定位至文本，获取充足的证据作为多元化解读的支撑论点和意义建构的有效佐证。

（三）深入推测信息

推测信息是阅读者根据对文章提供的隐性和显性信息的感知和分析，在具体的语言环境中，联系自己原有的解读储备，建构基于文章思路的意义模式，运用推测的思维方法补足文本中的“空白点”“未定点”，对文章的主旨、内容、写作方式、结局等作预先的推断，以完成个性化解读。推测信息的途径有：

1. 就关键词句和中心主题作阐释推理。这是将文本没有说尽之处运用推理而促使理解更加透彻。如《孔乙己》中四次写他的脸色变化，从“青白脸色，皱纹间时常夹些伤痕”到“脸上黑而且瘦，已经不成样子”，从脸色的变化不难推理出并再度联想演绎孔乙己悲剧命运的全过程。对人情冷漠、世代炎凉的特定时代风气，学生也自然能够做到准确把握，避免摸不着头脑的个性化文本解读衍义。

2. 就文脉发展内容或结局作反思推理。这是假设如果不是这样的结局该如何，培养学生个性化解读中批判质疑的精神。如假设不选择极端的方法，焦仲卿和刘兰芝未来的生活会怎样？《孔雀东南飞》的结局能否改写？

3. 就隐含信息作想象、联想推理。这是将未见文本（即文本空白点、意义未定点）等隐性信息作想象推理，运用联想和想象的方法加深对作品的理解。譬如分析《孔乙己》中的人物命运，最终作者未确切说明，因而，尤其要注意课文结尾那五个“到”字：“到了年关……到了第二年的端午，……到了中秋……再到年关……我到现在终于没有见——大约孔乙己的确死了。”这五次的时间记录，就是人物命运发展的线索，由这五次，就不难理解何以“孔乙己”大约的确死了，从而深刻感受人们对孔乙己的记忆渐远渐淡，孔乙己的确被忘却了，最终难以摆脱“死掉”的宿命。同时，字字声声催人不要忘记这一被侮辱、损害着的小人物，给予无奈中颇带同情的关注。结尾若断未断，似了未了，如此拉近学生与那个特定时代的距离，拉近学生与文本的距离，与人物互动交流的距离，学生自然容易领悟文本深沉、含蓄、发人深思的多元化主体意蕴，作个性化解读时便不至于偏离解读的轨道。

4. 就文章内容的前后或不同文章的关照作比较推理。这包括由文本词句对主题、主旨、主人公命运、作品结局等方面的显性推理解读。如借助《祝福》中祥林嫂后来“木刻似的脸消尽了先前悲哀的神色”，“眼珠间或一轮”，竹篮“内中一个破碗，空的”等描写和前文中的神态作对比，不难推理出“鲁镇作为烟阜之地”，却“没有一两户人家的一两个人给登门乞讨的祥林嫂一点可以充饥的食物”。“‘碗是空的’说明祥林嫂其实已经麻木到根本就没有进到谁家门里乞讨过，她只是在鲁镇的街巷里转着，根本就忘记了为什么而转”①。或借助闰土在《故乡》的描述中对“我”前后的态度变化，不难深入挖掘封建社会的黑暗和丑恶，从而对封建礼教有更深刻的理解。

运用以上多种方法进行推理比较、作辩证的个性化解读时，应当注意：

首先，应当把握好推理的起点——学生原有的解读储备，一方面需要不断充实，一方面需要在教师的指导下活化思维、优化结构，这是通过推理信息提高多元化解读能力的基础。

其次，教师应当引导学生活化推理思维，通过文中主要内容、线索句、关键词的推理，联系作品体裁、作者创作风格和意图、彼时的时代背景等关键条件顺利把握文章的思路，窥测推理出新的语义信息。这是有效发散学生思维、生成多元化解读意义的关键。

再次，推理不能脱离文本，必须结合作者的创作意图、文本信息、关键性词句的表面意义、引申意义和双关意义进行推理，立足文本推理，来获得作者的言外之意，才能推有依据，理能服人。

第三节　品味鉴赏观

语文阅读学习中的品味鉴赏，要求学习者能够自主地在感知的基础上理解，在理解的基础上欣赏，在欣赏的基础上评价。

一、品味鉴赏观的解读

鉴赏性阅读，指为获得审美愉悦而进行的阅读。针对文学作品，结合涵咏、体味、想象、联想、身临其境，产生共鸣，达到认识社会、陶冶情操、丰富精神生活的目的②。高中课标关于“阅读·鉴赏”目标中带有根本性的要求：“在阅读

① 王远航．祥林嫂的破碗［J］．语文教学与研究（读写天地），2007（3）：31.

② 潘庆玉．语文教育发展论［M］．青岛海洋大学出版社，2001（12）．

与鉴赏活动中，不断充实精神生活，完善自我人格，提升人生境界，逐步加深对个人与国家、个人与社会、个人与自然关系的思考和认识。”从中不难看出，着眼于鉴赏和品味的语文阅读学习，深入到了理性认知和审美的精神层面，更加关注涵养学生思想的深刻性和情感的丰富性。因此，品味鉴赏观作为一种获得审美体验的重要途径，是一种着眼于感性体验的理性把握，是阅读与理解的最高境界。

二、品味鉴赏观的旨归

品味鉴赏观，以鉴赏作品艺术形式为主要目的，提倡在充分地理解和把握了作品的思想主题之后，对阅读文本的语言风格、表现艺术等进行富有个性化的品味和把玩。它通过各种具象化、抽象化的美的形态，尤其是文学作品中的艺术美的展现，对学习者进行一种形象化的情感教育和文化品位熏陶，以期促进学习者的感知美、领悟美、内化美、创造美等能力的全面提高。

三、新课程召唤下的品味鉴赏

传统意义上的品味鉴赏是对文本的品味、鉴别和欣赏，即阅读者辨别、确定文本的文学价值，并基于此获得不同程度的美好精神享受、接受性情陶冶、领略作品精神意蕴的活动过程。其重点在于辨别、评判和内化。而新课程理念下的品味鉴赏，更强调“欣赏文学作品有自己的情感体验，初步领悟作品的内涵，从中获得对自然、社会、人生的有益启示”。

不难发现，与传统的品味鉴赏观相比，新课程召唤下的品味鉴赏观具有如下特点：

第一，从过程和方法的维度，要求主观（品味鉴赏）和客观（尊重作者）的统一，感性（言语形象化）与理性（言语逻辑思维）的统一，情感（感性体验）与思想（思考深度）的统一，内容（思想内涵）与形式（表现技法）的统一。

第二，鉴赏文学作品的方法论提倡历史眼光与现代观念的统一。

第三，品味鉴赏的思维空间建议弘扬中华民族文化和广纳多元文化视角的统一。

第四，品味鉴赏的心理历程由往日重感知、把握的内隐性吸收转为重体验、感悟性的创意性文本建构。

四、阅读学习品味鉴赏策略探新

阅读学习的品味鉴赏，可以采用如下策略：

（一）在诵读品读中把握音韵脉动

语文阅读学习离不开读。阅读是将文字信息转化为鉴赏可感的灵性情思的手段和必由之路。通过反复的诵读，综合各种感官感受文本（尤其诗歌）的节奏美、声韵美、音调美，或揣摩语言，或联系背景知识和文本的中心内容、上下文语境诵读揣摩某些修辞手法想要传递的信息。于文字之间细微之处采用多种方式的读来把脉，还原作品适宜的感情色彩和语体色彩，为文本结构、创作思路的整体感知提前把握好媒介——品味语言表达中的音韵脉动。如学习《再别康桥》，全诗共七节，每节四行，每行两顿或三顿，韵式上严守二、四押韵，严谨而又错落有致，借助诵读品味，不难把握如微波荡漾的诗歌节奏。同时，韵律在求学者渐行渐远的徐行缓步中铺展，把玩品味后，学习者即能体验领悟到徐志摩“音乐美”的诗美主张。

（二）在想象联想中再现动态画面

学习者的阅历和经历相对有限，知识结构也尚不完善，因此，以具象化的形式还原抽象语言的美，即成为阅读学习者感知、内化、鉴赏文学形象美的最直接、最常用的方式。美的语言是有关形象丰富、生动的绘制密码。如在《我的空中楼阁》中，“山如眉黛，小屋恰似眉梢的痣一点”，“山上有了小屋，好比一望无际的水面飘过一叶风帆，辽阔无边的天空掠过一只飞雁，是单纯的底色上一点灵动的色彩，是山川美景中的一点生气，一点情调”，即是作者借助笔墨、色彩、动静、虚实立体描绘了的动态唯美画面，等待学习者在阅读过程中将作者的绘画密码加以转译。教师引导学生阅读者去自由驰骋想象和联想，能够再现这些生动写意的画面。

（三）在含蓄蕴藉中体味人情百态

含蓄蕴藉是文学作品尤其是中国文学作品最为独特的品格。一般而言，作者内心复杂的情感和心境不会直白地宣泄出来，而是含蓄地预留一个引子，留待细心的阅读者鉴别出表象化的语言背后所蕴含的情思，细细品味，“守得云开见月明”。这也是语文阅读学习最具魅力之处。含蓄蕴藉中有潜入情境的陶醉，有复杂情感的潜藏，有微妙情思的变换，更有人间百态的缩影，需要阅读学习者透过蛛丝马迹鉴出高尚与低俗，品得情志和意趣。如《记念刘和珍君》中有无恶意的闲人和残暴的执政府，也有“为中国而死的中国青年”的勇毅；豪放派词人苏轼《念奴娇·赤壁怀古》中借助“人生如梦”的感慨，抒发自己复杂委婉的哀叹，以及郁郁不得志，这些含蓄蕴藉的重重愁思，着实需要借助字里行间的点点启示，凭借感同身受，通向唯我探得的幽僻之路。

（四）在跳跃空白中品味创生奥妙

作品的文学价值，在作者内化并表现为作品语言文字之后，其价值往往由阅读者在阅读鉴赏过程中再度实现。因此，作品的主题、象征意象、人物形象、逻辑事理等无数未定的空白点，都需要凭借学习者在阅读过程中准确把握到创作过程中作者的思维跳跃，运用填充法将空白点加以连缀，将这种种珠玑的耀目之处彰显在审美愉悦的过程中。如学习古典诗歌，可从意象和主题把玩着手，“明月圆满惹相思（乡思），南浦长亭兼送别；征鸿断雁表失离，游云孤舟藉漂泊；春江逝水短光阴，寒蝉秋风当悲凉；芭蕉落花愁思苦，杜鹃乌鸦戚惶深；婵娟娥眉同娇媚，佩玉轩冕代富贵；关塞烽火无人烟，小桥流水有人家；松鹤梅竹品质高，霜露哀草时不济；夕阳古道游子路，楼台深闺思妇情”等。“咏物诗善描写，咏怀诗多凭借，述志诗常象征，吊古诗用对比，边塞诗近关烽，赠别诗亲柳亭，思怨诗倚楼台，羁旅诗在舟驿”①。跨越空白的距离，沿波讨源，鉴赏品味必然能在章法之内渐入佳境，使学习者领略品味美、创生美的情志愉悦。

第四节　体验发现观

随着语文新课程标准的颁布，“体验”一词作为语文学习的过程和方式越来越流行。同样，在阅读学习的领域内，体验发现也作为一种新的生成式学习方式，日益受到阅读者的普遍关注。

一、体验发现观的解读

体验式阅读学习，即是在阅读学习的过程中，阅读者以其全部的内心情感和

① 张希辉. 从阅读鉴赏到鉴赏表达——古诗词鉴赏教学的困惑与求解［J］. 中学语文，2007（Z1）.

心智融入作品，完成感受、感动、欣赏、评价等阅读活动，结合自身体验和发现，把客观外在的阅读文本和对象转变为经过内心对话交流的深层次心智体验的语文活动过程。

不难发现，体验学习作为学习方式和过程，在阅读学习的各个阶段占有不容忽视和替代的重要地位。尤其是将体验式学习方式同语文阅读学习相结合，通过感受、参加、尝试、寻找、讨论、交流、合作、分享、参观、访问、考察、接触和体验等环节，更有利于凸显语文阅读学习“过程和方法维度目标”的达成度；同时，通过阅读学习的体验和发现过程，让学生的情感得到相当程度的提升，以获得独特体会和感悟经历，对于激发学生情志的健全发展和促成全面素养的形成具有至关重要的意义。

二、体验发现观的历史演进

“体验式学习”在西方源于杜威的“经验学习”，即“做中学”理论和实用主义哲学，强调教育即是“经验改造”。后来，较有代表性的研究者美国凯斯西储大学的库伯在他的“体验学习圈”理论中建构了四阶段过程模型，即“具体经验、反思观察、抽象概念化、主动检验”，又称为“感知、观察、思考、实践”四个不同阶段。卡尔·朗基提出了经验整理的三阶段理论，即“事实阶段、感受差异阶段、应用阶段”。

“体验式学习”在我国教育教学领域的研究，如辛继湘提出体验式教学是“对象世界与意义世界融合，学科世界与生活世界的整合”①，王忠提出语文体验式阅读“主体性、趣味性、情感性”三原则②，黄昕提出“引发、加深、巩固、丰富、强化和拓展体验”③ 等语文阅读体验式学习的实施策略，等等。

义务教育课标同样强调了让学生在多角度观察生活的基础上，阅读“应引导学生钻研文本，在主动积极的思维和情感活动中，加深理解和体验，有所感悟和思考，受到情感熏陶，获得思想启迪，享受审美乐趣。要珍视学生独特的感受、体验和理解”。课标中“体验”“感受”“感悟”等关键词出现频度之高，足见阅读学习过程在学生独特体验和真切感悟中的重要作用。

---

① 辛继湘．体验教学研究［D］．西南师范大学博士学位论文，2003（6）．

② 王忠．高中语文体验阅读探究［D］．华中师范人学硕士学位论文，2008（6）．

③ 黄昕．语文阅读教学中体验性学习的研究［D］．广西师范人学硕士学位论文，2008（8）．

综上所述，不难看出，阅读学习中的体验发现观，从朱子读书法中强调的着身体验到阅读体验式学习的过程和实践研究，都强调了阅读学习过程中感知与领悟的辩证统一，即体验发现作为语文阅读学习的过程本身及体验后所产生的意义，对阅读学习者经验和情感的形成及获得扮演着同等不可偏废的重要角色，是一种追寻生命意义的学习。

三、阅读学习体验发现观的内涵

阅读学习中的体验，是学习者鲜活可触、亲历亲为的。“在体验的世界中，一切客体都是生命化的，都充满着生命的意蕴和情调。”① 它更强调学生的自我感知、自我经验、自我感悟和自我内化。

（一）体验的触发性

阅读学习中体验的触发性，即能在多大程度上激发学习者的阅读期待。这种触发，不仅仅是在阅读学习开始时的状态调整，更包括维持学习者同文本深度对话的持久阅读内驱力，以及随着阅读活动的展开而不断生发的新的阅读期待。这种内驱力和不断产生的阅读期待被满足后，与学生携手走入更深层次的文本交流，呈现适时而进、不断攀升的态势。

（二）体验的情境性

阅读学习的过程，是学习者在特定情境中积极建构的过程。因此，真实可感的情境有助于促成学习者在阅读过程中的体验，获得属于自己的发现。当阅读主体走进文本时，丰富多彩的社会生活、鲜活可感的人物形象、壮丽秀美的自然风景都具有逼真的情境感，借助文本语言的描述，可以不同程度、形态各异得展现在学习者脑海中，通过与文本的亲切“对话”完成个性化的感受、内化和感悟等心理体验。

（三）体验的情感性

在阅读学习中，学生的情感随着作者的情感波澜荡漾开去，于字里行间品味人物的喜怒哀乐，观人世的悲欢离合。阅读的过程即是情感展开、深化、感染和陶冶的经验感受历程。这个过程需要学生自主地参与，无需借助一种对语言和思维的理性思考，跳过逻辑思维的过程，而直接凭借已有的言语经验获得直觉性共

---

① 童庆炳．现代心理学［M］．北京：中国社会科学出版社，1993：54.

鸣感受和情感体验、升华。

（四）体验的生活性

阅读学习的过程，往往是学生自主支配进度和完成学习任务的过程。语文是生活无限丰富画卷的展示和浓缩，生活性特征本身即是阅读学习再现丰富多彩画卷的一个着力点。因而，对于知识结构和经验背景尚不完善的阅读学习者而言，生活中的亲身经历和间接经验感受，直接转化为学习的资源和既有体验积累。学生通过阅读学习填补体验空白和丰富再体验的过程都必然呈现生活化特征。

四、体验发现式阅读学习策略探新

“体”是亲身，“验”是察验和感受。不难发现，阅读学习中的体验是在真切感受文本具体语言或语境的基础上，对文本中的事物或情境产生情感并生成个性化意义的学习活动。可采用如下策略加深学生的体验：

（一）诵读入境，触发体验

阅读学习最直观的体验方式即最初步的感知——各种形式的读。阅读是一种个性化的行为，无论是齐读、轮读、自由朗读、分角色朗读、默读，甚至背诵，都不同程度地需要学生融入文本中，通过将文本文字转化为直觉思维的过程，触发思维的积极状态。因此，学习者往往在读的过程中不自觉地忘却自我，进入文本情境之中，在感受语言形象美和音韵美的同时，做好体验的心理准备。如阅读学习《雨巷》一诗，通过各种形式的读，学生可以真切感受到它整齐而又富有变化的诗节，复沓、叠句、重唱等手法的综合运用、回环往复的旋律和清丽婉转的乐感，不同学习者的阅读必然带给自己不同的乐感享受。这首诗通过声韵的形式展示象征的内涵，继而触发体验，让学习者不自觉地深入其中，想象那个像丁香一样结着愁怨的幽幽闺阁，含蓄地感受到作者既迷惘感伤又有期待的情怀，由此给学习者一种与众不同的朦胧而又幽深的美感体验。

（二）涵咏品味，联想发现

涵咏品味是对语言文字的琢磨比较，咀嚼把玩，尤其对文本富含感情的词句细细切入，将其中高度浓缩的暗示、跳跃、多义、隐晦的味道反复加以品尝。联想即利用文本的空白，在阅读时联想到与自己熟悉的生活经历、相似的情感印象、间接的经验积累，进而与作者产生心灵的共鸣。阅读学习的文本，都是精选的文质兼美的佳作，它们“承载着圣洁的情感、庄重的场景、纯美的意境、高尚的情操、人类的文明、亘古的历史”[①]，有着“外在的语言美、内孕的情意美”[②]。借助涵咏和联想，可以将语境还原为真实可感的形象，获得专属的体验。如阅读学习陈子昂的《登幽州台歌》，虽没有描写具体环境的语言和词句，但通过涵咏品味和联想，学习者不难在头脑中还原那辽阔而幽远、空旷而苍茫的意境，一个登上幽州台茕茕孑立的慨叹世事者的形象，不难获得诗境中的豪放与大气，以及作者政治失意的孤独和无奈等多重体验。

（三）拓展内化，促生体验

联想发现和涵咏品味的结合，是一种“经验汇兑”的实现途径。“经验汇兑”即凭借阅读者自己的经验去比照文本的复杂情感。学习者用来兑换作品价值的主体经验，包括生活经验、见解感受以及借助联想油然而生的虚拟经验。经验的内化过程，也就是学习者通过阅读，将文本言语转化为自我言语的实践活动。“内化的过程也是阅读者与文本、与作者、与编者的一种对话过程，思想的交流、情感的沟通、思维的碰撞、观点的认同与批判、认识的丰富与提升”[③]。这一经历往往最能突显学习者的自我色彩，在各自不同的阅读积累、生活经验、文化背景、知识积累及成长心理基础上生成别人无法替代和复制的融入性体验。如联系成长环境来感受和融入《胡同文化》中的京韵京腔、《故都的秋》中的浓浓地域文化氛围，生成一种或陌生或熟悉的生活经验，而这种经验的获得，往往是借助于外围阅读丰富体验、拓展知识积累的结果。

（四）再读点拨，提升体验

阅读学习对不同的学习者而言，不是一种呆板僵化的语言内化，而是一种任个性放飞、崇尚多元化和独特性的学习。这种学习，在与其他学习者共享交流之前无所谓是非对错，而仅仅是一种自我视野与文本视野不同程度的融合过程。然而，由于学习者经验的不丰富，他们由文本而生发的体验，同作者的经验世界甚至不能有交集，这就需要教师在阅读学习指导中，借助学生的多种经验加深实践，适当点拨，促成学习者与作者视野的再度融合，结合经验背景填充、移情、角色和多种情境体验，在尊重作者客观体验的基础上，利用不同学习者视野的融合和体验的共享交锋，以提升和完善学习者的自我体验。如阅读学习苏轼《水调

---

① 林其雨．浅谈自主性阅读体验与建构性语感训练［J］．语文教学通讯（小学刊），2006（4）．

② 林其雨．浅谈自主性阅读体验与建构性语感训练［J］．语文教学通讯（小学刊），2006（4）．

③ 邹鄂生．语文阅读体验的过程及指导策略［J］．教学月刊（小学版），2003（12）．

歌头·明月几时有》中“但愿人长久，千里共婵娟”，可以在不同学习者对诗人复杂情怀的反复诵读把握后，搭建交流共享平台，共同切磋他遭受外放的孤独、仕途未卜的困惑、对兄弟之情的怀念以及对有情人的深度关怀，以提升体验，获得背景完善、视野融合之后的深度体验发现和审美愉悦。此外，通过课本剧表演的方式，让学生融合自己的视野对文本内容进行适度合理的再创造，也是对人、情、事、物由浅入深地自我探究、自我创新的体验提升历程。

第五节　信息技术观

信息技术发展日新月异，也给当代世界经济和社会发展提供了新的支撑点。数字革命呼唤创新型人才，在终身学习、效益学习等理念的催生下，在人才价值实现和再度超越的过程中，以信息技术推动学习革命在今天显得至关重要。

一、信息技术观的内涵解读

信息技术是指“能够支持信息的获取、传递、加工、存储和呈现的技术。”①一改往日单纯依赖文字的阅读学习常态，数字化革命和媒体革命的飞速发展将阅读学习的资源从纸质读物扩展到电子媒体，更多呈现为一种文字、图像、声音、视频的综合展示，甚至与多媒体和超媒体、网络等资源立体整合，将阅读学习变为了一种自我高度参与的最有效、最愉快的学习方式。然而，信息与技术的联袂带来的不仅是阅读学习资源的扩充，更是将语文学习变革为一种认知建构的工具和综合性语文学习方式。

二、信息技术与语文阅读学习的整合历程

信息技术最初是以数字化为特征，用来访问、组织、分析、评价和呈现信息的一系列方法、程序和设备，包含生产、存储、交换和应用信息的各种技术，涵盖各种信息形式。应用于教育教学领域，主要包括数字音像技术、卫星电视广播

① 中华人民共和国教育部．中小学教师教育技术能力标准（试行）［J］．中小学信息技术教育，2005（2）．

技术、多媒体计算机技术、人工智能技术、计算机局域网络技术、因特网络技术和虚拟现实仿真技术等①。建构主义认为，知识获得是学习个体与外部环境交互作用的结果。学习过程是知识加工的过程，这种过程是非一致性的、独特的，建构的过程是个性化的。这就要求信息环境由意义建构、情境、协作和会话四个要素构成②。信息技术的介入，作为现代化的知识存储、传播和提取方式，满足了学习者积极主动地进行自主学习、自主建构的复合型学习环境要求，有利于展开综合性的语文阅读学习。随着数字全球化的发展，当信息技术与课程整合后，语文阅读学习借助信息技术的网络化、智能化、多媒体化的优势，将文字、图像、声音、视频、动画、数据同强大的信息搜索路径集于一身，提供了综合性的感官刺激，使得学习者充分调动眼、耳、口、手、脑，③ 在机能协同原理下确保了阅读学习的质量和效率。因此，当信息技术在语文教学领域和学习领域生根发芽，必然在新课程理念的春风中给语文阅读学习带来一次新的生机。

三、新课程理念带给信息化阅读学习的思考

顺应时代发展和全世界新课改的趋势，一场基于信息技术的学习革命业已兴起。各国教育都将培养学生搜集、整合、处理信息的能力以及提升学生信息素养作为带动教育跨越式发展的引擎。

义务教育课标明确提出要“初步具备搜集和处理信息的能力”。此外，明确了语文课程要“注重跨学科的学习和现代科技手段的运用，使学生在不同内容和方法的交叉、渗透和整合中开阔视野，提高学习效率，初步养成现代社会所需要的语文素养”。这就要求将语文课程作为信息技术素养习得的良好载体，用于培养学生甄别、获取、内化、传递、创造等多维的学科信息素养。对于高中阶段的学生，高中课标在必修课程目标中提出“学会灵活使用常用语文工具书，能利用多种媒体搜集和处理信息”，“借助工具书和互联网查找有关资料，了解论著作者情况、相关的文化背景和论著中涉及的主要问题，排除阅读中遇到的障碍”。

不难发现，信息化阅读学习在新课程理念的冲击下，必然应做如下转变：第

① 季伟明．信息技术与课程整合的探索［M］．广州：广东教育出版社，2003.

② 吾翔．信息技术与初中语文阅读教学整合的策略研究［D］．西南大学硕士学位论文，2009（4）：8—9.

③ 张英．论信息时代的语文教学［D］．上海师范大学硕士学位论文，2005（5）：15.

一，信息技术应为学习者在语文阅读学习中创设多元信息化、互动良好的学习环境；第二，信息技术应顺应各种语文阅读学习的需要，并为其提供丰富的学习资源和基于超媒体的阅读文本；第三，信息技术的使用应更有利于营造与阅读学习文本相一致的氛围和情境；第四，信息技术应便于学生在提升甄别、获取、内化、传递、创造等信息处理素养的过程中，更好地采用富有个性化、多样化的自主、合作、讨论、体验、探究等学习方式。

四、信息技术与新课程语文阅读学习的整合

（一）拓展阅读背景内容，做足知识储备

信息技术与阅读学习整合，可以采用如下策略。

当前，以网络化为特征的信息时代同样给语文阅读学习提供了丰富的文本信息资源。这些文化信息和丰富多样的文本资源突破了既有的时空限制，利用信息技术以最快的速度呈现在学习者面前，并且它以某个元素为延伸的信息广度和深度也不是单纯的纸质阅读文本能够企及的。因此，基于网络和阅读软件的信息资源可以为语文阅读构建一个立体化、综合性、广域性的文本拓展空间。在这个空间中有深邃的中国传统文化、悠长绵延的世界历史、多元视角的精神盛宴、跨越时空的文学世界以及那些鲜为人知的作家轶事等，这些都为阅读学习者以最快的速度逾越历史、空间障碍，搜寻到阅读学习所需要的特定背景知识提供了丰富的储备。这就需要学习者学会逐渐习得从多个角度、多个层次搜集、处理与审视这些信息资源，为阅读学习提前做足知识积累。例如，阅读现代作家鲁迅等大家的作品，学习者由于生活时代不同，普遍会感到艰深晦涩，如能利用网络资源或某些特定的阅读软件，就可以很快了解作者的生平简介、时代背景、创作心境以及基于文本语句的启发性解析和鉴赏，必然能丰富、拓展、深化学习者的文学视野。

（二）丰富文本呈现形式，激发阅读兴趣

信息技术以其超强的媒体综合形式，用文字、图像、音频、视频、动画等多种方式，直观形象地向学习者展现一个可触可感、立体多样的文本形态，给予学习者视觉、听觉、触觉等方面全新的刺激，与往日单一的纸质文字呈现形式相比，极大地增强了学习者的阅读兴趣。例如，有的教师发现在阅读学习古典名著《红楼梦》时，由于语言障碍，学习者往往缺乏兴趣，便组织技术人员开发了相关的主题学习网站。其中包含有“红楼轶事”“红学会”“红楼剧本秀”“红楼人物探”等频道，让《红楼梦》的阅读学习者以体验、探究的学习方式走入文本，

增强了趣味性，分解了学习任务，很好地消解了学习者对于阅读大部分文学名著的畏难情绪，并且深化了红楼阅读的学习空间。

（三）创设阅读学习情境，深化阅读体验

实践证明，在真实情境中习得的知识更有利于今后在相似情境中被唤起，并能优化既有知识结构，激发知识的重组，让学习者的知识应用变得更为灵活自如。基于文字阅读的学习是一种意义建构，而信息技术的介入，借助声画乃至动态展示为阅读学习营造了感受体验的“真实情景”，为解决概念理解、陌生化情境、体验获得障碍等学习难题提供了破解密码。例如，恰到好处地将古典音乐、彼时场景图片以及非静止的动画和视频相结合，就能很好地借助感官相同的印象，在多重感官刺激中，让学习者较好地把握语言文字形式背后容纳的文化内涵，经历真实忘我的阅读体验。

（四）实时共享学习心得，提升对话质量

以课堂为场景的阅读学习，在学习者数量、时间既定等多重限制下，往往难以令学习者拥有迎合个性化需要的自主化、主动性的阅读学习经历。即使偶有交流共享和讨论的学习环节，由于大多数学习者难以突破心理域限畏惧介入，因此，其往往成为极个别能力较强学习者的展示平台。借助技术支持，围绕特定阅读任务建立的共享平台，可以提供一个开放式的系统。在这个系统中，学习者可以发布阅读心得，将与文本、作者、其他学习者对话的习得经验实时发布和共享，就阅读学习中的疑问和困惑提交系统，由同学或指导教师给予个性化辅助和点评。这些不仅能够作为惠及大多数学习者的平台，提升了学习者多重对话的质量，更可以作为一种开放式的阅读评价方式，为学习者克服心理障碍、提升阅读兴趣、学会分享、实时合作学习、建立深度学习自信打造平台。

第八章　阅读学习的基本原则

和其他实践活动一样，阅读也是有着内在的客观规律的。阅读学习的原则，就是人们对阅读学习的内在规律认识的结果。它对阅读学习活动有着重要的指导作用。在阅读学习活动中，如果能够遵循阅读学习的基本原则，就可以使学习者轻松地驾驭整个阅读过程，从而提高阅读的效率。古今中外，许多学者都对阅读学习的经验进行过总结和论述，本章主要阐述几个最基本的阅读学习原则，如继承与创新相结合、接受与发现相结合、博学与精研相结合、自主与合作相结合、学习与运用相结合等原则。

第一节　继承与创新相结合的原则

继承与创新相结合，是阅读过程中一条十分重要的原则。如果要用一句话来概括这个原则的含义，就是“取百家之长，走自己的路”。孟子说过：“尽信书，则不如无书。”① 阅读并不只意味着仅仅吸收前人的知识和经验，而且还要能够有所创新。只有在阅读中做到了继承与创新相结合，我们才能在阅读的过程中独辟蹊径，做到“青出于蓝而胜于蓝”。

---

①《孟子・尽心下》

一、阅读学习中的继承与创新

从某种意义上说，阅读学习的过程应该包括两个阶段：一是阅读者对书本内容的吸收、储存阶段，称为继承性阅读；二是阅读者对书本内容的深化、再创造的阶段，称为创造性阅读。可以说，继承性阅读和创新性阅读都是阅读学习中所必需的。

（一）阅读学习需要继承

1. 继承可以使阅读者在较短的时间内充实自己

几千年的人类文明史，留给了我们很多珍贵的文化遗产。继承就是吸收人类文明成果，提高阅读效率的有效途径。在阅读中恰当地继承前人的研究成果，可以使阅读者用最短的时间、花费最少的精力掌握到大量的知识。可见，阅读继承大大加快了阅读者掌握知识的速度，可以使阅读者在较短的时间内充实自己。

对于阅读者的专业成长来说，能不能很好地继承前人的知识，是其专业发展能否成功的关键因素。站在巨人的肩膀上作研究，更利于一个人的成功。

2. 阅读继承为阅读创新提供了机会

阅读创新并不是凭空产生的，它是在继承前人知识的基础上得来的。知识积累得越多，就越容易发现其中合理与不合理的成分，从而把思路引向深入，产生新的看法，对事物发表不同的见解。因而，是阅读继承为阅读创新提供了机会。

正如美国著名学者泰勒所言："具有丰富知识和经验的人，比只有一种知识和经验的人更容易产生新的联想和独到的见解。"① 正因为阅读继承可以使阅读者丰富自己的知识和经验，这就为阅读创新提供了更多的机会。

（二）阅读学习需要创新

唐朝历史学家刘知幾曾有句名言："夫有学无才，由愚贾操金，不能殖货。"② 意思是说：一个仅满足于储存知识，而不善于用探索的精神去消化、分析、创造的人，就好比一个愚蠢的商人，即使有满口袋的金钱也无法赚回一文钱。

事实上，阅读学习也是这样。如果我们读书仅仅满足于了解书本上的知识，而不试着去超越前人，在继承的基础上有所创新的话，就算书读得再多，充其量也只是把自己变成了一个储存知识的"仓库"而已。一生也不会有什么大的成

---

① 曾祥芹，韩雪屏．阅读学原理［M］．郑州：大象出版社，1992：447.

② 王荣国．超级读书法［M］．沈阳：沈阳出版社，2001：141.

就。试想，总是沿着别人的脚印走，又怎么能走到别人的前面去呢！刘知幾的名言，很鲜明地指出了一个道理：对于阅读学习来说，仅仅做到了吸收前人的知识是不够的，更重要的是要在阅读中善于探索，勇于创新，只有这样才能在阅读中展现自己的个性，在阅读中创造并发展人类的文化。

二、在阅读学习中如何做到继承与创新相结合

对于大多数阅读者来说，在阅读学习中贯彻继承与创新相结合的原则，主要应解决以下几个问题：

（一）认清继承与创新的关系

继承是创新的前提和基础。继承是对前人文化遗产的学习和运用，它是创新的前提和基础。“继承”的关键在于如何看待古今中外的文化遗产对于我们今天的实际意义。如果将前人的文化遗产，只看做一种与我们相隔遥远的、静态的、纸面上的文化遗产，采取一般性地从中“汲取营养”的态度，那么这种继承就是一种缺乏生机与活力的继承。如果将那些古今中外的文化遗产，看做能够与现代社会、现代人建立深刻沟通的传统，看做能够成为我们当代人学习的丰厚底蕴的传统，特别是看具有鲜活生命力的传统，那么，这种继承就能够真正实现它的意义。

创新是在继承基础上的发展。创新是最有效的继承，它是在继承基础上的发展。知识积累得越多，就越容易了解知识体系中的合理与不合理的成分，从而产生创新的要求。创新不仅要有数量，更要讲究质量。

由此，我们可以说，继承是创新的前提和基础，创新是最有效的继承，没有创新就没有发展。继承是为了创新，创新才能发展。不善于继承，就会没有创新的基础；不善于创新，就会缺乏继承的活力。在继承基础上的创新，往往是最好的创新。

（二）善于带着问题去读书

问题是创新的起点，只有产生了问题，才有可能去寻找解决问题的方法，才有可能创新。唯书是从，就会成了书本的奴隶，创新也就无从谈起。带着问题去读书，可以分为两种情况。

1. 以书为导向的问题读书法

即在阅读过程中，不迷信书本，不盲从书本，不丢失自我，学会思考，力求在阅读的过程中，能够产生新的想法，提出新的问题。

怀疑，常常是创造的开始。书本虽经精挑细选，但难免白璧微瑕。因此阅读学习过程中不能盲从权威，迷信书本，而要敢于质疑和批判。阅读学习过程中可以在难点处质疑，可以在困惑处质疑，可以在关键处质疑，甚至可以在无疑之处质疑，弄清问题所在，从而解决疑问。“弯弯的月儿小小的船，小小的船儿两头尖。我在小小的船里坐，只看见闪闪的星星蓝蓝的天。”这首脍炙人口的儿歌在我们的小学课本中使用了几十年，今天却受到六七岁孩子的挑战：蓝蓝的天上根本不会有星星，蓝蓝的天上只有圆圆的太阳和白白的云彩！只有黑黑的天上才能看到小星星。只有学会质疑习以为常的现象、理所当然的解释和信以为真的知识，才能领悟质疑精神，养成质疑习惯。

2. 以问题为导向的问题读书法

即为了解决某一问题而去读一类或者一批书。在广采博收、深思熟虑的基础上，寻求有关问题的解释或解决办法。此类阅读，阅读者在阅读伊始，就有着强烈的问题意识，似乎读书就是为了解决问题。这类阅读的最终结果，不外乎两种。一种是通过大量阅读找到了关于同一问题的多种解释或多种解决办法，这就需要作更深入的比较和鉴别，然后再作定论。另外一种结果是，尽管阅读了大量的书目，但是并没有找到直接的或者现成的答案，仅仅是得到了某些启发而已，这就需要阅读者进一步独立思考，以求对这一问题有创新的看法。

总之，不管是采取哪种问题读书法，对阅读者来说，带着问题去读书都可以使阅读者在读书的过程中摆脱书本的固有束缚，去挖掘、开拓新的知识领域。

（三）激发阅读的创造性思维

创造性思维是创新能力的基础和核心。它是在一般思维基础上发展起来的，是人类思维的最高形式，是以新的方式解决问题的思维活动。创造性思维通常具有超常性、发散性、聚合性、多维性等特征。超常性，意味着思维不受传统观念的束缚，善于另辟蹊径；发散性，指的是阅读者对书本知识的发散能力，意味着阅读者要多角度、多层次、多侧面、立体化地去看问题；聚合性，指的是阅读者把书本知识各个部分、各个方面联结起来进行思考的能力；多维性，体现着阅读思路的广阔性。

开拓和激发阅读的创造性思维，可从以下两个方面入手：

1. 克服阅读求知的“习惯性思维”

在阅读过程中，长期的阅读实践，使阅读者获得了大量有益的知识和信息，但同时也使阅读者不同程度地形成了认识问题的习惯性的思维方式。这种习惯性思维通常表现为阅读者总是按照原书作者的思路或某种习惯性的认知方式去认识问题。可见，习惯性思维是开拓和激发阅读的创造性思维的一种强大阻力。不摆脱习惯性思维的羁绊，阅读者很难跳出书本的框框，自然也就无法进行创造。更有甚者，阅读的习惯性思维还可能使许多创造的灵感火花自行熄灭。因此，要想开拓和激发阅读的创造性思维，就一定要克服阅读的习惯性思维的消极影响。

通常，阅读者可以采取以下两种方法来克服阅读中的习惯性思维定式。

（1）经常性地与他人交流心得体会。经常与自己的师长、朋友进行阅读经验交流，这样不仅可以从他人的阅读经验中受到启发，从而打开自己的阅读思路，而且还可能获得解决自己百思不得其解的问题的新途径。

（2）有意识地中断思维的连续性。有时候，在阅读的过程中暂时停下来，去阅读其他的书或从事其他的工作，等习惯性思维消失后，再重新阅读，往往会取得意想不到的效果，比如发现自己的思路更开阔了，或者可以从另外一个角度来解释这个问题等。

2. 运用阅读质疑的策略

质疑是创新的起点。读书质疑方能把书读活。阅读要有所创造，通常就表现在阅读者能摆脱对书本的迷信，能大胆地对书本进行怀疑和批判上。在阅读的过程中，勤于思考，以疑为策略，多提几个为什么，逼着自己去开动脑筋，大胆思索，经过一番思考后，往往就会有所发现，有所创见，从而收到好的阅读效果。

质疑是启发人类智慧的钥匙，它对于开拓和激发阅读的创造性思维，无疑具有重要的作用。阅读者的质疑策略可以包括：

（1）横向质疑。即阅读者可以采用比较同类事物之间差异的方法，找出它们之间的矛盾，提出质疑。

（2）纵向质疑。即阅读者可以采用理脉络、看发展，进行历史回顾的方式，从中找出问题，进行质疑。

阅读者提出质疑后，要进行独立思考，并作分析和综合，最终要得出自己的结论。只有这样，才能把自己的认识推向一个更新的高度，才能对所学有所创新。如果一味地热衷于质疑，而不去思考，虽有质疑却没有解释，就根本谈不上创新了。

（四）培养阅读的创新性品格

有些阅读者认为，创新是少数天才的事业，对自己来说是高不可攀的。这种对创新过于神秘化的想法，是阻碍创新精神的绊脚石。此处所指的创新是广义的创新，即凡是能够在前人或他人已有成果的基础上，有新的发现，提出新见解、开拓新领域、解决新问题、创造新事物，或者对既有成果进行创造性运用，都可称为广义的“创新”。

1. 克服自卑、自怯，珍视自己的独立见解

创新的能力除个别的智力低下者外，绝大部分人都具备这种素质。因而在阅读学习中，阅读者要克服自卑、自怯的情绪，珍视自己的独立见解。创新能力是每个人都有的，千万不要轻视自己的独到见解。

2. 打破传统，敢于向权威挑战

科学上新理论的产生，无不是对旧传统理论的否定。因而，如果没有打破传统、向权威挑战的勇气的话，往往在理论创新上是不会有什么建树的。敢于向权威挑战是阅读学习中产生创造性思维的重要条件。

总之，“抱残守缺自家封，至死无非作附庸。家家取得精华后，直上蓬莱第一峰。”① 马叙伦教授的这段话，形象地说明了遵循阅读的继承与创新相结合的原则的重要意义。读书，我们既要懂得继承吸收，也要学会摆脱读物本身的思想束缚，在这个基础上有所创新，只有这样，才能使阅读有真正的价值和意义。

第二节　接受与发现相统一的原则

随着人类认识复杂程度的提高，作为人类认识智慧储存形式的读物，也留给了人们更广阔的思考空间。打个比方来说，有些知识就像钉在墙上的露在外面的那半截钉子一样具有直观可见的特点，而另外一些知识像钉在墙里的那半截钉子一样，潜隐在书籍的背后，需要我们去探索、去挖掘。因而，一个好的阅读者，不仅要读懂书本上字面上的意思，而且还要尽可能地发现那些隐藏在书背后的更深一层的潜隐着的内涵。在阅读的过程中，只有做到接受与发现相统一，才能获得阅读的成功。

① 转引自王增奎，张晓然，吴永刚．阅读策略与技巧［M］．北京：中国大百科全书出版社，1993：73.

一、接受性阅读和发现性阅读

现今，随着美学的发展，一谈到“接受性阅读”，有些阅读者就会不由自主地联想到一系列的美学上的相关概念。而我们此处所指的“接受性阅读”，并不是美学严格意义上的“接受性阅读”。下面对接受性阅读与发现性阅读的概念进行辨析。

（一）接受性阅读

接受性阅读是从接受性学习中延伸出来的一个概念。此处的接受性阅读是指对阅读者来讲，阅读学习不包括任何发现，只要求他把知识内化或结合进自己的认知结构。在接受性阅读中，阅读者学到的大部分知识是从读物已经定型的材料中习得的。接受性阅读，大多是属于被动式阅读，阅读者大部分的时间用于汲取知识，而不是思索、分析知识间的联系。因而，接受性阅读对阅读者积累知识来说不失为一种有效的方法。

（二）发现性阅读

最早提出“发现学习”这个概念的学者是美国的著名教育家杜威。后来，“发现学习”在美国教育家布鲁纳的研究下，不断走向成熟。发现学习的理论运用到阅读领域，就发展成为“发现性阅读”。此处，我们所指的发现性阅读，意味着阅读者更多的个人参与。在阅读过程中，阅读者有着强烈的内在探究动机、高度集中的注意力、灵活的阅读技巧以及心中涌动着不断创新的意向。这些因素激励着阅读者在书本的字里行间搜寻着文字符号所蕴涵的全部意义，即发现性阅读要求阅读者在阅读的过程中，对读物的理解要能达到“不仅知其正面，还需知其反面，应知其侧面，并能看出底板”的阅读境界。

总之，发现性阅读，意味着阅读者能够理解读物。理解读物，又意味着能够解释读物。越是能从多角度、多层次给予读物以解释，越是能发现更多的东西。

二、在阅读学习中坚持接受与发现相结合原则的意义

（一）坚持阅读接受与发现相结合，可以增加“读到的内容”

要是在阅读中，我们只注意讲究“读”的仔细，“读”的多少，只把注意力放在接受书本表面的知识上，而不把注意力集中于如何“发现”，那就很难增加读到的内容。这里所指的“增加读到的内容”，并不是从阅读的数量上来说的，而是从阅读的质量上来说的。

在阅读学习中，不仅要能够明白作者写在纸上的字、词、句、段的意思，还应该在一定程度上，发现隐藏在看得见的字、词、句、段背后的东西。比如，通过阅读，可以挖掘作者写这篇作品所要表达的思想感情，品味作品的写作手法，以发现文章艺术美，提炼作品的主旨，发现作品的理性美等。阅读者通过对隐含在文本后面的意义的发现，可以抓住读物最基本、最精要的内涵，从而增加阅读到的内容，提高阅读的质量。

（二）坚持阅读接受与发现相结合，可真正实现“知识为我所用”

大部分人读书，都很容易犯急躁的毛病，拿起一本书三下两下就看完了。这样乍看起来，似乎书读得很多，收获颇丰，但一到应用的时候，才发现自己“只知其然，而不知其所以然”，根本不能运用自如。究其原因，就是阅读者在阅读的过程中，只做到了盲目地接受、吸收书本上表面的直观可见的知识，而并没有在阅读中融入自己的思考，没有用脑去分析、发现隐含在书本背后的更具有本质意义的知识。这样的阅读者，似乎懂得了很多知识，但事实上，只是懂得了皮毛而已，在他的头脑中根本就没有抓住事物的本质以及知识间的联系。因为阅读中没有融入自己的思考，也没有自己的分析和发现，自然很难把书本上的知识“消化”为自己的知识，所以，当需要用这方面的知识来解决问题的时候，不能运用自如就不足为奇了。

如果在阅读中一直这样下去，即使在阅读中获得了一点知识，也往往是肤浅的，是不可靠的。即使这些获得的知识是十分正确的，但当要用这些知识去解决问题的时候，因为没有自己的思考与发现在里面，也还是容易犯错误。相反，如果在阅读中，坚持发现的原则，即使未能得出什么创见，也会取得思维上的进步。因此，在阅读学习中，只有坚持接受与发现相结合的原则，在阅读中融入自己的思考，才能使所学到的知识真正实现“为我所用”。

三、在阅读学习中如何做到接受与发现相结合

（一）丰富自己的知识体系

自己的知识体系是否丰富、完备，与阅读中发现之深浅多寡有直接关系。因为阅读中能够发现，就意味着对读物有所理解，而理解，就是通过自己丰富的知识体系所提供的思维和推理的网络，把读物所体现的知识连贯起来而实现的。也就是说，我们是靠着自己已有的知识体系来理解和解释读物从而发现的。

当阅读者心中缺乏必要的知识的时候，他至多只能在字面上理解读物的语

言，而根本就不能理解和解释读物更深一层的意义，当然也就不可能有什么发现了，充其量只能做到接受性阅读。而当阅读者拥有一定的知识，但又不够充分和全面时，他会不由自主地对读物字面上的语言作某种片面的解释，他会有所发现，但也可能产生误解。而只有当自己的知识体系比较完备的时候，才能不仅可以做到从字面上理解读物的语言，而且还可以做到从更多的角度和层次，来解读读物，从而发现更多的东西。所以说，丰富自己的知识体系，是在阅读中做到接受性阅读和发现性阅读相结合的必备条件之一。

对于具体的阅读而言，阅读者固然要检查一下自己的知识体系是否完备，是否有最低限度的概念没有掌握。但我们绝不可以因为看到自己的知识水平比较低，就给自己一个停滞不前的理由。对于大多数阅读者来说，主要的还是要靠在阅读的过程中，设法不断地弥补自己的知识缺漏，逐步在阅读的过程中丰富自己的知识储备，并通过丰富的知识储备，逐步深入到读物的深层中去，从而不断地有所发现。

（二）运用阅读发现的策略

在阅读中，不能仅仅对读物作文字上的简单、直接的阅读，而必须做到把埋藏在原文中的空白、沉默点挖掘出来，只有这样，才能发现问题，把阅读引向深入。

1. 领会读物中的“空白”所蕴涵的寓意

正如图画中的白色也是一种颜色，书中的“空白”同样也是一种符号，也传达着某种意思。在具体阅读的过程中，通过阅读书中的“空白”，也可以发现许多字面上所没有的东西。

书中的空白有哪些呢？从形式上说，分段、停顿、省略是最常见的三种空白。从内容上说，作者为什么用这个词而不用那个词，提到这个人而不提那个人，谈这个问题而不谈那个问题等都是一种空白。如果我们在阅读时，注意把这些“空白”同作者的文字对照起来，就会发现，作者在立意和布局中的“空白”可以反衬出作品的主题、作者的情感等等各方面的因素。这些“空白”有助于阅读者读出书背后的东西来，即找到作者蕴涵在空白中的深刻含义，发现作者的匠心之所在。

比如鲁迅在《祝福》一文中是这样写鲁四老爷听到祥林嫂的死讯时的表情和态度的：“鲁四老爷气愤地说：‘可恶，然而……’”作者在“可恶”与“然而”之间用了一个停顿，在“然而”之后又用了一个省略，这两处的空白其实都有潜在的内涵。停顿，表示强调，展现了鲁四老爷那冷酷无情的心理世界；省略，寓意深长，作者是要表现鲁四老爷虽然断定祥林嫂可恶，却还要表现自己极富同情心的假象。[①] 可见，在阅读中注意到文中的“空白”，有助于阅读者发现问题，从而把阅读深入下去。

2. 依靠读物以外的东西读出读物字面上没有的意义

任何读物，作者在写作时总要面对特定的目的和情境，总要采取一定的文体。受这些条件的限制，作者见诸于作品的文字和材料，必然会有所取舍和侧重，也就是说，作者所不见诸文字的东西，未必是不愿意写或是别有用心，而大多是客观条件所致。因而，在阅读一本读物时，参照其他读物和材料，予以补充，你一定会加深自己对这本读物的理解程度，并从中发现更多的有价值的东西。比如阅读一些特定历史时期的书籍，受历史条件等因素的影响，作者无法完全通过文字表达出自己的意思。阅读这种类型的作品，就需要多多了解这段时期内的历史以及当时社会所发生的一些史实，如对鲁迅先生的大多数作品的理解，就需要多多依靠读物以外的东西读出言外之意。

（三）利用注意的指向性找到隐含在读物中的各种线索

注意的指向性是指人们注意某项活动时，心理活动就指向、集中于这一活动，并抑制与这一活动无关的事物。大多数的读物都是双线或者多线的逻辑结构，如果阅读者在阅读的过程中不能很好地理清这些线索，就很容易使自己陷入阅读的困境，从而影响到对读物的深入理解，这是发现性阅读的巨大阻碍。

而阅读者如果能够在阅读中自觉地运用注意的指向性特征，就可以较容易地帮助自己找到隐含在读物中的各种线索，从而加深对读物的理解，进而有所发现了。

比如阅读历史书籍。这类读物因为要照顾到年代、事件、人物以及政治、经济、文化等各种因素，在编排的时候，往往采取多线的结构。这里所谓的多线结构是指，这种读物一般采取以一条主线来叙述（或者是以时间为主线，或者以历史名人为主线），以其他的附线为补充，来贯串起整体的内容，同时作者也只有这样做，才能使整个读物看起来思路比较清晰。因此，当我们按照读物的顺序来读这本书的时候，大多数人都可以比较完整地重现这本读物的主线，然而，作者

① 转引自王增奎，张晓然，吴永刚．阅读策略与技巧［M］．北京：中国大百科全书出版社，1993：63—64.

所不得已作为附线的那几个方面，却往往被分割得支离破碎，粗心的阅读者对这些以附线贯穿起来的内容就不能很好地掌握和理解了。这时，我们不妨运用注意的指向性来读这本书，即在阅读的时候，可以分几遍来读，每一遍都带着特定的目的，第一遍把注意力集中在时间线索，第二遍把注意力放在事件发生的地区（国家），第三遍照顾到重大的历史人物……这样虽然读了很多遍，但因为在阅读的过程中，并不盲目，而是做到了层层剖析，就会逐步地发现读物的内涵，加深对读物的理解。

总之，体现着人类认识成果的知识绝非浅陋的，一成不变的，它通常都隐藏在文字符号的背后，而且不断地发展变化着。因此，我们在阅读时，应该遵循阅读的接受与发现相结合的原则，从这些文字、符号的背后去发掘更为丰富和深刻的内涵。

第三节　广博与精研相结合的原则

这里所说的“广博”是指读书研习的面要广，量要多；“精研”是指读书研习要有方向，不能盲目，并且还要深入下去，做到真懂。我们可以发现，广博与精深，是阅读求知过程中的一对矛盾。读书只做到“广博”，是远远不够的，因为如果读过的每本书都只是一知半解，似懂非懂，虽然书读得比较多，但用处并不大。所以在阅读的过程中，同时还要讲究“精研”，纵然不能够每一本书都理解得很透彻，也要在某些带有关键性的书籍上下真工夫，做到真懂，进而深入开掘。因而，在阅读学习过程中，阅读者只有合理地处理“博”与“精”的关系，辩证地对待和解决这对矛盾，做到“广中求精，博中求专”，才能实现阅读的高效。

一、阅读学习中的广博与精研

广博与精研是知识大厦的两块重要基石。他们之间有矛盾对立的一面，也有和谐的一面。两者相辅相成，缺一不可。知识渊博而没有专精，很容易流于浅薄。同样地有一门精通的学问而没有广博的知识面，又很容易流于孤陋。由此可知，读书钻研学问既要有广博的知识面，也要有专业的深度。

（一）博览群书，打好基础

历史上凡是有所建树的学者，几乎都是广才博学之士。他们不但善于从社会生活中获得各种知识，而且善于从大量的书籍中获得知识。“多读书，读好书”“读书破万卷，下笔如有神”“广泛涉猎、开阔思路”……这些格言警句就是他们读书经验的总结。那么，为什么要做到博览群书呢？

因为世界上的万物是复杂的，要想深入探索客观世界的奥秘，就需要具备多方面的知识。随着社会和科学技术的发展进步，各门学科之间的联系日益紧密，对客观世界的认识也日益深入，如果作茧自缚，把自己局限于一个狭小的范围内，那就难以具有开阔的视野，也难以做出突出的成绩。同时，不广泛吸收文化的优秀成果，也难以在原有的基础上推陈出新、继承发展。

例如，我国现代文学史上著名的学者钱锺书先生，他在文学创作和学术研究两方面均成绩卓越，被人称为“文化昆仑”。通观钱锺书先生的成长之路，我们不难发现，他之所以能够取得如此惊人的成就，除了与他的天赋有关外，更重要的还在于他的力求博览群书的精神，这为他后来的发展打下了坚实的基础。

（二）贵在求精，学有专攻

读书钻研学问要做到“广博”，但这并不是读书的目的。因为“博”虽然有益，但出现问题时，不能给人针对性强的、有效完整的帮助。比如，传说中有一种鼠类，会飞、会缘、会游、会穴、会走。但是，它飞翔不过屋顶，攀缘而爬不到树梢，游水却游不过河，打洞又不能藏身，奔跑还不及人跑得快。这样，这种鼠类虽会五种本领，却由于没有一种技艺精湛得以护其身、保其命，所以在弱肉强食的生物链中，它最终遭受了灭顶之灾。这个传说给我们指出了这样一个道理：如果读书只做到“广博”，就很容易陷入“事事都通，事事都松”的尴尬境地。因而，读书学习还要“贵在求精”“学有专攻”，只有切实地在某些方面有深入的研究，并在这里开花结果，才能够在工作中做出真实的成绩。

同时，人的生命是有限的，而知识的海洋是浩瀚无垠的、无穷无尽的。要想以一人之力通古今之学，穷宇宙之理，是很难做到的。因而，在“广博”的基础上，力求有一两门研究达到“精深”的境界，才是做学问的可取之道。

二、在阅读学习中坚持广博与精研相结合的意义

（一）可以使学习者建立起比较合理的知识结构，造就人才

对于阅读者来说，如果能够根据学习的需要确定一个大致的读书钻研的方

向，就如同找到了阅读的基点，并以此为前提，广泛地阅读与之相关的书籍，以求对攻读的对象有一个总体的、粗略的印象，这种以“精研”阅读为基础建立起来的阅读体系，我们可以称其为“点的读书法”。

如果阅读者紧接着以“点的读书”为目标，进一步扫荡拓展周围的领域，那么就是在对某一学科充分了解、把握了其大致脉络的情况下，再学习与这个学科密切联系的邻近学科的知识。这种读书的方法，把“点的读书法”的研究领域由一个学科拓展到几个邻近的学科，扩大了读书研修的范围，因此，我们可以把这种建立在“博学广闻”基础上的读书方法，称之为“面的读书法”。

在阅读实践中，我们可以发现，事实上，广泛的阅读博览形成的就是知识的“面”，专业的深度探索读书形成的就是学科的“点”。而如果在阅读中把两者结合起来，就形成了“点面结合”的知识结构。这种“点面结合”的知识结构，可以使阅读者的学问既有深度，又有宽度。因而，这种以“博专结合”为基础建立起来的“点面结合”的知识结构，无疑对于人才的成长起着至关重要的作用。

（二）可以使求学者早出成果，早日成才

以“博专结合”建立起来的知识结构，可以使求学者既有专业的深度，又有广博的知识面，因而它是人才成功的良性结构。博专结合的知识结构，可以使求学者大大减少用于研究的时间和精力，让他们早出成果，早日成才。比如英国物理学家麦克斯韦非常注重知识的“博专结合”。他的知识组合的主体是物理学，但他比他的前辈的知识视野更开阔，因为在他的知识组合体中多了数学的成分。最终正是这些数学语言帮助他在物理领域跨出了新步伐。

三、在阅读学习中如何做到广博与精研相结合

（一）认清两者关系，拥有博精相兼的阅读战略眼光

在阅读过程中，只有认识到广博与精研之间的关系，主动地做到两者的结合，才能具有阅读的战略眼光，从而做到科学地阅读。

1. 认识广博与精研的关系

广博与精研在阅读学习的过程中，既有其矛盾对立的一面，也有和谐统一的一面。它们互相依存，相辅相成，缺一不可，两者之间的关系是辩证统一的。其中，广博是精研的基础，精研是广博的方向；只广不深，则容易流于浅薄，只精不博，则容易失之孤陋。因而在阅读学习中，处理广博与精研之间关系的最佳态度是：把广博与精研二者要有机地结合起来，不可舍弃和偏废任何一方。

2. 拥有博精相兼的阅读战略眼光

从宏观上讲，在阅读过程中，做到广博与精研相结合的措施为：初学要广博，再读则求精深；扩大知识面，越广越好，选择主攻点，越专越好。形象地说，阅读者努力形成的知识结构应该是：以自己的专攻方向这个“焦点”为圆心，以自己的阅读时间与能力为半径，画一个圆。只有这样，广博的知识才有了“中心”，有了限度，专攻才有了保证，才有可能提高。用一句话来概括博精结合的战略眼光就是：初学要广，入门要深；知识面要博，钻研点要深。

（二）掌握略读和精读的技巧，实现博精相兼的阅读战略

一般地说，广博的知识，大多来自阅读者的略读；而精深的知识，则都是来自阅读者的精读。当阅读者处理好知识的广博与精深的关系之后，就基本上掌握了博精相兼的阅读战略。但是，战略意图的实现，总有赖于具体战术的合理利用。略读与精读，即是实现博精相兼的阅读战略的两种具体的战术。也就是说，阅读要处理好广博与精深的关系，具体到一本书，就是要处理好略读和精读的问题。

任何一本书，就其内容而言，各个部分总不会同样重要，对阅读者来说，也不会一样有用。因而，无论是从客观上还是主观上，阅读者都有必要处理好精读与略读的关系。

1. 对书中较次要的章节，采取略读

书中较次要的章节，与书的主要内容关系不大，阅读者可以采用快速阅读的方法，不仅可以几段几段地粗读，也可以几页几页地翻阅。这种“走马观花”式的阅读，可以使阅读者花最少的时间，获得最大的信息量。例如，东晋诗人陶渊明的“好读书不求甚解”，就是指这种从大局着眼而不追求细节的略读方法。前人的阅读实践表明，合理地采用略读的方法，是阅读者扩大眼界，丰富知识，以较短的时间获取更多知识的一个有效的途径。

2. 对书中主要的章节，采取精读

略读虽然可以“一目十行”，进行快速浏览，却无法保证阅读的质量。因此，阅读者在采取必要的略读方法的同时，对书中的主要章节，还需要不惜花费较长的时间，深入钻研，达到“不仅知其然，还要知其所以然”的境界。精读，就是指阅读者要做到层层深入，步步紧逼，句句钻研，字字推敲，反复琢磨，切实地掌握文中的要领，探明文章的主旨。

3. 将略读与精读的方法交叉使用

在具体的阅读过程中，略读和精读是对立统一，密不可分的。阅读者不可将略读和精读截然分开，而应该将它们有机地结合起来，做到略读中牢记精读，精读时不要忘记略读。因为在具体的阅读过程中，略读与精读是融合在一起的：略读往往是为精读做准备，即确定书中哪些部分需要精读，从而使阅读者做到轻重缓急心中有数；精读是对略读的必要补充和提高，而且还起着决定略读方向和范围的作用。因此，阅读者在阅读的过程中，只有将略读和精读的方法交叉使用，才能有效地理解和掌握书中的信息和知识。

阅读者只有熟练地掌握略读与精读的技巧，才能真正保证博精相兼的阅读战略的实施。

综上所述，在阅读过程中，只有辩证地对待和解决广博与精研这对矛盾，才能提高阅读的主动性和科学性。实践证明，在阅读中坚持广博与精研相结合的原则，可以使阅读者节省不少的时间和精力，避免“走冤枉路”，从而能够以最少的时间取得最佳的阅读效率。

第四节　自主与合作相结合的原则

自主式阅读，所以冠以“自主”，是因为这种阅读要求阅读者自己独立地进行阅读学习，偏重于阅读者的自主思考。它的最大的优势就在于阅读者可以根据自己的特点和兴趣，来安排自己的阅读，最大限度地提升自己的才能和潜力。然而，倘若阅读学习完全离开了他人的作用，肯定也是学不好的。我国最早的教育专著《学记》中指出：“独学而无友，则孤陋而寡闻。”[①] 这句话也道明了在阅读学习中结交学友的重要意义。也就是说，在阅读学习中，我们只有做到自主式阅读和合作式阅读相结合，才能使自己的读书学习获得更好的学习效果。

一、自主式阅读与合作式阅读

我们生活在一个信息丰富的时代，随着科学技术的飞快发展，仅靠单个人的

① 高时良．学记译注［M］．北京：人民教育出版社，1982：2.

能力是很难完全掌握某项知识的，如果还一直采用封闭的自主式阅读方法的话，就更加行不通了。因此，在自主式阅读的基础上开展合作式阅读已经越来越受到人们的关注。

（一）自主式阅读

自主式阅读，简言之，就是阅读者为了个人的发展而独立进行的、积极的学习和阅读。由于在大部分的自主性阅读中渗透着阅读者的某种需要或者是独特的兴趣、爱好，它往往可以促使阅读者阅读学习效果明显提高。

自主性阅读通常具有一定的阅读动机。一般情况下，这些阅读动机可以分为两类。一类是外在动机，即阅读者在外力的压力下形成的阅读某一本书的愿望，像那些为考试、为竞赛而进行的阅读，多半属于这种情况。另一类是内在动机，即阅读者在没有明显外在压力的情况下，由于自己的理想、审美趣味、求知欲而产生的阅读动机。这两类动机的性质不同，在它们的支配下进行的自主性阅读的效果也大相径庭。在外力的影响下进行的自主性阅读，往往会随着外力的消失而终止。而自觉自愿的阅读，不仅对阅读内容印象特别深刻，持续的时间也比较长久。也就是说，对于自主性阅读来说，阅读者在内在动机的驱使下，进行的自觉主动的阅读，才能更有效地积累知识，并在广泛的阅读中撷取新的知识。

（二）合作式阅读

在阅读学习过程中，阅读者与志同道合的学友聚在一起，通过交流，共同商讨读书中的问题，从而提高自己的学识水平，这种阅读方法被称为“合作式阅读”。简言之，就是大家在一起学习、讨论，以达到取长补短，共同提高的目的。

一般来说，合作式阅读有两种常见的类型：一种是集中读书，即首先大家集中读书，提出问题，一起讨论，然后每个人根据问题的分工，分头去查阅资料，进一步理解和消化，再集中讨论，最后每个人畅谈查阅资料后的体会和理解。另一种是分头读书，集中讨论，即个人分头阅读，再集中讨论，最后分享读书经验和不同见解。合作式阅读是一种很值得提倡的阅读学习的方法。

二、在阅读中坚持自主与合作相结合的原则的意义

（一）开阔思路

在自主性阅读中，整个阅读过程往往只涉及阅读者本人，这种相对封闭的阅读学习，容易束缚阅读者的思路，并易产生比较偏激的观点。而如果在自主性阅读之余，适当地引入合作式阅读的话，其阅读过程就会变得开放起来。在阅读学

习中，把自主式阅读和合作式阅读结合起来，一方面可以充分地运用大家的鉴别能力，排除个人思维的消极影响和偏激；另一方面通过对大家不同认识和见解的充分讨论，不但可以加深对问题的理解，还可以拓宽阅读者认识的深度和广度，使每个成员的思路变得更加开阔。

（二）解疑释惑

阅读经验告诉我们，如果阅读求知的过程中没有疑惑的话，阅读者就很难有所长进。只有在阅读过程中发现疑惑，大胆质疑，阅读者才能有所成就，有所突破。但是，解疑释惑仅仅靠一个人的能力往往难以取得好的效果的，因为阅读者产生疑惑，就说明他在这个领域里存在知识的盲区，只靠自己来解决疑惑往往效果并不理想。而如果能够抓住时机，找几个学友聚在一起相互交换意见，相切相磋，互琢互磨，往往可以相对地弥补自己探索的不足，使问题能够很快地解决。

（三）共出成果

在阅读求知的过程中，阅读者能够做到独立思考，就可以取得好的阅读效果，如果善于独立思考的人凑在一起“集思广益”的话，往往可以取得更好的阅读效果。也就是说，在阅读学习的过程中，把个人钻研和向别人请教结合起来，会取得更佳的阅读效果。我国早在春秋时期就非常重视自主学习与合作学习的结合。例如，《论语》中说：“学而时习之，不亦说乎？有朋自远方来，不亦乐乎?”这里，第一句话说的是自主式学习，第二句话说的就是合作式学习了，可见两千多年前的人们就已经注意到自主与合作相结合对学习的重要意义了。一个人进行自主阅读，理解问题很容易考虑不周全，思路有时也会因此而阻塞，不利于问题的解决。而此时如果能和学友们聚在一起相互交换看法，靠集体的力量“集思广益”，那么问题的解决就容易得多了。

三、在阅读学习中如何顺利地开展自主式阅读和合作式阅读

（一）顺利开展自主式阅读的策略

1. 阅读者要树立远大的人生抱负

阅读者只有把理想的实现和事业的成功看成自己一生的最高追求，才能在心中产生长久的阅读动机，才能在一生中的无数次或易或难的阅读中，战胜一切阅读障碍，把自主阅读坚持下去。对于阅读者来说，人生有了远大的抱负，就如同拥有了永不枯竭的阅读动力源泉。因而，阅读者在进行自主阅读之初，就应该在自己的阅读心理上下工夫，在内心深处树立远大的人生抱负。

2. 阅读者要把阅读的兴趣和意志结合起来

兴趣是阅读者探求知识、认识事物的动力。爱因斯坦说："热爱是最好的老师。"兴趣的魅力是神奇的，兴趣能调动阅读者内在的潜力，促使阅读者积极地思考，提高阅读的效果。实践证明，高效率的阅读总是跟强烈的阅读兴趣联系在一起的。因而，在阅读学习的过程中，阅读者要善于把自己的阅读兴趣渗透到阅读的过程中，这会对阅读的效果产生无法估量的影响。但是，阅读并不是只凭兴趣去读书就能成功的，阅读在大多数情况下，还需要阅读者有顽强的毅力。因为阅读中难免会遇到一些困难，如果缺少了毅力，阅读者就很容易受到外界的干扰，从而使阅读中断。因而，对于自主式阅读来说，阅读的兴趣和意志在阅读中都是很关键的因素，只有把这两者在阅读的过程中融合起来，才能既有兴趣又有意识地去完成一项一项的阅读任务。

（二）顺利开展合作式阅读的策略

开展合作式阅读，必须要注意到它的效果，一般来说，顺利开展合作式阅读需要做好以下几方面的工作。

1. 树立虚心听取别人意见的态度

在开展合作式阅读之初，阅读者必须有谦虚听取别人意见的态度，切不可盲目自大，自重轻人。如果在合作式阅读中，阅读者只是急于发表自己的意见，而置别人的见解于不顾的话，就会失去相互启发、取长补短的机会。这种合作式阅读因没有发挥出它的作用，就没有实际意义了。

2. 选择合适的组织形式

开展合作式阅读的具体讨论形式，首先要由各成员介绍自己近来所学的知识，然后提出如何应用这些知识的成熟和不成熟想法，以及自己在得出结论的过程中所遇到的困惑等，最后，由其他人就这些问题进行评议，提出解决问题的建议。当然，这只是开展合作式阅读的最普遍的组织形式。开展合作式阅读的形式还有很多，阅读者可以根据自己的情况，因地制宜。

3. 创造热烈的讨论氛围

开展合作式阅读，参与者们应该善于创造热烈的讨论氛围，即在相互讨论的过程中，阅读者要积极地融入其中，参与其中。阅读者们只有在讨论的过程中各抒己见，畅所欲言，才有利于问题的解决。反之，如果在合作式阅读开展的过程中，全场的气氛似一潭死水，缺乏必要的讨论和争鸣的话，那么这种合作式阅读的效果就同一个人的自主式阅读相差无几了。因而，热烈的讨论氛围对合作式阅读的顺利开展也有着积极的意义。

合作阅读是提高阅读效率的有效方式之一。对于阅读者在自主阅读中遇到的问题，可以通过合作的方式，利用相互之间思维火花的碰撞，来互相帮助，互相促进。但我们也应该意识到，合作不是依赖，合作阅读必须建立在阅读者对所谈话题有了初步的思考、有了自己的感受的基础上。也只有这样的合作阅读，才可以达到互相交流、彼此争论、互教互学、共同提高的目标。

第五节　学习与运用相结合的原则

学用结合，是读书治学的一条重要原则。它历来受到专家学者的推崇。美国总统华盛顿曾经指出："读书而不能运用，则所读书等于废纸。"[①] 我国宋朝大诗人陆游在《冬夜读书示子聿》一诗中写道："纸上得来终觉浅，绝知此事要躬行。"这些名句都在表达着一个共同的阅读求知的经验：读书要懂得联系实际，做到学以致用。

一、阅读学习中坚持学习和运用相结合的意义

读书学习，主要是汲取前人或别人在实践中总结出来的经验，接受他们对客观世界的认识和分析。但是如果只知道埋头苦读，而不联系实际，或者说，学来的知识根本就不能帮助自己解决现实生活中遇到的实际问题，那么，即使学富五车，满腹经纶，也无益于社会。

（一）坚持学用结合，有利于真正理解书本知识的实际意义

书本知识多是前人对实践中所获得的感性知识和经验材料的提炼与概括，它省略了事物发展过程的许多细节，具有很强的概括性和抽象性。假如不经过实践，阅读者有时候很难理解它的意思。而只有到实践中亲自体会，才能真正地了解书本知识的实际意义。例如，南宋时期的著名诗人陆游，有一次读苏东坡的《和述古冬日牡丹四首》，对其中的一句"一朵妖红翠欲流"中的"翠欲流"，一

① 王荣国．超级读书法［M］．沈阳：沈阳出版社，2001：205.

直都想不明白是什么意思。后来，他专程来到苏东坡做这首诗的地方成都，进行实地考察。经过请教当地人，才晓得原来“翠欲流”用的是四川话，表现的是“牡丹花开得鲜艳”。同时，陆游还了解到，四川人管烟窗叫“泥窗”。而花蕊夫人的《宫词》中就有一句“红锦泥窗绕四廊”，如果不曾去成都进行实地探访，阅读时又会不太明白了。

如果只是“空读书”，而不联系实际的话，那么充其量只会把自己变成一座“死书库”而已。阅读所得到的知识，不仅不能给阅读者带来聪明智慧，相反，还有可能变成愚昧的枷锁。比如，熟背兵书的赵国大将赵括，尽管谈起用兵之道，连其父赵奢也难不倒他，最后却因在战场上置实际情况于不顾，照搬兵书上的教条，被秦兵杀得片甲不留，枉送了自己的性命。他读书为何会失败？一个重要的原因就是：读书的同时，没有进行相应的实践。实践证明，只有那些源于实践，且又在实践中掌握了的知识，才能够帮助自己解决现实中的问题。

（二）坚持学用结合，有利于阅读者发现和解决新问题

把读书学习所获得的知识运用到实践中去，从某种意义上说，是更加深入的学习。因为通过实践，不仅能够锻炼阅读者的综合分析能力，培养阅读者解决实际问题的能力，更重要的还在于，在实践中运用知识，可以使学习者发现很多以前从来都没有意识到的新问题。为了使这些问题得到很好的解决，学习者往往会自动地进行更广泛、更深入的阅读。也就是说，在实践中运用知识，可以给阅读者的阅读学习带来一种反作用力，不仅可以使阅读学习更加有的放矢，更有针对性，还可以达到以用促读的目的。

（三）坚持学用结合，有利于阅读者鉴别书本知识的真伪

人们通过阅读所获得的知识是昔日的，是可能存在疑点的，即使是最新出版的书籍，也是作者昔日信息和观点的反映，而客观世界无时无刻不在发展变化之中。并且，由于受社会和历史条件的限制，以及作者所处时代和认识的局限，他们写在书本中的认识，也并不都具有永恒的真理性质，不同的书本知识接近真理的程度虽有差异，但绝不可能完全等同于真理。因此，书本里瑕瑜相杂的现象，是比较常见的。也就是说，书本里的知识，有优有劣，难辨真伪。那么，我们怎样才能在阅读的时候分辨出真伪，不至于接受错误的知识呢？实践证明，亲身实践，学用结合，是检验知识是否正确的重要途径。

二、如何做到学习与运用相结合

阅读要有科学的态度，切忌只是死抠书本，光读不用。鲁迅先生曾经尖锐批评这种死读书倾向，指出：“倘只看书，即使自己觉得有趣，而那趣味其实是已在逐渐硬化，逐渐死去了。”① 为了纠正这种不良倾向，做到学以致用，需要注意以下几点：

（一）把书读懂

阅读求知，关键就在于真正地读懂书本上的知识，明白它的精髓和真谛，这是进行成功实践的前提条件和重要基础。而把书本知识成功地运用于实践的关键就在于具有“书为我用”的信念。

阅读可以使阅读者获得大量的知识信息，也可以给阅读者提供有效的技能和方法的指导。这些都是开展实践活动所必需的。可以说，对阅读中获得的知识的理解程度，会直接影响到实践活动的效果。因而，能否真正地读懂书，就成为能否学以致用的关键因素。那么，在实际的阅读过程中，我们应该怎样做才能把书读深读透呢？

可以采用的方法有很多，在这里主要介绍“重点突破”的方法。人们在阅读中获得的知识是较为丰富的，用通俗的话说，就是非常“杂”。而对于某一次具体的实践活动来说，所需用的知识，则是相对集中的。也就是说，我们在阅读中所获得的知识在具体的实践中的作用是不尽相同的。有些知识同阅读者要解决的问题关系紧密，而有些知识同实际问题的解决关系不大或者暂时没有关系。因此，阅读者为了实践活动的顺利开展，应该采取“抓住重点”的方法，即紧紧地抓住那些与自己实际问题的解决直接相关的知识，并对这些知识作深入的探讨，反复实践，从而获得认识上的提高。这样，就能够有针对性地达到“书为我用”的目标。

（二）理论联系实际

尝试把学得的书本知识与社会、生活、工作实际相联系，可以使阅读者把在阅读过程中所获得的间接经验同自己的直接经验有机地联系起来，这就为自己的书本知识找到了在实践中运用的机会。

---

① 鲁迅．而已集．北京：人民文学出版社，1973：35.

比如，学习了《充气雨衣》这篇课文后，就可以尝试着自己动手制作雨衣，也可以根据自己的想法改装。经常性地把所学知识与实际相联系，就能够为自己所学到的知识找到用武之地，做到理论与实际相联系、学以致用就不是一句空话了。

（三）实践中学习

在实践中多学习，注意探索和研究现实中的事物，是阅读者获取知识、增长见识的一个重要手段。因为自然界就像一本不隐藏自己的书，只要我们潜心去观察，去探索，就可以获得很多书本上学不到的东西。

注重在实践中多学习，注重探索书本之外的世界，对于阅读者来说，可谓意义深远。一方面，通过把自己的观察所得与书本上的知识相互映照，可以加深对书本知识的理解；另一方面，在生活实践中注意观察，也可以发现很多前人没有发现过的东西，从而对社会发展作出贡献。比如宋朝著名的科学家沈约所编制的较为科学的《守令图》，就是他注重在实践中多学习的成果。据史料记载，他专门花了 12 年的时间，实地考察了好几个省市，在实践中获取了大量确凿的资料，然后再结合自己以前阅读所得的知识，最终才编写出这本书。

上述阅读学习的四个基本原则，是我们在实际阅读的过程中必须遵循的准则。只有学会遵章守法，才能够有效驾驭阅读，使我们的阅读学习高效而低耗。

第九章　阅读学习的过程

阅读学习是一种复杂的心智活动，作为人类的一种认识活动，存在于一定的活动过程之中。对于阅读学习过程的研究，历来都是阅读学习研究领域的重要课题。本章拟从介绍古今中外学者对于阅读学习过程的理论研究成果入手，分析阅读学习过程的内涵和特征，并从系统论的角度对阅读学习过程的要素进行系统的概括与研究。

第一节　阅读学习过程理论的研究基础

对于阅读学习过程的理论探讨，古今中外有诸多论述。

一、我国对阅读学习过程理论的相关研究

前人对阅读学习的过程做过不少总结和研究，或提出自己对阅读学习过程的看法，或对他人的阅读学习过程研究成果进行分析和评说。

（一）古代对阅读学习过程理论的研究

我国古代对阅读学习过程的研究，具有一定的系统性和完整性。古代学者关于学习过程的论述是十分精辟的，如孔子的学、思、行理论，《文心雕龙》对阅读过程本质的概括，宋代学者朱熹的读书有疑理论，清代学者姚鼐的阅读三阶段理论等。下面我们分别进行阐述。

1. 孔子的有关阅读学习过程理论

孔子在《论语》中论述学习的过程，十分重视学、思、行三个方面。

首先，孔子对于“学”是非常重视的。他认为“学”重博，应多闻、多见。他说，“君子博学于文”，又说，“多闻阙疑……多见阙殆”。《论语》言“闻”有57次，言“见”有71次。见，包括直接的感性认识；闻，包括从别人学来的知识。孔子重视“学”，注意“闻”“见”的学习，含有浓厚的唯物因素。这种唯物因素，是我国文化非常宝贵的传统，对儒家学说的发展有极大的影响。

其次，孔子重视“思”。他主张在博学基础上发挥思考能力，把学习和思考统一起来。他有一句名言：“学而不思则罔，思而不学则殆。”

再次，孔子也重视“行”。他主张学又与“行”相结合，一方面，肯定练习在学习上的重要性，说：“学而时习之，不亦说乎?”另一方面，提倡学要与实践、行为相结合，仅是口头上的知识，没有行为的表现，孔丘耻之。他说，“君子耻其言而过其行”，又说，“君子……敏于事而慎于言”。但是，孔子言“行”，主要是以古礼为标准，并且是偏重于人事方面的。至于变革自然现象的实践，孔丘是不讲的。

不过，孔子关于学习过程的论述，并未了解学、思、行之间的辩证关系，其理解只是片面的、偶然的、没有系统的。关于学、思、行的内容阐述也是片面的，偏于人事或道德方面①。

2.《礼记》中的阅读学习过程理论

《礼记·中庸》有这样的话：“子曰，博学之，审问之，慎思之，明辨之，笃行之。”这是我国历史上对阅读过程最早、最完整的表述。“学、问、思、辨、行”的理论，是对阅读学习过程的精细概括，它清晰地表述了阅读活动的序列性、过程性及完整性。

“博学之”——就是要博览群书，要像蜜蜂采蜜一样，众采百花，广收博取。

“审问之”——就是要详细、周密地阅读，在精审读物的过程中，发现问题、提出问题。

“慎思之”——就是阅读时要精细、严谨地思考问题、分析问题。

“明辨之”——就是阅读要求得明白，要能区分事物的类别，分析事物的异同，明辨问题的是非。

“笃行之”——就是阅读中所收获的知识，要力求应用于实践。

---

① 叶瑞祥．学习学概论［M］．广州：广东高等教育出版社，1997

在这句话中，“博学之，审问之，慎思之，明辨之”，这是讲“知”；“笃行之”，这是讲“行”。这段表述说明，阅读不但是认识过程（知），而且是实践过程（行），体现了知行合一的观点。

3.《文心雕龙》中的阅读学习过程理论

《文心雕龙》中有“观文者披文以入情”之语句，从总体上概括了阅读过程的本质，即由言及意，由“披文”及“入情”，用通俗的话说，就是由形式到内容。

《文心雕龙·知音》篇里还写道：“沿波讨源，虽幽必显。”在这里，“沿波讨源”是一个比喻的说法，它把语言文字比喻为“波”，把思想感情比喻为“源”。语言文字是表达思想感情的符号，是思想感情的外壳。阅读过程的起步便是“沿波”。语言文字之波，虽不免幽曲、隐含，但只要不主观旁逸地沿波而进，就必然能够探求到思想感情这个“源”。

《文心雕龙》中的这两句话意思是说：阅读学习是一个过程，在这个过程中，是接触语言文字在先，了解思想内容在后。

4. 宋代朱熹的阅读学习过程理论

宋代大学者朱熹说：“读书，始读未知有疑；其次，则渐渐有疑；中则节节有疑。过了这番，疑渐渐释，以至融会贯通，都无所疑，方始是学。”

这段话阐明了一个道理：阅读是有过程的，从未知有疑——渐渐有疑——节节有疑——渐渐释疑——都无所疑。只有经过这样一个完全的过程，才能使阅读由浅入深，由表及里，发生由旧质到新质的变化，才能对书本知识融会贯通，达到真知。

5. 清代姚鼐的阅读学习过程理论

姚鼐在《古文辞类纂序目》中说：“学者之于古人，必始而遇其粗，中而遇其精，终则御其精而遗其粗者。”

此处，姚鼐将阅读学习的过程清晰地划分为始、中、终三个阶段。

“始而遇其粗”，即开始是接触语言文字，是知言。

“中而遇其精”，即继而领悟文章的思想情趣，是会意。

“终则御其精而遗其粗”，即最后是控制、统治（掌握）文章的思想情趣而忘却语言文字，即去粗取精，得意而忘言。

由上述论述可知，我国到清代对于阅读学习过程理论的研究已经做得十分精细了。

（二）现代对阅读学习过程的研究

我国现代对文章阅读过程的研究，要数叶圣陶、朱自清等人最系统、最精深。在《文心》《精读指导举隅》《略读指导举隅》等著作中，他们表述了许多精辟的见解。对阅读学习过程问题，他们在上述著作中表述了这样的意见：对一篇文、一本书的阅读过程，大致分为四个阶段：认读、理解、鉴赏、批评。

1. 认读

阅读从感知文章的语言符号——文字起步。他们认为认识生字、生语是读懂文章的前提。所谓认识，一要知道生字、生语的读音与解释，二要熟悉它的用例，知道它的使用场合。

2. 理解

他们认为，理解是阅读过程的中心环节。按照语言单位的扩展（词语——句子——段落——章节——文篇——书本），从局部到整体，又从整体回到局部，循环往复，以至掌握全文。理解主要是通过分析、综合等逻辑思维进行的。

3. 鉴赏

鉴赏是在理解的基础上进行的。他们认为，鉴赏需要驱遣想象，调动情感，运用形象思维，对文章不仅“分析地研究”，而且“综合地感受”，“不仅理智地了解，而且亲切地体会”，真正领略“文章的细微曲折之处”，“窥见作者的思想感情”，要进入阅读境界，使阅读者和作者共鸣。

4. 批评

他们指出，阅读文章既要“进得去”，还要“出得来”；既要品尝作品的滋味，还要深究“优劣得失的所以然”，“做到读书而不为书所蔽”。要联系作者和时代，站在一定的文化背景，运用一定的文章观念，对文章的内容和形式做出客观的评价①。

二、西方对于阅读学习过程的相关研究

（一）20 世纪以前阅读学习过程研究概况

20 世纪以前西方对学习过程的研究有三种理论较有影响：心理训练说，自然展开说，统觉说。

---

① 曾祥芹，韩雪屏．阅读学原理［M］．郑州：大象出版社，1992：399.

1. 心理训练说

这种理论认为，心是非物质的实体，在它得到训练以前，一直潜伏着。心理的官能，如记忆、意志、推理和坚持，都是“心的能力”。与生理的肌肉一样，它们仅仅通过训练而得到加强，在它们得到充分的训练之后，它们就自动地起作用。

因此，学习就是加强或训练心理官能，各种心理官能联系以产生理智的行为。这种理论认为，教育的目的是协调发展每个人的心、意志和良心，使得他可能运用他的内在能力和承担公民的责任。心理训练学习理论的代表人物有圣·奥古斯丁、丁·卡尔文、柏拉图、亚里士多德等。

2. 自然展开说

所谓自然展开，乃是一个过程，在这个过程中，儿童展开大自然或造物主储藏在他内部的那些东西。这个见解经常被称为“展开的学习”。它在逻辑上源于：人生是善的，同时，对于他们的环境是能动的；所有的人都被假定为自由的、自主的、积极向上的人，他们力求由他们自己去创造他们的世界。在他们被一些外部的影响腐蚀之前，他们的每一个动作都是善的。每个学生主观上都是自由的，而他自己个人的选择和责任心，关系他的一生。这种理论认为，学习几乎就是按照个体成长与发展的过程发生发展的。

这个观点的早期发展，是卢梭提出来的。后来，瑞士教育革新家裴斯塔洛齐以及德国哲学家、教育家和幼儿园运动的创始人福禄信尔，广泛地运用这个观点作为他们教育思想的基础。

3. 统觉说

统觉是新经验和已经构成心理的旧经验的联合过程。它比心理训练或把学习看做自然展开复杂得多。统觉是以没有先天的观念这个基本前提为基础的能动的心理联想主义，认为一个人认识的一切事物，是从他自己的外部来的。这意味着心理是被联想结合在一起的初步印象的混合物，并且它是在题材由外面提供并同以前的心理内容构成某些联想或联结的时候形成的。因此，统觉主义者教学生阅读，一定从字母表开始，并且确信学生能够认识和念出每一个字母。然后，他们告诉学生字母怎样放在一起组成词，字母怎样发音，声音怎样拼在一起，元音和辅音怎样使用。换句话说，教师要教给学生一些规则。他们接着就要向学生讲一些他们已经知道的东西，如太阳、月亮、小鸭、小鸡等。然后，他们就拿“太阳”这个词给学生看，说明“sun”这组符号代表着太阳。他们主要关心的是使阅读有趣味，并确信学生能从他们的阅读中获得正确的观念。

这个理论曾席卷美国教育界。因此，有人认为，假如有人要了解今天学校的心理学气氛，他就有必要了解统觉理论的发展。在今天，人们已很难碰到公开宣称的统觉理论，但在实际的教学中，继续遵循着一种与统觉理论很合拍的模式①。

（二）当代西方对于学习过程的研究

当代西方关于学习过程的理论研究主要分为两大学派：刺激——反应学派；认知场理论学。两派学说都对学习过程的理论研究作出了重要贡献。

1. 刺激——反应学派

刺激——反应学习理论是当代最著名的两派学习理论之一，又称为行为主义学习理论或学习的联结理论。尽管在刺激——反应学习理论这一流派中，各家对学习的解释相距甚远，并提供了不同的研究框架，但对行为主义者或刺激——反应条件反射理论家们来说，他们一直认为，学习是一种观察到的行为的改变，它是通过按照机械论的原理而发生联系的刺激与反应来实现的。因此，学习包含着在一系列的刺激和反应之间某类联系的形成。他们关注的是环境在个体学习中的重要性。学习者学到些什么，是受环境控制的，而不是由个体决定的。这个学派的著名代表人物有 S—R 联结主义的桑代克、经典性条件反射的巴甫洛夫及操作性条件反射的斯金纳和加涅等。

2. 认知场理论学派

学习的认知场理论，它的基本模式或范例集中在人和与他同时存在的心理环境的相互作用上。这种学习理论在探讨人类的动机和学习的关系时，从当前存在的把人看做积极主动与主观的，和把人看做消极被动与客观的这两个相反的极端出发，形成必然出现的综合理论。该学派心理学家的基本观点是：学习主要不是加进新痕迹或减去旧痕迹的问题，而是要使一种完形改变成另一种完形。这种完形的改变可以因为新的经验而发生，也可以通过思维而产生。因此，在他们看来，一个人学习些什么，直接取决于他是如何知觉问题情境的。一个人学习的方式通常是从一种混沌的模糊状态转变成一种有意义的、有结构的状态，这就是知觉重组过程。知觉重组是学习的核心，许多真正的学习都具有类似的特性。当

① 李辉，王钦平．学习学导论［M］．杭州：浙江大学出版社，2000：31.

然，学习并不是把以往无意义的事情任意地联结在一起，相反，知觉重组或认知重组注重的是要认清事物的内在联系、结构和性质。

同样，通过对问题情境的内在性质有所顿悟的方式来解决问题，就可以避免与这一问题情境不相干的大量随机的、盲目的行动，而且有利于把学习所得迁移到新的问题、情境中去。通过顿悟获得的理解，不仅有助于迁移，而且不容易遗忘。他们还认为，真正的学习常常会伴随着一种兴奋感。当学习者了解到有意义的关系，理解了一个完形的内在结构，弄清了事物的真相时，会伴随着一种令人愉快的体验。这是人类所能具有的最积极的体验①。

这个学派的代表人物有格式塔学说的沃特海默、顿悟说的柯勒、认知发展学说的布鲁纳等等。

（三）系统论

系统论的创始人为贝塔朗菲。什么是系统？人们对其有不同的解释。贝塔朗菲认为，系统是处于一定相互联系中并与环境发生关系的各组成部分（要素）的整体。这是最权威的解释。英国《牛津辞典》解释为：系统是由互相连接或互相依存的组成事物所形成的复杂统一体，根据某种方案或计划有秩序地安排各个部分而组成的一个总体。尽管上述文字在表述上有所不同，但都包含着这样一个意思：系统是由相互联系、相互作用的若干（也可以说成两个或两个以上）要素按一定的结构方式组合在一起，构成一定的层次，并与外部环境发生某种联系的有机整体。组成系统的诸要素总是与周围的环境存在着某种联系，这就使系统释放一定的信息，产生相应的功能。系统论提出的基本规律是：

第一，系统各组成要素之间的相互作用使系统最终达到平衡状态（终态），对封闭系统而言是定态，对开放系统而言是稳态。

第二，系统逐步由无序向有序演变，当系统的外部环境发生变化时，系统会随之发生量变，如果这种改变突破某一界限，系统将发生质变。

第三，开放系统达到稳态时，各要素间的结合方式是有规律的，各要素自身的“新陈代谢”并不改变这种结合方式，这种现象称为自组织现象，这种结合方式称为协同。

第四，系统的演化是一个从低层次循环到高层次循环的过程。

---

① 李辉，王钦平．学习学导论［M］．杭州：浙江大学出版社，2000：33—40.

系统论的产生，为学习过程的理论探讨提供了新的方法，有力地推进了学习过程的理论研究。

第二节　阅读学习过程的内涵和特征

在对阅读学习的过程进行系统研究之前，首先需要弄清楚阅读学习的过程是什么，它是怎样被界定的等一系列问题。本节着重介绍语文阅读学习过程的内涵和特征。

一、阅读学习过程的内涵

过程，是一个哲学范畴。过程以时间和空间为存在形式，以运动发展为存在形态。学习过程主要是知识经验的取得过程以及发展智力的过程。

阅读学习作为一种人类的认识活动，也存在于一定的过程之中。阅读学习过程依存于一定的空间环境中，在相对的时间链条上展开，以运动发展为存在的形态。具体地说，阅读学习的过程，以阅读者预期的阅读目标为动向，以阅读者已知和未知之间的矛盾以及阅读者求知的欲望和自信为动力，以阅读者主体和读物客体之间的相互作用为其基本形态①。

阅读学习的过程是历来阅读研究领域所注意的重要课题，对于阅读学习过程的论述，众说纷纭。有的学者从认识过程出发，将学习过程归纳为感知、理解、巩固、运用阶段；有的学者从心理活动的过程出发，将学习过程看做动机、兴趣、情感、意志品质的产生、形成、发展过程；有的学者从控制论出发，将学生的学习过程看做“引起——调整——控制”的过程；有的学者从系统论出发，把学习过程看成一个系统，主要由学习的准备、学习的展开、学习的应用三大要素组成，每一要素又由许多要素组成子系统。在前人研究的基础上，我们根据系统论的观点，把阅读过程的常规模式分解为准备、实施、应用三个阶段。了解和掌握阅读学习过程的常规模式和规律，有助于提高阅读者的阅读效率。

---

① 曾祥芹，韩雪屏．阅读学原理［M］．郑州：大象出版社，1992：396.

二、阅读学习过程的特征

阅读学习的过程是语文学习过程中一种具体的学习过程。它既具有一般语文学习过程的共同特点，又具有其特殊性。阅读学习过程具有主体性、循序性、教育性、社会性、多重性和多样化等多种特征。

（一）阅读学习过程的主体性

阅读学习过程的主体性，是指学习者是阅读学习过程的主人，学习者在学习过程中应当具有主体意识或主观能动性。

在阅读学习过程中，主体是学习者，客体是学习的对象。在主体与客体的关系上，主体应当是主动的、积极的、活跃的因素，而客体只是被动的受支配的因素。只有主体有学习的愿望，有明确的学习目的，有积极学习的行为，才有可能形成有效的阅读学习过程。反之，学习者没有阅读学习的要求，没有明确的学习目的，只是在某种条件的驱使下被动地去参与学习，这样的学习过程就难以形成，或不会取得什么实际的学习结果。

阅读学习过程的主体性特征，要求学习者必须注意培养阅读学习的兴趣，激发学习的愿望，明确阅读学习的目的。有具体可行的学习目标，在学习过程中表现出积极的学习行为，有着刻苦顽强的学习精神和毅力，才能在学习过程中发挥主体作用，取得良好的学习效果。

（二）阅读学习过程的循序性

阅读学习过程的循序性，是同知识本身的内部构造以及人们认识事物的规律相吻合的。阅读者学习的目的在于提高，但知识的积累是一个渐进的过程，不可能“一口就吃成个胖子”，因此，在阅读学习的过程中要遵循人们认识事物的规律，从基础开始，逐级提高。

阅读学习过程的循序性表现为阅读者应依照次序从基础知识、基本理论入手，由浅入深、先简后繁、由点到面、先易后难地逐步向专业知识、专业理论跨越。

（三）阅读学习过程的教育性

阅读学习过程的教育性，是指学习者在学习过程中，在掌握知识、培养能力的同时，能够受到审美和思想品德方面的教育。

由于语言形式和思想内容是不可分割的，人们在学习掌握语言形式的同时，必然要受到语言形式包含着的思想内容的影响和教育。无论是学校里用的语文课本，还是社会上流行的各种文章选本，以及各种文学专集，大都选编的是文质兼美的文章，不但语言形式好，具有学习仿效的价值，而且思想内容好，具有教育的价值。学习者在学习这些文章的过程中，会受到丰富的高尚的审美教育和思想品德教育。这些教育对一个人的人生观和价值观的形成都具有积极的指导作用。教育性是阅读学习过程的重要特征之一。

（四）阅读学习过程的社会性

阅读学习过程的社会性，是指阅读学习过程不可避免地受到一定文化传统、社会形态和社会制度的制约。

在一定的社会文化背景下，学习者的社会地位、阶级地位、家庭条件等对学习过程有着程度不同的影响。不同社会地位、工作环境或家庭背景下的人对阅读学习的动机、态度、期望、情趣、思维方式等是不相同的。这是社会因素对学习者的制约和影响。

在一定社会文化背景下产生的学习客体，对学习者将产生重要的教育和影响。例如读了屈原的《离骚》和文天祥的《正气歌》，会给学习者以强烈的爱国主义教育；读了董存瑞、刘胡兰的故事，会给学习者以崇高的英雄主义的教育；而读了诲淫诲盗的读物，则会给学习者以腐朽丑恶的思想教育。学习客体在学习过程中虽然是被动的因素，但它给学习者的思想教育和影响是有力的、重要的。这是从学习客体方面体现出的社会性对学习过程的影响。

社会性是阅读学习过程的重要特征之一。要正确认识一定的文化因素和社会因素在学习过程中可能产生的积极或消极的影响。

（五）阅读学习过程的多重性

阅读学习过程的多重性，指阅读过程的各阶段、各环节的彼此重合性、渗透性和交错性。阅读学习的过程不仅仅是阅读者对书面输入信息的一个自下而上的解码过程，而且是阅读者把书面输入信息和自己的图式知识信息进行加工的一个交互过程。如在阅读学习的过程中，认读、理解、欣赏、评价四者的时间先后很难区分开来，它们往往是同时和多方位地进行的。认读中往往带有理解的成分，理解中的分析也会带有评鉴性，欣赏、评价又总是认读、理解的深化和升华。在这一过程中会涉及多方面的因素，如阅读者的背景知识、阅读目的、对相关内容的认知程度、文本的难度等等，所有这些因素都会影响到阅读学习过程，从而进一步影响到阅读学习结果。

（六）阅读学习过程的多样化

阅读过程的多样化，是由多样化的制约因素决定的，诸如读物特征、阅读目的、阅读者素质等。

读物特征，即文体特征。文体特征不同，阅读的过程和方法也就不同。例如，普通文章一般都是由言到意，直接表达主题，因此，其阅读过程由认读到理解即可，叫直读；报纸、新闻、信函、应用文，阅读这类读物过程比较简单，一般说“查读”即可；影视文学剧本的阅读过程和方法，常表现在全面把握其影视性（画面的视象性、艺术和科学的综合性、蒙太奇的独特性、声音的动作性、宏观微观的真实性、主观客观的统一性）和分析题材的大众性、主题的深广性、情节线索的单纯性和跳跃性、人物形象的鲜明性和确定性、语言描述的简洁性和造型性、艺术风格的多样性等方面。

同样，阅读目的也是阅读过程的制约因素。阅读目的不同，阅读过程也会不一样。以获取信息、资料为阅读目的，其阅读过程表现为查读、抄读；以获取意义、观点为目的，其阅读过程表现在分析、认识方面，要认真分析，深刻理解，正确评判，由表及里，取其精，提其要，得其神髓；以获取审美价值为目的，其阅读过程则表现在对精华的欣赏方面，要品其情味，观其美质，赏其精华。

不同素质的阅读者读同一读物，其过程也不会一样。素质较低的阅读者，阅读的过程可能要长些、慢些、曲折些；素质较高的阅读者，阅读过程就会短些、快些、直达些。读自己专长内的读物，过程会快些、短些，读自己专长外的读物，过程会慢些、长些。这种情况，也说明了素质与过程的关系①。

第三节　阅读学习过程的系统

按照系统论的观点，阅读学习过程是一个动态的系统，由预备、实施、应用三个要素构成。这三个要素也可以看做它的三个子系统。子系统下面还可以有更小层次的子系统。下面对各个系统要素作具体的分析。

① 曾祥芹，韩雪屏．阅读学原理［M］．郑州：大象出版社，1992：427.

一、阅读学习的预备

阅读的预备，是影响阅读成效的一个重要因素。阅读的准备大体上可以分为两种：一种是长期的战略性质的准备，包括知识积累、进行心志修养、能力锻炼等，用通俗的话说就是“养兵千日”；另一种是短期的战术性质的准备，包括调动阅读动机、选择阅读内容、确定阅读目的、制订阅读计划等，用通俗的话说就是“用于一时”。此处所谈指后者。

（一）调动阅读动机

阅读动机是指个体内部促使其从事阅读学习活动的内驱力。阅读动机一般表现为强烈的求知愿望，对未知世界的好奇心及兴趣，认真积极的阅读态度等。阅读动机是学习者内在的动力因素，是阅读进程的缘起和动因。有无阅读学习动机或动机是否强烈，直接影响着阅读学习的成败。

通常，阅读学习动机可分为内部动机和外部动机。其内部动机来源于个体自身的兴趣、爱好等，较为持久，且使学习者处于一种主动积极的学习活动状态。其外部动机则是由外界的诱因所决定的，它往往较为短暂，被这种动机所推动的阅读学习活动也常常处于一种被动状态。

研究表明，一切外在动机要在阅读过程真正起作用，一定要转化为阅读者的内在动机，把外在的需要转化为内在的需要。孟子说：“君子深造之以道，欲其自得之也。自得之，则居安之；居安之，则资深之；资深之，则取之左右逢其源。故君子欲其自得之也。”这句话从广义的学习引申为阅读，可以给我们一种启发：阅读者自觉主动地阅读，才能安心地进行阅读；安心地阅读，知识的积累才能深厚；基础知识丰富坚实了，才能在广泛的阅读中撷取新的知识。

学习者的阅读学习动机受主观和客观因素的制约。主观方面的因素，如愿望、需要、决心、兴趣、惧怕、欲望和习惯等不同因素，会对阅读学习动机产生不同的影响。家庭背景、文化传统、社会时尚、工作条件等因素，也会对学习者的阅读学习动机产生制约作用。阅读学习动机的调动，主要是具体分析学习者的主观、客观因素，调动积极的阅读学习因素，克服消极的学习因素，使学习者具备正确的、强烈的阅读学习动机。实践中，要尽可能地把阅读的外在动机转化为阅读内在动机，充分调动起阅读者的阅读兴趣。

（二）选择阅读内容

一个阅读者踏进读书的门槛，走进书的世界，面临着的是历代积累起来的浩如烟海的书籍。尤其在当今信息密集的时代，信息和载体的形式越来越多样化。面对众多的书籍从何读起呢？早在竹简书时代，书还不太多，庄子就发出过知识太多命太短的感慨，他说："吾生也有涯，而知也无涯，以有涯随无涯，殆矣。"他的这句话深刻地揭示了知识无穷与生命有限之间的矛盾，也告诉我们，阅读之前有目的地选择阅读内容的重要性。

除了学海无垠而精力有限、求知无穷而人生有时的原因外，更重要的还在于，并不是所有的书籍都对阅读者有益处。有些书籍对于阅读者来说，不仅没有益处，可能还有危害。俄国著名文学批评家别林斯基说："阅读一本不适合自己阅读的书，比不阅读还坏，我们必须学会这样一种本领，选择最有价值、最适合自己所需要的读物。"英国作家菲尔丁也说："不好的书也像不好的朋友一样，可能会把你戕害。"可见，选好读物对于阅读来说至关重要。那么，如何来选择读物呢？我们需要注意以下几点：

1. 选择主攻方向

选择主攻方向，也可简称为"定向"，它可以用来解决图书内容无所不包的广袤性与阅读者所需求的知识信息的专指性之间的矛盾。通过定向，阅读者选定了某一类、某一方面的书，就意味着把所有的与"定向"无关的图书抛掷于选择的视野之外了。通过定向，选择一定的主攻方向，就会在有限的生命里，将主要精力都集中在一个或几个学科中实现自己的志向。

定向，首先应与自己的本职工作相结合。做到学与用的统一，就能节省时间和精力，达到事半功倍的效果。实践证明，能够根据自己的工作特点来选择主攻方向，既有益于提高业务水平，又能在学业上有所建树。

其次，定向还应兼顾自己的兴趣、爱好和特长。热情是人们获取知识、钻研知识、运用知识过程中的一种特殊认识倾向。而这些热情、痴情乃至不可遏制的愿望又总是和阅读者的兴趣、爱好、特长密不可分。所以，当我们定向选择主攻方向的时候，妥善地兼顾自己的兴趣、爱好和特长是很重要的，也是很有好处的。

2. 关注前沿

学科之先、科学之先、先进的、第一流的，称之为尖端、前沿。只有在阅读的过程中积极关注最新的研究成果，才能紧跟时代的步伐。也只有在阅读前沿研究成果的基础上，才能产生、创造新的精神和物质产品。如果只是一味地、盲目地、不加选择地阅读，就永远不会走在科学的前沿。因为踩着别人的脚印，永远不可能走到别人的前面去。

阅读书籍是继承、吸收。继承成果，吸收养料，是为了文化科学的再创造与再发展。继承的成果不良，吸收的养料不精，就难有精良的创造及长足的发展。所以，应当阅读第一流的读物，学习尖端的文化科学知识。

3. 量力而行

量力是实事求是的思想作风，阅读需要这种脚踏实地的作风。量力就是如实地估量自己的思想水平和知识水平，估量自己的理解力、思辨力、接受力等。读书不可不切实际地贪多求快、好高骛远，不可超越基础架设空中楼阁。不自量力地捧读博大精深的东西，不仅空耗了时间精力，而且还会产生心理障碍，认为自己愚钝、低能，视读书为不可攻克的难关。数学家华罗庚说："读书好比爬梯子，要一步一步地来，你想快些，一脚跨四五步，非掉下来不可。"以自己的素质为起点，由浅入深而及深，由易到难而克难，由低到高而至高，这是成功的经验。

（三）确定阅读目的

阅读目的就是指人们从事阅读活动所期望达到的目标和结果。阅读的目的贯穿于阅读过程的始终，对过程的发展起着指导、规范、调节的作用。

首先，阅读目的萌发阅读动机。动机由需要直接产生，并直接引发行为。阅读者为了实现阅读目的，就需要主动或者被动地阅读很多的书籍，进行各种阅读活动，可以说阅读目的是不断产生阅读动机的源泉，是推动阅读活动的内在驱动力。

其次，阅读目的决定阅读的主攻方向和具体目标，策励阅读者集中精力，排除偏离目标的各种干扰，始终如一地奔向该目标。

最后，阅读目的是读书效益的检测器。阅读目的的实现，是阅读成功的标志。通过对最终结果与预期目标的比较，所得的反馈信息将有助于总结阅读经验，优化下一个阅读过程，使之取得更佳的阅读效果。

古往今来的大学问家，都主张有目的地读书。明确的学习目的，可以调节心情，使自己在阅读活动中经常处于愉快、起劲、好学、乐学的状态。苏东坡说："书富如入海，百货皆有。人之精力，不能兼收尽取，但得所欲求者尔。故愿学者每次作一意求之。"（《东坡文集事略》）这里的"一意求之"，就是指阅读要有一个明确的目的。

（四）制订阅读计划

计划是一门科学，是对事物的科学预见和科学筹划。计划可以把主观设想与客观实际科学地统一起来，使事情顺利地发展。它可以规范行为，避免盲目性、随意性，提高效率，稳步地达到目标。阅读，作为一种认识活动，也需要有计划。

有了阅读学习计划，就有了阅读学习的自主权，就能有序地、高效地实现自己的目标。制订好读书计划有助于提高读书效率，这是许多学者共同的成功经验。很多著名学者，如爱因斯坦十几岁就开始制订学年、学期、每个月的读书计划了。

一个合理的读书计划，通常具有如下特点：

1. 读书计划的有序化要与排序性兼容

制订读书计划，对先读什么书，后读什么书，要做出有序化的安排。但是，新书层出不穷，对反映新学科、新知识的新书，人们常有“先睹为快”的阅读心理，迫切要求把这类新书及时纳入读书计划中来。这就要求读书计划不仅要体现有序性，而且要具有灵活的排序性，即有关新书能够在计划中找到合适的位置，加入其原有的有序系列。只有把有序性和排序性结合起来的读书计划才是具备可行性的计划。

2. 读书计划要体现积极进取精神，但也需要量力而行

一方面，制订的阅读计划应该略高于自己现有的阅读水平，这样阅读者在阅读的过程中才会付出更多的努力，才能在付出艰苦的努力后，收获更多的成果。容易实现的目标不利于提高知识水平和阅读能力。中国有句古话；“取法乎上，仅得乎中；取法乎中，仅得乎下”，此话颇有道理。但是另一方面，制订计划要量力而行，要从主客观条件出发，充分估计有利因素和不利因素，适当留有余地。冒进的计划往往“欲速则不达”，过高的要求反而会挫伤积极性。这些制订计划的一般原则同样适用于制订读书计划。

3. 读书内容的长期规划与短期安排要紧密结合

要想成功实现某些阅读目标，必须建立相应的、合理的知识结构。但是知识结构的形成不是一蹴而就的事，它需要长期地进行知识积累，因此需要制订长期的阅读计划。同时，阅读的长期计划又是一个系统工程，必须分期分批、按部就班施工，因此，读书计划必须做出切实可行的“短期安排”。没有恰当的“短安排”，长期规划就落不到实处，难以实现。

二、阅读学习的实施

阅读学习的实施就是阅读学习的进行和展开，它是阅读者实现与作者沟通的过程，我们可以依据阅读者阅读读物时智力投入的情况和所达到的与作者沟通的

程度，将阅读学习实施的过程分为四个环节：认读、理解、欣赏、评价。

（一）认读环节

认读是对读物的语言结构说的。认读的主要内容是字、词、句、段、篇，即要认识每个字的形、音、义，懂得词和短语的含义，能认读句子、语段，然后认读各个段落，进而了解全文（书）的概貌。认读文字语言的要求和方法是：

1. 认识每个字的形、音、义

认识字形，就是能正确认识字的结构形式，了解字的笔画、笔顺规律，能流利而准确地把一个字背写出来；读准字音，指能按全国统一的普通话标准音来认读每个字；了解字义，指能确切地懂得字的含义，懂得它的本义和引申义。

2. 懂得词和短语的外延和内涵

外延是概念所指的对象范围。内涵是概念的内容、含义。懂得词和短语的外延和内涵，也就是要从范围和内容、含义这两个方面求得对词语的确切认识。

3. 认读句子、语段

句子包括单句和复句。认读句子，要明了单句和复句的句法结构，同时还要懂得句间的联系和造句的特点等。语段是语法的最大单位。对语段的认读，主要是采用语法分析法来认识句子组合的种种关系，诸如由并列句子组合的联合关系、由衬句和主句组合的修饰关系、由主句和谓句组合的陈述关系、由述句和宾句组合的支配关系、由主句和补句组合的补充关系等等。

总之，认读是阅读的第一步。认读的重点在于语言形式，因而需要感觉、知觉共同起作用，做出综合反应。所以，从本质上说，认读就是对读物的初步感知，认读能力也就是感知能力，认读环节也可以称之为“感知环节”。感知是阅读的起点，是进入理解的第一步，是阅读活动的基础。在阅读的感知环节，主要任务是了解文（书）的概貌，抓住文（书）的筋骨和脉络，了解各段（章）的观点，对全文（书）有一个整体印象。

（二）理解环节

理解，是针对读物的内容来说的，它是参考已知的知识去解释、了解未知的知识，其实质就是利用现有的知识在事物与事物之间、观念与观念之间建立起一种逻辑联系。

司马迁说：“好学深思之士心知其意。”著名学者冯友兰解释说：“在读书的时候，即使书中的字都认得了，话全懂，还未必能知道作书人的意思。从前人说，读书要注意字里行间，又说读诗要得其‘弦外音、味外味’，这些都是说要在文字以外体会它的精神实质。这就是知其意。”科学家华罗庚认为，“在学习书本上的每个问题，每一章节的时候，首先应该不只看到书面上，而且还要看到书背后的东西”。爱因斯坦甚至强调：“要是没有这种热情（指热衷于深入理解），就不会有数学，也不会有自然科学。”① 由此可见，读书不能仅仅停留在字面意义上，必须读懂其深层意义，也就是说，读书要做到理解其意。

这里的“理解其意”中的“意”，包含两层意思：一是“书中之意”，即一本书、一篇文章包含的科学道理、理论观点、知识单元、系统信息、典型形象、主题思想等，也就是古人所说的“文以载道”的“道”、“诗言志”的“志”、“题中之义”的“义”、“意犹帅也”的“意”等。二是“作者之意”，即作者为什么要传授或传递此“意”，其用心何在；为什么要这样讲而不那样讲，其隐义何在。这里面不仅体现着作者的科学知识水平，而且投射着作者的世界观、人生观以及产生作品的整个背景文化。理解作者的创作意图，可能成为掌握整个作品的灵魂之关键。阅读科学著作，看出作者解决问题的思维方法和思路，甚至比了解它的结论更为重要。我们更需要的，不是赤裸裸的结果，而是研究的思路。如果离开引向这个结果的思路去把握结果，那就没有启迪的意义了。然而作者的创作意图和思路，是作品的更深层次的结构，是在文字背后藏得最深的一条隐线。

总之，书中之“意”和作者之“意”，构成了阅读理解环节的两个主要对象。对文字符号的认知，必须深化为对书中之意和作者之意的理解。

理解是主体对文本积极主动的探索，而不是消极被动地接受外来的灌输。理解首先要求深入钻研文本，提炼文章的内容，从而掌握其精神实质。理解的更艰难的历程还在于把知识消化、内化。要把书本上的知识内化为阅读者自己的知识，这必须通过解释的机制。解释学认为任何一种理解都是一种解释，解释是理解的显式表达。能够用自己的话语把“书中之意”和“作者之意”予以正确的解释，这是阅读达到了理解的显著标志。

理解是在认读的基础上进行的，但它比认读具有更强的主体性。阅读者的知识水平、实践经验和立场情感对阅读理解有决定性影响。理解是阅读中“自主度”最大的领域。同一本书或一篇文章，不同时代、不同阅读者的理解千差万别。例如，儒家注解《论语》，不同时代的注家根据当时统治阶级的需要添加了

① 钟晨发. 读书学导论［M］. 武汉：湖北辞书出版社，1993.

许多思想内容，《论语》的文字没有大变，而其解释大为“延伸”了，有的甚至被曲解了。所谓“诗无达诂”，就是一个例证。

任何一个学科的书籍，都是由许多有关的概念和原理构成的知识体系。理解书籍，就是把自己已有的知识和书中所介绍的新知识联系起来，理解书中的这些概念、原理及其体系，从而掌握这些新知识。同时还需要注意，学科的内容不同，理解的性质也不同。例如，对语言的理解、对事物意义的理解、对事物属类的理解、对因果关系的理解、对逻辑关系的理解、对事物内部的构成和组织的理解等等，都是不一样的。可见，阅读者对读物的理解，是一个由已知到未知、由感性到理性的认识过程。

（三）欣赏环节

欣赏是对读物的整体说的，包括内容与形式。此处以文学作品的欣赏为例，从阅读欣赏的内容和心理过程两个方面，来说一说阅读的欣赏环节。

1. 阅读欣赏的主要内容

欣赏的主要内容包括：语感、文感、情感。①

（1）语感

语感就是对语言文字的感悟。由于语感欣赏的对象是语言文字，所以是一种对文章的微观欣赏。语感欣赏的主要途径是在语境和想象中进行的。比如欣赏元代马致远的《天净沙·秋思》：“枯藤老树昏鸦，小桥流水人家。古道西风瘦马。夕阳西下，断肠人在天涯。”这首小令，使用了九个词组、两个短语、二十八个字，字词句都极普通。但是如果从其描绘的整体语境中欣赏，这些普通的字词句就表现出了极强的活力，构成了一幅完整、鲜明、具体的画图，突现了凄凉、萧瑟的自然景况和孤寂悲凉的人物心情。又比如欣赏王维的“大漠孤烟直，长河落日圆”两句诗，我们不能零散地、呆滞地、直觉地欣赏语言，而需要完整地、灵活地、想象地利用语言，要利用语言提供的近似信息，展开想象，在想象中形成一幅画图。由语言形成想象的画图，从想象的图画中领悟语言，在这个形成与发展中，才能获得真正的语感。

（2）文感

文感是对读物的内容、主旨、思路、写法的感受，是对读物的宏观欣赏。文

① 曾祥芹，韩雪屏．阅读学原理［M］．郑州：大象出版社，1992.

感欣赏这样三个问题：一是读物写了什么，即在了解每段每层写的内容的基础上，将这些内容综合起来，进行分析概括，抓住中心思想；二是怎样写的，即作者是怎样组织材料、安排结构的；三是为什么写这样的内容，为什么这样来写，即作者所写的内容有什么意义，这样写对表达作者的思想感情、突出中心思想有什么作用。

（3）情感

情感是对读物情与意的感受。作者写作时，情感贯穿于写作的全过程，并且渗透在作品的内容和形式之中。阅读时，就要认真去体味作者的思想、观点、情感、气质、节操、素养等，从而受到感染，发生共鸣。阅读到了这一步，可以说是深入到读物的深处了。

到了欣赏阶段，就基本上能够达到阅读的目的，从内容到形式整体上把握读物了。

2. 阅读欣赏的心理过程

阅读欣赏是阅读者由外及内、由浅入深，感受作品形象，体味作家情感，感悟作品意蕴的精神活动。它在时间上有一个逐步推移、深入的过程，在心理上也有一个准备、酝酿、感受体验和共鸣、领悟等审美效应发生的复杂过程。阅读欣赏的心理过程大致可以分为三个阶段：

（1）阅读感受

感受是在阅读作品、理解语意的基础上，欣赏主体调动各种感觉器官对对象进行审美感知的心理形式。阅读鉴赏中的感受是以作家的作品为对象、为起点，“沿波讨源”，通过语言这个中介，唤起视、听、嗅、触等各种器官的积极活动，从而感知到对象的线条、色彩、声音、气味、形状等外在特征，把抽象的文字还原为具象的形体，在头脑中重现出人物、场景、事件等审美意象，并达到对对象的整体把握，进而体验作品的情感意蕴。

（2）体验与品味

阅读感受，是文学鉴赏的第一步，它使我们“看”到作品中的形象。但是形象究竟有什么意义，则还需要我们深入地体验和品味。体验就是在形象感受的基础上，进入作品的特定情境、特定角色之中，去感受生活，体验情感。品味，就是品尝语言的滋味，揣摩形象的意味。如同品茗、品酒一样，亲口品尝，亲身感受，设身处地，推己及人，举一反三，挖掘、把握作品形象的深刻意蕴。

体验与品味，是客体与主体交互作用的过程，更是阅读主体对作品由外及内、由物到心、由局部到整体、由现象到本质，以求全面、完整地把握阅读对象的过程。因此，体验不仅要以主体的知识、经验为基础，而且还伴随着回忆、联想、想象等其他心理活动。如《红楼梦》中，林黛玉听《牡丹亭》而至“心醉神迷，眼中落泪”，对《牡丹亭》戏文产生如此强烈的共鸣，就是她在感受过程中，调动起自己的生活体验、审美经验对戏文进行联想、想象、体验品味的结果。可见，体验品味之际，阅读者往往全身心地沉浸于作品境界之中，情感、想象、感知、理解等各种心理机能被充分调动起来，为作品主人公的遭际所吸引，乐其所乐，苦其所苦，甚至达到忘我入迷的境界。

（3）领悟

优秀的文学作品不仅能使我们感受到作品的形象，体验到作品的情感，与作者产生共鸣，还能够激发阅读者的深长之思，由作品生发开去，感悟出社会、人生的哲理、真谛。领悟是阅读鉴赏的更高境界，指的是文学接受过程中，阅读者久久沉浸于作品动人动情之处，借助文学作品所展示的审美意象，潜思默想，对作品所描绘的形象、所展示的生活做出善恶、美丑、是非等评价的同时，从中洞悉宇宙奥秘，理解人生真谛，认识生活本身，在潜移默化中净化心灵，陶冶情操，提升自我人生品位的境象。

例如读苏轼的《题西林壁》：“横看成岭侧成峰，远近高低各不同；不识庐山真面目，只缘身在此山中。”我们也会同诗人一道，在观赏这雄奇的庐山美景时，超然于自然景物之外，领悟到普遍性事物中的生活哲理，那就是：当局者迷，旁观者清。任何事物，如果身陷其中，就会为势所迷，难明真相。这启示我们要从全局出发，从多处着眼，全面观察，了解事物，研究问题。

（四）评价环节

评价，是对读物的价值说的，即对读物的认识价值（真）、实用价值（善）和审美价值（美）做出评价。评价是在认知、理解、欣赏的基础上，对读物做出自己的判断。

首先，要评判读物内容的认识价值。一本书陈述的事件是真实的吗？讲授的知识是客观事物规律的正确反映吗？宣传的事情有无道理？这些问题的核心就是图书内容是否正确反映客观世界的事理。只有实践才能对此做出最后的判定。但在此之前，阅读者仍然可以依据已知的科学知识做出合乎逻辑的推断，表示赞成或不赞成的意见。

其次，要评判读物内容的实用价值。所读的这本书传播的知识有无实用价值？社会效益如何？这些问题涉及的是图书内容与阅读者的利害关系。对于那些有害阅读者身心健康或污染社会风气的坏书，应坚持反对、摒弃的态度。

再次，要评判读物内容的美学价值。这本书有健康的情趣吗？有优美的形式吗？能给人以美的享受吗？这些问题，涉及图书内容与阅读者审美情趣的关系，这也是阅读者所关心的。

评价作为阅读过程中的一个环节，只有具备了评价能力的阅读者才能做到。评价可以是口头评述，向别人推荐这一读物；也可以是书面评述，介绍读物的审美价值。评价还可以是比较性的，如两种以上的相近或相似的读物优劣比较、两种以上的内容相近而形式不同或形式相同而内容不同的读物的异同比较等等。

阅读能力达到了评价的水平，就可以对读物的内容提出研究性的课题，即可以就思想内容、写作形式和作者的写作态度等谈出自己的见解和主张。所以，阅读者要达到评价的水平，需要具有比较丰富的知识、正确的观点和较高的阅读水平。

经过阅读的评价环节，阅读者对一本书所提供的知识信息或思想价值有了自己的看法，可以进一步决定应用的策略：或者“积学以储宝”，丰富自己的精神财富；或者付诸实践，改造客观物质世界；或者经过自己的加工创造，输出新的知识，汇入人类知识的宝库。

同时，我们也需要注意，在实际阅读过程中，认知、理解、欣赏、评价四个环节，往往是交叉进行的，很难绝对分开。

三、阅读学习的应用

阅读学习的应用，是阅读过程的完成和深化，它把内部语言转化为外部语言，把思想转化为物，是由“知”到“行”。

阅读学习的应用，可分为认识领域的应用和实践领域的应用两个层次。其中认识领域的应用，又包括口说和笔写，口说为口头表达，笔写为书面表达。认识领域的应用和实践领域的应用，应以实践领域的应用为主，认识领域的应用为次。因为实践比认识有更高的品格，有更重大的作用。只有实践，才能认识真理和发展真理；只有实践，才能变精神为物质；只有实践，才能使改造主观世界和客观世界产生实际的效果。下面我们分别阐述其认识领域的应用和实践领域的应用问题。

（一）认识领域的应用

认识领域的应用，主要是应用于口说和笔写。

1. 阅读应用于口说

广泛的阅读是提高口说能力的重要手段。生活中我们经常听到这样的抱怨：自己在与别人的交流中不能很好地表达自己的意思，经常词不达意，或者不能找到恰如其分的词语来表达。虽然提高口说能力的途径不仅仅限于阅读的广泛性，但是阅读对于提高口说能力的重要性，我们也不可以忽视。因为广泛的阅读可以丰富人们的生活经验，可以使人们对事物的认识更加深刻，当头脑中长期地接受文字影响的时候，表达的欲望和能力都会大大提高。同时，阅读活动也可以扩大阅读者的词汇量，这对于人们在交流中恰如其分地选用词语表达自己的意思也具有极其重要的意义。大量的实践表明，阅读活动是扩大词汇量的最有效的方法。这些都说明阅读对于提高口说能力的重要作用。

2. 阅读应用于写作

唐代著名诗人杜甫说："读书破万卷，下笔如有神。"这句话充分地表达了阅读与写作能力提高的重要关系。可以说，阅读是提高写作能力的助推器。写作水平的提高，其影响因素包括改、听、读等，不同的人有不同的侧重，但"读"几乎是与写作并存的条件，没有人不读书就能写好文章。当一个人的写作能力达到了一定水平后，阅读更是成为其写作能力提高的最主要动力和源泉。写作知识的学习、写作技巧的获得、写作信息的吸收、写作冲动的产生、写作内容的丰富以至于写作风格的形成，无不得力于阅读。

阅读对于写作的意义，主要表现在：一是当观察对于写作的作用不能实现，得不到一手材料，不能获得直接经验的时候，于是在书中，借别人的眼睛观察，把别人观察到的东西接收过来，做材料收集的"二道贩子"，收获间接经验，并在间接经验的作用下创作文学作品。事实上，很多成功的文学作品的创作，就是在间接经验（通过阅读获得的）的参与下完成的，比如近期在电视荧屏上热播的电视剧《潜伏》的原创作品，据创作者龙一先生所言，这部作品就是在自己长期阅读所获得的间接经验的基础上创作而成的。正因为此，龙一先生也被称为是"没有生活的小说家"。二是当自己没有条件得到明师的指点，也不明白怎样去表达的时候，便可以通过阅读模仿书中的文章去表达，依葫芦画瓢。人的特点就在于善于模仿，只要认真读了，就能帮助写作，这也是写作练习的一条途径。

爱读书的人，已经不只是把读书当做写作的一个步骤，那样读书太狭隘了，然而书读好了，文章自然也写好了。读书是开启写作窍门的钥匙，是借鉴发展，扩大思维空间的途径，是接受文学艺术熏陶的手段，是通向写作成功的桥梁。

（二）实践领域的应用

阅读在实践领域中的应用，可以概括为“学用结合”。学，即阅读学习所得的理论知识；用，即运用所学。学用结合，是指阅读学习必须联系实际，把理论知识、书本知识同实际生活紧密联系起来，并运用到实践当中去解决实际问题。

古今中外，不少学者从不同的角度对学与用的关系阐述得非常深刻。我国古代思想家墨子说：“士虽有学，而行为本焉。”即读书人虽然有书本知识，但最根本的是实际行动。朱熹也说：“大抵学问只有两途径，致知力行而已。”即学问只有两条途径，就是掌握知识，并且能加以实践。我国伟大的革命先行者孙中山说：“努力向学，蔚为国用。”美国第一任总统华盛顿也说：“读书而不应用，等于废纸。”他们的论述都强调了学用结合的重要性。①

学用结合是阅读者必须遵循的重要原则之一。这是由阅读治学的目的决定的。阅读学习的目的在于应用，学而不用等于没学。阅读学习不是为了装潢自己，博取虚名，而是为了指导实践，应用于实际生活。通过阅读学习获取知识固然重要，但知识的应用更为重要。如果只知道“空读”，纸上谈兵，不联系实际，或者不能解决实际问题，即使学富五车，满腹经纶，也无益于社会。所以，联系实际读书，做到学用结合，学以致用，一直受到专家学者的推崇。当然，只知道用而不好好学，使行动缺乏理论知识的指导，只能是盲目蛮干，根本干不好。最好的办法是把知识的学习与应用结合起来。另外，应用也是检验、巩固和发展知识的需要。应用是检验知识正确与否的客观标准。同时，应用还可以使所学知识得以深化、巩固和发展。我国大诗人陆游说过：“纸上得来终觉浅，绝知此事要躬行。”这说明，阅读学习不能是只掌握书本知识，还需要把知识在实践中加以应用，从切身体验中去领悟和体会。否则，即使学得知识，这种知识仍然是浅浮而不实的。

对于阅读学习的成果，怎样做到学用结合呢？对这个问题，一些学者从不同角度发表了很多很好的意见。清初学者颜元主张“宁粗而实，勿妄而虚”。他以医生读书为例来说明这个道理，医生读医书重要，是为了用来指导临床实践，如

① 朱天利. 新课程学习论［M］. 广州：广东高等教育出版社，2005：51.

果只读医书，不进行临床实践，那就不能算是医生，所以对于好的医生来说，要做到阅读医书与临床实践的结合。著名美学家朱光潜的“边学边卖”读书法，就是运用学用结合的方法使读书治学更有针对性和创造性，也更加有效。清华大学丁俊华副教授认为：学问是否学懂了，拿什么来检验呢？就看能否把学到的知识运用来解决实际问题。

也就是说，学用结合，要求阅读者做到：首先，要重视系统理论知识学习。应用知识的前提是要有知识，没有知识，应用就无从谈起。为此，必须学好系统的理论知识，打下知识基础，用理论知识丰富自己、武装自己，否则就会在用的时候出现问题。其次，要理论联系实际。要把理论知识与生活实际结合起来，理解知识的实际意义；然后把理论知识运用到社会实践中去，在解决实际问题的过程中牢固地掌握知识。再次，要创造性地应用知识。应用知识不是依葫芦画瓢，拿现成知识教条地套用，而是要针对具体实际灵活地加以运用。这就要求学习者强化创造意识，积极参加创造性的实践活动，创造性地应用知识。

总之，阅读学习过程作为一个系统，其每一个要素都不是孤立存在的，各个要素之间都有密切的联系和作用。当其中的一个要素发生作用时，我们不仅需要注意该要素本身，更应该考虑到它对于阅读学习过程这个系统的整体意义，以保证阅读学习过程取得最优化的成效。

第十章　阅读学习的方式方法

我国基础教育课程改革的一个重要目标，就是要改变语文课程实施过于强调接受学习、死记硬背、机械训练的现状，倡导学生主动参与，乐于探究，勤于动手，培养学生收集和处理信息的能力。因此，两个语文课程标准把转变学生的语文学习方式，重视学生语文学习的方法、过程，作为语文课程改革的重要内容。

义务教育课标指出“阅读是运用语言文字获取信息、认识世界、发展思维、获得审美体验的重要途径”。苏霍姆林斯基说：“阅读是学习之母。”选择适合自己的阅读学习方式，学会运用多种阅读学习方法，对于学生的语文学习乃至各科学习都具有重大意义。

第一节　阅读学习方式

学生是学习和发展的主体。传统的阅读学习方式往往忽视学生的主体性，这是造成阅读学习“少慢差费”的重要原因。因此，要解决阅读学习的效率问题，提高阅读学习质量，必须转变传统阅读学习方式，提倡和发展多样化的阅读学习方式，特别是要提倡自主、合作与探究的阅读学习方式。

一、阅读学习方式的基本理论

要顺利实现阅读学习方式的转变，首先需要对阅读学习方式的内涵有清楚的认识。

（一）阅读学习方式的概念

要弄清什么是阅读学习方式，先要从“学习方式”这一概念谈起。学习方式（Learning style or learning approach，又译为学习风格），由美国学者哈伯特·塞伦（Herbert·Thelen）于1954年首次提出。然而，至今还没有一个受到广泛认同的学习方式定义。正如托马斯·贝勒（Thomas·Bello）所说，“有多少理论家就存在着多少种学习方式的定义”。目前，大多数学者认为学习方式指学生在完成学习任务过程时基本的行为和认知的取向①。

根据学习方式的有关理论和阅读学习的特点，我们可以这样界定阅读学习方式：阅读学习方式是学习者在阅读学习过程中持续一贯表现出来的，具有个性特征的学习策略和学习倾向的总和。阅读学习方式应该包括学习者在阅读学习方面的学习态度、学习意识、学习习惯等学习品质，也包括学习者在阅读方面的学习策略和学习方法。

阅读学习过程中会表现出不同的学习倾向，包括学习情绪、态度、动机、坚持性以及对学习环境、学习内容等方面的偏爱。比如，有人必须在绝对安静的环境中才能专心阅读，而有人喜欢在音乐的陪伴下阅读；有人钟情于悬疑小说，而有人则喜欢抒情散文。阅读学习策略指学习者完成阅读学习任务或实现阅读学习目标而采用的一系列步骤，其中某一特定步骤称为阅读学习方法。例如，有人倾向于借助具体形象进行记忆和思考，有的学生偏爱运用概念进行分析、判断和推理；有人善于运用视觉通道（读与看），有人倾向于运用听觉通道（如听讲、听广播）。可见，阅读学习方式与阅读学习策略、阅读学习方法，有一定联系，但又有着明显的区别。阅读学习方式较之于阅读学习策略和阅读学习方法是更为上位的东西，两者类似战略与战术的关系，阅读学习方式相对稳定，而阅读学习策略和阅读学习方法相对灵活。一种阅读学习方式通常可以用多种不同的阅读学习策略或方法去实现或体现。阅读学习方式的改变，既需要改变阅读学习方面的心理倾向，也需要改变阅读学习策略和具体的阅读学习方法。所以，阅读学习方式的转变对促进学生阅读能力的发展具有战略性意义。

（二）阅读学习方式的特征

把握特征是认识事物的重要方法。我们在探讨阅读学习方式之前，需要先探

---

① 钟启泉等．为了中华民族的复兴，为了每位学生的发展——《基础教育课程改革纲要（试行）解读》[M]．上海：华东师范大学出版社，2001：247.

讨学习方式的基本特征。

1. 学习方式的特征

（1）综合性

学习方式是一个综合概念。研究者在研究学生学习方式的概念时，往往根据自己的研究角度，把学生学习方式作为一个组合概念，看做行为参与、情感参与或认知参与方式及社会化参与的有机结合，其中学生的行为方式是载体，认知和情感因素表达了学习方式的实质内涵。学生的学习方式的改变，意味着要改变学生的学习态度、学习意识和学习习惯等，它牵一发而动全身，所以，具有综合性特征。

（2）层次性

大量的文献记载表明，学生的学习方式可以分成几个层次。例如，奥苏伯尔（Ausubel，D. P.）等把有意义学习由低到高分成六级：代表性学习、概念学习、命题学习、运用（已经习得的概念和命题的应用）学习、解决问题和创造性学习。心理学家加涅（Gagne，R. M.）根据学生的身心和学习活动的情况，提出了八种学习方式，提倡在学习中形成初步的探索问题的意识，能表达解决问题的大致过程和结果，会用学过的知识和方法解决日常生活中的简单问题，能够探索出解决问题的有效方法，学生逐步能试图寻找其他方法解决，能够表达解决问题的过程和解释结果的合理性，并把学生解决问题作为最高层次的学习形式。学习方式的层次性体现了学习者学习能力的高低。

（3）稳定性

一般说来，主体在最初学习活动中采取了某种方式之后，往往习惯于在以后的学习活动中继续沿用，这是学习方式的稳定性。当然，这种稳定性是相对而言，不是一成不变的。这种方式开始时往往以不自觉的非理性的形式出现，随着学习活动的多次重复，学习主体对学习方式进行归纳、整理、总结和提高，特别是经过一些思想家的概括，学习方式就以理性的形式存在，并由个体意识向群体意识转化，并逐渐积淀下来，或许成为一个民族的文化内容而为后人所继承。学习方式是为学习内容服务的，随着学习内容的变化，学习方式也必然要发生变化。但学习方式的变化程度与历史的不断进步、学习内容的不断增长相比要缓慢得多，因而具有相对的稳定性。

（4）独特性

独特性是指学习方式在学习者生理结构及其机能基础上，受到特定的家庭、教育和社会文化等因素的影响，通过个体自身长期的学习活动而形成，具有鲜明的个性特征，因人而异。简单说来，学习方式就是人们在学习时所具有或偏爱的方式，即学习者在研究解决其学习任务时所表现出来的具有个人特色的方式。每个学生都有着自己独特的内心世界、精神世界和内在感受，有着不同于他人的观察、思考和解决问题的方式。

2. 阅读学习方式的特征

阅读学习方式除了具有学习方式的一般特征外，还具有开放性和对话性两个特征：

（1）开放性

阅读学习实际上是在进行文本意义的再一次建构。每个学生都有着自己独特的内心世界、精神世界和内在感受，有着不同于他人的观察、思考和解决问题的方式。正如多元智能理论所指出的，每个人的智慧类型不同，他们的思考方式、学习需要、学习优势、学习风格也不同，每个人的具体学习方式因而也是不同的：阅读同一个文本，既可以是合作阅读学习，也可以是独立阅读学习，甚至可以是合作与独立阅读学习结合运用。同一个文本，自主学习可能得出一种理解，探究学习有可能得出另一种理解，而这些理解往往对文本的整体性透视而言具有不同层次的合理性。阅读学习方式的开放性在一定程度上决定了文本解读的多元性。

（2）对话性

阅读是学生、教师、教科书编者、文本之间对话的过程。阅读是阅读者对文本的吸纳、认同、质疑、重建行为，是基于生命多样性的阅读主体和创作主体间的心灵沟通，也是基于语言与精神同构共生的生命交流。所以，在一定程度上，阅读的本质就是对话。阅读的对话性决定了阅读学习方式的对话性。接受性阅读学习、独立阅读学习是阅读者与文本、与作者的对话；合作阅读学习既有学生与学生的对话、学生与教师的对话，也有学生与作者、与编者的对话，以及学生与文本的对话。无论什么样的阅读学习方式，归根到底都是一个对话的过程。

（三）阅读学习方式的类型

人类的学习方式是丰富多样的。从不同角度划分，学习方式有不同的类型。结合阅读学习的特点，我们对阅读学习方式做以下分类：

1. 接受阅读学习和发现阅读学习

从阅读学习的深度看，可以划分为接受阅读学习和发现阅读学习。接受阅读学习，是指以现成的、定论的形式接受阅读学习的内容，它不要求阅读者通过独立的探索去发现知识。发现阅读学习，是指用研究探索的方式来自主地获取和运用知识的一种阅读学习活动。

2. 间接阅读学习和体验阅读学习

从阅读学习的过程看，可以划分为间接阅读学习和体验阅读学习。传统的课堂阅读学习大多是间接阅读学习，重在继承和接受人类宝贵的物质财富和精神财富，在短时间内学习大量的知识和技能，其学习过程具有非亲身经历性和非操作实践性特征。体验阅读学习则不同。它是阅读者用全部的心智去感受、关注、欣赏、评价阅读文本，通过自己的体验，把陌生的、外在的、与己无关的阅读对象变成熟悉的、可以交流的甚至是融于心智的存在的过程。

3. 自主阅读学习和他主阅读学习

从主体发挥的作用看，可以划分为自主阅读学习和他主阅读学习。自主阅读学习是学生根据自己的阅读能力、阅读任务的要求，积极主动地调整自己的阅读策略和努力程度的学习过程。自主阅读的实质就是通过学习过程的主动参与培养自主意识、自主能力、自主习惯，从而成为一个学会学习的人。他主阅读学习则过多地依靠外界的力量，需要别人（老师或家长）不断督促才能进行阅读。自主阅读学习与他主阅读学习在学习活动中分别表现为“我要读”和“要我读”两种不同的心理状态。

4. 合作阅读学习和独立阅读学习

从阅读学习合作的程度看，可以划分为合作阅读学习和独立阅读学习。合作阅读学习是在阅读过程中，阅读者结合自己的生活经验阅读材料，深入材料内部，通过阅读者与阅读者对话，将“理解”碰撞、交流，从而使阅读者在对彼此“理解”反思的基础上，加深对阅读材料的理解，从而提高阅读理解能力。独立阅读学习强调的是自己思考、自己计划，独自完成阅读学习任务。独立学习与合作学习是一种相辅相成、互相促进的关系。

5. 文本阅读学习和超文本阅读学习

从阅读学习的媒介看，可以划分为文本阅读学习和超文本阅读学习。文本阅读学习是指通过阅读各种文字材料，达到传授知识、培养能力、发展智力的目的的阅读学习活动。超文本阅读学习指的是从文字文本阅读之外的其他媒体中获取信息的一种阅读学习方式。随着计算机和互联网的发展与普遍应用，阅读模式发生了极大的变化。人们的阅读正在实现从文本阅读到超文本阅读的转化。

二、自主、合作、探究的阅读学习方式

义务教育课标指出："学生是学习的主体。语文课程必须根据学生身心发展和语文学习的特点，爱护学生的好奇心、求知欲，鼓励自主阅读、自由表达，充分激发他们的问题意识和进取精神，关注个体差异和不同的学习需求，积极倡导自主、合作、探究的学习方式。"在新的历史时期，自主、合作、探究的阅读学习方式适应时代要求，对学生的语文学习具有重要意义。

（一）自主阅读学习

自主阅读学习是一种主动的建构性的阅读，它以发展学生自主性、能动性、创造性为目的，是一种与情境联系紧密的自主操作活动。在此过程中，阅读的动机应该是内在的或自我激发的；阅读方法应该是有计划的或已熟练到自动化程度的；对阅读时间的安排是科学而有效的；在阅读过程中有情感的投入，能从阅读中获得积极的情感体验；在阅读过程中对阅读活动能作相应的调适。

1. 自主阅读学习的特征

建立在自主学习理论基础上的自主阅读是在自主、和谐的学习氛围中，充分体现主体意识，自觉地发挥主观能动性，以相对独立的方式进行阅读以提高阅读能力的一种有效的学习方式。因此，它具有以下特征：

（1）主动性

阅读就其本质来说，是一种对话性的交际行为，是有目的地获取书面信息，是复杂的、主动思维的心理活动，是阅读者根据自己的已有信息、已有知识和经验对信息进行筛选、验证、加工和组合的思维过程，是一种相对独立的认知行为。自主学习是一种个体活动，只有动机才能激发和维持个体进行活动，并使活动朝向某一目标——自主阅读，从而调动进行阅读的内部动力，变"要我读"为"我要读"，因此，调动内在的学习动机是提高自主阅读效率的重要保证。

（2）独立性

阅读的"自主"意识实质是指阅读主体独立领受和驾驭文本的主人意识。独立性是自主学习的核心品质。一方面，阅读行为是阅读个体从读物中汲取和消费精神营养的脑力劳动，不容偷懒，别人无法代劳。杨贤江说，读书"完全要靠自己"；鲁迅也曾经说"自己思索，自己做主"。在端正阅读态度时，只要

你实践了这些读书箴言，你就修炼了最可宝贵的阅读品格①。另一方面，教育工作者要充分尊重学生的独立性，积极鼓励学生独立阅读，并创造各种机会让学生独立完成阅读学习任务，从而让学生发挥自己的独立性，培养学生独立阅读的学习能力。

（3）自治性

自治性就是指学生在阅读学习中不仅要对自己的学习行为行使权利，更要对自己的学习行为负责和调控。因为，自主性阅读学习并非与生俱来，它需要有一个教育、指导、培养的过程，青少年要做到这一点尤其不容易。因此，教师要培养学生对学习的自我意识，使之勇于对自己的学习行为负责，乐于投入阅读学习活动，善于在学习过程中对认知活动进行自我监控，并做出相应的调试，满怀信心阅读学习的取得成果。由于生理和心理的原因，成长中的青少年对学习目的性认识不到位，往往对学习的艰苦性缺少足够的心理准备，表现出在学习中缺乏意志力，缺乏顽强拼搏精神，缺乏挫折的承受力，所以，自主学习就是让学生学会自我管理、自我监控地学习。比如，学习者要会制订学习计划，会合理安排时间，会做读书笔记，会写读书报告，不懈于读书，又不沉湎于书中，自己能掌握学习进度，实施学习计划，追求读书成就等。这是一种有自律力的自治、自动的学习，它完全能对学习自我约束，自我管理，用不着别人操心和督促。

2. 自主阅读学习的原则

（1）目标导向原则

目标导向原则是指带着自行设定的学习目标进行自主阅读学习。目标导向为选择阅读学习内容确立了标准。根据目标导向去选择最适合自己需求的自主阅读学习内容；同时，具有目标导向，在自主阅读学习之前能够形成明确而强烈的阅读期待心理，这种期待心理会使阅读者带着浓厚的兴趣开始自主阅读学习。

（2）知疑善问原则

在自主阅读学习过程中，难免会碰到自己不能解决的疑难问题，这就要求阅读者学会知疑善问。知疑善问可以避免自主阅读学习误入歧途，也可以获得新的理解。同时，知疑善问需要把握问的“度”，诚如张载所说：“若但多问，未尝自得，学者懒惰，教者则渎，两失之矣。”②

① 钟晓雨．问题与对策：中小学语文教育改革［M］．北京：人民教育出版社．2000：248.

② 张载．经学理窟·学大原下

（3）学创相生原则

学创相生原则是指自主阅读学习与创造相互生发、相互促进。自主阅读学习主张让阅读者自行发现、建构文本的意义，鼓励阅读者对阅读的内容做出有个性的反应，直至创造意义；创造的目的反过也会成为学生自主阅读学习的动力，推动学生进行自主阅读学习。这样“自主阅读学习——创造”就形成了循环往复、不断提高的过程①。

3. 自主阅读学习的实施

自主阅读要求对为什么阅读、能否阅读、阅读什么、如何阅读等问题有自觉的意识和反应，它突出表现在对阅读的自我计划、自我调整、自我指导、自我强化上。其中包括：阅读活动之前，有强烈的阅读动机，能够自己确定阅读目标、制订阅读计划、选择阅读方法、做好阅读准备；在阅读活动之中，能够对自己的阅读过程、阅读状态、阅读行为进行自我观察、自我审视、自我调节；在阅读活动之后，能够对自己的阅读结果进行自我检查、自我总结、自我评价和自我补救等。

（1）自主确立阅读学习动机

阅读动机与阅读次数、频率、数量和广度及阅读表现皆呈显著正相关。阅读动机会影响对阅读时间投入多寡、阅读种类或不同阅读目的的选择。有阅读动机的学生愿意主动阅读以获得乐趣，并在阅读中集中精力去发展阅读的理解能力，此种主动性和投入亦影响学业成绩。由此可见，阅读者只有有了强烈的阅读动机，才能自主地投入阅读中；而自主的阅读动机是阅读者自主的一个特征。

（2）自我确定阅读学习目标

自主确定阅读目标是指能自主地确定自己的阅读目标，并据此制订相应的阅读计划，选择适合自己的阅读方法，合理地安排阅读时间。

自主阅读计划要安排得科学，切合实际。每个学期制订一份长计划，然后根据长计划，具体分派到每个月、每个星期，制订出阅读短计划，内容应包括阅读的目的要求、阅读的方式和速度、规定的阅读量和相应的阅读笔记等。长计划和短计划结合安排，易于执行检查。为了保证计划的合理可行，可以适当地向教师和家长请教。

① 陈晶晶．浅谈自主阅读学习的教学指导程序［J］．忻州师范学院学报，2005（10）

（3）自我监控阅读学习过程

自我监控是自主阅读学习中的一个重要环节，它是对照自主阅读计划、及时总结、克服自主阅读中存在的问题、增强自主阅读的效果、不断反思阅读过程中出现的优势与不足之处、增强自我意识、调整阅读策略的过程。

为了督促和鼓舞自己，在计划执行了一段时间以后有必要进行检查。检查可以一月一次或隔周一次，拿出 10 到 20 分钟时间对前一阶段阅读的进度、方法、收获、经验和存在问题作简略的回顾。充分肯定成绩，提高自信。如果发现原计划考虑不周，或情况有变化，就要及时做出灵活调整。好的方法、好的经验则应及时总结，用来指导以后的阅读。

总结的形式多种多样。可以作为读书计划的一个组成部分，或在写日记时记录下来；也可以在完成计划之后，在头脑中回顾一下执行计划的情况，随手记录下来。总结内容除了成绩、缺点、收获、经验之外，还有一项不应忽略的，那就是全面衡量一下自己阅读能力的状况：哪些方面有明显提高，哪些方面不能令人满意，今后应采取什么措施来提高自己的弱项。如果自我监控与老师、同学间的互相交流相结合则效果可能更显著。

（4）自主评价阅读学习

在阅读活动中的自我评价，是对自主阅读全过程的评价，是为了提高阅读学习的效率、更好地调节控制阅读活动而进行的评价。

对自主阅读活动过程的评价包括对自主阅读活动开始之前、活动展开过程之中及活动结束之后三个阶段的自主评价。在具体的阅读活动开始之前，应对自己的计划与准备工作做出评价。检查自己读什么、如何去读以及是否有个大致的时间安排等；检查自己是否准备好了相关的阅读材料，是否调节好了自己的情绪与状态。在阅读活动展开过程中，应对自己的意识、方法和执行情况做出评价。要检查自己是否对阅读活动的目标、阅读任务以及阅读材料等有清楚的认识；要判断自己是否激活了自己的心理状态，是否激活了对与当前阅读任务有关的所有因素的注意；还要根据阅读目标来判断自己是不是依据阅读任务、阅读材料与个人特点制订了相应的阅读计划，选择了适当的方法进行阅读等。在阅读活动结束之后，还应对自己是否对阅读活动进行了总结和补救做出评价。检查和评价阅读活动的质量和阅读效果，若发现存在的问题，要采取一定的补救性措施，通过阶段性的总结，积累经验，发现问题。

对阅读结果的自我评价包括对阅读技巧、阅读习惯、阅读态度、阅读速度、阅读量等的自我评价。通过自评、互评等方式开展阶段性的形成性评价，看到自己在自主阅读中技巧、习惯、态度、速度等方面取得的进步以及阅读量的逐渐积累，激励进一步的自主阅读，从而形成以评价促进阅读的良性循环。

（二）合作阅读学习

合作阅读学习是以合作学习小组为基本形式，系统利用教与学中动态因素之间的互动，促进学生学习，共同达成阅读目标的活动。

1. 合作阅读学习的特征

较之常规阅读，合作阅读具有以下特征：

（1）情境化

合作阅读时通过创设特定的合作情境来激活主体的思维，激发创造灵感，从而创造性地解读文本。

（2）自主性

合作阅读打破了以往消极被动接受的常规，把学生置于主体地位，主张阅读是学生个体思想内涵的觉醒。

（3）发展性

合作阅读学习的目的在于集体探究个体无法解决的疑难，在优势互补中促使个体对问题的理解更加丰富全面，思维向纵深发展，同时在合作过程中培养人际交往的能力、合作共事的意识、团队协作的精神等。因此，合作学习最终是为学生个体的发展服务的，它能够极大地满足学生个体发展的需要。

（4）对话性

合作阅读学习中，学生之间为讨论学习中的问题而展开对话，从各自的角度对问题进行理解、阐述，相互启发，以修正、补充、完善对课文的理解，提升认知水平，提高对语言的感悟能力和表达能力。

2. 合作阅读学习的原则

（1）民主性原则

阅读是个体的行为。每个学生的个人经历、家庭背景、知识储备不同，对文本的解读也不一样。同学之间应当彼此尊重不同的观点，在友好、和谐的气氛中，使不同的观点相互碰撞，产生思维的火花，在相互交流中获得知识，发展能力，健全人格。

（2）迁移性原则

学习迁移是指一种学习对另一种学习的影响，迁移可分为正迁移和负迁移。

合作阅读学习应减少合作学习中的冲突及不协调，促成最大限度的正迁移，尽量减少阻碍学习的负迁移的出现。合作阅读学习中，要注意分析自己的观点是否与他人的观点相符，发现是否有些观点能够并入到自己的看法中，或者重新建立自己的认知体系。同时应对自己的学习过程、学习成果进行经常性的自我回顾和自我总结，在小组中进行交流，不断充实、提高自己。还要注意课内与课外的迁移，把课内学到的知识应用到课外阅读、课外活动上去。

（3）多样性原则

合作阅读学习可以有多种形式：可以小组齐心协力解决一个问题；当讨论的问题较大，难度也较大时，可以将任务分割成几个小任务，小组成员各自分担其中的几个小任务，最终组合成一个完整的答案；也可以把不同小组中任务相同的学生临时集中起来，组成一个解决问题小组，共同学习和研究所承担的小任务以至熟练掌握，然后学生回到自己的小组中，分别就自己掌握的那部分内容教给组内其他同学，从而全面掌握学习任务，等等。

3. 合作阅读学习的实施

（1）构建学习小组

合作学习小组的构成可以有多种形式。比如为了讨论方便，采用座位就近原则编组；也可以关系较好的同学自由组合；兴趣爱好相同或者学习能力相仿或有差异的同学形成同质小组、异质小组等，发挥各自的优势。根据不同的目的和任务，可以灵活采取小组形式。

小组建立后，应及时进行职责分工，让每个成员明确个人在集体中的角色，如管理者、记录员、统计员、监督员、联络员、汇报员等。分派具体的作业项目，规定具体行为活动，规定数量和时限。角色划分上也应该定期或不定期地变换，才能使学生学会换位思考、理解他人、配合他人。

（2）确定学习目标

美国心理学家罗杰斯说过，学习目标最好来源于学生。但由于年龄和知识的原因，学生特别是小学生可以在教师的指导下，提炼学习主题，列出学习方案，确定学习的主要目标。

（3）开展合作学习

合作阅读学习中可以运用切块拼接法（Jigsaw）以帮助学生提高信息搜集和筛选的能力。切块拼接法，又译“皆可熟”等，是阿伦逊及其同事设计的。在这一方法中，首先将学习任务分割成片断的学习材料，如学习杜甫的《登高》，可以将学习任务分为作家作品、时代背景、思想内容、表达手法、语言风格等几个部分，将任务落实到个人。要出色地完成自己负责的这部分内容，必须集中精力通过各种途径去搜集对自己有用的信息，可以向专业人士请教，查阅参考书，也可以上网查询。然后，各个小组中学习相同内容的学生组成“专家组”，共同讨论他们所要学习的内容，直至掌握。接着这些学生分别返回各自的小组，轮流教其组员学习那部分内容。因为除了自己掌握的那部分内容外，学生们要想掌握其他的内容，唯一的途径就是认真倾听小组成员的讲解，因而他们具有彼此支持的动机并表现出对彼此作业的兴趣。

（4）交流总结

各组在完成合作探究的步骤后，由组长指派，或者合作小组推荐一位代表，进行总结陈词。总结陈词，可以是将学习结果向全班汇报，也可以是提出本组在讨论中所碰到的疑难问题，寻求更广泛的支持和帮助，还可以是将本组合作后的心得与大家分享。在这一过程中，小组合作学习，就成长为班级合作学习，以组为单位，进行进一步的质疑、讨论、补充，最终深化认识，达到全班共同前进的目的。

（5）评价学习效果

从合作技巧、合作效果、合作是否愉快、进步程度等四方面对合作小组和个人进行评分评奖。评价可分层次进行：①自我评价。个人有什么收获、经验或教训，都可以在小组或班上进行自我评价。②小组成员相互评价，个人从组员相互间的评价中发现自己的长处或不足，用以调整自己的学习策略。③小组与小组之间的相互评价，促进组内的合作与组际之间的合理竞争。④教师对小组或个人的评价，一般以小组评价为主，个体评价为辅，重在发展性的评价导向。

（三）探究阅读学习

所谓探究阅读学习，是指学生在老师的指导下，分小组或独自研读文章，从中发现值得研究的问题，然后收集、筛选、分析、归纳和整理相关阅读资料，进而总结规律，形成创见，在班上交流学习所得的一种学习活动①。以研究问题为核心，可以全班探究、小组探究、个人探究。

① 张孔义．课文研究性阅读教学的探索［J］．中学语文教与学．2003（7）：47.

1. 探究阅读学习的特征

巢宗祺先生等人从不同的角度对“探究性阅读”的特征做出了阐释[①]。

（1）探究性阅读是自主性阅读

探究性阅读的自主性是不言而喻的，因为在探究性阅读中，一系列的思想行为活动均需自己做出判断和决定，均需自主参与和完成诸如探究重点或阅读内容的确定。探究途径和方法的选择，探究结果的总结和整理等，无一离得开探究者自主的阅读实践活动。

（2）探究性阅读是开放性阅读

探究性阅读是开放的。课本依然是学习的主要内容，但对课本外的相关内容始终要密切联系，尽量汲取；课堂依然是学习的主阵地，但它还紧密联系着课外以及校外的学习实践活动。比如，进行实地考察、观察、调查访问，到图书馆查阅资料，上网搜集信息等，都十分有利于把生活引进课堂，把丰富的感性认识引进课堂，同时也十分有利于把课内所学延伸到课外，并在课外求得新的发展。

（3）探究性阅读是挑战性阅读

探究之“探”，是试图发现之意。探究者对探究的对象是未知的，探究过程存在一定难度，探究结果有时是唯一的，有时则是多义项的。按常理而言，未知的探究对象往往具有刺激性，有一定难度的探究活动大都具有挑战性，探究者对探究结果必然会心存期待。因而，探究性阅读必将会引发阅读者探究的兴趣，激发阅读者以迎接挑战的心理去投入阅读实践活动，去发现、追究阅读内容的本质意义。

（4）探究性阅读是综合实践性阅读

探究性阅读绝不是像传统阅读那样读读、问问、写写就完事了，而要靠学生积极主动地综合运用所学到的知识、方法才能完成：从阅读材料中发现有探讨价值的问题（课题），然后围绕问题（课题）指导学生进行一系列的阅读、搜集、分析、研究、筛选、整理、区别、比较、写作、表达、演说、辩论、解决问题。这一过程是多种实践活动的综合，也是多种能力的整合。

2. 探究阅读学习的原则

（1）过程性原则

探究性阅读是一种过程化学习。经过一段时间的研究，可能最后的研究结果

① 巢宗祺等.《全日制义务教育语文课程标准（实验稿）》解读［M］. 武汉：湖北教育出版社，2002

非常幼稚，但这不要紧，因为在设计课题、查找资料、动手实验、社会调查等实践中，获得了鲜活的第一手材料，了解了科学研究的方法，培养了合作精神，知道了获取信息的渠道，还充分地展示了自己的聪明才智和个性特征，而这都是成长所必须经历的。

（2）协作性原则

探究性阅读学习是综合实践性阅读，单靠一个人的力量很难顺利完成。即使是个人探究，也需要教师的指导、同学的帮助。因此，相互讨论、相互学习以达到资源共享十分必要。一般来说，不同的学生有不同的理解、不同角度的思考、不同层次的见解，如果能相互融合、相互补充，则能产生 1+1 大于 2 的效果。即使相互排斥，也能形成争鸣，在思维的碰撞中产生新的火花，从而使认识更加深刻。在共同对话中探究，在共同探究中求知，在共同求知中发展。

（3）循序渐进性原则

认知学习理论认为，重视运用科学的认知方式和策略，应尊重学生学习的认知规律。探究阅读学习课题的确定，遵循循序渐进的原则，不必一次探究透、探究完。阅读水平随年龄增加而逐步加深。同时，课题应从小处入手，浅处入手，根据情况在逐渐深入，逐渐拓宽，切忌贪大求全，好高骛远。

3. 探究阅读学习的实施

探究阅读学习主要采用专题式（或称话题式）的阅读方法。可以是带着问题去查阅工具书、资料书，然后分类、比较、研究，最后在教师的指导下写出报告；或是从与课文相关领域的文章阅读中发现问题，进而进一步阅读和探究。探究性阅读学习一般分为六步：

（1）选择研究课题

课题的选择关系到探究性阅读的发展方向、价值、方法、效果，是探究工作的真正起点，对探究性阅读能否有效开展起着决定性的作用。

随意提出一个问题并不困难，然而要提出一个具有科学价值的问题，确实是相当困难的。在确定探究专题时，要充分考虑所选课题是否具有探究价值，是否适宜可行。以下几种途径可供参考：

第一，将课后练习题转化为专题。

第二，对课文中的历史人物进行研究。

第三，对课文的内容进行深入探究。

第四，由研究的专题引申出新的专题。对于已经研究过的专题，我们完全可以站在“巨人”的肩膀上进行再研究，对占有的资料换一个角度进行整理、分析，挖掘出内涵，寻找新的外延，确定新的专题。

（2）搜集资料

是指独立自主或在教师的指导下进行相关资料信息的采集、筛选、分析、综合、提炼和重组。搜集资料并不是盲目地简单综合，而是要对资料进行分析、提炼，从中提取出对研究有用的信息。

（3）设计方案

课题一旦确定下来，就要设计具体的研究方案，确保探究阅读学习有序、有效地推进。一份好的设计方案应包括以下内容：①课题的提出。包括课题提出的原因，课题内涵的界定，研究预期的目的。②开展研究采用的主要方法。③开展课题研究的活动安排。④研究成果的结题形式。设计方案重点要考虑的是选择研究方法和手段。“方法总是服务于特定的研究目的的”，如果研究的目的是形成新的科学事实，且对象又是活动形态，就应该选择观察、调查、实验等类方法。如果研究对象是文献形态的，就应该选择文献法和内容分析法。如果研究要形成新科学理论，就应该选择归纳演绎等理论研究方法。

（4）组织实施

方案确定以后，就可以根据自己的研究计划和实施方案进行研究工作了。实施阶段可能持续时间较长，一般以一个学期为宜。此阶段要进一步搜集和分析信息资料，学会判断资料的真伪、优劣，能识别对本研究具有重要关联的有价值的资料，淘汰边缘资料；要学会有条理、有逻辑地整理与归纳资料，发现信息资料间的关联和趋势。还要进一步实地调查，在调查过程中学会如实记载调查中所获得的基本信息，形成记录实践过程的文字、音像制作等多种形式的作品。

如果是多人合作探究，成员间要经常互相交流并反思在研究实施过程中的成败得失、心得体会甚至奇思妙想。在交流中学会批评和欣赏，学会客观认识事物，认真对待他人意见和建议，正确认识自我，培养科学精神与科学态度。

（5）成果表达

在研究性阅读成果表达这一环节，要将自己或小组经过实践、体验所取得的收获进行归纳整理，总结提炼，形成较完整的研究成果材料，通过多种方式加以表达。提出自己的疑惑，谈自己的感悟，大胆展示自己的研究成果。

其主要组织形式有两种：

①以活动的形式出现，如课堂讨论、辩论会、表演课本剧、读书报告会等。可以是情感的交流、结论的互查，也可以是自己空缺的互补、疑难问题的切磋，采用互帮互学的方法进一步达到“内化”的目的。

②以个体自述成果的形式出现，如撰写小论文。一般要求在结题时交四个方面的材料：一是开题报告或研究计划，应反映为什么要提出（或选择）该专题和打算怎样实施它两方面内容。二是每次研究阅读中所搜集的资料、参考文献等。三是最后的总结性成果——小论文。四是反映研究性阅读的感受体会的小结。

（6）评价延伸

这个过程非常重要，要注意两点：一是评价不应以结论为主，而应以方法和过程的评价为主。探究阅读学习评价的依据不是研究成果的多寡、学术水平的高低，而是学习内容的丰富性和研究方法的多样性，注重收集、分析、归纳、整理资料的过程。二是在互评的基础上进行自我认识、自我评价。评价是一种持续的过程，贯穿于探究阅读活动的每一个环节。

新课程所倡导的自主学习、合作学习、探究性学习三种新的学习方式并不是孤立存在的，它们之间联系紧密，相互渗透，自主学习是合作学习、探究性学习的前提和基础，探究性学习中有合作学习的成分，自主学习和合作学习都有探究的因素。割裂三者之间的关系，或只强调某种学习方式的优越性都是不可取的。

第二节　阅读学习方法

卢梭说：形成一种独立的学习方法比获得知识更为重要。联合国教科文组织总干事纳依曼说：“今天教育的内容百分之八十以上都应该是方法……方法比事实更重要。”① 义务教育课标也把“学会运用多种阅读方法”作为语文课程的总目标之一。

一、阅读学习方法的基本理论

凡事都得讲究方法。阅读学习也不例外。因此，我们有必要了解阅读学习方

① 转引自王光龙．语文学习方法的理论与实践［M］．北京：中国文史出版社，2002：22.

法的基本理论。

（一）阅读学习方法的概念

方法是解决问题的手段与途径。学习方法有广义和狭义两种理解。广义指在学习过程中，为达到学习目的、掌握学习内容而采取的一切手段、方法、途径，以及学习所应遵循的一些操作性原则、组织管理等环节。狭义是指学习过程中学习者所采取的具体活动措施与策略，是学习者在一定的学习原则的调节指导下，有意识地发挥自己的智力因素、非智力因素和身体素质，把一系列具体的方法和手段连为一体而形成的有明确目的的活动。我们这里所讨论的是狭义的学习方法。正确的学习方法应由下列六个方面组成，即科学性、目的性、程序性、功效性、实践性、独立性。

据此，我们可以为阅读学习方法下个定义：阅读学习方法是学习者为了取得良好的阅读学习效果而在阅读学习过程中所采用的具体方法和手段的总和①。

（二）阅读学习方法的特征

阅读学习方法具有以下几个特点：

1. 实践性

实践性是阅读学习方法最重要的特征。阅读学习方法是一种实践性知识，只有通过实践，将这种方法转化为能力，形成习惯，它才体现出自身价值。如果只是停留在对阅读学习方法的了解、熟悉的地步，它也就失去了存在的意义。同时，也只有通过实践，阅读学习方法才能得以丰富和发展。

2. 适应性

应该看到，阅读学习方法中有一些共同的、普遍适用的内容。但也应该看到，阅读学习方法中有许多内容是随着学习情况的变化而变化的，所谓“学习有法，而无定法”指的就是阅读学习方法的适应性。只要某种方法能提高学习效率，使阅读学习任务顺利完成，它就是科学的。阅读学习方法一定要适应自己的身心特征，不能削足适履。

3. 发展性

从宏观上讲，教育理念、学习理念的更新，时代为人们的阅读活动所提供的技术手段，都会促进阅读学习方法的发展。从微观上讲，一种阅读学习方法在不

① 乔桂英. 阅读学习方法指导学［M］. 北京：中国古籍出版社，2007：19.

断地运用中是不断发展和变化的。因此，阅读学习方法不是一成不变的。随着社会的发展和变化，阅读学习方法会不断被改进，甚至是创新。

4. 灵活性

阅读学习方法的灵活性是指对于任何的学习内容，适应它的方法绝不是唯一的，需要灵活地加以选择。合理选择并灵活运用学习方法的技巧，只能在解决问题的实践中由学习者通过逐步体会而获得。

（三）阅读学习方法的类型

根据不同的划分标准，我们大致可以对阅读学习方法进行这样的划分：

1. 按阅读学习的目的分类

按照目的的不同，阅读可分为浏览性阅读、理解性阅读、鉴赏性阅读、借鉴性阅读、探究性阅读。不同的阅读类型有不同的阅读学习方法。相应的，就有浏览性阅读学习的方法、理解性阅读学习的方法、鉴赏性阅读学习的方法、借鉴性阅读学习的方法和探究性阅读学习的方法。

2. 按阅读学习的过程分类

从阅读学习的过程来看，阅读学习方法可以分为预读、通读、复读。预读，指利用目录、前言、索引和标题系统进行浏览；通读，指按照读物顺序从上到下、从前至后地逐次阅读，用于读物的首次阅读；复读，指首次阅读后的二次甚至多次阅读，大多是有重点的阅读。

3. 按阅读学习对象的特点分类

根据阅读学习对象的篇幅，阅读学习方法可以分为篇章的阅读学习方法和书籍的阅读学习方法；根据阅读学习对象的文体特点，又可以分为记叙文阅读学习方法、说明文阅读学习方法、议论文阅读学习方法、文学作品阅读学习方法等等。

4. 按阅读学习的培养目标分类

通过阅读学习可以获取知识、培养阅读能力并借以提高写作能力和口语交际能力，得到学习方法，形成学习习惯，并使情感、态度、价值观得以发展。根据阅读学习培养目标的侧重点不同，阅读学习方法可以分为朗读、默读、精读、略读、诵读、记读、浏览和查阅学习。这几类阅读学习方法是阅读学习的基本方法，也是义务教育课标和高中课标作为重点强调和要求的。

5. 按阅读学习主体的年龄特点分类

从阅读学习主体的年龄特点出发，可以分为幼儿阅读学习方法、小学生阅读学习方法、中学生阅读学习方法、大学生阅读学习方法等等。虽然科学的阅读学习方法具有普遍性，但是不同年龄的阅读学习主体，在心理、智力发展、知识背景各个方面都会出现不同的特点，所以有必要依据学习主体的年龄特点，将阅读学习方法具体化、阶段化。

6. 按阅读学习方法的适用范围分类

根据阅读学习方法适用范围的大小，可以分为一般的阅读学习方法和特殊的阅读学习方法。一般的阅读学习方法适用范围广，适用于各种类型的阅读学习，如前面提到的朗读、默读都属一般的阅读学习方法。特殊的阅读学习方法是指适用范围小的方法，主要指适用于某一类文体，甚至某一篇文章的阅读学习方法，比如美读法更适合于散文、诗歌等作品。

阅读学习方法还有多种分类角度，如按阅读学习的场所可分为学校的阅读学习方法、家庭的阅读学习方法和社会的阅读学习方法，按时代可分为古代的阅读学习方法、现代的阅读学习方法和当代的阅读学习方法，按阅读学习方法使用的合理与否可分为合理的或正确的学习方法、不合理的或错误的学习方法等等。

（四）阅读学习方法的选择

近年来，我国学者结合我国中小学生学习的实际，参照国外的有关理论，提出了多种学习方法选择的标准：依据学习的具体目的与任务；依据教材内容的特点；依据学生的实际情况；依据指导教师的素养条件；依据各种学习方法的职能、适应范围和使用条件；依据学习时间和效率的要求。除了这些依据外，还应考虑学习环境、学习设备、学生个体、学习风格等因素①。

综合阅读学习的特点，我们认为，阅读学习方法的选择要重点考虑以下几个因素：

1. 阅读学习的目的与任务

学习是一种有明确目的的活动，而学习方法是达到学习目的的程序、方式和手段。学习任务与目的是多种多样的，学习方法也是丰富多彩的。要完成一定的学习任务，达到一定的学习目的，就需要选择适宜的学习方法。例如我们要深刻理解文章的内容，就要选择精读的方法；要迅速掌握文章的大意，就要选择略读的方法。

---

① 吴沁．学习学概论［M］．长春：东北师范大学出版社，2000：227.

2. 阅读学习的内容

阅读学习内容是丰富多样的，既有字词句的学习，又有篇章结构的分析，还有正确方法的掌握和良好习惯的养成。学习不同的内容需要不同的学习方法，方法的优劣直接影响着对内容的理解和把握。例如，阅读记叙文和阅读说明文的方法不同，阅读常用文体与阅读文学作品的方法有别。

3. 个人风格与特点

哈佛大学的教育学家霍华德·加德纳提出了著名的多元智能理论。该理论认为每个人身上都存在着多种智力，每个人身上至少拥有七种能力，其中包括语言智力、数学逻辑智力、视觉空间智力、身体动觉智力、音乐智力、人际交往智力、自我认知智力等，人在这些方面的能力和素质是不同的。所以，在阅读学习活动中对学习方法的选择也因人而异。同样一种学习方法，有人运用起来得心应手，有人就感到不大方便。所以，学习者必须清楚地了解自己，正确地认识自己，在学习中依据自己的特点，选择适合自己的阅读学习方法。

4. 学习的内外部条件

学习条件是保障学习活动顺利进行的各种必要条件的总和。学习的外部条件是指学习活动得以展开的外部空间，主要从时空、物质、人际三方面影响学习方法的选择。学习的内部条件主要是指学习活动的内部基础和动力。学习时应将校内的学习和校外的学习相结合，由教师教的学习和自学相结合，书本学习和采用现代教育技术手段学习相结合，尽可能使阅读学习效率最大化。阅读学习方法的选择，要综合考虑这两方面：阅读学习的场所发生变化，相应的就要调整学习的方法；阅读学习的状态发生变化，也需要及时调整阅读学习方法。

阅读学习方法的种类繁多，但这并不等于说在具体的学习中，各种方法的使用是孤立的、一成不变的，仅以某种学习方法就能达到学习目的、完成学习任务。在实际的阅读学习过程中，通常是多种方法的有机结合，是各种方法的综合运用。应当掌握多种阅读学习方法，从而能够根据学习目的、学习内容，结合自己的学习风格选择最合适的学习方法。

二、阅读学习方法概览

义务教育课标指出："阅读方法的指导，让学生逐步学会精读、略读和浏览。"阅读学习的方法丰富多样，其中朗读、默读、精读、略读、诵读、记读、浏览和查阅学习是阅读学习的基本方法，也是义务教育课标大力提倡的。这些基本的阅读学习方法早已有之，也是大家所熟知的，这里不再赘述。

下面对古代、现代和当代的一些有代表性的阅读学习方法进行阐述。

（一）古代的阅读学习方法

1. 孔子的学思、学问结合法

近代著名学者胡朴安指出，“千古读书方法之善，当首推孔子”。孔子作为古代大思想家、教育家，其读书方法科学适用，自成体系，特别是“学思、学问”结合法，对今天的阅读学习仍具有很强的指导意义。

学与思结合。孔子说：“学而不思则罔，思而不学则殆。”这话极其概括地道出了“学习”与“思考”的辩证关系：只学习，不思考，是学不到知识的；只思考不学习，就会陷入空想的境地，最终一无所获。阅读与思考的关系非常密切。阅读过程实际上就是人的大脑的思考过程。在读书过程中，一定要在读书的同时多层次地深入思考问题，才能读有所得，读有所悟。

学与问结合。凡学必有问。清代大学者刘开说：“君子之学必好问。学与问，相辅而行者也，非学无以致疑，非问无以广识。”知识浩如烟海，学习没有止境，要想真正学到知识，除了刻苦之外，还应该有孔子提倡的“切问”“每事问”的精神。“敏而好学，不耻下问”，阅读学习要带着问题进行，如思考开头为什么这样写，这句话应该怎样理解，等等。有了问题，阅读学习才有目标和重点；同时，阅读学习过程中难免会遇到这样或那样的问题。这就需要我们认认真真地向工具书、老师、同学及其他有专长的人请教，寻根追底，通过“问”搬掉“绊脚石”。

2. 韩愈的钩玄提要法

这是一种在阅读中抓要点、找本质的读书方法。语出韩愈《进学解》：“记事者必提其要，纂言者必钩其玄。”按照韩愈的这个方法，读书首先要将书分门别类，然后按其性质类型的不同而采用不同的读书法。对于那些记事性质的历史书籍，阅读时必须提出纲要，也就是提纲挈领地将书中的主要内容抽出来；对于那些理论方面的书籍，阅读时则要注意探取其深奥的观点，也就是抓住它的精髓部分。

在钩玄提要法中，还可以运用提纲网络的方式，对复杂材料进行分析、比较和归纳。这样既可以紧紧抓住学习对象的主干部分，又可以网络出学习对象部分与部分之间的纵横联系，能够以点带面，收到事半功倍之效果。提纲网络具有较强的直观性、概括性和条理性。编写提纲的过程，也是开动脑筋分析、综合、比较、概括的过程，深入理解学习对象的内容和形式特点的过程。

3. 苏轼的八面受敌法

这是一种进行精读和研读的重要方法，源于苏轼。所谓“八面受敌法”，是指在通读一本书之后，还要重读、复读、多次读，并且每次复读只求确定一个主题，围绕一个中心解决一个问题，钻进去阅读，而不求面面俱到，不求什么都想获得。这样“每次作一意求之”，“勿生余念”（苏轼《又答王庠书》），集中精力，一次解决一个问题，多次阅读就会攻破多个问题，这样日积月累，即使“八面受敌”，也能经住各方面的提问、驳难和考验。这种读书法要求读书人善于条分缕析，又善于概括综合。这种方法适合阅读大部头经典著作。

运用此法阅读时应注意：

（1）要确定阅读目标。可以围绕教材或者课程的目的任务，结合自己感兴趣或要研究的课题为阅读的战略目标，分层次阅读，“一意求之”为阅读的战术目标。

（2）宏观微观相结合。对一本书或一篇课文进行阅读学习时，将“鸟瞰”分析与“显微”分析结合起来进行阅读。宏观阅读意在整体浏览课文，先获得概括了解，确定阅读的重点。宏观阅读可结合快读、粗读进行；微观阅读是在宏观阅读基础上，对几个较重要的或自己特别感兴趣的问题做深入钻研，一一击破，它贵在专、深。微观阅读可结合精读等法进行。这样既可避免单纯宏观式的粗浅化和笼统化，又避免单纯微观式的狭窄闭塞和“钻牛角尖”的弊病。

（3）发散阅读。运用此法时，它要求人们由一个焦点出发，波及八方进行思维，它不仅能把生活中、书本中得来的各类知识串联起来，形成一张知识网络，而且可培养、发展扩散性思维，增加人们的发现力和创造力。

提要钩玄法与八面受敌法恰好形成互补关系。前者抓主要矛盾，从全局着眼；后者“作一意求之”，从局部入手。两者互相补充、相辅相成，目的都在于掌握系统而全面的知识。

4. 陶渊明的不求甚解读书法

这是一种要求读书时抓住重点，去繁就简和独立思考的读书法。语出陶渊明的《五柳先生传》：“闲静少言，不慕荣利。好读书，不求甚解；每有会意，便欣然忘食。”运用“不求甚解”读书法，须掌握其操作要领：第一，整体感知，不钻牛角。要用“鸟瞰式”着眼全篇，不死抠某些章句，不局限作者原意，要把信息摄取放在对己有用的内容上来。第二，去繁就简，避轻就重。不求甚解，观其大意，是有所“求”有所“不求”的方法，对那些次要的、枝节的、烦琐的要敢于泛泛而过，有所“轻”才有所“重”，应把主要精力用在提纲挈领上。第三，以意逆志，心领神会。不求甚解绝非漫不经心，而要认真投入，进入“欣然忘食”的阅读情境，以文本为桥梁与作者会面，以自己的生活经历和思想感情去汇兑作品的内容，激起共鸣，与作者会心。这才是“不求甚解”读书法的魅力所在。

5. 朱熹的读书六法

朱熹读书的总原则是：“循序而渐进，熟读而精思。”(《读书之要》) 他认为，只有这样读书，才会“意定理明，而无疏易凌躐之患””(《读书之要》)；才会使书上所言、心中所想、口中欲述融为一体；才会读有所得，“记了无去处”。

根据朱熹关于读书的意见，他的学生将其读书方法归纳为“朱子读书法”六条：

居敬持志：即读书时要保持一种恭谨的心态，精神专一；要立定志向，树立远大的目标。

切己体察：这是要求读书时不能只在纸面上下工夫，还必须将书中道理与自己的生活结合起来，能将书上的“圣贤言语，体之于身”，考察体验自己能否如此力行。

熟读精思：读书应反复读，读一遍与读十遍，收获是不同的。读书时还要有怀疑精神，在人无疑处看出问题，方算有功夫。

虚心涵泳：读书要虚心静虑，要忠于作者原意，不可先入为主，穿凿附会。要有耐性，切戒慌忙，要细心玩索，深刻领会书中旨趣。

循序渐进：即读书不要急于求成，应按照一定的顺序进行。这个顺序是：第一，先读基础内容、易把握的书。第二，读完一本，再读另一本。第三，从字句、章节、篇章依次读起，把前面弄懂后，再继续读下去。

着紧用力：读书要“如撑上水船，一篙不可缓”，要抖擞精神，下苦工夫，花大气力。读书时虽不可求速成，但必须抓紧抓狠，毫不懈怠，要有“一棒一条痕，一掴一掌血”的精神。

6. 王筠的读书五法

王筠是我国清代末年教育家。他曾撰写了一篇很有价值的语文教学的专论——《教童子法》。在这篇论文里，他认为阅读学习理论主要可以概括为这样几个方面：读书要“取其多、取其熟、取其解”。

“取其多”是对阅读数量的要求，要做到“多读勤讲，岁无旷日”。

“取其熟”是对读书次数的要求，要做到“务求精熟，一字不遗”。

"取其解"是对读书质量的要求，要做到"讲说思维，令有条贯"。

他还总结出了几种语文阅读学习的方法：

一是札录法。即每读一文一书，凡遇有精彩的句子或段落，有时甚至全篇，就随手摘录下来，熟读必记。

二是粘贴法。遇到喜爱的段落摘录下来，朗读十余遍，贴之墙壁，每天十余段，少则六七段。利用休息时间大声朗读，细细琢磨，如此养成习惯。等墙贴满，取第一天所贴收到筒中，如再摘录，可补其处。这样随收随补，不断积累，数年之后，可称为博学者。这种方法有效地运用读书空闲时间温习所学内容，有利于巩固记忆。

三是连号法。连号法，即一天接一天地不断地背诵积累，同时学习新知识，"初日诵一纸，次日又诵一纸，并初日所诵诵之，三日又并初日次日所诵诵之，如是渐增。引至十一日，乃除去初日所诵，每日皆连诵十号，诵至一周，遂成十周。"这种方法虽然简单，却行之有效。"人即中下，亦无不烂熟矣"。

四是圈抹法。圈抹法，即圈点勾画，反复揣摩。"每科新买直省乡墨，篇篇皆使学子圈之抹之，乃是切实功夫。"读书之时有所体会，对重点或精彩之处有所重视，或对某些句子、论点有所疑问需"圈之抹之"。"功夫有进步，不妨圈其所抹，抹其所圈。不是圈他抹他，乃是圈我抹我也。""圈之抹之"是读书第一阶段的思考表现。"圈其所抹"，"抹其所圈"，则是对自己的理解的再思考，是对初步思考的修正、补充或批判，因此是读书更进一步的表现。读书圈抹法是被实践证明行之有效的读书方法，养成读书圈抹的习惯，能够促进思维的发展。

五是眉批法。眉批法，即提出自己的独立看法。"即读经书，一有所见，即写之书眉，以便他日涂改。""眉批法"是比"圈抹法"更高一级的读书方法。圈抹法偏重于全面正确地理解阅读材料，眉批法是在全面正确地理解材料的基础上又提出自己的独立的看法。这是需要高度集中的思维活动的读书方法，王筠认为"若所读书都是干干净净，绝无一字，可知是不用心也"。

关于阅读学习方法，古代学者还有很多真知灼见，如孟子自求自得学习法、程式读书法、郑板桥的"攻探学问"法等。这些阅读学习方法对我们今天的阅读学习仍具有现实的指导意义，需要我们批判地加以继承。

（二）近现代的阅读学习方法

1. 全脑阅读法

"全脑阅读法"是指在利用左脑的同时注意开发右脑的一种阅读方法，国内较早提倡这一方法的是徐自强老师。①

“全脑阅读法”的观点是：在阅读中，既开发左脑，又开发右脑，使两者协调一致，彼此配合，以达到开发大脑潜能、提高阅读效率的目的。它由三个部分组成：

（1）全脑快速阅读。快速阅读是人们从文字中迅速有效地提取所需信息的阅读法。传统的音读从左脑输入信息，阅读速度慢。全脑快速阅读是视读法，把文字当做图，从右脑输入信息，全脑处理。由于全脑直映而省掉了发音和听觉器官的活动，大大提高了阅读速度。

（2）全脑图示阅读。这是一种以“图”析“文”的阅读法。它讲究形象性、整体性、凝练性和美学性。它也是从右脑输入信息，全脑处理。图示是展示文章的“屏幕”，学习文章的“导游图”，是阅读学习的微型形象课文。

（3）全脑反刍阅读。一是抓语感训练。通过诵读领悟法、触发意会法、比较推敲法等，从整体上培养对语言的敏感。二是抓形感训练。通过说文解字法、幻化图画法、想象作文法等，培养对形象的敏感。三是抓语理训练。语理是指语文理法，即语法、修辞、文章、逻辑等法则。上述三种训练方法，语感训练和形感训练偏重于右脑，语理训练偏重于左脑。左右脑协调，就能提高阅读效率。

“全脑阅读法”是一种崭新的阅读学习方法。它从根本上改变了中国人千百年来的阅读习惯，使阅读在方式、速度上实现根本性的突破。“全脑阅读法”的掌握是一个长期的循序渐进的训练过程。因为受传统阅读方法的影响，刚开始运用“全脑阅读法”的时候，难免会感到不适应，但只要长期坚持，阅读效率会有极大的提高。

2. “SQ3R”读书法

“SQ3R”读书法，最早出现于美国依阿华大学，后来，美、英和欧洲各国都普遍采用。其过程如下②：

浏览：这是读书的第一步，当拿到一本书后，首先应概要地读一读该书的提要、目录，以便对该书有个大体的了解。

发问：这一阶段，要读书中各章节的标题以及章节承上启下的内容，一边粗读一边提问。这样可以激发学习兴趣，促进自己的钻研。

① 徐自强．“全脑阅读法”的探索［J］．中学语文教学．1995（9）

② 王绍梅．谈 SQ3R 学习法及其应用［J］．西北第二民族学院学报（哲学社会科学版）．1996（2）

阅读：阅读就是从头到尾细读，对重要、难解部分反复读。在阅读过程中，要做到眼到、口到、心到、手到，也就是边读、边思考、边圈点勾画。要尽可能将自己原有的知识和新知识结合起来，写眉批写心得，做读书笔记。以保存“知识印象”。

复述：即“回忆印象”，如俗话说的“过电影”。离开书本，回忆书中的内容，看自己发问的题目是否获得了正确的理解。这是自我检查学习效果的方法，也是巩固记忆的手段。

复习：一般在复述后一两天内进行，隔一段时间再重复一次，这样可以巩固已有的知识，又能温故而知新，从中获得新的体会。

“SQ3R”读书法把快速阅读与一般阅读（即慢读）有机结合起来，充分发挥了快读与慢读各自的优点，弥补了各自的不足。这样，既保证了良好的阅读效果，又适应了人们掌握阅读方法的一般状况。

3. 循环读书法

指根据阅读需要，对某些已读过的材料进行反复多次阅读的方法。有时人们也称之为“牛食法”“复读法”。此法一般可分为两种：一种是温习性的，目的是加深印象，避免知识遗忘；一种是探究性的，目的是从新的角度探求新的认识，解决新的疑点或过去尚未解决的遗留问题。一般说来，对于已较熟悉的材料，在温习性复读时可用扫读法、跳读法、习题法等阅读；在探究性复读中，应当运用精读法、研读法。其步骤如下①：

（1）粗读。以较快的速度粗线条地把全文看一遍，了解主要内容，基本观点，同时顺手在自己认为重要的地方作一些记号。

（2）复述、回忆。读完一课或全文后，合上书本，回忆初学所读（哪些印象深刻？哪些印象淡薄？哪些尚未学到?）或采用低声口述、默读，用自己语言复述所学的材料，发现一些薄弱环节后，及时补习，及时抓住重点，加强理解和消化，防止遗忘。

（3）反刍重读。反复熟读，尤其文中重要的段落、概念、原理、字、词、句或插图。循环读书常用的就是重复和温习。

（4）精记、攻读。对筛选后剩下的重点、难点作精细的阅读，从思想教育内

---

① www. wxread. com

容和表达形式两方面下咀嚼的工夫，力求获得比较正确的理解。同时随手对文章的精华撷采熟记，以强化记忆。

（5）排难、创新。对每次阅读时尚未解决的疑点难点，或者用已知的规律去探究碰到的新问题，在每次的重读中，可以借助查证工具书和相关的参考书，力求弄明白。有的一下子未能解决的，可以在较长的时间间隔内进行。如5年、10年、20年，乃至终生探究。运用循环读书法，还贵在持之以恒，坚持不懈。

“读书百遍，其义自见。”循环阅读法是一种通过反复阅读，逐步加深对文章含义理解的精读方法。不是所有的书都需要进行循环阅读。一般地说，有价值的书比如经典著作、教科书，与自己从事的专业有关的书适合于此法。

4. 厚薄读书法

厚薄读书法就是先将阅读内容具体化、精确化，把“薄书读厚”，再将阅读的具体内容加以概括、梳理和归纳，从而提纲挈领，去粗取精，达到把“厚书读薄”的目的。爱因斯坦、华罗庚曾积极提倡这种读书方法①。

厚薄读书法一般分为两步走：第一步先把书“由薄读厚”。所谓“由薄读厚”，是指在阅读过程中，对书中的每个概念、原理和观点加进自己的理解，深入理解自己不清楚的地方，还要用参读法、圈点眉批法等丰富有关问题的资料，这样读书的页数、篇数、本数由少到多，并且通过阅读，吸收有关内容，自己获得了许多比书本上内容更为丰富、更为深刻的认识、见解，书越读越厚。如毛泽东在阅读过的《伦理学原理》（全书仅10万余字）一书中，批语就达12000余字。第二步，把书“由厚读薄”。所谓“由厚读薄”指在对读物深入理解的基础上，经过自己的思考，把它加以归纳、综合、概括，抓住书中提纲挈领的精要和本质的东西，使书本知识真正为自己所有。

厚薄读书法的优点就在于阅读过程中把求全与求精有机结合起来，既重视知识量的增加，又利于知识质的提炼、深化，对阅读学习有着重要指导意义。

5. 预测阅读法

也称超前思考法或悬测读书法②。面对自己比较熟悉或正在研究的题目的文章或书籍，可先不忙翻看其内容，而是悉心研究题目，然后闭目静思，设想这个

① 郭洪侠，武彩丽．华罗庚读书法浅析［J］．淮北媒师院学报，2002（9）．

② www. liufa. net/stme

题目由自己来写会分作几章几节，组织怎样的结构体系，对其中的重要观点又将从哪方面入手，组织哪些材料来论述，并将自己的设想写下来，然后再拿它与原文对照，看哪些地方不谋而合，哪些地方意见相左，哪些地方自己不得其解。对不谋而合处，稍加浏览便可；对意见相左处，要推究谁正谁误，原因何在；对不得其解处，要舍得下工夫，不但掌握人家的观点，还要掌握人家的思路和方法。这样读书能强化对书中思想内容的印象，了解作者的思路，明了自己思考的不足之处和知识的薄弱环节，加深对书本知识的理解，激发阅读的兴趣，提高阅读能力。

预测阅读法，始终是让阅读者站在主体这个位置上，展现在阅读者面前的不是固定的模式，而是一块块待开垦的土地。它是让阅读者尽量地达到“模式”的标准，最终冲破“模式”的范围。这与课标提出的发展思维能力和激发创造潜能的目标不谋而合。

（三）当代的阅读学习方法

1. 体验感悟法

义务教育课标指出：“阅读是学生的个性化行为，阅读教学应引导学生钻研文本，在主动积极的思维和情感活动中，加深理解和体验，有所感悟和思考，受到情感熏陶，获得思想启迪，享受审美乐趣。要珍视学生独特的感受、体验和理解。”体验感悟法就是从各种语言中获取信息，唤醒阅读主体生活中的相关信息并与之综合，形成一种积极地、富于创造性地与作者进行心理交流的有意义的阅读学习方法。

应用体验感悟法，首先要放弃主观的成见，不要心粗气浮，要使自己沉潜浸润于书籍中，设身处地，切己体察，优游玩索，虚心涵泳。

（1）切身观察中体验

主体感受言语对象是以自身的经历为起点的。感悟源于深层的生活阅历。切身体察的做法主要有以下几种。

①联系生活法。心理学研究表明，越逼近原型，体验越快、越真。叶圣陶说：“唯有从生活方面去体验，把生活所得到的一点点积聚起来，积聚越多，了解就越深切。”有时文本反映的生活是我们不曾经历过的，可以根据实际情况亲历类似于文本反映的生活，以加强体验、促进感悟。如《捞铁牛》一课主要讲述怀丙和尚利用水的浮力捞出铁牛的故事。我们可以拿一只小桶，盛满水，沉入水中，再提出水面，反复试几次，感受一桶水在水中和水外的重量变化。由于已经通过

亲身体验，对怀丙和尚为何那样捞铁牛，就能有直接而深切的领悟。

②设身处地法。暂时忘记自己的真实身份，转换角色，设身处地，与作品的表现对象同喜怒，共哀乐，借助角色效应，缩短与对象的距离，增强了情感体验和领悟。如学习《孔乙己》，我们可以把自己当成咸亨酒店的“小伙计”。

（2）活现形象中体验

阅读文本，大多充满形象。但文本的形象不具有实体性，不能直接呈现在阅读者面前，必须借助言语这个中介诉诸阅读者的想象和再创造。人们只有在了解言语的前提下，通过想象、联想，调动自己的生活经验，才有可能感受并还原出形象。

①想象还原法。阅读过程中，把言语对象经过再造想象，逐一转换为新的形象，入情入境，步步还原出作者所反映的各种事物的表象及作用和意图，心领神会。这一过程就是体验的过程，也常常是感悟的过程。建立在由表及里的内心体验基础上的感悟内在而深刻。如学习《静夜思》，我们可以想象李白在一个月光清冷的秋夜孤独思乡的情景，从而感受他内心对故乡和亲人的深深思念。

②呈现情境法。有时候，单凭再造想象还原形象可能有困难，这时可以通过言语描摹、画面再现、媒体演播、角色扮演等方式，再现文本的生活情境。如《白杨》中有一句话“不管遇到风沙还是雨雪，不管遇到干旱还是洪水，它总是那么直，那么坚强，不软弱，也不动摇”，我们可以通过查看有关白杨树的图片和资料进一步感悟白杨树的坚强。

（3）诵读涵泳

所谓涵泳，就是沉浸其中，细细品味。涵泳的基本方法就是诵读，熟读。这是感知文本和获得审美享受的基本途径。诵读过程中通过口、眼、心、耳等各种感官全身心地进入文本，由读生感，感中得悟，产生审美愉悦，激发审美创造，陶冶心志。诵读要力求深入文本内核，同文本在鲜活的生命律动中展开交往，争取把自己的主观感受同作品实际统一起来，从而“文若己出”，通融一体，达到身临其境、神会其中的境界。

2. 融合语感法

义务教育课标在“课程的基本理念”中指出：“语文课程应特别关注汉语言文字的特点对学生识字写字、阅读、写作、口语交际和思维发展等方面的影响，在教学中尤其要重视培养良好的语感和整体把握的能力。”

语感是思维并不直接参与作用而由无意识替代的在感觉层面进行言语活动的能力①。它是人们在语言实践中形成的和反映出来的对语言文字的敏锐的感应能力。形成对言语作品敏锐、优质的直接的反应能力，就能从纷纭繁复的言语现象中发现语言的魅力。“在语感锐敏的人心里，‘赤’不但解作红色，‘夜’不但解作昼的反义，‘田园’不但解作种菜的地方，‘春雨’不但解作春天的雨吧。见了‘新绿’二字就会感到希望，自然的化工，年轻的气概等等说不尽的旨趣；见了‘落叶’二字，就会感到无常、寂寥等等说不尽的意味。”②

融合语感法以诵读为主。主要是：

（1）角色诵读

在阅读课文、感受人物思想性格的基础上，扮演其中一定的角色，读读想想，深入其心灵世界，揣摩其思想特征。通过这种目视其文、口发其声、耳闻其音、心通其情的角色诵读，来深入体验作家笔下人物的精神世界。

（2）美读感染

所谓美读法即是情感诵读法，正如叶老所说的“美读，就是把作者的情感在读的时候传达出来。这无非如孟子所说的‘以意逆志’，设身处地，激昂处还他个激昂，委宛处还他个委宛，诸如此类”③。这就要求必须完全进入作者的情感世界，以一种强烈的“作者意识”突破静态和物化的“文字相”，与之合二为一。方法上则借助吟、诵、唱多种形式，并以各种身势相协调配合，在如醉如痴、如泣如诉的过程中，整个身心沉浸到诵读对象中去，与其水乳交融，尽情感受和领悟弥漫在字里行间的特定氛围和情愫，以及语表层下漾动的文气和语势。

（3）品读揣摩

紧密结合语境而对言语作细细的咀嚼，于吟诵中赏析作者在言语过程中“辛苦经营的功力”（叶圣陶），进而升华到对言语美的一定高度的自觉，这就是品读。它具有鲜明的理性色彩，可以弥补传统读书法限于感性乃至混沌之不足④。

---

① 王尚文．语感论［M］．上海：上海教育出版社，2006：33.

② 朱作仁．语文教学心理学［M］．哈尔滨：黑龙江人民出版社，1984：281.

③ 叶圣陶．语文教育论集·下册［M］. 北京：教育科学出版社，1980：125.

④ 潘勇．走向个性化和语感型——新课标下的课堂阅读教学例说［J］. 重庆社会科学，2006（3）.

3. 全息法

要理解全息法，首先要明确全息和全息元两个概念①。

全息是指整体上的任何一部分，都包含着整体的全部信息。在特定条件下使物体的任何一部分成长为一个新的整体的克隆技术，就是生物体的一个细胞包含了该生物体的全部信息的明证。阅读的对象——文本具有全息性，它所涉及的内容极其丰富：自然、历史、人文、科技……上下五千年，纵横几万里，它们是社会的缩影，可以折射出整个世界。

全息元则是指在功能或结构上与其周围的系统或部分有相对明显的边界，并具有系统或整体的全部信息的子系统或部分。抓住文本的全息元，能最大限度地聚焦全部信息，达到窥一斑而见全豹的功效。

全息法是指用全息思维方式观照阅读全过程的一种学习方法。其显著的特征在于：将文本看做一个研究主题，注重阅读学习前后的延伸与拓展；强化资源意识，实现阅读学习过程中的充分互动及多元探究，最终促进综合发展。

（1）潜心读书，寻找全息元

以最佳的视角与文本展开对话，聚焦文本的全部信息，可以实现知识与能力，过程与方法，情感、态度与价值观三个维度的融合，最大程度地提高阅读教学的效益。那么，该如何去寻找文中最佳的全息元呢②？

①找情感丰富的语段。比如《我的战友邱少云》的第 8 段，“为了整个班，为了整个潜伏部队，为了这次战斗的胜利，邱少云像千斤巨石一般，趴在火堆里一动也不动，烈火……”这一段完全可以折射出邱少云所在潜伏部队的处境，以及邱少云在烈火中煎熬的壮烈，反复品读可以起到震撼人心的作用。

②找内涵深刻的词句。如《敲开世界冠军的大门》一课的“敲开”无疑是耐人寻味的词语，仅以“为什么用敲开”为切入口，就可以辐射容国团夺冠前我国被世人讽为“鸭蛋队”的屈辱，夺冠时奋勇拼搏的艰辛，以及夺冠后的狂喜。

③找前后矛盾的地方。如《小珊迪》一课，那位先生开头对珊迪的态度是如此的冷漠，仅花一个便士买一盒火柴也只是出于摆脱纠缠，而最后愿意花几千倍、几万倍的代价郑重承诺：“我会永远照顾小利比的。”这样的矛盾是极具研究价值的地方。

---

① 卢雁红．全息互动，综合发展——全息阅读教学的实践探索［J］．教学月刊（小学版），2004（1）．

② 卢雁红．小学语文全息阅读教学实践初探［J］．课程·教材·教法，2003（12）．

④找不同寻常之处。《比金钱更重要》这篇课文中那位陌生男子的车被“我”撞坏了，却要打电话来向“我”表示感谢，这种不同寻常的表现是非常值得深究的地方。因此，可以此为全息元向上下辐射。

（2）充分联想，调动视界期待

在潜心读书之后，以全息元为中心，展开充分的联想，在全息法中显得尤为重要。

联想可以从这几方面展开：

①搜寻相关信息。即“思接千载，视通万里”，将思想的触角伸向每一个角落，把具体时间、空间或相关事物的感性经验连接起来。

②搜寻相对信息。相对信息反映了事物的对比、对应的关系，在思维上表现为逆向思维。相对信息可起到与眼前场景对比、映衬的作用，加深对文本的读解与体验。

（3）不断探究，实现多角度辐射

确定了文本内的全息元后，在大胆想象的基础上，仍倡导思维的触角以全息元为基点向文本四方辐射，不断叩问，不断探究，这是全息阅读的显著特征。在全息阅读者眼中，文本是一个全息元，阅读者必须调动所有的体验与信息来读解它，也必须将此看成一个研究主题，将探究的触角向四方辐射，在丰富多彩的探究综合实践中，凭借已有的全息获得更好的全息，让自身素质得到全面提升。

（4）实施综合实践，提高素质

完成对文本的多元读解后，全息阅读学习还需完成其循环系统中的最后一个环节——实施综合实践。这是基于文本对话后的体验生发的听说读写的综合实践，是大力开发并利用全息学习资源的有效举措。可以尝试以下几种形式：

迁移式的仿写。就是模仿文本的立意、构思、布局谋篇或表现手法，进行练笔。

反思式的评论。反思式的评论就是针对某篇课文中的遣词造句、情节构思、人物形象等发表自己的评论并说出自己的理解和设想。有时，干脆根据自己的理解重编故事。

后续式的研究。在文本解读后，新的问题还会产生，为了培养学生良好的探究品质，可以引导学生进行后续式的研究。

拓展式的实践。以文本为中心，以全息开发教学资源为基础设计相关实践活动，从而实现学科间的融合，校内外的沟通。如学习《火烧云》，可以观察当地的火烧云，并把观察到的奇异景象画下来或写下来。当然，一切拓展与延伸须以全面提高学生的语文素养为宗旨，不可盲目与过度。

例如学习《地震中的父与子》一课，可采取如下读法：（1）潜心读书，寻找全息元。文章值得推敲的句段很多，人物的心理变化也复杂。为了能在有限的时间内入情入境，在心中留下深深的印记，需要找到一处或两处最能折射全文的语段，使其发挥牵一发而动全身的功效。我们可以抓住描写父亲孤军奋战、伤痕累累的片段“他挖了8小时、12小时、24小时、36小时，没人再来阻挡他。他满脸灰尘，双眼布满血丝，衣服破烂不堪，到处都是血迹”作为文章的全息元。（2）充分联想，调动视界期待。这是一篇震撼人心的课文，但文章的内容与我们的生活非常遥远。为了更好地阅读文本，我们可以搜寻相关信息展开联想，如查看汶川地震的相关报道、图片等，以加深对文本的认识。（3）不断探究，实现多角度辐射。紧紧围绕全息元充分感悟文本，先从时间上读出父亲的“累”，然后试着用朗读表达出这种“累”；再从“没人再来阻挡他”研究人们产生这一变化的缘由，体会父亲的孤独和苦闷；再接着从父亲的惨样读出父亲沉甸甸的爱和饱含血泪的情；最后深究父亲的精神支柱，提升形象。这样的阅读过程是立体推进的过程，语言层层叩问，情感步步推进，人物形象渐渐丰满。（4）实施综合实践，提高素质。听说读写，融为一体。可以尝试复述故事，也可以进行练笔，或续写或评论①。

4. 个性阅读法

个性阅读法是阅读主体根据自己已有的认知框架，自主地对书面符号进行感性理解探究，最终获得带有强烈主观色彩的感悟和体验的阅读学习方法。其过程如下：

（1）整体感知。“整体感知”是对文章初步的领悟和体会，是从宏观上了解“写什么”和“怎么写”的过程。整体感知所包含的内容，如写作背景、写作意图、主旨、结构特征、线索、感情基调等。

（2）联想拓展。课文中出现的“空白”，多数是作者表达的需要；或言外有意，让阅读者回味；或言此意彼，让阅读者揣摩；或迂回反衬，让阅读者猜测。我们凭借语境联系生活经验联想填补这些艺术空白，便能超越文本，丰富体验。

---

① 卢雁红．全息阅读简化语文［J］．小学语文教学，2005（12）．

（3）质疑批注。个性化阅读更需要质疑，根据阅读材料，提出自己认为有价值的问题个性化的见解并进行批注。所谓批注，就是对课文的字、词、句、章以眉批或间批的形式加以注释和评论，或记上自己对课文的领悟和心得。批注要做到语言精要、抓住关键、紧扣题旨。

（4）个性展示。用不同形式呈现阅读体验。由于兴趣有别、个性特点不尽相同，因此呈现阅读体验的方式也不一样。可以选择记录、朗读、表演、表述等方式。

5. 综合专题法

综合专题法是一种为了研究或解决某个专门问题进行的有目的、有计划、有选择的阅读学习方法。

一次完整综合专题阅读活动应包括以下基本步骤：

（1）确定阅读专题

综合专题阅读必须有明确的目标。通过阅读要解决什么问题，这是阅读中必须确立的阅读任务。一般来说，阅读专题的选择可大可小，应根据需要自主而有重点地选择与确定，或文学形象，或作者情感，或语言风格，或写作技巧，或社会热点问题，或关注自然、人生等，只要是感兴趣且能独立完成的均可。

（2）搜集阅读材料

综合专题阅读需要广博的知识基础，它必须在资料积累达到一定量之后才能进行。博采是综合专题阅读收集信息的基本原则。因此，必须通过各种渠道主动获取知识。信息来源可以是教材的内容，也可以是报纸杂志，还可以是从网络上获取的。

（3）进行深入阅读

综合专题法的最重要的环节是广泛而深入地阅读。在这个环节阅读方法是十分重要的。其一般的程序是：①广泛阅读。这个环节主要是在各类书籍、报刊或网络中寻找与阅读专题有关的内容，进行大量的略读，以求得有用的信息。②深入阅读。将找到的有用信息消化理解，并根据阅读专题的需要做适当的摘抄或剪贴，及时进行信息的整理、归类。③研究思考。围绕专题进行较为深入的分析与拓展，进行同类材料间横向的联系与比较，将阅读过程中的认识与发现记录整理，做好读书笔记。

（4）形成研究成果

为了保证专题阅读的质量，在主动独立且广泛深入地专题阅读后，应进一步探究，完成专题小论文的写作。小论文是综合专题阅读学习成果的一种展示方式，也是语文素质养成的必由之路。

“工欲善其事，必先利其器。”学会学习是现代学习的一个新的特点。学习者要能根据自身的年龄特点和心理特征，对学习过程进行切合实际的规划，明确学习目标，构造趋向于目标的步骤，选择科学的学习方式与学习方法。

第十一章　阅读学习的心理及其调控

阅读是一种由多种心理因素参与的，从书面语言中获得信息的心理过程。阅读学习的心理过程是阅读研究的一个重要课题，认识阅读学习心理过程的结构以及各种心理要素及其内部联系，对于学习者自觉地掌握和运用阅读规律，提高阅读效果，具有重要的现实意义。

阅读心理（psychology of reading）是指个体通过视听器官从书面语言符号中获得意义的心理过程，是人的一般心理过程和个性心理特征在阅读过程中的体现[①]。《中国大百科全书·教育卷》对“阅读心理”作了这样的说明：“阅读是从写的或印的语言符号中取得意义的心理过程，阅读也是一种基本的智力技能，它是由一系列的过程和行为构成的总和。”[②] 就是说，在阅读时，感知、想象、联想、思维、记忆等心智因素，分析、综合、推理、判断、归纳、演绎等心智技能，以及阅读需要、动机、兴趣、情感、意志等各种意向活动，都是具有调节、促进作用的各种心理因素，它们交互作用而形成一个渐进的认知过程，成为决定阅读水平的关键所在。所以，能够准确地把握多种阅读心理因素及其交互作用的阅读认知心理过程，对于提高阅读主体——学生的阅读水平，改善语文教学费时多、收效微的状况，具有极其重要的意义。

---

① 黄希庭．简明心理学辞典［M］．安徽：安徽人民出版社，2004：488.

② 王松泉等．语文教学心理学基础［M］．北京：社会科学文献出版社，2002：246.

第一节　影响阅读学习心理的因素

以培养阅读能力为主的阅读学习过程总是夹杂着非常复杂的心理活动，从而产生阅读心理效应，即阅读者因参与阅读活动而产生的感知、思维、情感、意志、注意力等心理现象。这些阅读心理随着阅读能力层级要求的逐渐提高，呈现纷繁复杂的变迁状态，对阅读效果产生不同程度的影响①。而影响阅读学习心理的因素也是多方面的，如阅读环境、阅读主体的动机和情感、背景知识和文本语境等的影响，它们对于阅读效果都起着至关重要的作用。

一、阅读环境的影响

环境对人的心理有着重要影响，适合的环境对缓解人的压力、提高人的心境都有积极的作用。古代有孟母三迁的佳话，孟母之所以不怕麻烦，三次搬家，就是要给孩子创造一个良好的成长环境和学习环境。当然，这是大的生活环境对人的影响，具体而微的小环境对人的影响也十分明显。不同的环境对于阅读训练也有不可忽视的影响。

研究表明，人只有在相对平静、自己比较熟悉的环境里才有心理安全感，才能“放心”地学习，而处在一个与自己的日常环境差异很大的地方，很多不确定的因素容易让人产生一种警戒心理，造成紧张状态，人的注意力不容易集中，因为他没有安全感。另外，一些化学或物理方面的干扰，还会通过对人生理的刺激影响人的心理，比如一些化学物质会让人感到恶心、头晕甚至呕吐，这样的反应也会引发人情绪低落和莫名的烦躁。一般来说，学习环境安静、读书氛围浓厚，就能让人静下心来，快速沉浸到阅读中去；而嘈杂、热闹的环境，则容易让人分心，不能很好地进入阅读中去。有人指出，噪音音量越大，越有可能干扰人们的言语交流，会引起个体生理的唤醒和应激、注意力分散等，对人的心理健康也有不利影响。如会引起头痛、恶心、易怒、焦虑和情绪变化无常等。

① 陈思．初中生语文阅读心理及教学策略研究［J］．东北师范大学硕士学位论文．2006

学习的环境包括物理和人文两个大的方面。优美的校园、明亮的教室、安静的图书馆，是物理方面的学习环境，而学校的氛围、师生关系、家庭背景以及当下的社会问题等是学习的人文环境。阅读者既要重视适宜的物理环境也要重视和谐的人文环境，只有将二者完美地结合在一起，才能全身心地进入学习状态。

当前社区和家庭的文化建设是阅读环境的重要方面，值得注意。阅读兴趣的提高、良好阅读习惯的培养，光靠学校及语文老师是不够的，必须有社区和家庭的参与。社区与家庭都具有共同营造良好阅读“生态环境”的责任。从家长的角度来说，选择一个好社区与选择一所好学校是同等重要的；从学生的角度来说，拥有和谐的家庭氛围与拥有一个良好氛围的班级也是同样重要的。

学校应指导家长搞好家庭文化建设，为孩子创造良好的读书环境；鼓励家长带头读书，做孩子读书的榜样；定期举行家长读书报告交流会，促进家长读书风气的形成。据调查研究发现，一个睡前喜欢看书的父母，他们的孩子必然对书情有独钟，起码不会排斥看书，甚至这种影响是从妈妈怀孕期间就开始的。苏霍姆林斯基曾把课外阅读看做开发学习困难的学生的智力的有力手段，学习困难的学生课外阅读的书籍越多，智力活动的积极性越高。因此，我们应有效调动家长的积极性，为培养学生的阅读兴趣、阅读习惯、阅读能力开辟新渠道。学校还可以加强与社区的联系，建议社区搞好文化建设，创造良好的社区读书环境。所以，学校、家庭、社区应该统一思想，联合创造良好的阅读环境。

二、阅读心绪的影响

心绪是人的心理情绪，每个人时刻处于一定的心绪中。个体的心绪可分为亢奋、平静和抑郁三种状态。过分亢奋与过于抑郁的心绪都不利于阅读。有些老师发现，如果学生刚上过体育课就进行阅读教学，学生的理解往往不太深刻，且注意力不能集中。相反，如果学生因为某方面的原因心绪压抑，则表现出反应迟钝、理解易偏颇的特点。在阅读学习中我们发现，亢奋的学生往往容易忽略阅读材料中的细节，而处于抑郁状态中的学生则过分关注细节，不能把握全文的结构。

阅读心绪本身不仅能对阅读过程产生直接的影响，它也关系到其他要素能不能发挥正常功能和形成综合效应。良好的阅读心理能消解不利阅读的因素，保持对阅读有利的因素。我们知道嘈杂的环境会大大降低阅读效率，然而良好的阅读心绪能“忽视”这种外在环境的影响，同样能得到很高的阅读效率。这类似佛教里的“定力”，是保持平静心绪的一种能力。一个典型的例子是毛泽东在闹市读书的故事。在湖南一师学习的时候，毛泽东特意到最喧闹的地方去读书，为的是锻炼自己的意志，使自己在学习时心绪不受外界干扰，在任何时间和场所都可以很好地学习。这个例子表明人的心绪可以消解不利的因素，保证高效的阅读。

好的心绪可以促进阅读，相反不良的心绪是阅读教学的障碍。当前不少学生不同程度地存在满足感、冷漠感、孤独感、懒惰感、功利感和逆反感等心绪，这样的心绪或者让学生过度亢奋，或者让其过度地抑郁，都不利于阅读活动的正常开展。实践表明，有孤独感、冷漠感和逆反心绪的学生，过于关注自我，容易对一些普通的事物特别敏感。在阅读理解过程中，这样的心绪就会导致理解的偏颇，甚至错误。王国维在阐述“有我之境”时说：“有我之境，以我观物，故物皆着我之色彩”，虽是讨论文学的境界的，但对于我们的阅读教学与训练也大有启发。心绪对于阅读的影响，正是“以我观物，故物皆着我之色彩”。重要的是我们只是让所观之物带上自己的情感色彩，却并没有改变事物。但不良的心绪会改变事物的原貌，甚至走向相反的方向。因此，我们要学会调整心绪，不因主观的因素导向导致理解的片面与失误。

语文阅读学习主要是在学校中，将学识水平、年龄层次、身心发展等方面大致相当的学生集中在一起，在教师指导下进行的。课内阅读教学中营造平等自由的心绪气氛，是激发学生阅读兴趣的基本前提。学生对课外阅读感兴趣，其重要原因就在于课外阅读的自由的心绪气氛，因此，教师要树立主体教学观，善于置换角色，理解尊重学生，努力为学生创造条件和机会，使他们像在课外阅读那样有一个无拘无束、自由自在的阅读环境和愉悦的心绪，以激发其求知欲和阅读热情。

三、阅读动机的影响

学习动机就是为什么样的目的而学习的心理状态。中学生的学习动机有主动与被动、积极与消极之别。其主动与被动、积极与消极之别，不在于动机本身是不是高尚的，而在于这个动机能否表达他“自己”的意愿。当年周恩来说自己是“为中华之崛起而读书”，这是他的学习动机，也就是他读书的根本目的，这是一种主动而积极的动机，因为这个动机不是老师强加给他的，是他自觉的意识。现在有的老师感慨学生不能有周恩来式的动机，以为只要他们能说“为中华之崛起而读书”就会学好功课了，这实在是一个误区。

我们的看法是，只有主动的能表达个人真正意愿的动机才对学习行为有强大的促进作用。主动的积极的阅读动机将阅读当做一种精神需要，是阅读活动的内驱力。这样的动机对阅读有发动和维持作用，决定了人在阅读活动中的注意力、持久力和理智感。动机可以是不同的，但必须是自己的。只有真正地愿意阅读，在阅读中获得一种成就感和满足感时，高效的阅读才能继续下去。

学生的阅读动机有以下表现：

（1）好奇心理。追求曲折离奇、生动有趣或缠绵悱恻故事情节，希望了解自然、社会、人体、人类的历史和未来，都是青少年阅读过程中好奇心理的表现。所以学生爱读侦探、武打、科幻、爱情、探险、历史、旅游、科普一类的读物。好奇心理能激发学生的学习兴趣，刺激学生的阅读欲望。尽管它属于外表层动力，但是考虑到学生的这种心理，有针对性地推荐适合青少年心理特点的阅读材料，就能持续不断地激发学生的好奇心理，吸引学生的阅读兴趣，使他们的阅读动力始终处于不断的酝酿、激发、保持和高涨的过程中，并且把这种动力逐步引向深层。

（2）主动心理。由追求认识学习内容的需要引起的阅读兴趣，它属于过渡层及稳固层动力。随着学生年龄的增加、年级的升高，心理渐趋成熟，个人自制能力增强，这种主动心理在中学生特别是高中生的阅读动机中的成分不断增加。在主动心理的驱使下，学生比较爱读如诗歌、散文、杂文一类的作品。语文教师要充分利用学生的这种主动心理，在阅读学习活动中激发学生学习的主动精神、积极性和参与意识，不断扩大阅读效果。

（3）自觉心理。主要由反映阅读需要的社会意义引起，属于阅读自我意识的主要内容。随着学生心智发展的不断充实，世界观和人生观的逐渐形成，阅读的自觉心理也逐步占据动机的主导地位，它属于核心层的动力。自觉心理的形成因素是多方面的，如上进心、好胜心、竞争感、荣誉感、事业心、成就感、责任感等等。在自觉心理的支配下，学生往往能够钻研内容比较深奥、文字比较艰深的读物，自觉完成教师指定的阅读内容，而不单凭兴趣、口味阅读了①。

阅读动机是由多种心理成分组成的，主要包括认识水平、要求水平、自觉程度、兴趣倾向、意志强度等方面。语文教师应该注意了解分析这些心理成分，以便采取针对性措施，提高学生阅读的积极性和自觉性。另外，还要考虑到影响学

① 杨光．影响中学生阅读的心理因素浅析［J］．信阳师范学院学报（哲学社会科学版），2001（9）．

生阅读动机的外界因素。一般来说，社会生活条件和教育条件对阅读动机的形成起决定作用，而学校、家庭环境对阅读动机有重大影响，此外，学生的健康状况、个性特征对阅读动机的影响也是不容忽视的。

四、阅读情感的影响

阅读过程中的情感因素，如兴趣、爱好等对阅读者的阅读理解也起着一定的作用。这个作用最明显的表现是阅读者期待视野的影响。在阅读之前及阅读过程中，作为接受主体的阅读者基于个人和社会的复杂原因，心理上往往会有一个既成的结构图式。阅读者的这种根据阅读文本形成的心理图式，就叫期待视野。在具体的阅读过程中，这种期待视野主要呈现为文体期待、形象期待和意蕴期待这样三个层次。一般说来，每个学生都有自己感兴趣的文体，有的人喜欢诗歌，有的人喜欢小说，而有人则喜欢戏剧。当一个新的阅读内容呈现在他们面前的时候，他们首先会有一个基本的判断：这是什么样的文章？如果是他喜欢的文体，他兴趣会很高，而且会习惯性地用已有的方法去解读文章。其次，他们已有的结构图式也会影响他们对阅读内容中形象的期待，影响这个形象期待的因素很复杂，它可能来自学生本身的现实经验，也可能来自过去他读过的文本，当然也和他个体的性格相关。

作为教师，要给学生创造恰当的阅读期待，利用他们已有的心理图式激发阅读的欲望。心理学的研究表明阅读主体的情感反应运动是一个动态结构过程，大致要经历始发（阅读欲望）、冲动（阅读愉悦）直接反应。在阅读中，一个普遍的现象是，我们对完全熟悉的内容会觉得没有意思，从而降低一开始的阅读激情，因为这样的阅读没有新鲜感与愉悦感；另外，如果阅读对象太难了，我们无法理解的时候，也会降低阅读激情，因为这样的阅读没有成就感。有人以为，当学生面对一首诗，感到深奥难懂或古怪离奇，会激发起“弄个明白”的阅读欲求，从而唤起阅读者的审美注意，细致深入地阅读它。这是一个看似有道理的错误认识。第一，并不是所有的学生都对诗歌这种文体感兴趣；第二，学生可能因为读不懂大多数字句而放弃阅读。所以教师一定要对学生的期待视野有个基本的了解。

我们在选择阅读内容时，一方面要照顾自己的兴趣与爱好，阅读自己通过努力就能正确理解的文章，另一方面也要尝试扩大自己的视野。每个人都有一个不完整的知识结构，也都有一个不完整的期待视野，学习的过程、阅读的过程就是不断扩大这个结构的过程。我们的大脑有一个极好的功能，它会自动建立起各种知识之间的内在联系，当我们读到一个过去没有接触过的内容时，大脑就会自动地在我们的知识结构上添上一笔，并自觉地建立起与已有内容的直觉的联系。

五、文本语境的影响

文本是情感信息的载体，阅读是无法脱离文本而存在的。传统的阅读理论认为，阅读就是阅读者对文本中所具意义的寻求与把握，但是现在我们对阅读者在阅读过程的作用日益重视，阅读被看成阅读者对文本进行再创造的过程。“一千个读者就有一千个汉姆莱特”指出了阅读理解中的差异性；但无论有多少，他还是汉姆莱特，不是贾宝玉，所以不同人的阅读理解又具有同一性。造成差异性的根本原因是阅读者的阅读心理与已有知识结构的不同，而理解的同一性则是因为所有的阅读都是在一定文本的限制中完成的。所以高效的阅读，不仅与适当心理因素相关，也与阅读的文本相关。文本对阅读理解的影响主要有三方面的内容：语境、知识和文化。

（一）上下文语境对阅读学习的影响

单个的词语一般是没有意义的，意义流动在连续的词语与句子之中。打一个比方，词语只是一滴水，而意义却是一条河流，河流是由一滴滴水组成的，但一滴水永远都不是一条河流，只有它在河流之中时，它才有与河流相关的含义。一方面词语只在一定的语境中才有意义，另一方面语境又由众多词语形成，他们是相互依存的两个方面。在具体阅读活动中，我们会感到文章中有许多词语的用意不是从哪本书上能查得出来的，还有些词语的意思在文中的意思与原来的不一致，不能按原来的意思去理解。这时就需要阅读者将头脑中已知或当时认知的词语再现出来，在具体语言环境中选择出最适当的义项。像《我的老师》中“我用儿童的狡猾的眼光察觉，她爱我们，并没有存心要打的意思”，其中的“狡猾”反映的是儿童的聪明和机灵，与原来的意义相去甚远。单靠阅读者原有的知识理解是不行的，这时就要通过上下文意境来理解词语的意思。还有许多词语传达出了言外之意，这“言外之意”也是书上所没有的。

因此，阅读时要注意通读全文，根据上下文来推断出一些词语和语句的意思，而不能简单地断章取义。理解词语，不仅要理解词语的本义、比喻义和引申义等，还要在具体的语言环境中，利用已有的知识和经验，根据上下文的意思，推断出词语在此情境里所表达的特定内涵。这样才能更好地理解文章，理解作者真正的写作意图。[1]

（二）背景知识对阅读学习的影响

我们知道，背景知识是达到阅读理解的前提条件，缺乏相应的背景知识，很难达到真正的理解。《孟子·万章下》："颂其诗，读其书，不知其人，可乎？是以论其世也，是尚友也。"这里提出了一个重要的观点"知人论世"，认为只有了解了一个作品的作者和产生的时代才能准确地理解作品的内容与意义。

阅读时如缺乏背景知识或不能恰当地运用背景知识，阅读理解就会受到严重影响，甚至导致理解的错误。西汉时王莽篡汉，《汉书·王莽传赞》里就把王莽写成"紫色蛙声"。宋朝有个人不了解相关的背景知识，于是望文生义，以为"紫色蛙声"是说王莽长得太难看，皮肤是紫色的，又说王莽的声音太难听，像青蛙的叫声一样。其实他的解释与原意风马牛不相及。《论语·阳货》中有"恶紫之夺朱也"，是说杂色的"紫"夺去了正色"朱"，而蛙声当然也不是说王莽的声音和青蛙一样，而是说打鸣本来应该是公鸡的事情，这个王莽做皇帝就是"青蛙打鸣"，含蓄又有点幽默地说出王莽篡汉的事情。看来不了解当时的背景知识连古代自认为博学的士大夫也会闹笑话，何况我们的学生呢？

背景知识是正确理解文本含义的基础，适当增加自己的背景知识可以让阅读更准确，也更轻松。背景知识不仅是指历史的背景，也有各种学科方面的背景，宽泛地说，所有的文本之外的知识都可以当成阅读的背景。我们在阅读科技相关的文章时，就要具备一定的背景知识才能读懂。比如，我们读到了与宇宙的生成相关的文章，就应该具备诸如"大爆炸""黑洞"等背景知识，这样才能更准确地把握相关内容。心理语言学家们认为，"每个阅读理解行为都涉及一个人对世界的了解"，也就是说背景知识对阅读理解即阅读速度有重要的影响，因为阅读的内容即作者的意图（思想）需要与阅读者已有的知识体验相互作用。

从广义的角度上来说，背景知识是完成阅读的基本条件，同时所有阅读的内容经过大脑的处理后又变成了下一步阅读的背景。阅读的过程就是完善人的心理和知识结构图式的过程，也是视界融合的过程，我们不断在阅读中把新的成分和链条置于我们已有的图式和视界之中，从而在下一步的阅读中有更广阔的视野。

① 曹明海．理解与建构——语文阅读活动论［M］．青岛：青岛海洋大学出版社，1998：299—300.

（三）文化背景对阅读学习的影响

通常阅读材料中都渗透着一个国家的文化、习俗、传统以及思维方式，其中大量的习惯用法、典故，不是仅仅认识一些字、词就能理解的。不同国家的人们说着不同的语言，而不同的语言又有着不同的文化背景。对具有不同文化背景的人来说，同一种表达法指的可能并不是同一件事。不同的文化背景能够造成对亲眼目睹的事件的不同描述，因为我们对话语的记忆不是以直接复制为基础的，而是经由解释推定的，这种解释推定过程来自遇到的话语信息，加上来自与日常生活话语有关的以往经验的知识建构了一种心绪表象。平时的阅读中，不管是何种体裁、哪种语言，都应该注意从中不断搜集、积累。在教学中应根据教材的需要，在读前提供推荐尽可能多的有关参考资料，以便使阅读过程趋于更加顺利。

如果不能充分了解与材料相关的文化背景知识，必然会极大地阻碍阅读能力的提高。要使学生真正了解一篇文章，教师在课堂上就不能只注重生词和课文本身的讲解，而要辅之以大量的与课文相关的背景知识，加强文化知识、常识的讲解，激活学生原有知识之间的联系，从而提高阅读能力。同时，学生应进行大量的课外阅读，扩大知识面，增加文化知识的积累。只有这样双管齐下，才能使学生提高理解能力，加快阅读速度，避免出现只了解表层意思却不清楚作者“潜台词”的被动局面。

第二节　阅读学习的心理调控

阅读学习的心理调控是指阅读中的非认知心理因素，即阅读动机、阅读兴趣、阅读意志等心理因素（教育学家称为非智力因素）对阅读认识过程起影响、调节和支配作用的过程。它们是阅读认知过程中必要的心理条件。

一、保持愉悦求知的良好心态

愉悦求知的心态是一种健康的良好的阅读心态，是阅读主体的全部心理素质在阅读活动中的具体显现。它表明主体在阅读时对读物的兴趣和需要。它能更好地激发阅读者积极深入地阅读。培养与激发阅读者的阅读兴趣是与良好的阅读心态分不开的。

我国古代伟大教育家孔子说过："知之者不如好之者，好之者不如乐之者。"学生只有"好之"、"乐之"，才能有高涨的学习热情和强烈的求知欲望，阅读兴趣的高低和阅读效果的好坏也成正相关的关系。心理学早已证明，阅读兴趣是阅读积极性中最现实、最活跃的心理因素，也是构成阅读教学艺术愉悦功能的重要因素。它可以消除由紧张的思维活动带来的心理疲劳，调节重复的学习活动带来的生理疲劳，淡化情绪生活中的焦虑水平，恢复业已倾斜的心理平衡等，使得阅读教学在一张一弛、劳逸结合中获得寓教于乐的功效。因此，诱发阅读兴趣已成为阅读教学所追求的最基本的一个艺术手段①。

兴趣的发展与一切事物的发展一样，都遵循着由低级到高级、由简单到复杂的发展过程。研究表明，人的兴趣发展，一般要经过有趣—乐趣—志趣三个阶段。培养兴趣的最终目标，就是要使兴趣由有趣、乐趣发展到志趣。兴趣到了入迷的程度，便会发展为浓厚的志趣。到了志趣阶段，主体对客观事物（或从事的活动）的目的和意义有了清楚的认识，特别是对所学内容的社会意义有了明确的认识，乐趣进一步向意识内化，变成了主体意识的有机组成部分，即产生了自觉性。有了自觉性，就会调动起学习的积极性，并能主动设法克服学习过程中出现的困难和挫折。志趣积极自觉、强烈稳固，具有社会性、自觉性和方向性的特点。

要保持愉悦的阅读心态，就要培养和激发对阅读学习的兴趣。这就要求我们必须遵循兴趣规律，把培养和激发对阅读学习的兴趣贯穿于阅读活动的全过程。在语文阅读学习中，有目的、有计划地培养和发展自己的兴趣，感到语文学习是"自我需要"，并做到与自身追求的目的融为一体，才能积极主动地勤奋学习，始终保持愉悦、健康的心态。

在阅读中，可以通过多种方式培养自己的兴趣。首先可以想象情境，诱发兴趣。当我们看到一个新的阅读内容时，我们要利用我们已有的知识猜想一下它的内容是什么。这实质是给自己一个心理上的期待，这个期待能引导我们继续阅读，以证明自己所想的正确与否。如阅读《核舟记》一文时，只要想一想什么是核舟，就会有一种阅读渴望与兴趣。其次要有成功体验，稳定兴趣。人在成功地完成一项任务后，总会产生一种愉快的感觉，因此，要使阅读兴趣持续稳定下去，就要在阅读中努力有所发现，并珍惜每一个成功时刻，让自己有阅读的成就

① 马笑霞．语文教学心理研究［M］．杭州：浙江大学出版社，2001：194.

感和满足感。为此，要根据自己的情况来选择阅读材料，不要太容易，也不要太难，当然也不要太长与枯燥。

二、培养专注阅读的良好习惯

阅读的专注性是指在阅读过程中阅读者排除干扰、专心于阅读的稳定心理状态。这种心理素质在阅读过程中表现为两种情况：一是具有相对的沉着性。这是指阅读者能够静下心来集中精力阅读，而不是浮躁不安，读不进去。二是具有相对的稳定性。这是指阅读者能够在一定时期内将精力集中在某一内容的阅读上。这其中包括两个方面：一方面阅读主体的阅读态度是稳定的，而不是朝三暮四或随大流地阅读；另一方面阅读客体的内容也是相对稳定的，如某一阶段阅读哲学方面的书籍，另一阶段又读美学方面的书籍，或者某一段时间相对稳定地读某一作家的作品等等。汉朝董仲舒专心读书，孜孜不倦，他的书房后虽然有一个花园，但他专心致志读书学习，三年时间没有进园观赏一眼，董仲舒如此专心致志地钻研学问，使他成为西汉著名的思想家。

培养阅读的专注性品质，首先，要在主观上形成阅读需要。需要是人进行实践活动的原动力。阅读者要把求知欲望和自我完善的心理需求引导到阅读上来，使阅读有需要感和目的性。在求知欲望的驱使下，阅读者会更加专心致志地进行阅读活动，从而养成良好的专注素质。

其次，要培养阅读兴趣。兴趣是一种带有倾向性的心理特征，当人们对某一事物发生兴趣时，必然伴随愉快的情绪和专注的心理，推动人们自觉地去探索、追求。培养阅读兴趣，以通过开展阅读活动如读书报告会、读书演讲会、课外阅读作业、课堂阅读讲析等，带领阅读者走进一个广阔而多姿多彩的知识天地，去亲身体验阅读的新奇、愉悦、美感、智趣以及困惑等，以此激发阅读的积极情绪，形成阅读的内在兴趣，从而实现阅读的专注性。教师还可以在教学中有意设置特定的阅读环境，使学生处于紧张的阅读状态，这对学生专注性品质的养成也有一定的作用①。

再次，培养阅读者的稳定性。这是进行阅读活动、养成专注品质的关键。有的人阅读时坐不住，翻几页书便没了情绪。稳定性则需要阅读者能沉住气，静下

---

① 王继坤．现代阅读学教程［M］．青岛：青岛海洋大学出版社，1999：60.

心，以较稳定的心态进行阅读。不是随意去阅读，今天读金庸，明天读琼瑶。

还有一点是，要进行专注性素质的特殊训练。比如有意识地“闹中取静”，专到嘈杂人多的地方捧书阅读，排除外界干扰，专心阅读。

三、具备细致观察、深刻体验的素养

（一）细致观察——做生活的有心人

语文学习的外延与生活的外延是相等的，阅读学习的过程与学生的生活密切相关。阅读的题材和内容是来源于生活，丰富多彩的。通过阅读更能体验生活，并进一步更好地观察生活。义务教育课标指出：“多角度观察生活，发现生活的丰富多彩，能抓住事物的特征，有自己的感受和认识，表达力求有创意。”面对丰富多彩的世界，学生不是被动地接受世界，而是以一种积极主动的态度去面对。他们也通过阅读不断认识自己、审视自己，并实现自我、超越自我。

所谓观察就是观察生活，认识世界。观察是另一种形式的阅读，我们阅读的材料不过是别人观察的“结果”，是别人用恰当的语言和合适的角度描写出来的“观察”。观察让我们更直接更形象地了解世界和生活，而我们观察的结果也将整合到我们的知识结构中，当我们面对文本时，能够调动积累的“生活元素”，将文本的情景“真实”还原。同时，观察可以培养我们对生活美的敏感性，用自己的眼睛去发现别人没有发现的东西。这对于阅读学习十分重要，因为在一定的意义上，阅读过程就是对某一个期待的含义“求证”的过程，只有细致的观察才能让我们掌握“求证”的知识与情感标准。

（二）深刻体验——感知文本，感悟生活

阅读首先是感知。学生所面对的并不是客观物的实体，而是由语言文字——代表一定意义的符号表示出来的客观物。它是现实事物的抽象的间接的反映，要想更好地理解它，就需要经过阅读者的转换补充，把抽象的转换为具体的，把间接的补充为直接的，才能实现和完成对这种“外部言语”的真正理解。

从本质上说，阅读感知是包含着强烈感情的间接感知。书中的语言文字通过描绘生动如画的物景，塑造栩栩如生的个性，表现意蕴深邃的思想等来感染人、教育人。在一篇作品中，作者所描绘、塑造、表现的是完整的形象，其各个因素都有着不可分割的内在联系。我们阅读时，绝不能也没有必要把它人为地割裂开来。虽然文章由许多部分组成，各部分又具有不同的特征，但我们不能把它感知为许多个别的孤立的部分，而应该感知成统一的整体，这是感知的整体特征所决

定的。

在感知一篇文章时，应遵循“整体——部分——整体”的规律。在初读文章时，不着急分层分段，肢解课文，而是要使整篇课文成为一个整体，要使学生有足够的时间去默读、揣摩、欣赏，从而直接把握课文的主旨、情境、艺术手法等。否则，脱离了完整的意境，看不到作者的思路，尽管在字、词、句、段上下工夫，也只能徒劳无益。如毛泽东的《沁园春·长沙》只有读完全篇才能感受到它虽是写寒秋之景，却一扫“悲哉秋之为气也”“秋风萧瑟天气凉”之悲秋情怀，写出了一个有活力的深秋景象。一首诗的格调、情味是从这首诗的整体情境中产生的，而不能从其中的某一句诗、一个词里觅得。所以，叶圣陶说，学习课文第一步应该“通读全文”，“知道文章大概”。当然，这时学习者对课文的把握仅仅是混沌的、朦胧的，带有飘忽性和猜测性，它所反映的只是事物的表面现象和外部联系，属于认识的初级阶段。但只有把握了全文的语脉、文思，站在整体高度鸟瞰各个部分，才能对局部的标点、词语、句式产生正确的感知，把握得更准确、更全面。一旦局部的文字领会了，再回到整体，就能产生更为深刻的理解。这样，才符合阅读课文“整体——部分——整体”的心理特点①。

四、积极思考，提高阅读水平

（一）在思考中阅读

在阅读的过程中还要多思考、多进行信息的转换和浓缩概括。把繁杂的知识简单化，纳入知识的有机体系中。这样既利于记忆储存，又方便提取使用，对编织自己特有的最佳知识结构更有益处。在运用时还往往不会受具体情境的束缚，有利于思路的纵横伸展，左右逢源。学生阅读课文时的提取段意、编制提纲、寻找中心词、关键句等等，其实都是学生调动已有的知识经验，转化文字符号，领悟作者通过作品传递出来的立场观点、思想感情、见闻想象等的思维活动阶段，是对作品由感性认识到理性认识的必经阶段。在阅读过程中要学会思考，学会理解。只有这样，才能深入地理解文章的内涵，才能真正从文中吸取到有益的知识。所以，在阅读时要学会思考，不流于形式，不浮光掠影浅尝辄止，要做到真正理解。没有理解的阅读是无效的阅读，阅读的质量高低取决于理解的深度与

① 王松泉等．语文教学心理学基础［M］．北京：社会科学文献出版社，2002：257.

广度。

所以，我们在阅读时，不能被动地充当“容器”，停留在表面的泛泛的理解上，而必须要自觉地正确地理解原文，主动地探求文章所蕴涵的各种意义，不断地介入评价、怀疑和预测，不断地提出问题，再根据自己的思考，做出自己的判断。这要求我们在阅读的过程中，要学会调控自己的心理，既不脱离文本主观臆测，也不要沦为文本的奴隶，丧失自己的眼光。

（二）在鉴赏和审美中阅读

学会鉴赏，要求在理解的基础上，对文章的思想观点、语言文字、风格特点等进行鉴别、赏析和评价，独立地提出自己的见解。如果说理解阶段主要表现为对阅读内容进行如实的接收和消化，使认识达到理智上的评判（是与非、好与坏、美与丑）和感情上的反应（热爱或憎恨、同情或反感、赞扬或抨击），并对正确的、好的、美的加以肯定和吸收，对错误的、坏的、丑的进行抵制、批判和扬弃，力求反映文章的本来面目，鉴赏则是学生对文章的主观审视，融入了学生鲜明的主观思想和感情色彩，是客观存在的发展和深化。因为要掌握作品的精神实质，发掘其深刻的内涵，知悉其整体结构和技能技巧以及艺术特色等，都不是一件容易的事①。

鉴赏以理解为基础，是对作品的美的属性的一种能动的感受和反映，是阅读者认识、情趣、爱好的具体体现，又是使主观认识逐渐符合客观实际的思维过程，是以学生头脑中已经形成的思想观点来鉴别、赏析和评判作品。它通过有限、具体、个别的艺术形象，去进一步感受、领悟、理解形象所表现的更广阔、更丰富、更深远的意境。

在阅读中学会鉴赏和审美，阅读者要做自己的主人，要敢于发表自己的观点，不要拘泥于审美的权威，不能硬套一个审美模式。审美就要先知道什么是“美”，美是能够使人们感到愉悦的一切事物，它包括客观存在和主观存在。审美是人类掌握世界的一种特殊形式，指人与世界（社会和自然）形成一种无功利的、形象的和情感的关系状态。阅读中，我们可以从作者的个体经历进行审美，也可以从材料中的有代表性的人物形象来审美，还可以从作品的写作技艺上进行审美，甚至可以从材料的基本思想方面来审美。比如一首小诗词，它形式上的整

① 曹明海．理解与建构——语文阅读活动论［M］．青岛：青岛海洋大学出版社，1998. 33—37；299—300.

齐、节奏的和谐与音韵之美都是可供我们学习与体味的。

总之，审美的角度是多方面的，从单纯的读懂内容，到审美和鉴赏，是阅读水平提高的新梯度。

（三）在交流中进行阅读学习

我们对读物有了一些新的理解之后，就会产生一种表述自己内心感受的愿望。通过交流，和其他的阅读者交换自己的感受，从而获得不同的经验。交流表面上看来只是信息的交换，实际上也包含着复杂而微妙的心理变化，只有将心理调控到最适合的状态才能更好地交流。

交流不是机械地把原文说出来或写出来，不是照本宣科式的"念"，而是用经过压缩的、简要的、自己能明白的言语来分析、综合、比较和概括原文的句子、段落和意思，把原文的思想变成自己的思想，然后用能为他人所理解的言语加以表达。在交流中，个人的知识经验、感受体会都会加进去，从而与他人互相沟通，发生和谐的共鸣。

交流是阅读者能动地消化知识、逐步地积累知识的手段，它能使阅读认识得到加深，可以提高阅读感知和阅读理解的效果，并使口头言语和书面言语的表达能力得到提高与发展。因此，有人说，理解的一个重要指标，就是看一个人能否用平常的语言把问题陈述出来，并通过对问题的陈述产生对问题的内部表征。运用自己的语言，发表自己的见解，这才是积极的阅读。

然而，阅读者往往具有相对的内倾思想，一方面有交流的渴望，另一方面又不愿意主动交流。调查表明，自卑心理、闭锁心理、抑郁心理、异常焦虑以及对异性的好奇感与自我压抑都是阻碍他们正常交流的因素。这些因素都在较长时间内对阅读者的心理造成不利影响。我们在阅读中只有克服这些不利的心理因素，形成乐观的心态、开放的胸怀和善待他人的思想，才能更好地与别人交流。

五、利用阅读技能，降低心理调控难度

把心理调控到一个合适的状态是保障顺利阅读的基本条件之一，然而很多时候我们会因读不懂材料而产生对阅读的恐惧心理，这种恐惧心理又会导致新的阅读障碍，形成恶性循环。这种情况下，掌握一定的阅读技能就十分重要，它能帮助我们找到一个理解、分析阅读材料的切入点，让阅读变得更轻松，从而更容易获得阅读的成就感和愉悦感，消除阅读恐惧心理，降低心理调控的难度。

阅读技能，是构成阅读能力的要素之一。不掌握一定的阅读技能，是不能高

效率地完成阅读活动的。阅读者所要求掌握的阅读技能，通过一定的阅读学习训练能够获得，又能在具体的阅读活动中得以运用。

例如速读技能。速读技能要求我们用最少的时间来达到对文章的基本理解，以获取有用的信息。速读技能训练的基本要求是在把握文章大意的前提下，阅读必须有一定的速度，根据课程标准，初中要求每分钟阅读500字左右。要做到这一点，就必须在阅读时使用默读的方式，扩大视幅，减少回视（重读），从顺次阅读进入跳读，要灵活运用多种筛选信息的方法等[①]。

一旦掌握了适合自己的阅读技能，我们就能发现阅读中的许多乐趣，发现分析材料并不是很难，慢慢由害怕阅读变为喜欢阅读，逐渐把阅读行为由外在需要变为自觉的内需，最终形成稳定的积极的阅读心理状态。

从语文独立设科的百年历史来看，阅读教学一直是语文教学的重中之重。但民国以来，阅读教学的效果并不能令人十分满意，这除了与传统“讲读”模式的流弊有关外，学生的阅读心理方面的诸多因素也是影响阅读教学的重要原因。因此，了解阅读主体的心理并选择恰当的阅读策略，重视学生在学习过程中的动机、兴趣、注意、想象、思维、情感、意志、能力等心理品质，使阅读的过程成为获得满足感、成就感和愉悦感的过程，就能够提高阅读的效率，做到事半功倍。

① 张鸿岑．语文教育学［M］．北京：北京师范大学出版社，1993：174.

第十二章　阅读学习的指导

阅读学习目标的达成，只有从激发阅读兴趣开始，然后在科学、有效的阅读学习方法的指导与训练中，才能逐渐养成阅读的能力，久而久之，方会养成良好的阅读习惯，最终实现阅读的终极目标——发展智力，充盈心灵。阅读能力的提升必须依赖于有效的阅读学习指导，阅读学习兴趣的产生也有赖于好的阅读方法的掌握。不同类型的阅读内容有着不尽相同的阅读方法，熟练掌握这些阅读方法对于阅读能力的养成乃至整个语文学习都有着重要的影响。

第一节　社科类论说文的阅读学习指导

社科是社会科学的简称，是以社会现象为研究对象的科学，是关于社会事物的本质及其规律的科学。社科类论说文指的是介绍、阐述、诠释、论证社会科学情况及成果的文章，包括哲学、政治学、经济学、教育学、语言学、社会学、历史学、文化学、伦理学、民俗学、宗教学、文艺学、美学等方面的学科论文或事理说明文。另外，一些哲理性议论散文也可归入此类①。

一、社科类论说文的特点

社会科学类的文章，是用来进行社会科学研究和描述社会科学研究的文章。

---

① 孙玲．社会科学类文章阅读题的答题对策［J］．高中生之友，2008.

它既是探讨社会科学问题、进行社会科学研究的手段，也是概括社会科学研究成果、进行学术交流的文字载体。

从文体上说，社会科学类文章包括议论性和说明性等类别，本节侧重于论述社科类论说文。论说文是直接说明事理、阐发见解、宣示主张的文章。它的特点是观点明确、论据充分、语言精练、论证合理、有严密的逻辑性。

二、社科类论说文阅读学习的要求

基于社科类论说文的特点，特提出如下阅读学习要求：

（一）筛选并提取文中的信息

所谓“信息”，指的是通过阅读而得到的消息、知识、情报或代表某些信息的词语、符号、数据或图像等。从阅读材料中区分主要的和次要的，有关的与无关的，关键的与非关键的词语、句子、段落等，筛选并提取出自己所需要的或适合要求的信息，是达到阅读目的、获得所需信息的重要手段。从文章中筛选并提取重要信息，在阅读时须把注意力放到文章的重要内容上，比如文章中涉及的基本概念和新的知识、对这些概念和知识的解释和阐述、最能表达作者写作意图即文章主旨的语句等。

重要信息的筛选包括摘要、抽取、概括、组合、转换、延伸等能力。在辨别、筛选过程中，一定要在理解的基础上进行分析，尽量做到“事到理合”。所谓“事到”就是要搞清文章写了“何人何事”，事情属于“何类何质”；“理合”就是要推敲“人与人、人与事、事与事”之间叙述的恰当和道理的依据。

（二）把握论说文的结构特点

把握论说文的结构方式，理清文章思路框架，对于学习论说文有事半功倍的效果。社科类论说文常见的基本结构是“提出问题（引论）——分析问题（本论）——解决问题（结论）”。它可分为“横式”和“纵式”两大类。“横式”结构具体有总分式和并列式；“纵式”结构则主要表现为层层递进式。把握了这些要素，就可以理清文章的思路结构，加深对全文的理解。

分析结构，首先看文章到什么地方完成了提出问题的任务，从什么地方开始分析问题，到什么地方结束，归纳出结论。在分析问题时，还要注意论证方法的使用。段落的领起句往往是关键，分析时要紧紧抓住。

（三）分析论说文的论证过程

阅读论说文，还必须分析它的论证过程。论证过程是指运用证据阐释证明论点正确性的过程。它要求论述要深刻、周密，讲究说理的艺术。论证的目的在于揭示出论点和论据之间的内在逻辑关系。

论说文的论证一般分为立论和驳论两大类型。立论是以充足的论据正面证明自己论点正确性的论证方式；驳论是以有力的论据反驳别人错误论点的论证方式。立论和驳论都是一种证明，无非一个是从正面证明其正确，而另一个是从反面证明其错误。它们可以使用基本相同的论证方法，如举例论证、道理论证、比较论证、比喻论证、分析论证、因果论证等。阅读时要能够区分文章使用的是何种论证方法，是如何将论点论述清楚的。

（四）概括作者的观点态度

所谓观点，就是作者对事物所持的看法；所谓态度，就是指作者在文中所表现的感情倾向和思想倾向，包括爱与憎、褒与贬、肯定与否定，以及某种程度的保留等。

作者在文中的观点态度，是文章思想内容的核心，也就是文章的意旨。分析概括作者的观点态度是阅读论说文的必备要求。论说文的中心论点、分论点等就是作者在文中的主要观点，阅读时应加以重点关注。

总之，分析概括社科类论说文作者在文中的观点和态度，就是要求用自己的语言，将文章进行具体的理解和总结、筛选和提炼、加工和转化，从而分辨作者对所说事物或歌颂或批判的态度。

三、社科类论说文阅读学习的方法

社会科学类文章的学术性比较强，既要理解语句、把握文章思想内容，又要分析综合、鉴赏评价，难度比较大，因此，掌握阅读方法是关键。

1. 整体把握文意

读论说文，通观全文后，首先要弄清楚作者论述的问题是什么，涉及的范围有多大，归属的类别是什么；接下来要弄清楚作者对所论述的问题有哪些独到的见解，阐述了哪些主张，作者运用了哪些材料，这些材料起到了怎样的作用，全文的写作主旨是什么，这些问题都想清楚了，获得了准确的认识，才算对文章的整体内容有了初步把握。具体来说，应做到：

（1）找准论点：论点应该是明确的判断，是作者看法的完整陈述，在形式上应该是完整的句子。有的文章，标题就是中心论点，有的开头就提出论点，有的出现在篇末，有的则是在论述过程中提出中心论点。也有的文章对论点的表述不是很集中，需要我们在整体把握的基础上用自己的语言把它概括出来。

（2）分析论据：先分清是事实论据还是道理论据，论据是否典型有力，再明确这些论据是用来证明什么观点的。

（3）明确论证方法：辨别文章使用了哪些论证方法，这些论证方法是如何一步步证明论点的。基本的论证方法有：举例论证、道理论证、比较论证、比喻论证、分析论证、因果论证等等。

（4）分析文章结构：看开头提出了什么问题，是从几个方面分析论证的，着重论述的是哪个方面，再进一步研究这样安排的道理。

论说文大体有如下一些结构：

总分式（或称总分总式）。论说文的全文总体结构一般都是这种结构模式。论证方法一般都要在中心论点的统率下，确立几个从属于中心的，即为阐述中心论点服务的分论点，然后通过对分论点的逐一阐述，使中心论点得到深刻有力的证明。具体说来，可以细分为先总后分式、先分后总式、“总—分—总”式、“分—总—分”式四种形式。

并列式（又叫板块组合式）。并列式的结构特点是论证的层次呈横向展开，分论点之间是并列的关系，也就是分论点从不同角度、不同侧面对中心论点或论述的中心问题展开论证，使文章呈现出一种多管齐下、齐头并进的格局。并列式的各个分论点，可以灵活安排，其先后次序有时可以前后互换；它们看起来是各自独立的，其实是紧密相关不可分割的一个整体。一般总把最重要的放在前面，或把并列的几个方面按大小、高低、前后的顺序排列起来。

递进式（也叫层层深入式）。递进式的结构特点是分论点之间的关系不断递进。论证的层次作纵深展开，一层比一层更加深入地提示论题的内涵，使中心论点得到深刻的阐发，使分析透彻，说理深刻。它们的先后次序一般是不可以互换的，意思是一层一层先后递进的。

以上几种结构形式，有时单独使用，有时可以在同一篇文章中并用。结构安排好了，文章的条理自然清楚。分析议论文的结构，先要弄明白段落层次间的内在联系，还要注意文章中起着承上启下作用的过渡段、过渡句以及过渡词语。

2. 分析观点态度

作者在文中的观点态度有显性的，也有隐性的。显性的表现为文中有一些明确表示观点态度的词语、句子，这是易于把握的，难点在隐性信息的分析上。作者观点态度的隐性信息往往附着在一个词语、句子、标题甚至一个标点符号上。

分析时要统观全文，筛选出表现作者思想感情和观点态度的语句。作者写文章往往是围绕一个中心来展开文章内容的，阅读时，加强对文章中心内容的把握是理解作者观点和态度的关键。如果文中阐述了不同的观点和态度，则可以将这些不同观点、不同态度加以比较，从而辨析作者所持的观点和态度。

分析概括作者观点态度的途径多种多样，主要有三条：

（1）从概括性强的句子入手

有的文章的观点是直接表述的，抓住了概括性强而又表达某种看法的句子，就抓住了作者的观点态度。主要是抓“文眼”，抓关键句和中心句。这些信息常常出现在文章的开头或结尾，或在段落的起始句、总结句。

（2）从文中运用的材料入手

文中运用的材料，不论是事实材料还是文献资料，总是要表达一定的观点。因此，从分析材料入手，是分析概括作者观点态度的重要途径。

（3）从作者的评述入手

有时候，作者把自己的观点态度隐含在具体的评述之中而不直接说出，这就要求从分析具体的评述入手，提出精要，做出概括。

分析概括观点态度时还应注意整体把握全文倾向，准确理解重点语句。

3. 紧抓重要句子

辨别和筛选文中的重要信息，要靠抓重要句子；分析和归纳文章的内容和中心，要靠抓重要句子；把握作者在文中表现的观点和态度，也要靠抓重要句子；评价赏析文章的思想内容和表达技巧同样要靠抓重要句子。因此，在阅读中抓住重要句子的重要性是不言而喻的。

所谓重要的句子，是就在文中的地位和作用而言的。从内容上看，中心句是重要句子；从结构上看，总起句、总结句和重要的过渡句是重要句子；从思路上看，体现文章发展脉络的句子是重要句子；从表达上看，有明显语言特色的句子是重要句子。阅读时要根据具体情况区别对待。

4. 关注限制词语

语言的专业性和准确性是社会科学类文章的一大特点，而其中的“限制词”往往会成为阅读的关键。因此，了解常见的“限制词”在这类文章的阅读理解中显得特别重要。

常见的“限制词”有以下几种：

时间限制：初步、将、已经、有望、为期不远、早就、预计、过去、最近、未来、如今、当前、今年、正在、有待、这几天内等。

空间限制词：我国、德国、美国、日本、欧盟、世界、天空等。

范围限制词：只、仅仅、绝大部分、一般来说、都、以及、均等。

数量限制词：几个、一些、有的、少数、大约、接近等。

程度限制词：主要、绝对、差不多、从根本上、比较、一样、彻底、完全、几乎、基本上等。

判断限制词：一定、可以肯定、可能、大概、或许、也许、似乎、不一定、应该、必将、有时、偶尔、仍然等。

条件限制词：在……情况下、在……中、如果……、只有……、在某一特定范围内、一般说来、人工、自然等。

看到限制词后一定要仔细辨别，既不可夸大，也不可缩小，一定要准确把握。

当然，阅读论说文，不管是理解词语还是句子，都要注意观察具体语境。语境就是具体的语言环境，也就是具体的上下文。阅读时，一定要结合上下文进行思考，做到词不离句，句不离段，段不离篇，这样就能够化难为易，使问题迎刃而解。如果脱离具体语境，或者断章取义，只知其一而不知其二就会以非为是，出现偏差。

第二节　自然科学说明文的阅读学习指导

阅读自然科学类文章，有助于提升我们的科学素养，即通过学习科学言语，造就我们养成逻辑思维、辩证思维能力和科学论证的严密性的思维习惯。①

一、自然科学类说明文文体的特点

自然科学类文章，是指研究各种自然现象的科学的文章。这类文章逻辑严密、语言简明，其特点是语意的单一性、表达的直白性、相对的纯理性。

概念是自然科学类文章的基石，判断是自然科学类文章的水泥和砖瓦，推理

① 陈红军，董水龙．构建科学文本的阅读图式［J］．语文教学与研究，2006（7）

是自然科学类文章的构架。阅读自然科学类文章，就是通过阅读及逻辑思维的过程，准确把握文章的重要信息，正确认知文中的科技内容①。

二、自然科学类说明文阅读学习的要求

阅读自然科学类说明文，应该把握如下阅读要求：

（一）理解自然科学的概念定义

每篇自然科学类文章都会向人们提供新的知识、新的信息，涉及的内容基本上是全球科技领域的新发现和新发明，反映的是当代科学技术发展的前沿成果。其中的新知识、新信息大都是通过概念、判断、推理传达出来的。所以，要准确无误地理解这类文章，就要准确无误地理解文中所涉及的相关的概念、判断和推理。

（二）分析作者的观点态度

"言为心声"，文章是作者表述观点、表情达意的载体。因而，在阅读文章时我们理应看出或体味出作者在文章中所阐述的观点或表达的情感。一个阅读者能否把握作者在文中表现的观点，能否分析、概括作者在文中的观点和态度，是衡量其阅读能力的重要标尺。

对于自然科学类文章，我们当然要在获取信息的同时，明晓作者在其中阐述的对某些事物、某些道理、某些现象、某些发现或某些发明创造的观点、认识和态度。

（三）把握说明对象的本质特征

事物特征是一事物区别于其他事物的标志。而事物的特征又有一般特征和本质特征之分：一般特征是人们认识事物的标志，而本质特征是人们认识事物的重要依据。不管是何种类型的说明文，被说明对象的特征总是说明的核心，只有把握了说明对象的特征，才能更好地了解被说明的事理、事物。

（四）分析说明方法的运用

为了把事物特征说清楚，或者把事理阐释明白，说明文中常常用到一些说明方法。阅读说明文，就要能辨析文中所使用的说明方法，并了解这些方法的运用有什么作用。常见的说明方法有举例子、分类别、列数据、作比较、下定义、打

① http：//360edu. com/tongbu/gaosan/7838/g3ywsd838. htm

比方、画图表、作诠释、摹状貌、引资料等。

采用什么说明方法，一方面服从内容的需要，另一方面作者有选择的自由。是采用某一种说明方法还是采用多种说明方法，是采用这种说明方法还是那种说明方法，可以灵活选择，不是一成不变的。一般来讲，一篇说明文都会兼用几种说明方法，阅读时要加以辨析。

（五）理解说明文语言的科学性

说明文的基本职能是向人们解说科学道理，介绍科学知识。因此，语言表达必须要很有分寸，才符合科学性的要求。这就决定了说明文的语言要具有科学性。要理解说明文语言的科学性，首先要把握几层含义：

一是真实。说明文以传播知识为目的，知识必须是真实的，对事物有关知识的说明不能夸大或缩小，更不能弄虚作假，必须持实事求是的态度。

二是准确。准确也是真实，但它重在选用词语的恰如其分上。说明文的语言准确与否，直接关系到文章科学性的强弱。

三是简明。就是简洁、明晰，不啰唆，不含糊，用精练的语言把意思表达得清清楚楚。

四是周密。所谓周密，就是周到严密，没有疏漏，无懈可击。

五是客观。客观就是指在语言表达中，不能夹带作者的思想感情。它要求无褒无贬，冷静地观察事物，用客观的语言进行表达。

说明文的生命在于它的科学性。分析说明文语言，就是看遣词造句是怎样准确说明被说明事物的特征的。在这个前提下，语言可以是平实的，也可以是生动活泼的。

三、自然科学类说明文阅读学习的方法

阅读自然科学类说明文不外乎理解内容和获取信息两个目的。下面介绍一些相关学习方法。

（一）借助逻辑常识阅读法

说明文有很严密的逻辑性，借助于逻辑常识，可帮助我们理解文意。

1. 明确概念的内涵和外延

阅读说明文，应首先明确概念的内涵和外延。概念的内涵就是指这个概念的含义，即该概念所反映的事物对象所具有的本质属性。概念的外延就是指这个概念所反映的事物对象的范围，即具有概念所反映的本质属性的对象。

在具体的文章中，基本概念的含义有时是用下定义的形式集中表述的，也有分散表述的。如果是前者，理解基本概念就是对句子的理解；如果属后者，就需要有一个筛选、提取、整合的过程。切忌对概念进行随意的扩大、缩小或者转移偷换。

2. 准确辨别概念的异同

准确辨别概念的异同，就要了解概念之间的关系。如何去判断概念之间的关系呢？

（1）如果两个概念的外延完全重合，则这两个概念之间就是同一关系①。

（2）如果两个概念之间，一个概念的外延完全包含在另一个概念的外延之中，而且仅仅成为另一个概念外延的一部分，则这两个概念之间就是属种关系。

（3）如果两个概念的外延有而且只有一部分重合，则这两个概念之间就是交叉关系。

（4）如果两个概念的外延完全不同，并且它们的外延之和等于其属概念的外延，则这两个概念就是矛盾关系。

（5）如果两个概念的外延完全不同，并且它们的外延之和小于其属概念的外延，则这两个概念就是反对关系。

3. 弄清概念的限制与概括

概念的内涵与外延之间，具有反比关系，即一个概念的外延越大，则它的内涵越小；反之，一个概念的外延越小，则它的内涵就越大。

概念的限制就是通过增加概念的内涵来达到缩小概念的外延的目的，即由一个外延较大的概念演化为一个外延较小的概念。比如“书”这个概念增加限制词“新”之后就缩小了“书”原有的外延。概念的概括就是通过减少概念的内涵从而扩大概念的外延，即由一个外延较小的概念演化为一个外延较大的概念。

（二）借助语法常识阅读法

语法常识也可用来辅助我们阅读说明文，帮助我们分析和解决实际问题。

1. 确认指代内容

作者为了行文简洁，常用一些代词替代文中的各种信息、观点、例证等。代词运用非常灵活，指代的范围极为广泛，它既能代替实词、短语、句子、语段，

① http：//media. openonline. com. cn/media_ file/rm/dongshi2006/zxxjszcjf/jcjf/eight/1-3. htm

又能替代动植物及天上地下的任何事物，还能替代复杂的概念。常用的指代词如“这”“那”“这些”“那些”“它”“它们”“此”等。

阅读时要依据语境，确认每一个代词的含义，并弄清不同代词之间的关系，如并列、交义、包容等，才能正确认定文章的说明对象和说明观点。指代大多是承前指代，如果把指代的内容代入原文，可以读通的一般就是所代的内容；有时指代的内容比较多，代入原文都可以读通，甚至能够理解通顺，就应该考虑最接近代词的内容。如果指代内容含有修辞手法，就须推知修辞的具体含义。总之，要在具体的语境中，推敲代词指代的具体内容，然后进行分析概括。

2. 分析理解长句

自然科学类文章多用有复杂附加成分的长句，一个句子中压缩了大量的内容，如一种事物或事理的时间、范围、性质、状态等，或用多个句子作修饰限制成分。这些长句往往是我们理解全文的障碍。

理解长句的有效方法，是首先确定出主、谓、宾、定、状、补语成分，分解句子的内容成分，分成不同层次。先提取主干，确定主谓宾，因为它们是句子的中心；然后确定提取状语，注意每一个状语的位置；再确认提取定语，注意定语的排列次序，句子强调的内容往往是靠近中心词的部分。

比如“古人类学是研究化石猿猴和现代猿猴与人类的亲缘关系、劳动在从猿到人转变中的作用、人类发展过程中体质特征的变化和规律等有关人类起源和发展问题的一个分支学科”就是一个长句子，理解时可分三步：

第一步，提取句子主干。

无论一个多么复杂的长句，它一般也只有一套主谓宾，所以，面对一个复杂的长句，首先要找出句子的主干。分析这个长句的结构，很容易得出这个句子的主干是：古人类学是一个分支学科。

第二步，切分辅助成分。

此句的定语即研究的对象比较复杂，需要仔细切分。分析发现此句中共列举了三个研究对象：（1）化石猿猴和现代猿猴与人类的亲缘关系；（2）劳动在从猿到人转变中的作用；（3）人类发展过程中体质特征的变化和规律。而这三个研究对象又都从属于“人类起源和发展问题”，可见，句中列举的三个对象只是“人类起源和发展问题”的一部分，是举出的几个具有代表性的例子。

第三步，关照各层次含义，综合把握句意。

分解长句一般采用由内向外或由外向内的办法，在分解句子的基础上，把握各层次的含义，这个长句子的大意也就较为明晰了：古人类学是一个分支学科，研究人类起源和发展问题，例如化石猿猴和现代猿猴与人类的亲缘关系、劳动在从猿到人转变中的作用、人类发展过程中体质特征的变化和规律等。

3. 把握词语含义

因为此类文章内容繁杂、长句多，要求表达准确、区分细微、分寸得当，所以词语的选择运用讲究精确细致，阅读一定要加以注意。对这些词语的理解要养成勾画圈点的习惯，提高敏感度，把握其具体的含义。

（1）关联词。常见的关联词有递进、并列、假设、条件、因果、转折等几大类，阅读时，看到“首先”，要想到“其次”；看到“多项条件”，要找到“唯一条件”。

（2）否定词。常用来表否定意义的词有“不”“非”“没有”“否”“严禁”“取消”等。其中要注意双重否定表肯定的意思。

（3）相反词。注意文中表示相反意思的词语，如“降低”“缩小”“成反比”“截然相反”“不同于”等。理解时务必要放到一定的语言环境中，具体到一句话要仔细分辨词语的细微差别。

（4）副词。在表述科技成果时经常用“已经”“或许”等词语，要分清已成事实或未成事实，弄清词语的内涵和外延。

（5）比喻词。由于自然科学类说明文表达意思比较抽象，为了说得具体，常常用比喻修辞手法或词语的比喻义，要确切理解含有修辞的句子，注意前后对照，特点对应。特别是要先找出“本体”再加以理解。

（三）借助文体常识阅读法

说明文是以说明为主要表达方式来解说事物、阐明事理而给人知识的文章体裁。它通过揭示概念来说明事物特征、本质及其规律性。借助说明文的文体常识，也有助于我们对说明文的阅读。

1. 一读抓纲——整体把握说明点

从整体入手，大处着眼，把握阅读材料的主旨、行文特点、重要信息等方面的内容，进而加深对阅读材料中各个具体或局部问题的理解，从而达到能全面、准确地回答所要求解决的问题，这通常是说明文阅读的正确程序。

说明文写作的目的就是要告诉阅读者某个事物或某个事物的某方面的知识。而作者传达的这个知识，就是说明点。阅读说明文，首先要准确地把握说明点，进一步理解说明内容，接着还要重点把握说明对象的特征。这是分析一篇说明文的关键。只有准确地把握说明对象的特征，才能深入理解说明对象，以此为突破口，进而理清文章的结构层次、中心内容。

那么，怎样把握说明点呢？方法主要有三：

首先，可抓住文章的标题明确说明点。说明文的标题往往揭示了说明的中心。先看总标题，再看内容。如果有小标题，你只要浏览一下文章的小标题，就会对文章内容有个大体的了解。

其次，可抓住文章的结构归纳说明点。说明文的结构并不复杂。理清结构，可以帮助我们了解作者的思路，更清晰地领会内容要领。说明文一般都会围绕一个主要问题或内容进行说明，少数说明文则需要我们把小说明点归纳起来，构成全文的说明点。

最后，可抓住说明的顺序弄清说明点。事物事理的本身是有其顺序的，人们认识事物事理也有一定的顺序。说明要有顺序，这是使说明内容条理化的必要条件。常见的说明顺序有：时间顺序、空间顺序、逻辑顺序，其中逻辑顺序一般指由整体到局部、由一般到特殊、由具体到抽象等。说明的时间顺序和记叙的时间顺序相似。空间顺序，要特别注意弄清空间的位置，注意事物的表里、大小、上下、前后、左右、东南西北等的位置和方向。逻辑顺序，常以推理过程来表现。

采用什么顺序，主要取决于作者所说明对象的特点。说明事物的发展变化，时间顺序容易表达清楚。写建筑物的结构，离开空间顺序则很难让阅读者看明白。说明事理用逻辑顺序，更便于体现事理的内部联系。有时一篇文章可交叉使用几种说明顺序。各种顺序在语言上都有一定的标志。阅读时抓住有一定标志作用的语言，可以更加顺利地分析说明顺序。

2. 二读精析——深入研讨方法点

要想把事物事理说清说透，就肯定离不开说明方法。因此，阅读说明文就应当抓住主要的说明方法，并搞清楚各种说明方法的联系和作用，这样才能比较准确地把握说明的内容。

阅读说明文，了解它采用的说明方法，一要看用怎样的说明方法，说明什么对象，有什么作用；二要看所用说明方法是通过怎样的语言形式表达出来的，这样分析才透彻、扎实。

常用的说明方法有：举例子、分类别、列数据、作比较、下定义、打比方、画图表、作诠释、摹状貌、引资料等等。

3. 三读品味——捕捉咀嚼情感点

（1）品味语言。准确是说明文语言的最大特点。体会说明文语言的准确性，具体方法有：①抓关键性中心语。就是抓住那些准确的名词、动词、形容词，在语境中分析，领悟其运用得恰到好处。例如《苏州园林》一文中“谁如果鉴赏我国的园林，苏州园林就不该错过”一句，这里的“鉴赏”含义比“欣赏”、“观赏”更丰富，多了一层鉴别的含义，从而与前面句中的“标本”相呼应，凸显出苏州园林的价值与地位。②抓修饰、限制性词语。就是那些起修饰限制或补充作用的形容词、副词、数量词、短语，从时间、空间、数量、范围、程度等方面去推敲和体会。如“征服沙漠的最主要武器是水”一句中“最主要”这个偏正短语非常明确地指出，水是征服沙漠的根本武器，如果去掉这三个字就不能说明水是征服沙漠的本质所在了。③抓一些精妙句子。从句式的选择、修辞手法的运用、在语境中的含义等角度去揣摩，推敲这些语句是怎样精妙地说明事物特征或事理的。

（2）咀嚼情感。与其他文体一样，说明文中也同样“说”着作者的情感态度，而这也正是我们理解课文所不可或缺的。一些科普文章介绍了某种科技成果，但作者往往又不限于一般性的知识介绍，而是融入自己的赞赏之情和严肃思考，同时，还会展现严谨治学、锲而不舍、不断攀登的科学精神。阅读时，我们就要从课文中找出能表现这些情感的句子，加以体味。

第三节　现当代文学作品的阅读学习指导

发轫于1917年文学革命的中国现当代文学，虽然至今不足百年，却开辟了中国文学史上的新时代，是文学上“从来没有经历过的最伟大、进步的变革，是一个需要巨人而且产生了巨人——在思维能力、热情和性格方面，在多才多艺和学识渊博方面的巨人的时代”（恩格斯《自然辩证法·导言》）。所以“现当代”不仅是时间概念，更指向思维、情感的现代性。

一、文学作品的种类和特点

对文学作品的划分，历来因依据的标准和原则不同而有多种不同的划分方式。

（一）现实型、理想型和象征型文学

根据文学创造的主体关系和文学作为意识形态对现实的不同反映方式，把文学作品分为三种类型。

1. 现实型文学

现实型文学是一种侧重以写实的方式再现客观现实的文学形态。它的基本特征是：再现性和逼真性。

（1）再现性

现实型文学的最基本特征是再现性。再现，就是指对外在客观现实状况作如实刻画或模拟。它要求文学立足于客观现实，面对现实，正视现实，并忠于现实生活，而不是绕开现实，躲避现实。

现实型文学在再现现实时严格遵循客观规律，反对主观随意性。在人物塑造方面，力求揭示人物性格形成的客观原因。作家不直接出面在作品中表露自己的主观倾向，而是将它们融合在客观再现之中，渗透在情节、场面、人物的描绘刻画之中。

（2）逼真性

现实型文学立足于客观现实，再现现实矛盾和本质规律，在艺术表现手段上的基本特点便是逼真性。逼真，是指以写实的方法，按生活中各种事物的本来面目进行精细逼真的描绘。

由于重视生活画面的逼真再现，因而现实型文学以描写见长。描写时尽量达到酷似对象，让阅读者感到没有夸张变形。

2. 理想型文学

理想型文学是一种侧重以直接抒情的方式表现主观理想的文学形态。它的基本特征是表现性和虚幻性。

（1）表现性

理想型文学超越现实，突出表现性，具有明显的理想主义色彩。表现是指把内在的主观世界状况（如情感、理想、想象、幻想等）以形象呈现出来。在理想型文学中，主观理想是高于一切的。

理想型文学的主观理想精神，在文学反映方面表现为对现实矛盾的情感评价的侧重。理想型文学极大地突出了文学的抒情表现功能，它的情感态度常常是以直抒胸臆的方式表达出来的。

（2）虚幻性

理想型文学充分运用夸张、变形、虚构的方法，不求外表的真实，而遵循情感的逻辑，追求情感的真实。理想型文学并非完全不从现实生活中汲取素材，只是这些现实素材一经作家的处理，便具有了独特的夸张、变形的色彩。

3. 象征型文学

象征型文学是一种侧重以暗示的方式寄寓审美意蕴的文学形态。它的基本特征是：暗示性和朦胧性。

（1）暗示性

象征型文学重在寄寓某种意念、意蕴。暗示是象征型文学寄寓意蕴的方式，指词语寄寓某种超出本义的内涵。

（2）朦胧性

象征型文学间接表现的暗示方式使它具有一定的朦胧性。朦胧是指词语含有多层不确定的意义。

（二）小说、散文、戏剧、诗歌

根据文学作品在形象塑造、体裁结构、语言运用、表现手法等方面的特点，可以分为小说、散文、戏剧、诗歌等。

1. 小说

小说是以塑造人物形象为中心，通过完整的故事情节和具体的环境描写，展示人物的思想情感和性格特征，从而广泛而深刻地反映社会生活的一种文学体裁。

小说必须具备三个要素：人物、情节、环境（自然环境和社会环境）。“虚构性”是小说的本质。“捕捉人物生活的感觉经验”是小说竭力要挖掘的艺术内容，其感觉经验愈是新鲜、细微、独特、准确、深刻就愈是小说化。“虚构性”与“捕捉人物生活的感觉经验”，是上述要素中最能体现小说性质的东西。

2. 散文

散文是泛指那些侧重于直接表达作者对生活的感受，注重于主观抒写的不讲究骈偶押韵的文体。广义的散文是指除了诗、词、曲、赋以外，一切无韵无律的文章。狭义的散文，专指用凝练、优美、生动的文学语言写成的叙事、记人、状物、写景的短小精悍的文章。根据内容和表达方法的不同，散文可分为叙事、抒情、议论三类。

散文的主要特点是：形散而神不散，意境深邃，语言优美凝练，富于文采等。

3. 戏剧

戏剧是一种综合的舞台艺术，它借助文学、音乐、舞蹈、美术等艺术手段塑造舞台艺术形象，从而揭示社会矛盾，反映现实生活。从戏剧的不同的艺术形式和表现手法，一般可分为话剧、歌剧、舞剧和戏曲。

戏剧的主要特点是：空间时间高度集中、反映矛盾尖锐突出、语言动作表现性格等。

4. 诗歌

本节中阐述的主要是现当代诗歌，古典诗歌将在下一节中具体阐述。

现当代诗歌是指“五四运动”以来的诗歌，它是适应时代的要求，以接近群众的白话语言反映现实生活，表现科学民主的革命内容，以打破旧体诗格律形式束缚为主要标志的新体诗。

诗歌的分类有多种方法，根据不同的原则和标准可以划分为不同的种类：

按诗歌语言节奏和谐性的层级，是一般和谐还是非常和谐（最高和谐）来划分：今风体韵律诗歌和现代格律诗歌①。

按作品内容的表达方式划分：叙事诗和抒情诗。

按作品语言的音韵格律和结构形式分类：格律诗、自由诗、散文诗和韵脚诗。

按诗歌发展的阶段分类：现代诗和当代诗。

现当代诗歌的主要特点：形式自由，分行排列，行数、字数不限；题材紧密结合时代需要；意象经营重于修辞；有高度的概括性、鲜明的形象性、浓烈的抒情性以及和谐的音乐性。

文学是发展的，文学体裁也在不断发展。比如目前就出现了影视文学和说唱文学、网络文学和摄影文学等多种体裁。所以，我们应该从文学发展的历史和现状出发来了解文学体裁，而不必拘泥于某种分法。

二、文学作品阅读学习的要求

为了更好地阅读文学作品，我们一般要从以下四方面着手：

（一）把握文体的特点

面对一篇文章，应先整体快速阅读，主要阅读文章的题目、开头、结尾及每

① 于进水．汉语言韵律诗歌理论纲要［N］．韵律诗歌，2010（1）．

段的开头与结尾，心中要对文章有一个整体的了解，并确定所读文章属于哪种类型的文体。因为不同的文体有其不同的特点，阅读的方法和思考的方式也都不尽相同。正确把握文体特点，可以为后面的仔细研读确定阅读方向。是散文，则要看懂描写对象，抒情基调；是小说，则要抓住中心人物。

（二）理解文学作品的中心思想

中心思想，是作者在文章中要表达的贯穿全文的核心，是提纲挈领的道理，是作者在文章中努力通过各种细节来阐明的中心议题。简单地说，中心思想就是作者要告诉我们的道理和内涵。因此，理解一篇文学作品的中心思想，对于文学作品的阅读来说至关重要。

作者的人生经历及思想状况，作品产生背景，甚至与文章运用的材料相关的一些情况，都是我们在分析归纳某些文章的中心思想时所应当了解的。它可以帮助我们揣摩作者意图，给文章内容正确定位，从而归纳文章中心思想。

（三）鉴赏文学作品的形象、语言和表现手法

鉴赏文学作品的形象、语言和表现手法是阅读文学作品中较高能力层次的要求。

1. 鉴赏形象：概括特征，揭示意义。分析文学作品的形象包括对人的形象的分析，也包括对物的形象的分析。无论哪种，最终都是为了揭示形象的意义和作用。需要注意的是，对作用的分析，一般要从内容和形式两个方面考虑。

2. 鉴赏语言：联系主题，切合形象。鉴赏文学作品的语言是一个较为宽泛的要求。具体地说，包括鉴赏文中重要的词语（含标题）、重要的句子、重要的段落以及文章整体的语言风格。需要注意的是，这里的鉴赏重要词语、重要句子和“理解重要词语、句子的含义”有明显的不同，鉴赏的要求更高，需要从内容和形式两个方面去剖析这些语言在文中的作用。对语言的鉴赏还要注意联系主题和人物（事物）形象。

3. 鉴赏表现手法：分清类别，挖掘作用。常用的表达方式有五种：叙述、议论、说明、描写、抒情。抒情主要包含直抒胸臆、借景抒情。议论的方法主要包含举例论证、比喻论证等。说明的方法主要包含举例子、打比方、作比较、列数据等。确定类别之后，再要注意的就是挖掘使用这种表达方式在文中的作用。

（四）评价文学作品的思想内容

文学作品的内容一般包含作品的思想倾向、作者的主旨、渗透在作品中的情感基调、作品的思想意义、社会以及时代价值等等。所谓对文学作品的思想内容

的评价，是对作品所寄寓的思想感情是否妥当、是否健康，要做出正确的、有根据的判断。

任何人写作品总有其目的，都是为宣传某一种思想，造成一种舆论，去影响别人的思想和行为。这种作者通过文学作品的具体内容表达出来的某一思想意见，就是作品的主旨，往往也是作者本人的观点。它是作品内容的灵魂，题材的统帅。阅读文学作品时，会首先被作品的主旨所震撼与感染，并从中获得对社会生活的理性认识。

评析一部文学作品的思想内容，首先要看作家选取了什么时代的什么具体事件，作品塑造了什么样的典型形象，其文流露出作家什么样的思想感情，从而表现了一个什么样的主题。为了加深对作品思想内容的理解，还必须具备一定的历史和社会知识，了解作家的生平和思想。因为文学作品既是时代精神的写照，又是作家人格的表现。

三、文学作品阅读学习的方法

阅读现当代文学作品，离不开科学的阅读方法。

（一）理解文中重要词语和句子的方法

其基本原则应该是依据具体语境，避免望文生义。

理解词语的关键是把握它所处的具体语言环境。所谓语言环境，就阅读而言，指的是被阅读对象的语言环境，包括书面语运用的时间、地点、人物、对象、场合、题旨、上下文等。

阅读时先要从原文中找到需要理解的词句，然后依据词句所在段落来加以理解，做到词不离句、句不离段。有的词句在文中的跨度大，仅仅依靠当句或前后句内容还不能准确做出判断，这时就需要放到更大的范围内加以比照。

比如《门》的开头，作者说："开门和关门是人生中含意最深的动作。"要理解"开门"和"关门"的含义，文中没有现成的答案，须通观全文，先找出相关的句子，然后再加以分析概括。比如文中说道"每一扇门的关闭就意味着一个结束"，据此就可以概括出：关门的含义是意味着一个结束。而关于"开门"的含意，相关的句子很多，不易抽取，但是可以参照归纳"关门"的含义，平行比较，得出"开门"的含义就是预示着一个新的开始，一个新的发现。

这还只是借助了狭义的语境，即对语义影响最直接的现实语境，如上下词、上下句、上下段乃至上下篇等。广义的语境还包括在一定时代、社会条件下书面语交际的时间、场合、对象和话题的社会语境以及由作者和阅读者的文化修养、知识水平、生活经验、语言风格和方言基础等构成的个人语境。

（二）归纳内容要点，概括中心思想的方法

任何作品都有其内容要点和中心思想，文学作品也不例外。

1. 对文章内容要点的分析归纳，可运用如下方法：

（1）提取要点。这是一种直接摘取原文中的语句进行概括的方法。阅读时要紧扣文中的关键文句，重点理解关键词、中心句、重点段，由点带面。

（2）综合归纳。有些文段，没有明显的中心句、重点段（句），我们就必须对每个独立句的句意或对几个相对重要的句子的意义进行综合归纳。

（3）整体关照。有些文章，特别是写景抒情类的文章，单独分析某一两个句子会割裂甚至曲解文章，其内涵往往通过整体来显示，甚至借助“弦外之音”，用“潜台词”曲折含蓄地表达。这时就必须把握全文，联系主旨，归纳出要点。

2. 概括中心思想具体可采用以下方法：

（1）分析文章的题目

人们通常把文章的题目称为文章的“眼睛”，分析了这个题目，再去阅读文章，就能正确地把握文章的中心思想了。

（2）分析文章的主要内容

记叙文一般都是通过典型人物、典型事物，生动、形象地反映生活，所以大多数文章都可以用这种方法来阅读。先读懂文章写了什么人，记述了什么事，主要内容概括出来了，就要进一步思考作者赞扬了什么，批评了什么，说明了什么道理或抒发了什么感情。

（3）分析文章的开头结尾

一篇文章的开头与结尾往往和中心思想有密切的关系。有的文章开头点题，开门见山，突出中心；总结性结尾的一些文章，往往在结尾时点明了中心思想。

（4）分析文章中的议论和抒情部分

有些文章运用了夹叙夹议或与抒情结合的方法，在记叙中穿插一些作者的议论和抒情。这些议论和抒情的部分往往直接反映了文章的中心思想。

（5）分析文章中的关键词句

这种方法是概括中心思想的最基本的方法，抓住那些重点段落、重点句子和重点词语深入体会，就能正确地把握中心思想。

（三）分析概括作者观点态度的方法

作者观点态度的表达，因文体不同、风格不同及其他因素的影响而有差异。具体分析可采用以下方法：

（1）从文章内容分析入手。文章中的材料及其所表达的思想，表明了作者看问题的角度，一定程度上体现了作者的立场，而文章主旨有时更是直接体现了作者的观点和态度。

（2）结合文体特点，抓住关键部位和重要语句。如议论文一般在开头或结尾，表现得相对鲜明集中；记叙文、抒情文一般在叙事状物中（或之后），表现得相对曲折含蓄；说明文往往在比较说明或简短的点评中，表现得或明或暗。注意这些特点，就可能比较准确、迅速地把握住作者的观点态度。

（3）注意标志性词语。那些表示人物思想情感的词，如“认为”“以为”“感到”之类往往直接引出了表明作者观点态度的句子。抓住这些标志性的词，就直接抓住了作者在文中的思想动态。

（4）联系文章背景资料。背景资料包括作者一贯的思想观点、写作的背景动机等。文学作品，作者的观点态度表现得委婉含蓄，甚至有意正话反说，言在此而意在彼，这时就必须联系有关背景资料来帮助理解。

（四）鉴赏文学作品的形象、语言和表现手法的方法

1. 鉴赏现代文学作品形象的方法

主要是分析人物的性格特征及其典型意义，可从以下几个方面着手：

（1）从故事情节的发展变化中来理解人物性格。情节往往是人物性格形成和发展的历史，把握了情节也就掌握了人物性格发展的过程。

（2）从人物之间的矛盾冲突来认识人物性格。在激烈的矛盾冲突中，人物的思想性格往往反映得最充分最深刻。

（3）从描写手法来认识人物的性格特点。作者对人物的语言描写、动作描写、肖像描写、心理描写、细节描写，都是为了表现人物性格的。

（4）从社会环境（包括故事发生的历史背景、人物活动的具体场所、人物与人物之间的关系等）认识人物性格形成和发展的原因及人物的典型意义。

2. 鉴赏评价文学作品语言、表现手法的基本方法

（1）鉴赏评价文章的语言技巧，一要了解词语的一般意义和用法，二要了解不同句式的不同特点及作用，三要在文章具体的语境中加以分析，通过横向纵向的比较，体会它的用法意义，进而总结出语言运用技巧和语言风格。

（2）鉴赏评价文章的表现手法，主要表现为对修辞手法的分析。分析文章运用的修辞手法首先是要辨明其修辞格，其次要根据不同修辞格表达上的特点并结合文章具体内容，恰如其分地理解它的含义和作用。特别要注意这些表达方式是在什么情形下运用的，在具体的语境中显示出何种作用。

当然，文学作品的阅读方法除了具备以上一些共性之外，还因体裁的不同而拥有一定的个性。下面以散文为例作简要论述。

1. 整体入手，理清文章脉络。材料丰富、思路灵活是散文的主要特点之一。阅读时一定要着眼于文章的整体，注意理清内部的相互关系，从宏观上驾驭文章，体察作者寄寓其中的意，倾注其中的情。

2. 了解背景，关切创作历程。作品是社会的折射，内容是背景的产物。有不少散文的创作，往往受到时代环境的影响。因此，了解文章的相关背景，是阅读鉴赏散文的一把钥匙。

3. 凭借想象，体察作者情感。散文属于文学范畴，阅读散文必须发挥联想和想象，结合个人生活体验，和作者情感发生强烈共鸣。

4. 辨别手法，加以准确突破。散文常用的表现手法有联想想象、比喻象征、对比衬托、欲扬先抑、虚实结合、动静结合、点面结合、托物言志、借景抒情、以小见大、铺垫照应、制造悬念、言犹未尽等；常见的修辞方法有比喻、拟人、排比、对比、象征、衬托、渲染、夸张、反复等。阅读时加以仔细辨别，就能找准阅读的突破口。

最后需要指出的是，阅读散文还须注意文体特点。叙事散文讲究以小见大，形与神的关系是重点；写景散文注意情景交融，情与景的契合是关键；咏物散文托物言志，尽可能体味象征手法。但有一点更重要，那就是，阅读鉴赏散文要用自己的"心"去发现"散文的心"，用自己的人生体验和智慧去解读作者心灵弹奏的乐章。这样才算是真正驾驭了散文的神韵。

总之，文学作品的阅读，不能一蹴而就，它需要阅读者去慢慢嚼、细细品，需要阅读者用心去领略、去感悟，更需要阅读者用一种心平气和的心境去容纳、去欣赏。

第四节　古代诗文的阅读学习指导

古代诗文主要指中国古代的诗歌和散文，它们有着悠久的历史文化内涵。古代诗文作为中华民族的优秀文化，当代学生更要潜心学习，汲取古代智慧，加强自身修养，达到“正心、修身、齐家、治国、平天下”的思想内涵，担负起时代赋予我们的历史重任。

一、文言文阅读学习指导

著名语言学家、教育家王力先生在《古代汉语》中指出：“文言是指以先秦口语为基础而形成的上古汉语书面语言以及后来历代作家仿古的作品中的语言”①。文言文，也就是用文言写成的文章，即上古的文言作品以及历代模仿它的作品。

文言文作为一种定型化的书面语言，沿用了两三千年，从先秦诸子、两汉辞赋、史传散文，到唐宋古文、明清八股……都属于文言文的范围。也就是说，文言文是中国古代的书面语言，是现代汉语的源头。

（一）文言文的特点

一般来说，文言文具有以下特点：

1. 行文简练。文言文中单音节词占优势，双音节词和多音节词比较少；文言文多省略，省去主语、宾语、谓语、介词的情况很常见。再加上历代名家多注重锤炼语言，讲求“微言大义”，所以形成了文言文严密简洁的风格。

2. 历久不变。一直到五四运动以前，文言作为占统治地位的书面语言被人们代代相传，沿用下来，其语言成分基本未变。例如有些词的古义在口语中早已消失，可在文言文中照旧使用。虽然后世人们在模仿中难免会掺入些许当时的口语，从而给文言带来某些细微的变化，但从总体看来，文言在词汇系统、语法系统方面基本保持了原先的面貌。

3. 言文分离。文言是在先秦口语的基础上形成的，但随着时间的推移，文言与后世的口语逐渐拉开了距离。从汉魏到明清，由于官方的推行和科举考试的需要，读书人刻意模仿“四书五经”的语言写诗撰文，以古雅为尚。这样，作为书面语的文言就与人们口头实际应用的语言距离越来越大，造成了言文分离的现象。

4. 古奥难懂。由于年代久远，与口语相脱离的文言越来越艰涩难懂了。生涩拗口的句子，生僻古奥的词语，还有许多陌生的名目典章制度……这一切都使

① 王力等．古代汉语［M］．北京：中华书局，2011.

"文言"成了让人捉摸不透的"迷言"。

（二）文言文的阅读学习要求

阅读时，一般遵循以下学习要求：

1. 理解句子，把握文意

义务教育课标要求学生"能借助工具书阅读浅易文言文"。想读懂文言文，首先就要理解每一个句子，从而把握文章大意。理解句子的方式就是将文言文翻译成现代汉语。

用现代汉语翻译文言材料需要综合运用文言知识，它是培养和提高文言文阅读能力的一种非常有效的方法。将文言文翻译成现代汉语，可以检查自己对文言文中的字、词、句是否理解。因为只要翻译，问题就会暴露出来，或是词义没弄清楚，或是句式不了解，然后才可以对症下药，及时纠正。而正确理解也有助于加强记忆。

2. 筛选并提取文中的信息

任何文章都会有一定的信息量，文言文亦然。我们在阅读文言文的同时，也会有意无意地获取信息。当然，如果要有目的地获取某一方面的信息，就应有一个筛选和提取的过程。

"筛选并提取文中的信息"就是要求在基本读懂原文的基础上，准确把握文中所写的人、时、地、言、事、理、情等信息，并能提炼和表达出来或加以正确的判断。

3. 归纳内容要点，概括中心思想

归纳内容要点，概括中心思想，是文言文阅读的重点，是指对文中信息进行提炼，对所属事件或所说道理进行综合的判断与推理，对人物的性格进行归纳，或对文章的中心进行概括。它要求准确把握词意、句意，并在此基础上梳理句与句、段与段的内在联系，辨清主要和次要信息，从而明确文章主旨。它是在筛选文中信息的基础上的进一步拓展。

阅读时要能根据不同的文体分析理解文章主旨，看文章写了什么人物、什么事件、什么问题，能根据所述事件和所说道理归纳并进行综合判断和推理。要求或说出某个事件发生的原因，或说出某个论点的依据，或说出某个事件发展所导致的结果等。

4. 分析作者的观点态度

"分析作者的观点态度"是文言文阅读中能力层次最高的一项，它要求我们在分析归纳原文有关内容的基础上，以推理的方式，抽象出作者在文中的观点态度，着眼于“推论”和“概括”。

“作者的观点态度”是指作者对文章中所提及的人物的态度，是歌颂、赞扬、认同、怜悯，还是讽刺、贬斥、反对、嘲弄；也包括作者对文中所叙述事情的态度，是支持、肯定，还是反对、否定。

作者在文中的观点态度表达形式是多样的：有的直露而明显，有的隐晦而含蓄；有的分散，有的集中；有的隐含在作者笔下的人物描写、事件叙述中，有的包含在作者对情理的分析中……但有一点是一致的，那就是作者的观点态度多是文中议论性的句子，阅读时要注意甄别筛选。

（三）文言文的阅读学习方法

以上在讲述文言文的阅读学习要求时已经涉及了文言文的一些学习方法，下面再介绍一种“五步阅读法”①。

1. 预读

主要目标：读准字音，准确停顿，把握节奏；了解有关作家作品常识；从整体上把握文章的基本内容。

具体做法：查阅工具书，结合注释给生字生词注音；根据教师范读或课文录音清楚准确地朗读课文；结合课文注释和语文工具书，了解有关作家作品常识；结合预习提示或自读提示从整体上了解课文；通过解题和通读全文把握文章的基本内容和文体特征。

2. 抄读

主要目标：熟悉课文，自学存疑，明确学习的重点和难点。

具体做法：勾画或抄写课文中的生字生词与名言警句；勾画或抄写课文中的难句；记录在阅读课文时产生的疑难问题；阅读或摘抄（或作提要、目录）与课文相关的辅助材料；结合学习的提要、课文预习提示、思考和练习，确定学习的重点和难点。

3. 解读

主要目标：通过语言分析，具体地感知课文内容，把握文章表现出来的作者的观点、态度或思想倾向。

① http：//club. topsage. com/thread—110423—1—1. html

具体做法：结合语境，从句子结构和上下文去深入理解疑难词语和句子的含义；利用古汉语常识具体分析文中特殊的语言现象；翻译课文或课文片断，以求深入地从整体上把握文章。

用现代汉语翻译文言文，要以准确、规范为标准。准确就是词语要翻译得精准，每个字都要落实；规范就是译文的句子要符合现代汉语的规范。

翻译时，第一，诵读原文，在需要特别注意的词语和句子结构下做标记，避免遗漏或误解原文；第二，要按照原文的词序，一个词一个词地翻译；第三，按照现代汉语的规范对译文进行适当的修改，目的是使译文更准确，更符合现代汉语的规范，但切忌抛开原文作任意的增删。

要想提高翻译能力，就要在整体把握文意上下工夫，注意对文言文实词和虚词的理解、积累及迁移，要把握好常用的文言句式和翻译的一般格式及基本要求。

分析和概括作者的观点态度，一要通过作者对人物的描写、人物的主次关系、对事件的叙述、详略的安排看作者的思想感情是爱是憎，写作的意图是赞扬还是讽刺，文章的主旨是要阅读者吸取什么教训还是获得什么启示。对议论文也要通过论点、论据和论证的分析，联系作者的身世和所处的时代，弄清作者的观点态度。二要能够把作者的观点态度与文章中人物的言论区分开来。三要紧扣原文主旨，千万不能主观臆断，扭曲文意或随意拔高、任意贬低作者的思想；要运用历史唯物主义观点评价古人，不苛求，不把自己的意志强加给古人；还要运用辩证观点，分析作者思想的精华和局限性。

4. 品读

主要目标：就思想内容、章法结构、表现技法、语言艺术、艺术风格等方面对文章进行文学和美学的鉴赏性阅读。

具体做法：从文体特征出发，总体上把握文章作为一种“类型”的基本特征；比较阅读，从内容和形式方面对文章的具体特征和作者的艺术个性进行分析；查阅文献资料，就重要的实词、虚词和语法问题撰写语文小论文，以巩固所学知识，强化能力训练。

5. 诵读

主要目标：加深理解，强化记忆，丰富语言，积累材料，训练语感，培养素质。

具体做法：在理解的基础上，反复朗读，力求熟读成诵；朗读品味，背诵名篇、名段和名句，准确记忆；扩展阅读，研读与文章相关的材料，扩大知识面以求更为全面深刻地理解课文；整理学习笔记，编写学习小结，以突出重点难点；写作读后感想或思想评论，以求陶冶情操。

二、古典诗词的阅读学习指导

古典诗词就是指相对于新诗而言的旧体诗词。诗词是我国文学作品中的两种体裁，但由于词是从诗中派生出来的文学体裁，也可以将诗词归为一类。古典诗词是中文独有的一种文体，有特殊的格式及韵律。

（一）古典诗词的特点

这是一种主情的文学体裁，它以抒情或者叙事、说理的方式，高度凝练、集中地反映社会生活，用丰富的想象、富有节奏感、韵律美的语言和分行排列的形式来抒发思想情感。诗歌受到人们的普遍喜爱，原因就在于它自身具有其他艺术形式所不具备的特点。

1. 概括性

诗，特别是古代近体诗，不仅篇幅短小，还受到韵律的限制，所以，诗人在反映生活时常常选取现实生活中那些最能激起人们感情的自然景物或者人事，进行高度的集中与概括，形成包含着思想感情的、极富感染力的具体境界（即诗境）。这种境界，往往是高度典型化了的。

2. 形象性

诗要用语言向阅读者的想象力提供形象，因此，诗的语言必须凝练而生动。诗歌语言的凝练主要体现在对篇、章、句、字的锤炼上。炼句、炼字的是为了炼意，是为了在有限的篇幅中表达更深广的思想感情。

3. 抒情性

诗是一种“情动于中而言于形”的艺术形式。受篇幅的限制和形式的约束，诗歌不能像小说、戏剧那样通过塑造人物形象来反映生活，而是以情动人，以情感人。诗中的情感，是诗人自身具有的情趣受到外界事物激发而产生的，诗是主观的情和客观事物统一的产物。

4. 音乐性

诗的节奏与韵律构成了诗的音乐美。没有节奏与韵律，就不是诗。人的感情的起伏、波动和生活节奏的张弛决定了诗的节奏。因此诗中轻松、欢快、低沉、激昂、舒缓的节奏就是诗人情感变化的间接反映。诗的韵律美和节奏美是紧密相关的。它主要表现在用汉字的四种声调搭配成音步和韵位，从而形成声韵的起伏跌宕。

广义地说，词也属于诗，词最初是一种配合燕乐歌唱的新诗体，因此，词除了具有诗的上述特点之外，还具有其自身的特点。在形式上，每首词都有词调，而且受到词调的音乐节奏的限制。词的句式不像诗那样均齐，而是参差错落，有长有短。在内容上，词所反映的生活面总的来说不如诗广阔。人们习惯上把词划为“婉约派”与“豪放派”两大流派，并以“婉约”为正宗。在艺术上，词长于比兴，注重寄托，因此，显得含蓄深婉，声情并茂。

（二）古典诗词的阅读学习要求

中华诗文，尤其是古诗词集中体现了中华民族文化的高超艺术，其丰富的人文精神千百年来哺育了一代又一代炎黄子孙。诵读一定量的中华经典古诗词，对吸收民族人文精髓，陶冶健康情感，领悟汉语言文化的博大精深，产生学好祖国语言的浓厚兴趣，学好用好母语等都有重要意义。

1. 理解古典诗词的意境

意境，是我国文艺美学的一个重要范畴，在阅读和欣赏古典诗词作品时，我们要通过语言的媒介，进入作品的意境去感受和领悟作品的意境之美。

所谓“意境”，就是作者在诗歌中，通过形象描写表现出来的境界和情调。所有的诗词都涉及“情”和“景”的内容，所有好的诗词中的“情”和“景”都达到了水乳交融。需要指出的是，在意境的形成中，“景”是基础，“情”和“意”才是主导。“意境”中的“景”是“情中景”，并不等同于生活中自然形态的“景”，它既是唤醒诗人特定感情的“景”，也是在此种特定情感支配下所创造的“景”，所以，总能给人以强烈的感情上的激动。因此，我们在欣赏古典诗词时一定要领会诗人描绘的意境，才能在思想感情上产生共鸣。

2. 鉴赏古典诗词的形象、语言和表现手法

古典诗词中的形象与一般小说、戏剧中以人物为主的形象有所不同，它既可以是人物形象，也可以是景象，或是具有一定象征意义的事物。

古典诗词的语言风格一般用以下词语来表述：平淡、工丽、直率、委婉、自然、清幽、雄奇、奔放、悲慨、洗练、沉郁等。

其表现手法，从广义上来讲也就是作者在行文措辞和表达思想感情时所使用的特殊的语句组织方式。一篇文章，不管作者选择什么样的表现手法，都是为了更好地表情达意。因此，分析语言、理解文章内容、理解作者意图和情感，都必须认识表现手法的作用。比如古诗词中常用的赋比兴、用典、对比、衬托、渲染、

联想、想象、托物言志、画龙点睛、以小见大、卒章显志、欲扬先抑、语序倒置等。阅读时要能结合诗词句子准确指出表现手法的使用情况，并分析各种手法的表达效果。

3. 评价古典诗词的思想内容

“诗言志”，“志”就是诗人所要表达的情怀，也就是诗歌的思想内容。古典诗词熔铸了作者的感情、旨趣、爱憎、哲理，体现着作者对生活理念的认识，对社会价值的判断。把握思想内容是阅读鉴赏的高级活动，它体现了阅读者的综合概括能力和辨识透视能力。

古代诗歌思想内容的评价，一般包括三个方面：一是内容主题的评价，二是思想感情的评价，三是作者观点态度的评价。内容主题包括意义的表层深层评价、常识典故传说的评价、背景现实评价、经历主张志向评价。思想感情方面包括富有一贯性的意象评价、情感倾向评价。思想内容和作者的观点态度，指诗人用诗化的语言所反映的社会现实生活，并由此所表现出来的思想感情、生活态度、个人理想和政治倾向等。评价思想内容，就是理解诗歌所表现的生活内容，把握其思想感情，分析其社会意义及其深层内涵；评价观点态度，就是对诗歌中的景物、人物、事件等所体现的作者态度进行评价。

（三）古典诗词的阅读学习方法

学习古典诗词，了解古典诗词的相关知识，掌握一些具体的阅读方法，才能在学习时取得理想的效果。

1. 确定诗词类别

（1）弄清分类

古典诗词首先分为诗、词、曲。从诗的音律角度来划分又分为古体诗和近体诗。古体诗又包含四言、五言、七言和乐府诗。近体诗包括律诗（五言、七言、排律）和绝句（五言、七言）。

（2）了解特征

律诗：律诗共八句，一、二句为首联，三、四句为颔联，五、六句为颈联，七、八句为尾联或末联，颔联和颈联必须对仗。首句可押韵也可不押韵，偶句必须押韵。一、三、五句的平仄可不管，二、四、六句的平仄一定要相对。

绝句：一共四句，又叫“截句”，是律诗的一半。

古体诗：一般是指唐以前的古代诗歌。但唐以后还有人写古体诗。在字数、音韵、对仗等方面没有严格的要求，比较自由灵活。

乐府诗：一般是指汉、魏、南北朝的乐府官署采集和创作的乐歌的简称。

词：句子长短不一，词牌限定了词的字数、音韵、文字的形式，词中用典较多。可分为小令（58 字以内）、中调（59—90 字）、长调（91 字以上）。

2. 准确分析意境

诗是书写心灵的艺术。诗人的心灵就蕴涵在诗的意象和意境之中。把握意象，深入意境，才能懂得诗的审美价值。分析诗歌意境，须具备必要的常识和方法：

（1）区分构成模式。诗歌意境构成基本模式有触景生情、情随境生和移情入景、景中生情两种。前者指诗人事先没有某种情意，因遇到某种物境，触发了某种情意，于是借对物境的描写，把自己的情意表达出来；后者指诗人原有某种强烈的感情，在接触物境时，把这种感情注入其中，又借对物境的描写，把它抒发出来，于是客观的物象带上了主观情感。

（2）熟悉典型意象。诗歌意境的形成离不开对客观景物的描写，这些客观的景物，一旦渗入诗人的主观情感，就成了诗歌之意象，可见诗歌意境的形成是离不开意象的。那些在诗歌中经常出现的典型传统的意象，代表了民族和人类共同的情感体验，因而这些意象有较为固定的意义。熟悉这些传统意象，有助于我们对诗歌意境的理解。

（3）展开联想想象。中国古典诗词意象的组合，借助了汉语语法意合的特点，词语与词语之间，意象与意象之间可以直接拼合，甚至可以省略起连接作用的词语。这种情况下，就需要借助联想和想象更好地去赏析诗词的意境。

3. 恰当评价思想

评价古典诗词的思想内容，一般可采用如下方法：

（1）关注文本。诗作是作者要表露思想情感的载体，是阅读者评价其思想内容的基准点，因此，评价古典诗词的思想内容不可脱离作品文本本身进行分析，避免主观臆断或牵强附会，力求客观公正。

（2）关注诗眼。“诗眼”“词眼”常是作者的点睛之笔，是全诗的主旨所在，可视为作者心灵的窗口，透过这些窗口可探视到作者的内心世界。

（3）关注意象。意象是诗词的重要元素，诗词多是用艺术的语言、形象的画面来表达诗人的情感的。有的诗词还由一系列新颖有机的意象组成意象群。因此分析诗词的思想内容，要对诗词中的典型意象进行充分想象，综合考虑其内涵意蕴，并将形象的感性的体味逐步化为抽象的理性的思考。

(4) 关注背景。作品总有那个时代的烙印、痕迹，因此要将诗作与作者所处的时代及当时的社会状况联系起来思考，不能抛开这些就文论文。另外还要了解作者的基本经历、处世为人、道德操守等，避免脱离其人空乏评议。只有这样思考，才可能全面、客观、公允。

总之，对古代诗歌思想内容的评价，是一种整体的认识与判断，是一种思维整合的过程。我们要从诗作出发，多方位、多视角地考虑，结合自己的阅读经验、生活体验，进行综合归纳，做出实事求是的评价。

第五节　利用现代媒体阅读学习的指导

传播媒体或称“传媒”“媒体”或“媒介”。媒介一词大约出现于19世纪末20世纪初，“指使事物之间发生关系的介质或工具。”[①] 这是关于媒介的广义界定，其中包括人际传播中的介质。“狭义的定义，是指大众传播的信息载体”[②]。其外延涉及内容非常广泛，包括报纸、杂志、书籍、广播、电视、电影、大型电脑数据库、国际互联网络等大众传播媒介。我们所说的现代传媒阅读，正是以现代先进传媒技术作为媒介传播的可视的作品[③]。

随着多媒体和信息爆炸时代的到来，现代人的阅读开始通过各种多媒体和超文本格式进行，阅读已变得更加网络化和信息化。借助各种媒介进行阅读已经不可忽视，甚至有将传统书籍阅读取代之势。面对新型阅读方式的冲击，合理把握尺度，在现代阅读和传统阅读之间正确取舍，对当今每个社会人都有着非常重要的意义。

一、现代媒体类别和特点

现代媒体包括影视媒体、多媒体计算机和网络等。较之于传统阅读，利用现代媒体进行阅读，则产生了很多种新型的阅读方式。

---

① 陈龙．传媒文化研究［M］．北京：中国人民大学出版社，2009：1.
② 陈龙．传媒文化研究［M］．北京：中国人民大学出版社，2009：1.
③ 沈玲．现代传媒阅读与中学语文经典阅读教学［D］．华东师范大学，2009.

（一）新型阅读的类别

现代传媒阅读的形式很多，这里列举三种。

1. 网络在线阅读

当前，越来越多的人开始习惯通过网络进行阅读。阅读者在阅读时可以根据实际的需要，利用文本机制提供的查询能力，迅速找到自己感兴趣的内容和有关信息。只需轻击键盘，输入关键字，所需要的信息就呈现在我们眼前。

互联网上有着大量的图书资源。很多大型网站，都在其主页上建立了自己的书库，其内链接了大量的图书，从古老典籍到最新发行的图书，应有尽有。人们可以用一个很低的价位甚至免费就能阅读到自己想要了解的图书。

炙手可热的网络也吸引到了很多杂志社的注意，他们开始利用这个平台发行自己的电子杂志。电子杂志兼具了平面与互联网两者的特点，在融入了图像、文字、声音、视频、游戏等动态元素的同时，还加入超链接、及时互动等网络元素，成为一种时尚享受的阅读方式。网络阅读资源的出现打破了人们传统的时空观念，更加贴近人们的生活，也在更大程度上满足新时代人们对文化生活的要求。

2. E-book

网络阅读虽省钱省时，但终究需要电脑在侧，不能随时随地使用。于是，比网络更方便的专门阅读电子书的掌上阅读器 E-book 便应运而生了。它主要通过手机或是专门的阅读器进行阅读。

手机，作为当代主要的通信工具，已经基本普及而且大部分都随身携带。很多网站利用其特点开发了手机书城，并且在网络上提供了可在手机里浏览文字的 PDF、JAR、TXT 等文本格式的下载。人们可以在手机里很容易地找到自己所要了解的资料进行阅读。全国各大报社、杂志社也开始以彩信的格式发行手机报，而订购费用不到纸质报刊的十分之一。手机阅读的悄然兴起，已逐步成为继报纸、广播、电视和互联网之后的“第五媒体”。

电子阅读器，专为阅读图书设计，内置上网芯片，可以从互联网上方便地购买及下载数字化的图书，并且有大容量的内存可以储存大量数字信息，一次可以储存大约 30 本传统图书的信息。

无论是电子书还是手机报，它们最终都使阅读变得更加方便易行，人们可以随时随地进行阅读。它们的出现有效利用了人们生活中边角余料的时间，也免去了人们携带书本杂志的不便。

3. 有声阅读

随着现代人的生活节奏的加快，已经很少有人有时间坐下来静心读书了。于是人们开始利用 MP3、MP4、Flash 等多媒体方式进行阅读。

用播放器听书让人们省去了对文字的阅读，和下载手机电子书一样，用户只需在相关网站寻找相关书目，支付少量的费用或者免费，便可以“眼睛休息，耳朵来听”的方式进行阅读。即使走在路上，我们也可以进行阅读，了解信息。各个调频也在各自的节目中越来越多地增加读书的时段，有的甚至进行了连载，以增加收听率。而为了给阅读增添声色，人们也开始利用各种软件平台开发动画，将文字转变成有声有色的图像，让阅读变得更加通俗有趣。

有声阅读的出现在极大程度上丰富了人们的阅读方式，给人们带来更多的视听享受，让阅读实实在在地变成了一种悦读。

（二）现代传媒阅读的特点

与传统的纸质媒介相比，现代传媒阅读具有开放性、交互性、远程化、即时性、超大容量、超媒体等特点。

1. 全息性

现代媒体可以通过文字、图像、声音以及三维动画等多种媒体手段，提供一个全方位的、有声有色的虚拟世界。在这个世界里，阅读者不仅可以阅读抽象的文字和形象的图画，还能身临其境，全方位地去看、去闻、去感觉虚拟的四维空间，使阅读过程加入了更多的临场体验和感受。这样多媒体信息的呈现，使阅读具有了全息性，从以文字为主的阅读转向全身心体验的阅读，极大提高了阅读学习的效益和趣味。

2. 自主性

在传统阅读中，文本只能按照平面线性的结构来排列，因此，阅读也只能是平面线性式的。现代媒体使整个人类的知识和信息形成立体交叉的跨时空结构，人们可以轻松自如地选择知识和信息的不同线索，进行立体交叉式的阅读，这在很大程度上体现了阅读者的自主性，意味着“作者主权”阅读模式的瓦解，“读者主权”阅读模式的确立。在网络学习中倡导“以学习者为中心”的教育新观念，学习者信息的“接收”不再是单纯的接收，而变成了探寻、研究、整理信息的过程。[1] 学习者可以自主地选择阅读方向和阅读内容，从信息库中找到自己感兴趣的内容。

3. 交互性

阅读材料文本格式的改变导致了“读”（接收信息）的方式的改变，即从传统单向孤立式的“读”，变成了多向交互式的“读”。丰富的链接和阅读的自主性，使现代传媒阅读表现出灵活的交互性。比如阅读时会提供形式多样的交互活动，如选项、填表、文本记录、E-mail、留言、参加讨论、在线交流和文件下载等，便于阅读者积极参与，并能得到及时的反馈。在阅读过程中，人机交流和人人交流，不但为信息接受与信息应用提供了很大便利，还使阅读变得更有乐趣。

4. 开放性

借助现代媒体的阅读可以使阅读与教育变得越来越平等，表现为以网络为代表的现代媒体使全世界所有的人都获得了同等的进行阅读和接受教育的机会。阅读者获得的网上读物具有同样的质与量。网络学习的开放性，意味着原则上应当使任何人在任何时间、任何地方都能平等地、充分地利用世界上优秀的学习资源。普通文本的阅读，知识量、信息量都受纸张、版式、刊期以及图书价格等客观的物质条件限制，而现代传媒的开放性使得这种限制明显削弱。

现代传媒阅读展示了时间和空间上的同步性，形式和内容上的多样性，作者和阅读者间的互动性等等。这种新型的阅读方式是开放的、互动的、多样的、及时的，因而也是自由的，这正是现代媒体特质的体现。现代媒体引起的阅读方式的变革和学习方式的变革，在我们的现实生活中已经发生了或正在发生着，并正在成为人们特别是网络时代的学习者不得不接受的事实。

二、利用现代媒体阅读的要求

现代传媒阅读的种种优越性，使得我们能更广泛、更深入地了解知识，不过其负面影响也是与生俱来的。比如人们在网上阅读，会跟随着超文本链接随机地从一个页面浏览到另一个页面，引导这种阅读链接的往往是页面本身的刺激，而不是某种在上网前就预先制订的计划，这就必然导致阅读目的性和计划性的丧失。因此，对于现代传媒阅读也必须有相应的阅读要求。

---

① 裘伟廷．网络学习的基本功——超文本阅读［D］．宁波广播电视大学．2002

1. 确立阅读目的

现代媒体阅读，特别是网页的浏览有很大的随机性，学习者的兴趣爱好、注意力等方面的差异都会在很大程度上影响他们的阅读效果。再加上互联网是一个包罗万象的、无边无际的知识海洋，信息纷繁复杂，并非按学习体系编排，学习者很容易受其他次要或无关信息的干扰。为此，在网络学习之前，必须要有一定的阅读计划，加强阅读的目标意识。学习者应多问自己：我为什么读？想从中得到什么？想获得什么信息？这样才能使阅读有一定的方向，尽可能地找到积极信息，避开无关信息的干扰，在较少的时间里获取更多的知识。因此，阅读前必须确定学习任务和浏览的大致范围，一开始浏览，就要迅速地找到页面中的具有目录性质的索引项或主题列表，并快速选中通向需要的学习内容的相关链接。

2. 提高阅读速度

现代媒体阅读使得知识和信息更加多元化，信息总量几乎是无限大。这就要求阅读者能快速地去粗取精，去伪存真，掌握要点，以较短的时间获取较多的知识。快速阅读也就成为现代媒体阅读必须具备的一种能力。另外，互联网受上网经费制约，网络阅读过程也受学习者的时间和精力限制，这些因素也从客观上要求人们必须提高阅读速度。为此，学习者应作这些方面的努力：一是在阅读过程中经常以速度的观念逼自己快读。二是熟能生巧，给自己多创造一些阅读的机会。大量的、长期的阅读训练，是使学习者掌握快速阅读技巧的重要手段。学习者如果能努力掌握一些快速阅读的技能，如扫描式阅读、跳跃式阅读的过硬本领，他就能够在网络世界的知识海洋里尽情遨游。

3. 增强阅读判断

阅读判断，是指对阅读信息有用无用、真伪良莠的判断，是指能够准确、及时选择自己所需知识信息的源地。各类信息，对学习者来说可划分为三类：主要信息（符合学习主要需求的内容）、次要信息（不一定符合学习需求但可以作一般性了解的内容）和无关信息。学习者对于主要信息，应当仔细地阅读或点击进入第二层结点；而对于次要信息，只作一般性的浏览就可以了，不必轻易进入第二层结点；那些无关的信息就不要去点击。另外，互联网所提供的信息是良莠不齐的，对学习者的价值判断是一种严峻的考验。这就需要学习者具备阅读判断的基本准则，即在促进自己的知识结构平衡发展的基础上，选择有利于提高自己专业水平的东西进行阅读。现代媒体扩大了阅读领域，但并不要求学习者不分青红皂白，见到什么读什么。只有通过阅读判断，才能找到那些既能满足学习者知识需求，又对实际工作、生活和自身素质大有裨益的知识和信息。

4. 参与阅读交互

知识技能学习的最高境界便是运用和创造。在网络学习中，如果仅仅是进行检索和浏览，那这种学习是单调的。学习者完全可将自己的感想、体会、见解或作品主动在网络上发表，与其他学习者交流和共享。这往往会使自己得到更多的反馈信息和相关知识，不断完善自己的知识结构。可以说，主动参与交互，是进一步获取信息和知识的有效方式之一。在交互过程中，参与和反馈常常能使阅读活动变得更加积极、深入。学习者在及时的反馈中获得知识，增长见识，增进交流，培养才干。

5. 加强阅读联系

近几年，国民图书阅读率走低，而互联网阅读率持续攀升，这表明新一代阅读者的阅读习惯正在逐渐发生着变化。然而，这些新型的阅读方式终究是不能代替传统纸质图书阅读的。因为传统阅读更利于人们的抽象思维，而新型阅读方式虽然省时省力，集影、音、图、文于一身的整合传播反而只剩形象思维的过滤。长此以往，会带来思维的钝化。因此，现代媒体阅读加强与传统书籍阅读的联系，相互补充，方能相得益彰。特别是当书籍阅读遇到困惑，或想进一步深入了解，或想获取更多相关知识时，可以将现代传媒阅读作为获取这些信息的途径与渠道。也可以在网络上获取信息之后，再选择相应的书籍进行深入研读。总之，要密切现代传媒阅读与传统阅读的联系，发挥它们各自的优势，为我们的成长提供强有力的支持。

三、利用现代媒体阅读的方法

现代传媒阅读是在普通文本阅读的基础上发展而成的，从这个意义上来说，普通文本的阅读方法和技巧，是现代媒体阅读的基础，因而，传统学习的方法和技巧，同样是网络学习的基础。另外，现代传媒阅读毕竟是阅读方式的一种革命，那些真正想通过网络学习获得新信息、新知识的人，还必须培养自己超文本阅读的习惯，具备超文本阅读的素质和能力。

1. 制订阅读目标及计划

凡事预则立，不预则废。做什么事有了计划就容易取得好的结果，反之，则不然。有没有学习计划对你的学习效果有着深刻的影响。特别是对于纷繁复杂的现代传媒阅读，无目标的学习将会使学习质量和效率大打折扣。

(1) 考虑全面

学习计划不是除了学习，还是学习。要劳逸结合，不能长时间面对电脑或手机。否则对我们的学习和身体都不利。

(2) 长短结合

在一个比较长的时间内，比如说一个学期或一个学年，你应当有个大致计划。可以不是很具体，但你应该对学习目标心中有数。而更近一点，比如下一个星期的学习计划，就应该尽量具体些，把较大的任务分配到每周、每天去完成，使长远计划中的任务逐步得到解决。

(3) 突出重点

学习时间是有限的，你的精力也是有限的，所以，学习要有重点。此处的重点，一是指你学习中的弱科，二是指知识体系中的重点内容。只有抓住重点、兼顾一般才能取得更好的学习效率。

(4) 实事求是

制订计划，不要脱离学习实际，要符合自己现在的学习压力和水平。实事求是就是要考虑知识能力的实际，如每个阶段，计划学习多少知识，培养哪些能力。时间的实际，如常规学习时间和自由支配时间分别有多少，等等。

(5) 及时调整

每一个计划执行结束或执行到一个阶段，都应当回顾一下效果如何。如果效果不好，就应该找找原因，进行必要的调整。

2. 有效搜集与储存信息

利用搜索引擎搜索信息，选择合适的查询词是最基本也是最有效的搜索技巧。选择查询词是一种经验积累，在一定程度上也有章可循。

首先，表述要准确。搜索引擎会严格按照你提交的查询词去搜索，因此，查询词表述准确是获得良好搜索结果的必要前提。

其次，是关联与简练。要将自己的想法提炼成简单的，而且与希望找到的信息内容主题关联的查询词。比如，某三年级小学生，想查一些关于时间的名人名言，他的查询词是“小学三年级关于时间的名人名言”。这个查询词很完整地体现了搜索意图，但效果并不好。因为绝大多数名人名言，并不针对年级，因此，“小学三年级”事实上和主题无关，会使得搜索引擎丢掉大量不含“小学三年级”，但非常有价值的信息；“关于”也是一个与名人名言本身没有关系的词，多一个这样的词，又会减少很多有价值的信息；“时间的名人名言”，其中的“的”

也不是一个必要的词，会对搜索结果产生干扰；“名人名言”，名言通常就是名人留下来的，在名言前加上名人，是一种不必要的重复。因此，最好的查询词，应该是“时间名言”。

信息搜集到之后，就要通过收藏网页、下载、复制等形式，将信息放到相应的位置进行保存，以便今后使用。

3. 正确筛选并整合信息

现代媒体阅读信息量超大，如何从这海量信息中筛选出对自身学习有用的信息就显得至关重要。所谓“筛选”，就是强调获取信息的过程，即从呈现的信息中迅速挑选出与自己阅读目的相关的主要内容，排除与阅读相关性小或无相关的内容。所谓“整合”，就是将已筛选的信息，通过联想、想象、判断、推理等思维活动，完成对所反映的事物的内在联系与本质意义的加工。

对于筛选并整合文中信息，可从三方面加以注意：（1）思考所浏览的信息与学习计划是否同方向，跟学习目标是否相关，对成长是否有帮助，如果都是否定回答就应及时规避这些信息；（2）在阅读理解过程中，注意通过联想、想象、判断、推理等思维活动，准确地获取信息和加工信息；（3）在阅读过程中，要迅速锁定阅读目标，找到对应信息，提高阅读效率和准确性。

以上阐述了一些阅读方法，但阅读方法给我们提供的只是理念上的知识，要想具备一定的阅读能力，真正取得事半功倍的效果，还必须多多实践，在阅读中运用相关技法，形成习惯，变成能力。

第十三章　阅读学习的评价

人们常把评价称作“指挥棒”，说的是评价的导向功能。确实，如果评价的标准与方法科学合理，将有助于取得良好的教育效果，有利于教育目的的实现。为了科学而有效地评价阅读学习的质量，以评促读，促进与加强学生的阅读学习能力的发展，本章将从阅读学习评价的基本理论、内容和方式方法三个方面进行阐述。

第一节　阅读学习评价的基本理论

阅读学习评价是语文学习尤其是阅读学习过程的有机组成部分，它能为阅读学习过程的各个环节提供反馈信息，从而帮助阅读者对阅读学习过程进行合理有效的调控，不断提高阅读学习的质量和效率，更好地实现阅读学习目标。

一、阅读学习评价的概念和意义

评价，即评定价值高低[①]，即对客观事物价值的判断。它是人类一切有目的活动中的一种普遍现象。评价的本质是对事物和过程的价值或质量做出判断、决定或计算，它是一种对客体满足主体需要程度的判断[②]。由于评价是一种价值判

① 中国社会科学院语言研究所词典编辑室．现代汉语词典（第5版）．北京：商务印书馆，2006：1055.

② 王光龙．语文学习概论［M］．北京：当代中国出版社，2003：277.

断，因而它必须依据一定的价值标准来进行，在评价之前就需要做出一种或若干种明确的科学的判断标准。阅读学习评价，就是要把评价运用于阅读学习活动之中，依据阅读学习的目标，对阅读学习的活动过程、内容、方法和阅读能力、态度、习惯、思想情感、任务完成情况、学习效果和质量等进行科学的价值判断。

阅读学习评价是阅读学习活动过程中必不可少的环节，它是检验阅读学习成效的重要手段，具有重要意义。

1. 阅读学习评价指明了学生发展的方向

当前，从世界各国课程改革的趋势看，评价的功能和评价的技术，都有了本质性的变革。评价不再仅仅是甄别和选拔学生，而是促进学生的发展，促进学生潜能、个性与创造性的发挥，使每一个学生具有自信心和持续发展的能力。阅读学习评价的目的不在于给学生的阅读学习评定一个分数或等级，而在于学习诊断、查漏补缺，从而调节学习者学习行为（调整阅读学习进度、改进阅读学习方法等）。学生通过阅读学习评价明白自己的阅读学习状况，并知晓自己需要进一步努力的方向，扬长避短，进行有效的阅读学习。

2. 阅读学习评价促进了教师教学观念的转变

学生阅读学习能力的科学评价，在《基础教育课程改革纲要（试行）》、语文课标和多元智力理论、合作学习理论、人本主义等作为评价工作有效性保障的理论指导下，在实践中逐步形成了新的评价观念，并深入渗透到教师的一切教学行为之中，为学生进行有效的阅读学习拓宽了发展的空间，促进了学生的阅读学习从课内向课外延伸，增强了学科之间的有效沟通；从平面向立体拓展，增强了情感与态度、知识与能力、过程与方法的有效结合。

在阅读学习过程中，适时地恰当地运用评价这一手段，可以有效地促进学生阅读学习，有利于提高阅读学习的质量和效率。如离开阅读学习评价，我们就无法确定阅读学习起点，也就无法对阅读学习活动做出科学的安排，对学习劳动的实际效果也就无法做出客观的评价。因此我们必须充分认识到评价在阅读学习中所具有的重要意义。

二、阅读学习评价的特点

阅读学习评价，它是语文教育评价的有机组成部分。因此，它具有语文教育评价的一般特点。同时，它还具有其自身的特点。

（一）综合性

义务教育课标在“评价建议”中指出：“阅读的评价，要综合考察学生阅读过程中的感受、体验和理解，要关注其阅读兴趣与价值取向、阅读方法与习惯，也要关注其阅读面和阅读量，以及选择阅读材料的能力。重视对学生多角度、有创意阅读的评价。”这一要求是有所指的。过去习惯于把结构严密的文章拆成碎片，进行认同层面的考核，或者作为学习语文基础知识的载体，忘记了阅读教学最基本的任务。这里所谓的综合性应该包含两方面的内容：一是“学生阅读过程中的感受、体验、理解和价值取向”，二是“阅读的兴趣、方法与习惯以及阅读材料的选择和阅读量”。前一项内容在传统的阅读评价中有较充分的体现，第二项内容应该是全新的，要对之进行评价，还需要新的摸索，需要新的智慧。

（二）灵活性

学生的兴趣、方法与习惯是动态的、个性化的，而价值取向又很可能不是单一、线性的。大部分学生经过长期的阅读，都形成了一套自己的阅读兴趣、方法与习惯，这种具有个性化的阅读兴趣、方法与习惯是大不一样的，不能笼统说谁的就是好的、科学的，谁的就不好、不科学。再加上学生在阅读当中所体现出来的学习态度、情感与价值观等都不能用一个统一的标准来衡量，所以评价的标准具有很大的模糊性和灵活性。什么样的方法与习惯是好的、科学的，只有通过学生阅读素质的高低（效果）来衡量，它应该是最具有说服力的。因此，评价学生阅读兴趣与方法，一定要结合每一位学生的特点，不能再走进“一刀切”的误区，很多成功人士的学习经历证明了这一点。

（三）整体性

阅读学习评价具有整体性。主要表现在：

1. 从内容看，阅读学习是一个整体，因此，评价阅读学习的内容应该包括朗读、默读的评价，精读的评价，略读、浏览的评价，文学作品阅读的评价和古诗文阅读的评价等。

2. 从评价领域看，它的范围不仅局限于阅读知识和能力，而且还要从阅读的过程和方法、情感态度和价值观进行全面评价。

3. 从单项内容来看，即使是阅读学习评价中某一单项能力的评价也涉及许多层面。例如对阅读能力的评价就包括语言积累、文章理解、中心把握、阅读速度和鉴赏水平等方面的评价。

总之，阅读学习的评价内容是一个庞杂的系统工程，缺乏其中任何一方面的内容，都不是整体的阅读评价。这部分内容在第二节中还会作进一步的阐述。

三、阅读学习评价的原则

原则，即“说话或行事所依据的法则或标准”①。一般地说，“原则”是人们观察问题和处理问题的准绳。详尽一点说，“原”就是本源、根本。“则”就是法则、规则。因此，我们不妨把“原则”视为从客观事物的本质中衍生出来的，可供人们在实践活动中效法和遵循的规则。阅读学习评价的原则就是根据阅读学习的目标和学习活动的内部联系（即特性）提出的一些基本要求和基本规则。它是学习实践经验的总结，也是人们对阅读学习活动内在规律认识的反映。它是阅读学习理论中的一个重要内容。

阅读学习除了要遵循教育评价的一般原则或标准外，还应遵守阅读学习评价的基本原则或标准。

（一）坚持评价内容与领域的全息性

全息性（也可称为全面性）评价原则指的是教育评价必须反映教育、教学活动的全部信息，全面、全员和全程（课程和过程）采集和利用与教育培养有关的评价信息。它强调评价的整体性、全面性。阅读学习的评价要坚持评价内容的全面性和评价领域的全面性：

1. 评价的内容要全面

阅读学习的内容十分丰富。相应的阅读学习评价内容也十分广泛。在义务教育课标中指出了朗读、默读的评价，精读的评价，略读、浏览的评价，文学作品阅读的评价和古诗文阅读的评价，并且在不同学段，学习内容、目标也不尽相同。因此，阅读学习评价要注重全面性、具体性。

2. 评价的领域要全面

义务教育课标的课程目标，根据知识与能力、过程与方法、情感态度和价值观三个维度设计。三个方面相互渗透，融为一体，注重语文素养的整体提高。各个学段相互联系，螺旋上升，最终全面达成所要求的目标。所以在进行阅读学习评价时，不仅限于知识与能力，即认知领域目标的评价，还要从过程与方法、情感态度与价值观目标进行全面评价。也就是说，阅读学习的目标评价，既要对学

① 中国社会科学院语言研究所词典编辑室．现代汉语词典（第5版）．北京：商务印书馆，2006：1676.

生学习的结果进行描述和判断，还要对产生这一结果的多种因素和动态进行描述和判断。既要看到学生阅读知识的掌握和智力发展的一面，也要看到他们在动机、兴趣、情感、态度、意志、性格等非智力因素上发展的一面[①]。

“三个维度”和“四个学段目标”都是阅读学习评价的依据和标准。阅读学习评价要贯彻全面性评价原则或标准，统筹兼顾阅读学习的各方面内容。

（二）坚持评价目的的明确性

义务教育课标在评价建议中指出：“阅读的评价要综合考察学生阅读过程中的感受、体验和理解，要关注其阅读兴趣与价值取向、阅读方法与习惯，也要关注其阅读面和阅读量，以及选择阅读材料的能力。重视对学生多角度、有创意阅读的评价。语文知识的学习重在运用，其概念不作为考试内容。”由此可见，阅读学习评价是为了更好地促进学生阅读素质和语文素养的提高。学生阅读素质和语文素养的提高既是语文学习的目标，也是阅读学习的根本目的，只有明确阅读学习的目的之后，我们才可能科学合理地运用评价手段，从而促进学生阅读素质和语文素质的全面提高。

（三）坚持评价标准的层次化

我们知道，学习的目标、内容是学习评价的标准和载体，既然学习的不同阶段有不同的学习目标、学习内容，那么，学习的评价标准也应该具有层次性。义务教育课标提出了具体的阶段目标，同时还指出要“按照不同学段的课程目标，抓住关键，突出重点，采用合适方式，提高评价效率”。不同的学段有不同的阅读学习目标。阅读学习评价一定要根据几个学段的阅读学习目标划分为不同级别或不同程度的评价标准。贯彻标准分阶段原则，是为了促使学生更好更快地达到各个学段的学习目标。

（四）坚持评价主体的多元化

主体多元化原则是针对过去评价主体单一性弊端提出来的。在过去很长一段时间里，对学生语文学习的评价主要是由语文教师单方面实施，忽视了作为学习主体的学生的参与，因而导致了语文学习评价功能的缺失和根本目的的错位。阅读学习评价也不例外。义务教育课标指出：“应注意将教师的评价、学生的自我评价及学生间的相互评价相结合。加强学生的自我评价和相互评价，促进学生主动学习，自

① 巢宗祺等．全日制义务教育语文课程标准（实验稿）解读．武汉：湖北教育出版社，2002：112.

我反思。”“根据需要，可让学生家长、社区、专业人员等适当参与评价活动，争取社会对学生语言学习的更多关注和支持。”现代学习评价理念主张评价主体的多元化，学生和教师都是学习评价的主体，同学和家长、社区、专业人员等也是不可或缺的评价参与者。评价主体的多元化，将使评价结果更为全面和客观，能够充分发挥评价的发展功能，真正达到促进学生学习进步和发展的评价目的。

（五）坚持评价方式的多样化

长期以来，考试是评价的主要方式。对学生学习的评价，只看考试分数结果，不问过程方法，更谈不上学生学习当中的情感态度和价值观。阅读学习评价也是如此。义务教育课标指出：“阅读是学生的个性化行为。阅读教学应引导学生钻研文本，在主动积极的思维和情感活动中，加深理解和体验，有所感悟和思考，受到情感熏陶，获得思想启迪，享受审美乐趣。要珍视学生独特的感受、体验和理解。”所以，在评价方式上只凭过去的那种单一形式无法达到上面的阅读学习要求。我们应根据阅读学习评价内容和要求的不同，灵活采用多种阅读学习评价方式和手段，准确评价学生在阅读学习各个方面的进步和发展，鼓励学生在全面发展的基础上突出自己的个性和特点。

（六）坚持评价效能的实用性

义务教育课标在总目标中指出：“能主动进行探究性学习，激发想象力和创造潜能，在实践中学习和运用语文。”“具有独立阅读的能力，学会运用多种阅读方法。”“能借助工具书阅读浅易文言文。”可见，在新课程目标中注重了语文学习的实用性，体现了学用结合的观点。所以，我们在对阅读学习进行评价时要体现学用结合这一目标，讲求评价的效能。

学生通过一定的阅读学习实践活动，获得了阅读学习的基本知识、阅读基本能力、阅读基本技能等，进而又把这些基本知识、基本能力、基本技能等运用到阅读学习实践当中去，从而自己的学习成果得到检验和巩固。学习——运用——学习，这样反复循环就达到了有效的学用结合。所以，不管是在课内阅读还是在课外阅读，都要注重学用结合。这不仅是新课程的目标，也是阅读学习的初衷。从书本上学到的知识或技能，只有通过在学习实践中运用才能进一步得到巩固与提高。在进行阅读教学时，要以激发学生的阅读学习兴趣为出发点，注重阅读技能和阅读理解能力的运用。在学习中，形式要灵活多样，有客观性的阅读理解训练，有开放性的练习形式，要多角度训练语言技能，从而扩大自己的阅读范围，增强阅读理解能力，进而提高实际运用语言的能力，达到学以致用的目的，提高评价的效能。

第二节　阅读学习评价的内容

义务教育课标在评价建议部分指出："语文课程评价要体现语文课程目标的整体性和综合性，全面考察、学生的语文素养。应注意识字与写字、阅读、写作、口语交际和综合性学习五个方面的有机联系，注意知识与能力、过程与方法情感态度与价值观的交融、整合，避免只从知识、技能方面进行评价。"对阅读学习的评价不能像过去那样评价内容单一，而是要依据知识与能力、过程和方法、情感态度和价值观三个维度，综合学生阅读习惯、阅读态度、阅读思想情感与阅读能力等内容进行考察。

一、对阅读学习习惯的评价

习惯是指"在长时期里逐渐养成的、一时不容易改变的行为、倾向"①。阅读学习习惯是经过长期教育训练形成的反映在阅读学习活动中的比较稳定地完成自动化动作的心理倾向。阅读学习习惯是阅读学习品质的心理基础，对阅读学习习惯的评价主要包括课内和课外两大方面：

（一）课内阅读学习习惯

主要包括课前运用多种方法认真预习的习惯，课堂边听边记笔记的习惯，边点圈勾画的习惯，边读边思考、质疑参与讨论的习惯，课后复习、总结的习惯，课后完成作业的习惯等等。

（二）课外阅读学习习惯

主要包括热爱读书学习的习惯，制订阅读学习计划的习惯，选择读书方法的习惯，在阅读中摘录和批注内容要点的习惯，制作读书卡片的习惯，广泛阅读的习惯、利用时间读书的习惯等。

二、对阅读态度的评价

良好的阅读态度是阅读的基本保障。好的阅读态度有助于提高阅读自觉性，

① 中国社会科学院语言研究所词典编辑字．现代汉语词典（第5版）．北京：商务印书馆，2006：1459.

发展阅读能力，改善阅读品质，有助于增进阅读理解和阅读速度，提高阅读效率。评价学生的阅读态度可以从以下几方面进行考查：是否能主动阅读，是否善于安排和利用时间，做到惜时阅读，是否有恒心坚持长期阅读等。具体以学生自我评价为主。

（一）主动阅读

主动阅读是指具有强烈的阅读动机，能够不靠外力产生阅读行为并在阅读过程中充分发挥主体意识，并积极进行阅读认识、理解、鉴赏等思维活动的心理品质。

主动阅读是一种内在积极性的反应，是阅读者在没有外力和强制情况下，能充分发挥自己的能动性，主动探求、深入钻研读物，并求得全面掌握读物的优良品质。阅读的主动性来自对阅读意义的真正理解，来自强烈的阅读需要和求知动机。因此，阅读的主动性品质，可以从人们的阅读需要、阅读动机以及阅读态度等方面加以考察。

（二）惜时阅读

惜时阅读就是要珍惜时间，合理、科学地安排阅读的学习时间。在阅读中能否做到珍惜时间并有效地进行是评价学习态度的内容之一。它不仅可以给阅读者节省许多宝贵时间，而且还能提高阅读学习的效率。可以从以下几个方面对阅读主体加以考察。

首先，考察其是否树立科学的惜时观念，是否树立“抓住现在、面向未来”，“现实的部分大于未来的整体”的时间形态观念，改变过去式的时间观念。

其次，考察其是否讲求有效的惜时方法。有效的惜时方法，来源于阅读者主体的处世哲学和人生态度。阅读者主体在立身、修德、处事、求学以及待人接物等方面的综合态度特别是学习态度制约着他对时间的态度和策略。

（三）长期阅读

长期阅读是指阅读有恒心，即有坚持性。阅读是长期而艰巨的任务，学问是一天天地积累起来的。为了顺利有效地进行阅读，必须要有求学的恒心。如果缺乏恒心，三天打鱼，两天晒网，一曝十寒，便不可能取得良好的阅读效果。坚持长期阅读是一种意志和毅力的表现。在阅读活动中有了求学恒心，目的计划一经确定，就会满腔热情，信心百倍，坚持不懈，就会具有“绳锯木断、水滴石穿”的精神，产生不屈不挠、坚毅不拔的毅力，表现出不达目的决不罢休的气概。由此，人的一生必然会养成好读书的习惯，不断从阅读活动中获得无穷无尽的知识。

（四）养成阅读

学生的各项学习素质以及一切学习技能都是一种习惯，凡是习惯都是通过反复的实践养成的。同样，学生的阅读学习素质和技能也必须通过反复的阅读实践养成。

义务教育课标在阶段目标中指出："养成读书看报的习惯，收藏图书资料，乐于与同学交流。""养成默读习惯，有一定的速度，阅读一般的现代，文每分钟不少于500字。"新课程的目标强调了学生的阅读兴趣、方法与习惯都是要通过阅读实践来养成的。

三、对阅读的思想情感的评价

阅读学习过程应该成为学生的一种愉悦的情绪生活和积极的情感体验，学生阅读学习的思想情感是阅读学习评价的一项重要内容。

（一）健康阅读

健康阅读狭义上指的就是在阅读学习时应做到用眼卫生、用脑卫生和心理卫生等①。

一要选择适宜的阅读环境。比如说阅读环境中的光线。白天阅读，自然光是最佳光线。黑夜阅读，荧光灯的光线是最差的，因为它的光线使读物表面缺乏明暗对比。

二要保护眼睛。特别要注意休息眼睛，目不转睛的阅读会使眼睛过度疲劳，得不到必需的水分和血液的供应。因而，要注意时不时地做做简单的眨眼动作，力避结膜干涩。

三要注意用脑卫生。健康的大脑是阅读的物质基础。因而，要注意转换兴奋中心，集中阅读思考的时间不可持续过长。要注意劳逸结合，坚持体育锻炼，保证充足的睡眠时间等。

四要保持健康的身体和良好的情绪。健康的视力和脑力来自健康的肌体。持续不断的紧张和厌倦，会使眼睛变得呆滞。在阅读中，眼睛不是视力模糊就是无法敛神注视。而身体健康、心情活跃轻松的人眼睛往往也是神采奕奕、闪烁光芒。这就充分说明人的全身健康和精神状态是视觉器官健康的保证，也是进行健

---

① 曾祥芹，韩雪屏．阅读学原理［M］．郑州：大象出版社，1992

康阅读的保证。

（二）信心阅读

信心阅读是一种积极的阅读心理品质，表现在阅读时积极的自主性，重视和信任自己的能力，具有积极的自我概念。因此，信心阅读对学生阅读学习无论是阅读能力的提高还是阅读技巧的获取，都具有很大的促进作用。而与信心阅读相对立的是怯读，它是一种消极的阅读心理品质。这种消极品质表现在阅读上就是畏缩不前，既缺乏阅读动机，也缺乏阅读自信。很明显这种阅读对学生阅读学习是极为不利的，我们要加以预防和杜绝。

（三）尊重阅读

尊重阅读有两层含义：一是指老师在对学生阅读学习评价时应尊重学生的个性化阅读；二是指学生在进行阅读时必须尊重文本，尊重作者的观点。本文所指为后者。

阅读是学生的个性化行为，学生对阅读材料的反应往往是多元的。同时，义务教育课标也强调要“珍视学生独特的感受、体验和理解”。的确，由于知识经验、个性气质不同，学生的认知、体验、感悟也不可能完全一致。但是学生的认知、理解、感悟不能完全脱离材料而凭空想象出来，更不能无视作者的思想观点与文章的主题思想背道而驰。它必须在尊重多元文化、尊重原材料观点和作者思想的前提下，再做出适当的、合理的推断和想象。也就是说在进行阅读时，阅读者应该尊重作者的观点和文章的主题思想，只有这样，阅读者在阅读中的独特的感受、体验和理解才会受到尊重和珍惜。

（四）审美阅读

义务教育课标强调指出，要让学生在阅读中享受审美乐趣，突出了阅读的审美价值。我们要积极提倡审美阅读方式，在阅读中享受审美乐趣。

审美阅读同一切审美活动一样，是一种综合的心理活动。从阅读目的来看，在阅读感知的基础上获取意义主要依靠理解，以逻辑思维为主。获得审美享受也同其他审美享受一样，主要依靠联想、想象、情感等，以形象思维为主。但从文章中获取意义与审美享受是相互联系的。因此，在审美阅读中，形象思维、抽象思维、灵感思维并重，各种心理因素共同发挥作用，这样阅读主体才能获取意义和审美享受。

四、对阅读能力的评价

阅读能力是阅读学习的关键所在，也是进行阅读学习评价的最主要的内容。评价阅读学习的能力可从几个方面进行①：

1. 认读能力。认读是对文字符号做出迅速而准确的感知、辨识，要求辨清字形，读准字音，基本理解字面意义。对于阅读需要多少字，统计表明，“对于一般的政治、科技、文艺书刊，识得2400字，识字率为99.0%；识得3800字，识字率可达99.9%”②。因此，一般阅读者掌握三四千字，借助字典，就能满足普遍的阅读要求。认读在阅读能力结构中处于最低层次。

2. 理解能力。在感知材料的基础上利用原有的知识和经验，经过想象和联想、分析和综合、归纳和概括、判断和推理等思维活动，了解阅读材料的思想内容和语言形式。理解是阅读的核心，具备理解能力是具有阅读能力的基本要求。

比如对文章的理解，就是在理解词句、理解段落的基础上对文章的整体把握，包括提炼中心、理清脉络、体味语言等。所谓整体把握，是说要理解局部与局部、局部与整体之间的关系。整体是各局部的有机统一，而并非机械相加。整体大于部分之和。文章的理解首先要有对词句、段落的理解，进而才能谈得上对整篇文章的理解。可以说，对一篇文章的整体把握是一个较为复杂的问题。

3. 吸收能力。把阅读材料中对自己有用的东西储存在大脑里，能为必要时的再现、借鉴与运用奠定基础。这种能力无论对于语文能力的发展、知识的丰富，还是对于思想品德的提高都是很重要的。

4. 速读能力。在阅读中迅速地获取信息，才有可能提高阅读的效率。高水平的阅读，既要理解得深又要读得快。古代、近代由于知识总量有限，速读能力没有引起人们的关注。当今随着科技的发展、知识的骤增，速读在阅读能力中将占据越来越重要的地位。国内一些有识人士，已把速度作为一个重要的指标评价中小学生的阅读水平。

阅读速度就是指阅读主体在单位时间（通常是每分钟）里阅读材料的数量（字数）。它是阅读能力的有机组成部分，是衡量学生阅读能力的重要指标之一。阅读速度一般为200—300字/分钟，但不同的阅读方式，其阅读速度是不一样的。

---

① 莫雷．中小学生语文阅读能力结构的研究［J］．华南师范大学学报．1996（1）

② 韦志成，倪文锦．语文考试论［M］．南宁：广西教育出版社，1996：53.

实验统计表明，朗读的速度最快每分钟只能达到200字左右，而默读每分钟可达800字左右，是朗读的4倍。阅读学认为，从阅读方式来考察，可以把阅读分为两大类：其一是慢读，即按照字、词、句逐个来读，我们把它称为传统阅读法，也是语文教学中的精读。字斟句酌、细嚼慢咽是它最大的特点。其二就是快速阅读，即一目一行、一目数行甚至一目一页地阅读，以便从文字材料中迅速获取感兴趣的、对自己有价值的信息的阅读方法。不仅速度快而且理解记忆程度高，这才能在尽可能少的时间内获得尽可能多的有用信息。

5. 语感能力。它是迅速地感知语言文字的一种能力。其内容表现为在语境中理解词语；迅速从整体上把握文章内容；从文入情，产生感情共鸣；探析语言的深层含义，领会言外之意、话外之音等。

语感是经过一定的语言积累和言语实践活动以后所产生的一种高层次的阅读能力，是一个人阅读能力高低的重要标志。

6. 鉴赏能力。鉴赏是阅读主体对阅读材料的思想内容、表现形式、风格特点等进行鉴别和评价，是阅读主体在理解过程中产生的一种审美感受。它不仅是人的头脑对作品的冷静而客观的理解和认识，而且是对作品的一种情感体验。在鉴赏作品的过程中，主体首先会受到感染，一面读一面产生赏心悦目的快感，再深入一步，阅读主体的想象和联想会空前活跃，“景外之景”、“象外之象”和“言外之意”会出现在脑海里。与此同时，情绪也会活动起来，与作品的情感产生共鸣。这就是鉴赏过程。鉴赏水平的高低直接取决于鉴赏能力的强弱。每个学生的鉴赏能力不同他们的鉴赏不平也不同。此外，影响阅读主体的鉴赏水平还有其他因素，其中最主要因素就是作品语言的形象可感性。它通过影响阅读主体的鉴赏活动，进而制约着阅读主体的鉴赏水平。客观事物作用于人的感官，人才会对客观事物产生感受。人们对文学作品的感受是一种间接的活动，即并不直接接触客观事物，而是以语言为媒体、为中介，这就要求语言要具有形象可感性。作者借助于语言描述，能使人如见其形、如闻其声、如嗅其香、如尝其味，阅读者才会对具体事物产生感受。其次，阅读主体的心理能力强弱是影响鉴赏水平的又一重要因素。在鉴赏过程中，想象、联想和积极活跃的情感活动有特别重要的意义，这是不言其喻的。如果不具备这些心理能力，鉴赏就不可能进行。

7. 迁移能力。这是一种较高层次的阅读能力。高中课标在“必修课程”部分强调：“学习探究性阅读和创造性阅读，发展想象能力、思辨能力和批判能力。”在理解鉴赏的基础上，通过想象、思辨和批判，到达阅读的最终目的，完成知识向能力的迁移，文本实践的迁移，促进个性完美发展。最主要的表现是触类旁通，如举一反三，闻一知十等。任何有效的迁移，都是一种创造过程。

8. 创造能力。创造能力是最高层次的阅读能力。指在阅读中有新的发现、对读物有新的见解和看法或提出新的问题的一种能力。它是前面的一些阅读能力的延伸和发展，要经过这些能力的长期训练之后才可以达到，而不是一蹴而就的事情。接受美学认为，任何作品都是作者和阅读者共同完成的，完美的阅读过程绝不是阅读者的被动接受，而是阅读者根据自己的情感、思想、知识、阅历和知识储备等，对作品进行理解的过程。

五、对阅读方法的评价

方法是“关于解决思想、说话、行动等问题的门路、程序等”①。很显然，阅读方法就是应用在阅读学习当中的门路、程序等。“授人以鱼，莫如授人以渔”说的就是方法的重要性。如果学生有了科学的阅读方法，就能在掌握了一定的字、词、句、篇章知识的前提下，独立阅读，并且能读得深入，获益匪浅。所以，阅读方法也是阅读学习评价的重要内容。

（一）朗读

朗读是把无声的文字化作有声的语言，把单纯的视觉活动转化为各种感觉的综合活动，从而加强对书面语言的感知和理解，深入领会作者思想情感的阅读方法。朗读不仅可增强学生的阅读感受力、理解力、欣赏力，而且可以激活思维，引起联想，培养语感，陶冶情操。科学实验证明，在相同的时间里对相同的语言材料，单纯通过视觉学习，能运用原有语言的25%；通过视觉、运动觉、听觉的综合作用，能运用原有语言的65%。考察朗读能力的基本要求是：

1. 使用标准的普通话朗读。

2. 正确。做到语音和语调的规范化。语音包括读音正确，停顿恰当，音质自然，音量适中等。语调包括高低适度，强弱适中，快慢适宜等。

3. 流畅。做到语音连贯，不漏字，不添字，不改字，不颠倒，不重复等。

4. 有感情。做到感情充沛，节奏鲜明，恰当地传达作者的思想感情。

（二）默读

默读是与朗读相对的另一种阅读方法。默读是不出声的阅读，视觉接受文字

① 中国社会科学院语言研究所词典编辑室．现代汉语词典（第5版）．北京：商务印书馆，2006：383.

符号后，直接发射给大脑，立即进行译码、理解，不需要像朗读那样将文字转化为口语，用口、耳作媒介，再进行理解。现代社会要求阅读提高速度，默读则是快速阅读的理想方式。且默读允许在不理解的地方停留或反复，因此，默读较朗读理解得更透彻、深刻。用默读教说明文、议论文，可深化学生的理解能力。由于默读速度快而理解深，所以实用价值最高，是最具有广泛适应性的阅读方式。评价时要从速度、理解和习惯三方面去考察。

（三）精读

精读是一种为了达到对读物的充分理解而进行的阅读。这种方式要求认真、仔细、精确地研读读物，最后完全理解阅读材料的内容和形式。在理解方面，要求对文章的词、句、段、篇进行深入的分析和思考。对于词，不仅要了解它表达的直接意思，还要领会它的象征意义、比喻意义等深刻含义。对于段落，不仅要概括它的大意，还要懂得它在全篇中的地位和自身的结构。对于全篇，不仅要领悟它的主旨，还要明了它的结构方式和作者的思路。在欣赏方面，要求反复思考，广泛联想，品味文章语言运用的精妙，深化理解课文的内容、思想和情感。在评价方面，要求能够对文章所表达的思想内容和表达方式做出客观的判断。它是略读、速读的基础。语文课中的讲读课，大都要求精读。评价时要看是否做到全面理解、融会贯通、读思结合和运用多种精读方法。

（四）略读

略读是对读物求其大要的阅读方法。叶圣陶先生在论述略读和精读二者关系时说："就教学而言，精读是主体，略读只是补充；但就效果而言，精读是准备，略读才是应用。"① 评价时要考察两点：是否把握大意，抓住重点；是否有一定的阅读速度。

当然，阅读方法还有很多，根据阅读材料的不同，阅读方法也有差异，应该根据阅读的目的、内容等选用不同的评价方式方法。

第三节　阅读学习评价的方式和方法

具备较高的阅读理解能力是现代公民必备的基本素质。所以，对学生进行阅

① 朱自清，叶圣陶．精读指导举隅·略读指导举隅［M］．河南教育出版社，1989：141.

读学习能力的培养就显得尤为重要，而阅读学习能力的评价恰恰是提高学生阅读能力的有效手段，它不仅给学生提出了阅读能力培养的方向，同时会纠正学生在阅读能力形成中的错误和不足。

一、阅读学习评价的方式

阅读学习要灵活运用多种评价方式，主要有：

（一）学生自评

所谓自评，就是学习主体对自己的学习所进行的评价。在阅读活动中的学生自评，就是学生对自己的阅读学习活动所进行的评价。学生自我评价的过程就是对阅读学习的自我调控过程。通过评价可以清楚地看到自己学习的成绩和不足，以便及时加以调整或改进。有时学生自评更能反映出学生自己的阅读学习情况，同时，有了学生的自我评价，也就更有利于正确对待他人对自己阅读学习的评价。

在课外阅读学习评价中，更多的是学生自评。这种学生自评对其阅读能力的形成与提高尤为重要。

（二）同学互评

同学互评，通常情况下是指在同一班级学习的学生中进行的互相评价。其最大的优点就是他们的年龄特征、学习特点、生活经历等基本相同，同学之间各方面的情况一般都比较了解，因而他们之间所做出的评价也都较为中肯、切实。通过互评有利于同学之间相互取长补短、促进团结。从开展同学之间比学赶帮、竞赛学习的意义上来说，这种评价对学生阅读学习有着更大的激励和督促作用。

（三）教师点评

教师点评就是教师对学生阅读学习情况所做的评价。教师点评是在学校教育教学中普遍存在的而且经常进行的一种活动。通常由教师按照阅读教学大纲、教材内容和阅读要求对学生阅读学习进行点评。实际上，教师对学生的点评随时都可以进行，方式方法是多种多样的，包括上课对学生阅读学习的提问、课后对学生学习的检查，可以对学生单独检测，也可以对整个班级进行测试。它们既是完成教学的需要，也是教师的一种点评方式方法。教师作为教授者，对教学对象各方面的情况包括阅读学习的态度、兴趣、方法、知识基础、能力水平等都比较了解，因而，教师是最有发言权的，所做出的点评也是较为公正客观的，进而对学生阅读学习的指导和促进作用也就更为切实有效，更具有积极意义。

（四）家长参评

家长参评，就是学生家长参与到对学生学习活动的评价中来，通常是一种定性评价，是一种不可或缺的评价途径。学生家长对自己子女的学习一般都是十分关心的。家长通过对自己子女阅读学习情况的了解，特别是通过其在家中的阅读学习，从而对其做出一定的评价。有条件的家长还可以根据教科书的要求对孩子的阅读能力进行检测，评价其学习效果和学习质量。由于学生除了在校学习，绝大部分时间都处于家庭环境之中，因而，家长对学生的学习情况做出评价不仅是可能的、有条件的，而且有着重要的意义。

另外，还要发挥好社区、专业人员等对评价活动的促进与推动作用。

总之，在这个评价方式的转变过程中，阅读学习评价要突出学生的自我评价。一是相信每一个学生都是有能力参与评价的，尊重学生的人格，确立平等的师生关系；二是要相信学生能客观、公正地对自己和别人做出评价，尊重学生评价意见，包括不同意见，甚至反对意见；三是要改变只让少数好学生参与评价的不正常现象，要让学生人人成为“小裁判”“小评委”，正确对待学生参与评价中的差错与失误。同时，还要兼顾到家长等其他方面的评价，以尽可能达到评价的客观、公正与合理。

二、阅读学习评价的方法

依据不同的划分标准，阅读学习评价的方法也有不同。

（一）单项评价法与综合评价法

1. 单项评价法

为了更好地考察学生的阅读学习素养或能力，可以根据课程阶段目标的要求以及阅读学习能力构成的要素进行单项评价。比如在对阅读能力的评价方面，可以细分成若干单项，有认读能力、理解感悟能力、欣赏能力、积累能力和运用能力等。

2. 综合评价法

对学生阅读学习进行单项评价的同时，还要对学生阅读学习能力的整体素质和发展水平进行综合评价。在评价目标上，综合知识与能力、过程与方法、情感态度与价值观的三维度评价；在评价项目上，综合朗读、默读，精读、略读、浏览，文学作品阅读和古诗文阅读等内容评价；在评价方式上，综合教师、学生、家长的评价。评价目标多维、评价项目多容、评价方式多元，使整体性评价与综合性评价得到有机结合，以促进学生阅读学习能力的提高。

（二）定性评价与定量评价

1. 定量评价

为考查学生阅读学习的知识与能力发展水平，根据课程目标的阶段要求，可以对学生课内外阅读量、阅读速度、阅读时间等方面采用定量评价，从数量、时间、速度三个层面加以调控。在形式上，既有口试又有笔试，还有可供学生自主选择的口试或笔试项目。如，要求学生朗诵的文章，学生就可以选择口头朗诵的形式。这种评价可有效地促进学生阅读学习能力的发展。

2. 定性评价

在学生阅读学习能力的评价中，尤其要重视采用定性评价的方法。评价的过程要对学生阅读学习的档案资料包括考试结果、日常阅读训练等方面加以综合分析；评价结果中的要素评价、单项评价、综合评价分别以星级制、等级制和等级加评语的形式呈现，以帮助学生明确自己在阅读学习中的进步和不足，让学生体验得到成功的喜悦，感受得到进步的希望和努力的方向，以激励学生主动发展阅读学习能力。

义务教育课标指出“要坚持定性评价和定量评价相结合，全面反映学生语文学习的状态及水平”。阅读学习评价也要做到两者的结合，更重视定性评价。

（三）形成性评价和终结性评价

1. 形成性评价

教学实践证明，阅读学习能力是在学生平时各种学习活动中形成的，即“习得”而非“教得”。促进学生阅读学习能力的发展应该关注学生平时阅读学习活动的过程，关注学生对阅读学习活动的兴趣和潜能。为有效促进学生阅读学习能力的形成和发展，在形成性评价和终结性评价有机结合的过程中，应更加重视形成性评价。通过对学生日常阅读学习过程的观察和调查——记录、问卷，收集学生日常语文学习过程的资料——读书笔记、获奖证书，搜集学生日常阅读学习过程的信息——同学和家长的反映等渠道综合分析，同时提倡采用成长记录的方式，全方位地了解学生阅读学习的平时表现和兴趣潜能，对学生的阅读学习能力进行定性评价，以客观地反映学生阅读学习能力的形成和发展轨迹。

2. 终结性评价

终结性评价，包括期中评价、学期评价，学年评价和学段评价。我们把终结性评价看做既是某一阶段对学生形成性评价的结果，又是另一阶段对学生形成性评价的起点和延伸。因此，终结性评价要以形成性评价为基础，不仅要客观地考查学生阅读学习能力，更要以有利于促进学生阅读学习能力的发展为目的。为此，我们强调，无论是定量评价还是定性评价，都应该取得评价客体的认同或认可。在评价过程中，可实行“二步开放”：首先，是开放评价的时间——允许评价客体在一定范围内提出接受评价的时间；其次，是开放评价的次数——允许评价客体在一定范围内提出再评和复评，直到学生对自己的学习评价结果满意为止①。

义务教育课标指出：“形成性评价关注学习过程，有利于及时揭示问题、及时反馈、及时改进教与学活动。终结性评价关注学习结果，有利于对教学活动做出总结性的结论。形成性评价和终结性评价都是必要的。”在实际的阅读学习评价中要兼顾两种评价的同时，应加强形成性评价。

实践表明：学生的阅读学习能力正是在不断完善和科学有效的评价机制运作中得以不断促进和发展的。对学生的阅读学习评价要合理，要切实发挥好评价这个“指挥棒”的激励与导向功能②。

---

① 安溪县实验小学语文课题组．扬起科学评价的理性风帆，促进语文学习的有效发展——“小学生语文学习能力科学评价”课题实验阶段总结．

② 安溪县实验小学语文课题组．扬起科学评价的理性风帆，促进语文学习的有效发展——“小学生语文学习能力科学评价”课题实验阶段总结．

后　记

《阅读学习论》是“21世纪语文课程学习指导”丛书中的一本，供广大语文教师、语文教育工作者、语文课程与教学论专业的硕士研究生和教育学硕士、高师院校中文专业学生使用，也可作为中小学生的阅读学习指导丛书。

本书编写时力求突出三个特点：

一是学生主体性。阅读，应该包括阅读教学与阅读学习两大方面。当下，阅读教学方面的书籍十分丰富，但专门讲阅读学习的书籍却屈指可数。2000年开始的第八次基础教育课程改革的一大核心任务是实现学生的主体地位。中华人民共和国教育部于2001年和2003年先后颁布了《全日制义务教育语文课程标准（实验稿）》和《普通高中语文课程标准（实验）》，在这两个语文教学纲领性的文件中，都明确提出了要树立学生的主体意识。《义务教育语文课程标准》（2011年版）对实验稿做了不少修改，但学生是语文学习的主体这一主旨未作丝毫变动。这就要求当前的语文教育要从关注教师的“教”过渡到关注学生的“学”。《阅读学习论》一书践行着学生的主体意识：站在学习者的角度去发现问题并解决问题。这也是本书最大的特色。

二是实践指导性。本书的目的在于指导中小学生的阅读学习实践，提高学生阅读学习能力，最终达到叶老所说的“自能读书不待教师教”的境界。因此，编写过程中，在保证基本理论指导的基础上努力突出其实践性。实践性除了贯穿在教材的各章节外，还较为突出地在有关章节中体现。本书共十三个章节，其中专门的实践指导研究的内容为八个章。例如阅读学习的类型和特点、阅读学习的基本原则等章，阐释概念是为操作策略服务的。

三是鲜明时代性。本书努力吸收并体现教育科学、学习科学、心理科学等学科研究的最新成果，选用具有典型意义的最新案例，阐述新课改背景下阅读学习的理论与实践。特别值得一提的是，本书依据的是《义务教育语文课程标准》

(2011年版)而编写的。

本书的编撰，时间久、参与人员多。早在2006年，在王光龙教授的主持下就开始了本书的编撰准备工作，并于2006年10月专门在杭州召开了“当代语文学习理论指导”丛书编写研讨会。研讨会使大家进一步统一了思想认识，明确了编写工作的基本要求，为以后的编写工作奠定了基础。当代语文教育大家朱绍禹、陶本一两位先生对本套丛书的编写工作十分关心，在丛书编写会议之后，提出了“要进一步修改和完善写作提纲，保证丛书编写质量”的指导意见。2006年10月至今，经过了近5个年头的雕琢与润色，《阅读学习论》一书才终于与大家见面。在这期间，每一位编委都藉由此书获得不断的磨练与成长。

在此，要特别感谢马爱莲老师。马爱莲老师虽然只撰写了一章的内容，但她付出的努力与辛苦比谁都多。当年接受撰写任务时，很多编委还是在读的硕士研究生，对于撰写书稿可望而不可及，正是马老师给予了我们信任和鼓励，我们才会勇敢接受任务并坚持走到今天；在撰写书稿的过程中，马爱莲老师对每位编委的书稿都做了仔细阅读，并提出中肯的修改意见。有的章节甚至反复修改了七八遍之多。十几章，工作的繁重程度，可想而知！我们的编委也正是在一次次的修改中成长、壮大！在此，向马爱莲老师表示最诚挚的谢意！此外，还要感谢本套丛书的主编王光龙教授。没有他的号召与发动，没有他的积极奔走就没有本套丛书的出版。谢谢王光龙教授！在此一并感谢所有为本套丛书辛苦忙碌的人们！

本书的编写人员具体分工如下：第一章、第二章、第三章、第十章由孙芳(嘉兴学院)撰写；第四章由马爱莲(杭州师范大学)撰写；第五章由苏奕娇(浙江旅游职业学院)撰写；第六章由杜君(杭州市笕桥小学)撰写；第七章由王璐(杭州市人民职业学校)撰写；第八章、第九章由郭春立(杭州市旅游职业学校)撰写；第十一章由彭燕(东莞市长安镇职业高级中学)撰写；第十二章由徐美勤(浙江省平湖市乍浦九龙山小学)撰写；第十三章由张瑞焕(浙江汽车职业技术学院)撰写。章节分章完成后由主编进行全书统稿。

尽管在编写过程中我们努力做到精益求精，但限于我们的水平，加之编委成员还要忙于日常的教学与科研工作，本书内容值得推敲与商榷之处可能不少，希望得到批评指正！

孙　芳

2011年盛夏于平湖

参考文献

[1] 中华人民共和国教育部．义务教育语文课程标准（2011 年版）［M］．北京：北京师范大学出版社，2002.

[2] 中华人民共和国教育部．普通高中语文课程标准（实验）［M］．北京：人民教育出版社，2003.

[3] 王光龙．语文学习概论［M］．北京：当代中国出版社，2003.

[4] 王光龙．语文学习方法学［M］．太原：山西高校联合出版社，1993.

[5] 王光龙．语文学习方法的理论与实践［M］．北京：中国文史出版社，2002.

[6] 曹洪顺，武玉鹏，张克品．语文学习学［M］．青岛：青岛海洋大学出版社，1998.

[7] 曾祥芹，韩雪屏主编．阅读学原理［M］．郑州：大象出版社，2002.

[8] 钟祖荣．学习指导的理论与实践［M］．北京：教育科学出版社，2001.

[9] 巢宗祺．《全日制义务教育语文课程标准（实验稿）》解读［M］．武汉：湖北教育出版社，2002.

[10] 乔桂英．阅读学习方法指导学［M］．北京：中国古籍出版社，2007.

[11] 曹明海．理解与建构——语文阅读活动论［M］．青岛：青岛海洋大学出版社，1998.

[12] 马笑霞．语文教学心理研究［M］．杭州：浙江大学出版社，2001.

[13] 王继坤．现代阅读学教程［M］．青岛：青岛海洋大学出版社，1999.

[14] 曾祥芹，韩雪屏．国外阅读研究［M］．郑州：大象出版社，1992.

[15] 张隆华，曾仲珊．中国古代语文教育史［M］．成都：四川教育出版社，1995.

[16] 李保杏，顾黄初．中国现代语文教育史［M］．成都：四川教育出版社，2004.

[17] 曾祥芹，韩雪屏．古代阅读论［M］．郑州：河南教育出版社，1992.

[18] 韦志成．现代阅读教育论［M］．南宁：广西教育出版社，2000.

[19] 中华人民共和国教育部基础教育司，中华人民共和国教育部师范教育司．语文课程标

准研修［M］. 北京：高等教育出版社，2004.
［20］李辉，王钦平. 学习学概论［M］. 杭州：浙江大学出版社，2000.
［21］吴沁. 学习学概论［M］. 长春：东北师范大学出版社，2000.
［22］王增奎，张晓然，吴永刚. 阅读策略与技巧［M］. 北京：中国大百科全书出版社，1993.